»Das Geheimnis des Glücks« – Die Diakonie der St. Petri Domgemeinde in Bremen

»DAS GEHEIMNIS DES GLÜCKS«
DIE DIAKONIE DER ST. PETRI DOMGEMEINDE IN BREMEN

von Lydia Niehoff

mit Beiträgen von
Beate-Christine Fiedler
Oliver Gampper
Christian Gotzen
Frieder Grashoff
Detlev G. Gross
Moritz Hoffmann
Oliver Janssen
Markus Kaiser
Franz Kasten
Cornelius Neumann-Redlin
Alexander von Plato
Henning Saacke
Bernd Schmitt
Volker Schütte
Peter Ulrich
Jost Westphal

herausgegeben von der
Diakonie der St. Petri Domgemeinde
in Zusammenarbeit
mit Domprediger Peter Ulrich

Band 4 der Schriftenreihe
der Stiftung Bremer Dom e.V.

Bremen 2017

Carl Schünemann Verlag

Grußwort des Präsidenten der Bremischen Bürgerschaft
Christian Weber

Stephanitorsmühle   Zuchthausmühle   Zuchthaus   Armenhaus   Sanddünenmühle

Es ist das Wesen von Schätzen, dass man sie eher im Verborgenen findet. Die Diakonie von St. Petri ist ein solcher Schatz. Obgleich ihre Mitglieder in unmittelbarer Nachbarschaft unserer Bremischen Bürgerschaft wirken, bleiben sie diskret, fast unbemerkt im Hintergrund – ganz im Unterschied zu den Predigern oder Bauherren der Domkirche, die zu meinen regelmäßigen Begegnungen zählen. Dafür ist die Arbeit der Diakonie umso sicht- und fühlbarer in ihrer Gemeinde und in unserer Stadt, ob in Kindergärten, in der Altenbetreuung oder auch in der Dom-Musik. Die aus der Armenpflege entstandene Diakonie – das sind Persönlichkeiten aus dem Bürgertum, die sich auf Grundlage ihres Glaubens und ihrer Kirche für eine soziale Stadt, eine gerechte Gesellschaft und ein friedliches Miteinander engagieren. Die Diakonie-Herren heute stehen unverändert in der Tradition hanseatischer, ehrbarer Kaufleute und Bürger. Diese zeichneten sich nicht nur durch Wohlstand, Augenmaß und Vertrauenswürdigkeit aus, sondern durch den persönlichen Einsatz für das Gemeinwesen. Der Hanseat erhielt zur Zeit der Aufklärung eine sehr positive Nuance und einen besonderen Stellenwert. Diese besitzt er bis in die Gegenwart hinein. Was wären wir ohne die Mäzene, Stifter und Ehrenamtlichen, die mit viel Geld, gewiss – aber auch mit hohem Sachverstand und freiwilligem Einsatz unser öffentliches Wohl zu mehren versuchen? Wir wären wohl deutlich ärmer.

»Du sollst Gott lieben von ganzem Herzen, und Du sollst Deinen Nächsten lieben wie Dich selbst.« So lautet das Doppelgebot der Liebe Jesu. Der Aufruf zur Nächstenliebe und zum friedlichen Miteinander der Menschen unterschiedlicher Herkunft und Religion bildet einen Grundpfeiler des christlichen Glaubens. Dieser Glaube ist es, der die Domdiakonie und ihre Mitglieder in ihrem Schaffen begleitet und antreibt. Ja, es beflügelt Geist und Seele, Gutes am Nächsten zu tun, für den Anderen da zu sein. Das ist ein großes Glück, vor allem Hoffnung und Zuversicht für eine Gesellschaft, die auf Solidarität und Gemeinsinn dringend angewiesen ist. Glaube und Gesellschaft gehören fest zusammen.

Ich danke der Diakonie der St. Petri Domkirche von Herzen für ihre Mühen und ihre Menschennähe. Und ich wünsche ihr viel Kraft und Kreativität, damit sie die Herausforderungen der Zukunft bewältigen kann.

Christian Weber

St. Stephani

Alte Doventorsmühle

Grußwort der Präsidentin der Bremischen Evangelischen Kirche
Edda Bosse

*Es sind verschiedene Gaben; aber es ist ein Geist.
Und es sind verschiedene Ämter; aber es ist ein Herr.
Und es sind verschiedene Kräfte; aber es ist ein Gott,
der da wirkt alles in allen.*
(1. Korinther 12,4)

Es ist von besonderer Bedeutung, dass das Buch über die Geschichte der Diakonie der St. Petri Domgemeinde in Bremen im weltweiten Gedenkjahr »500 Jahre Reformation« erscheint. Aus gegebenem Anlass wird der Blick intensiv zurück geworfen, erleben wir leidenschaftliche theologische Debatten, kritische Kommentare, neue wissenschaftliche Erkenntnisse und historische Einordnungen. Das ist dem Ereignis gegenüber angemessen und schürt das Feuer, kann aber den berechtigten Vorwurf, lediglich einem selbst referenziellen Eigennutz zu dienen, nur begegnen, in dem sich über allem mit Nachdruck und Forderungscharakter die Frage erhebt: »Was hat das mit uns zu tun? Was trägt in der Gegenwart, was führt in die Zukunft?«

Kirche in der Stadtgesellschaft des 21. Jahrhunderts zu sein, bedeutet beides: sich dazu zu bekennen, dass unantastbare Grundlage für alles Denken und Handeln das Evangelium von Jesus Christus, wie es die Heilige Schrift bezeugt, ist. Und sich partnerschaftlich, demokratisch, solidarisch und flexibel in

Kornhaus · Ansgariimühle · St. Ansgarii

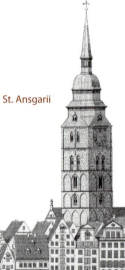

den Prozess der gesellschaftlichen Wandlungen und Herausforderungen einzubringen.

Die Diakonie der St. Petri Domgemeinde beweist in ihrer von den Anfängen bis in unsere Zeit immer auch von politischen wie sozialen Wechselfällen geschüttelten Geschichte denn auch genau dieses: Standfestigkeit in der Selbstverpflichtung zu ihren Kernaufgaben, nämlich der Verkündigung des Evangeliums und der tätigen Nächstenliebe zu dienen. Es ist eine Herausforderung, sich bei der Entscheidung, als Aktiver der Diakonie beizutreten, ein zwölfjähriges Engagement aufzuerlegen, mit dem viel Präsenz und ein hoher Grad an Verantwortung verbunden ist. Es liegt darin aber auch die Chance, außer der beruflichen Arbeit, ganz andere gesellschaftliche Bereiche kennen zu lernen, zu verwalten, zu gestalten, zu verbessern. Juristen im Kindergarten, Kaufleute in der Jugendhilfe, Ingenieure bei der aufsuchenden Altenarbeit, Ärzte bei den Einrichtungen für Wohnungs- und Obdachlose, Banker mitten in den Belangen der Gemeindefürsorge. Ehrenamt mit hohem Anspruch an Sachkenntnis, Organisationstalent, Verhandlungsgeschick und Weitblick. Diakonie heute heißt Dienst für Gemeinde und Kirche, der ehrenamtlich auf Augenhöhe mit Hauptamtlichen geführt wird, höchstes Vertrauen genießt und sich professionellen Ansprüchen gegenüber sieht. Diakonie am St. Petri Dom zu sein heißt: Kirchliches Engagement in Eigenbesitz oder Kooperation unmittelbar mit zu bestimmen und sinnvoll mit Leben zu füllen. Die – zugegeben manchmal komplizierte – Balance zwischen der Unabhängigkeit der Diakonie gegenüber der Gemeinde und deren verfassten Gremien zum Wohle Aller zu wahren, ist beständige gegenseitige Aufgabe. Es ist gut, wenn das Gespräch die Oberhand behält, die Entscheidungen wohl erwogen sind und die Vielstimmigkeit zählt. Nicht zuletzt ist der Kollektenkasten, den die Diakonie seit 1638 verwaltet, Bindeglied gemeinsamer Interessen!

Traditionen, »Sitten und Gebräuche«, Feste und Feiern gehören zu den achtens- und liebenswerten Strukturen, die eine Gemeinschaft zusammenhalten. Sie zu respektieren und dennoch sinnvoll anzupassen, hält sie lebendig.

Die Bremische Evangelische Kirche ist sich des Wertes ihrer Altstadt-Diakonien sehr bewusst und von Herzen dankbar für die geleistete Arbeit! Liebe Diakone, Sie sind Ermutiger für die Zukunft von Kirche. Sie sollten aber auch zu den Multiplikatoren gehören, die davon reden, dass der Dienst für die »Mühseligen und Beladenen«, für alle, denen Teilhabe schwer gemacht wird, die Gewalt und Missachtung erlitten oder zu den Geächteten gehören, eine Herzensangelegenheit sein muss, die aber das Herz stark und weit macht. Auch für das eigene Leben.

Edda Bosse

St. Katharinen   Unser Lieben Frauen   St. Martini   Das Rathaus

Grußwort des Seniors der St. Petri Domdiakonie

Dr. Götz Grevesmühl

St. Petri-Dom   Domkapitelhaus   St. Johannis

Den 500. Jahrestag der Reformation nimmt die Diakonie der St. Petri Domgemeinde zum Anlass, ihre reiche und wechselvolle Geschichte in einem einheitlichen Werk darzustellen, das nunmehr vorgelegt werden kann.

Unverzichtbare Grundlage war die für das Jahr 1938 zur Veröffentlichung vorgesehene Chronik zum 300-jährigen Bestehen, welche Dr. Richard Rüthnick im Auftrag der Domdiakonie unter akribischer und mühevoller Auswertung des Archivs weitgehend erstellt hatte, deren termingerechte Publikation jedoch an den damaligen Verhältnissen scheiterte. Es war das Verdienst von Dr. Kurd Schulz, das Rüthnick'sche Manuskript, das wegen des zwischenzeitlichen Verlusts zahlreicher Quellen nicht mehr hätte erarbeitet werden können, unter Ergänzung der weiteren Entwicklung im Jahr 1963 zu veröffentlichen. Seitdem sind mehr als 50 Jahre vergangen, und die seit den einschneidenden Ereignissen des 20. Jahrhunderts nunmehr verstrichene Zeit erlaubt eine Darstellung, welche unter den Bedingungen des Jahres 1963 noch nicht möglich war.

Die 24-köpfige Domdiakonie wählt ihre Mitglieder – Herren, die bei ihrer Aufnahme das 40. Lebensjahr noch nicht vollendet haben – jährlich durch Kooptation für einen festen Zeitraum von jeweils 12 Jahren und verjüngt sich somit ständig. In ihrer Amtszeit haben die Diakone den Kollektendienst zu versehen und in den ihnen anvertrauten Verwaltungen sowie den Gremien der St. Petri Domgemeinde ehrenamtlich Dienst zu tun.

Seit ihrer Gründung hat sich das politische und wirtschaftliche Umfeld des Wirkens der Diakonie mehrfach grundlegend verändert. Die Kernaufgaben der Diakonie, insbesondere die Erfüllung ihrer Wortbedeutung, nämlich der Dienst (διακονία) an der Gemeinde sowie den Menschen, haben nichts an Aktualität eingebüßt und prägen bis heute die Aufgaben der Diakonie, u. a. in der Betreuung der Kindergärten, der Jugendhilfe, der aufsuchenden Altenarbeit, der Obdachlosenfürsorge und der Gemeindefürsorge. Daher ist die Domdiakonie glücklich, ihren Bericht über ihre reiche Tradition und die kontinuierliche Erfüllung ihrer Aufgaben im Wandel der Zeiten vorzulegen.

Die Domdiakonie dankt allen, die zum Gelingen dieser Chronik beigetragen haben, namentlich den Autoren der einzelnen Beiträge. Ihr besonderer Dank gilt Frau Dr. Lydia Niehoff dafür, die Geschichte der Domdiakonie seit ihrer Geburtsstunde in einem einheitlichen Werk beschrieben zu haben, Herrn Arne Olsen für die wunderbare Gestaltung, Domprediger Dr. Peter Ulrich sowie den Con-Diakonen Cornelius Neumann-Redlin und Jost Westphal für ihren unermüdlichen Einsatz bei der Begleitung dieses Projekts.

Komturkirche St. Elisabeth

Die Ansicht der Freien Hansestadt Bremen von der Weser aus in den Jahren um 1840. In den Jahren 1954 bis 1957 nach alten Quellen rekonstruiert und gezeichnet von Dr. Rudolf Stein.

INHALT

»Das Geheimnis des Glücks«
Die Diakonie der St. Petri Domgemeinde
in Bremen

14 Was ist das Geheimnis des Glücks?
Dr. Detlev G. Gross

17 Die Diakonie der St. Petri Domgemeinde in Bremen –
gestern, heute, morgen
Dr. Detlev G. Gross

---

23 **Anno 1638**

24 **Ein Blick in die Zeit**
Bremen zur Zeit der Wiedereröffnung des St. Petri Doms

25 Was soll man glauben?
Böse Omen und bedenkliche Risse

25 Dom und Stadt
Eins und (un)eins

27 Von der goldenen Kanzel
Die erste Predigt 1638

28 Exkurs
Kurzer Rückblick in die Reformationsgeschichte Bremens

29 Exkurs
Der Dom und die vier Stadtkirchen

30 »Wen wij man den Dohm beholden«
(K)eine Frage der Überzeugung

32 Stader Vergleich von 1639
Das Recht zur Kollekte im Dom

---

34 **Die Anfänge der Domdiakonie**
Vorsteher der St. Petri Domgemeinde

35 Wer trug den ersten Klingelbeutel?
Die Suche nach dem Ursprung der Domdiakonie

36 Das »Gottes Kasten Register« von 1644
und die ersten Diakone am St. Petri Dom

40 Exkurs
*Stadt und Erzstift Bremen zwischen kaiserlichen,
dänischen und schwedischen Interessen (1635–1653)*
Dr. Beate-Christine Fiedler

---

44 **Königliche Geschenke aus Kirchengut**
Der »schwedische« Dom

45 Kümmerliche Zeiten
Diakone als Verwalter des Mangels

46 Stiftungen aus dem Strukturfonds
Sicherung der Armenversorgung

48 Verzicht und Verrat
Stader Vergleich von 1654

50 Religionsfreiheit und Bürgerrecht
Lutheraner im Nachteil

53 Gründung des St. Petri Waisenhauses
Die Farben der Schweden

54 **Das stadtbremische Armenhaus**
Ein Drittel lutherisch

56 **Neue Herren – alter Streit**
Der »hannoversche« Dom

57 Ein Griff in den Beutel
Domdiakonie und städtisches Armenwesen

59 Gemeinsame Fürsorgekonzepte
Integration in das stadtbremische Armeninstitut

62 **Recht und Religion**
Der »bremische« Dom

63 Sein oder Nichtsein?
Streit um die Existenz der Domgemeinde

65 Selbstbestimmung und Eigentum
Der Anspruch der Lutheraner

68 Unter den Franzosen
Ein trügerischer Friede

69 Rekonstruktion des Wohlfahrtswesens
Die erste schriftliche Ordnung der Domgemeinde

72 Der Nicolaische Kirchenstreit
Anerkennung der Domgemeinde

76 Arbeit und Disziplin
Sozialfürsorge zur Zeit der Revolution von 1848

79 Von der kirchlich-bürgerlichen Armenpflege
zur öffentlichen Armenverwaltung in Bremen

80 Neue Aufgaben der Diakonie
Die Domgemeindepflege

82 **Im Dienste der Domgemeinde**
Diakonische Fürsorge im Sozialstaat

83 Für die Armen, Kranken, Witwen und Waisen
Empathie und Engagement der Domdiakonie

86 In Sorge um die Gemeinde
Diakonie im Ersten Weltkrieg

88 Trennung von Kirche und Staat
Bildung der Bremischen Evangelischen Kirche

89 Sozialpolitik in der Krise
Inflationäre Wohlfahrt

91 »Gebt noch einmal«
Hilfe in der Weltwirtschaftskrise

94 **Selbstbestimmung contra Führerprinzip**
Die Domdiakonie im Nationalsozialismus

95 Konfessionelle Gleichschaltung?
Die Bildung der Reichskirche

98 In Opposition gegen das Kirchenregiment
Wohlfahrtswerk der Domdiakonie

101 »... mindestens ein zweiter Luther«
Widerstand gegen eine autoritäre Kirchenführung

104 Domkrise im Zweiten Weltkrieg
Der geistlich-geistige Zustand des Landesbischofs

| 106 | Sodom und Gomorrha
Weihnachtsfest in Trümmern

| 108 | Gottesdienste in der Ostkrypta
Wege aus dem Chaos

| 112 | Reorganisation des Gemeindelebens
Neuwahlen und Aufgabenverteilung der Domdiakonie

| 114 | **»Tue Gutes in der Zeit und helfe in der Not«**
Kontinuität und Wandel der Domdiakonie

| 115 | Rechtliche Grundlagen der Diakonietätigkeit
| 117 | Kollekten und andere Zuwendungen
| 117 | Domgemeindepflege
| 119 | St. Petri Waisenhaus
| 120 | St. Petri Witwenhaus
| 120 | Egestorff Stiftung Altenheim
| 120 | Jugendarbeit und Jugendheim Seebergen
| 121 | Kindergärten
| 122 | Archiv und Wappensammlung
| 122 | Domnachrichten

| 124 | Runder Tisch der Seniorate am 17. Juni 2016
Jost Westphal, Cornelius Neumann-Redlin

| 132 | **»Ausgewählte Verwaltungen«**

| 133 | St. Petri Waisenhaus – Bernd Schmitt, Oliver Gampper
| 134 | Kinderhäuser – Moritz Hoffmann, Dr. Frieder Grashoff, Henning Saacke
| 136 | St. Petri Witwenhaus – Aufsuchende Altenarbeit – Oliver Janssen
| 137 | Egestorff Stiftung Altenheim – Franz Kasten

| 138 | Domgemeindepflege – Ein Dienst am Menschen – Cornelius Neumann-Redlin
| 139 | Karl Carstens – Cornelius Neumann-Redlin
| 140 | »Geh' zur Schul' und lerne was« – Die Domschulen und das Athenaeum – Dr. Lydia Niehoff
| 149 | Mädchenkantorei am Bremer Dom – Alexander von Plato, Markus Kaiser

---

| 150 | Diakonie als Wesensäußerung der Kirche – Christian Gotzen

| 156 | Die Bedeutung der Diakonie innerhalb der Domgremien – Volker Schütte

| 160 | »Was durch die Jahrhunderte verbunden …« *Sitten und Gebräuche für die Diakonie der St. Petri Domkirche in Bremen* – Dr. Lydia Niehoff

| 172 | »Wie der Vater, so der Sohn« *Diakonenfamilien der St. Petri Domgemeinde – Eine historische Skizze* Dr. Peter Ulrich

| 180 | »Wer auf das Wort merkt, der findet Glück« Dr. Peter Ulrich

---

| 182 | Liste der Diakone am St. Petri Dom 1644 bis 2016

| 192 | Anhang

| 194 | Anmerkungen
| 206 | Quellen und Literatur
| 214 | Bildnachweis
| 215 | Dank der Herausgeber

WAS IST DAS GEHEIMNIS DES GLÜCKS?

Der athenische Politiker Perikles antwortete auf diese Frage: Das Geheimnis des Glücks ist die Freiheit, und das Geheimnis der Freiheit ist der Mut. Die Bürger der Freien Hansestadt Bremen waren zu allen Zeiten mutig genug, ihr Glück und ihre Freiheit womöglich selbst in die Hände zu nehmen. Davon zeugt noch heute ein beeindruckendes bürgerschaftliches Engagement. Lange, bevor die staatliche Sozialfürsorge entstand, haben Bremer Bürger sich auf der Grundlage des christlichen Gebotes der Nächstenliebe ehrenamtlich um Alte und Kranke und um Witwen und Waisen gekümmert. In den Altstadtgemeinden hat sich seit dem Einzug der Reformation in Bremen dafür eine besondere Organisationsform herausgebildet, die Diakonie, die sich ganz wesentlich von allem unterscheidet, was üblicherweise unter dem Begriff Diakonie verstanden wird. Vom Wesen und Wirken der Diakonie der St. Petri Domgemeinde in Bremen soll in diesem Band erzählt werden …

Dr. Detlev G. Gross

Die Diakonie der St. Petri Domgemeinde in Bremen – gestern, heute, morgen
Dr. Detlev G. Gross

Die Diakonie der St. Petri Domgemeinde in Bremen ist etwas Besonderes. Das erfahren neu erwählte Diakone, die bisweilen mit gemeindlichen Organisationsstrukturen und Formen der kirchlichen ehrenamtlichen Arbeit noch nicht im Einzelnen vertraut sind, spätestens dann, wenn sie auswärtigen Freunden von der Domdiakonie und ihrer Tätigkeit als Domdiakonie berichten. Ungläubiges Staunen sowie Respekt und Anerkennung für diese besondere Form des gemeindlichen Ehrenamtes in Bremen sind keine seltenen Reaktionen. Ziel dieses Beitrages ist es, der Frage nachzugehen, was die Dom-Diakonie-Welt in Bremen – einmal abgesehen von der gemeinsamen christlichen Grundhaltung - im Innersten zusammenhält. Ist die Bremer Diakonie ein typisch bremisches ehrenamtliches bürgerschaftliches Engagement? Wie ist sie entstanden? Wie konnte sie seit ihrer Gründung im Jahr 1638 so viele Jahrhunderte überdauern? Wie sieht ihre Zukunft aus?

Wer über diese Fragen nachdenkt, muss alsbald feststellen, dass es kaum gesichertes historisches Quellenmaterial gibt, welches helfen könnte, Antworten zu finden. Insbesondere das mittelalterliche/neuzeitliche Domarchiv ging weitgehend verloren. Für manches dürfte es ohnehin keine quellengestützten Erklärungen geben. In jedem Fall wird man wohl ohne Annahmen und Vermutungen nicht auskommen. Auch für die Geschichte der Domdiakonie gilt das Wort aus dem Buch Hiob 8, 9: »Wir sind von gestern und wissen von nichts«.

Schon in den Anfängen der christlichen Kirche gab es Männer und Frauen, die sich um die Interessen von Witwen und Armen kümmerten (Apostelgeschichte 6,1 – 7). Die Armenpflege war auch in Bremen im ausgehenden Mittelalter keine staatliche Aufgabe. Hilfe leisteten Einzelne durch Almosen und religiöse Zusammenschlüsse wie etwa Brüderschaften, Klöster oder Zünfte. Durch die Reformation trat hier ein grundlegender Wandel ein. Es sank der Glaube an die Verdienstlichkeit der guten Werke (Werkgerechtigkeit). Damit fiel für viele ein Hauptantrieb für die Vergabe von Almosen weg. Martin Luther regte deshalb die Einrichtung einer »Gotteskiste« an, in der Gelder für Bedürftige gesammelt werden sollten. Das war die Geburtsstunde der Bremer Diakonie. Von da an wurde die Armenpflege von den Gemeinden organisiert. Das geschah und geschieht bis heute durch die Altstadtgemeinden Bremens und – in der Neuzeit – in immer stärkeren Maße durch den Staat.

Die erste Diakonie wurde in Bremen am 16. April 1525 von der Liebfrauengemeinde eingerichtet; die Diakonie der St. Petri Domgemeinde wurde – bedingt durch historische Sonderentwicklungen – erst am 11. November 1638 als letzte der Diakonien der Altstadtgemeinden gegründet. Zur Erledigung der vielfältigen Aufgaben der Diakonien der Altstadtgemeinden wurden Diakone erwählt, die, wie die Kirchenordnung von 1534 sagt, »...fromm, treu und unverdrossen sind, von der Gemeinde Almosen Notdurft besorgen und diese, ein Jeglicher in seinem Kirchspiel, fleißig besuchen.«

Die Entstehung der Diakonien der Bremer Altstadtgemeinden im Zuge der Ausbreitung der Reformation erklärt aber noch nicht, weshalb es Diakonien nur in Bremen und in Emden gibt. Hierüber liegen soweit ersichtlich ebenfalls keine gesicherten Erkenntnisse vor. Es erscheint deshalb vertretbar, den Versuch zu unternehmen, durch Rückschlüsse aus den historischen Ereignissen des ausgehenden Mittelalters eine Erklärung zu suchen. Im Europa der frühen Neuzeit galt religiöse Homogenität eines Landes als Voraussetzung für gesellschaftliche Einheit und inneren Frieden. Diese religiöse Homogenität wurde durch die Reformation erheblich gefährdet. Religiöse Minderheiten wurden deshalb häufig des Landes vertrieben. In den spanischen Niederlanden verfolgte der katholische König Philipp II. die Anhänger der Reformation als Ketzer. Rund 100 000 niederländische Anhänger der Reformation verließen deshalb im 16. Jahrhundert ihre Heimat. Etwa ein Fünftel von ihnen siedelte sich in deutschen Territorien an, ein großer Teil davon in den geographisch wie kulturell nahe liegenden Regionen.

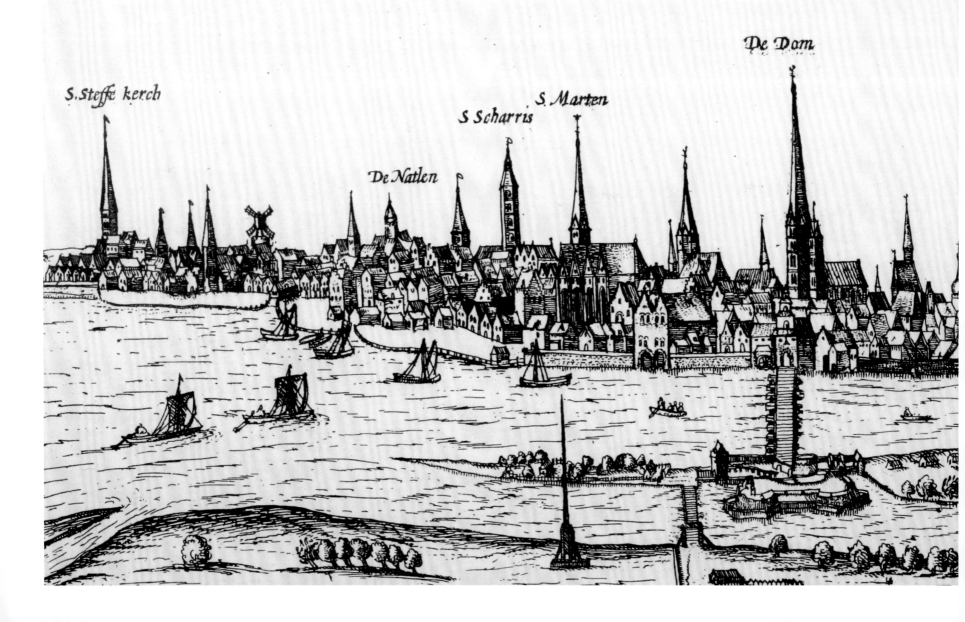

In Bremen hielt am 9. November 1522 die Reformation Einzug. Im Zuge der sogenannten »zweiten Reformation« 1581 wandte sich Bremen immer deutlicher dem reformierten Bekenntnis zu. Dies fand seinen kodifizierten Ausdruck in einer reformierten Kirchenverfassung, dem von allen städtischen Geistlichen unterzeichneten Consensus Bremensis. Bremen gilt seitdem als die einzige deutsche Großstadt, die streng calvinistisch geprägt ist. Neben vielen Glaubensflüchtlingen reformierten Bekenntnisses kamen im späten 16. Jahrhundert auch reformierte Prediger nach Bremen, unter ihnen Albert Rizäus Hardenberg, der erste Prediger der Bremer Domgemeinde. Auch der Handel in Bremen und den Niederlanden war damals eng miteinander verflochten. Im Jahr 1638 verfügte Bremen über 4000 Wohnhäuser und hatte 25 000 Einwohner. Bremen wurde damals als reformierte Insel im lutherischen Umland zu einer Heimat für Glaubensflüchtlinge (lateinisch: hospitium ecclesiae). Ähnlich wie Bremen erging es Emden. Emdens Einwohnerzahl wuchs durch Glaubensflüchtlingen von 5000 (um das Jahr 1550) auf mehr als 15 000 (um das Jahr 1570) an, darunter mehr als 5000 niederländische reformierte Glaubensflüchtlinge. Zur Versorgung der Armen und der Flüchtlinge schuf Emden im Jahr 1542 ebenfalls eine Diakonie, die auch heute noch besteht und aktiv ist. In Emden ist bis heute das reformierte Bekenntnis von besonderer Bedeutung. Die Unterschiede zwischen den Konfessionen (lutherisch oder reformiert) waren auch im Alltag spürbar. Es kam z. B. vor, dass lutherische Bauern es ablehnten, reformierten Bauern einen Acker zu verpachten.

Die reformierte Kirche unterscheidet sich bis heute von den lutherischen und unierten Landeskirchen u.a. durch ein auf den Reformator Calvin zurückgehendes abweichendes Amtsverständnis. Es herrscht eine Vierteilung der Ämter vor in Pastoren, Älteste, Diakone und Lehrer. Diese vier Ämter sind einander gleichgeordnet. Die Aufgabenverteilung in reformierten Gemeinden unterscheidet sich im Einzelnen je nach Reformator bzw. reformatorischem Ordnungstext. Immer sind aber Diakon für Armen- und Krankenfürsorge zuständig. In manchen Gemeinden werden Diakon zusätzlich in die Gemeindeleitung eingebunden und übernehmen auch finanzielle Verantwortung. Die besondere Betonung der Diakonie im Amtsverständnis der reformierten Konfessionen könnte ein Grund dafür sein, dass in Bremen und Emden Diakonien eingerichtet wurden. Auch die Struktur der Domdiakonie gehört möglicherweise zum reformierten Erbe, das sich bis heute erhalten hat.

Das Amtsverständnis der reformierten Kirche allein vermag aber auch noch nicht die vielen historischen Besonderheiten und das Erscheinungsbild der Domdiakonie zu erklären. Zu diesen Besonderheiten gehören insbesondere folgende: Vierundzwanzig Herren sind ehrenamtlich im Bereich der Armenpflege tätig. Sie treffen sich immer am Montagabend. Die Leitung der Zusammenkünfte übernimmt der Senior bzw. – im Falle seine Verhinderung – der Subsenior. Die Abläufe der Zusammenkünfte und die Redenfolge sind in den verschriftlichten Sitten und Gebräuchen genau vorgeschrieben. Neue Mitglieder werden jeweils am ersten Montag im Dezember aufgenommen und haben eine Antrittsrede zu halten. In dieser Antrittsrede ist der Senior stets mit »hoch zu verehrender ...« anzureden, und jede Rede endet mit einem »hoch soll sie bzw. er [d. h. die Person oder Einrichtung, auf die gesprochen wurde] leben«. Danach folgt ein gesungenes »Hoch soll er bzw. sie leben«. Gemeint ist diejenige Person oder Institution, auf die der Redner gesprochen hat. Zum Menu wird ein »anständiger« Bordeaux gereicht. Für die Pflege der historischen Erinnerung ist ein gesonderter Amtsträger, der Archivar bzw. Historiograph, zuständig. Geselligkeit und Gemeinnützigkeit werden gepflegt. Die Freundschaft untereinander spielt eine wichtige Rolle. Dieses besondere Erscheinungsbild findet sich zwar nicht in der reformierten Kirche, aber sämtliche vorstehende Besonderheiten weist auch die bereits vor 1327 in Bremen gegründete St. Annen-Brüderschaft auf, die größte und älteste der Brüderschaften des alten Bremen. Die Annahme, bei den vielfältigen Parallelen im Erscheinungsbild von Domdiakonie und St. Annen-Brüderschaft könnte es sich um eine rein zufällige Entwicklung handeln, erscheint eher fernliegend.

Bremen um 1550. Auf dem nach der Reformation entstandenen Kupferstich nach Franz Hogenberg sind beide Türme des St. Petri Domes, der Südturm und der höhere Nordturm, zu erkennen.

In Bremen gab es um 1500, also vor der Gründung der ersten Diakonie durch die Liebfrauengemeinde, etwa dreißig Brüderschaften. Diese hatten neben der Sicherung des Seelenheils ihrer Mitglieder auch karitative bzw. diakonische Zwecke. Brüderschaften halfen – und helfen bis heute – Bedürftigen, und zwar zum Teil mit Geldleistungen und zum Teil auch mit Naturalien sowie praktischer Hilfestellung (z. B. bei Behördengängen). Auch Geselligkeit und Bordeaux spielen bei Brüderschaften eine gewisse Rolle. Brüderschaften können möglicherweise als eine Art Vorläufer der Diakonien gelten. Diejenigen, die im Zuge der Reformation für die Ausgestaltung der damals neuen Institution Diakonie verantwortlich waren, haben sich möglicherweise bei ihrer Suche nach Anregungen für eine sachgerechte Ausgestaltung der Diakonien an den bewährten Vorbildern der alten Brüderschaften in Bremen orientiert. Das könnte die erstaunlichen Ähnlichkeiten im Erscheinungsbild und in der inneren Ordnung zwischen der Domdiakonie und der St. Annen-Brüderschaft erklären. Diakonien in Bremen sind also möglicherweise eine glückliche Verbindung des Alten (Brüderschaften) mit dem Neuen (reformiertes Amtsverständnis).

Die Tatsache, dass der Domdiakonie 24 Diakonen angehören, ist auch kein Zufall. Die Zahl 24 kommt in der christlichen Symbolik immer wieder vor. Die Zahl 24 ist das Symbol der Vollständigkeit und der großen Harmonie zwischen Himmel und Erde. Schon im alten Babylon wurden Tag und Nacht jeweils in zwölf gleiche Einheiten unterteilt, insgesamt in 24 Stunden. Das Alte Testament erzählt von den zwölf Stämmen Israel, das Neue Testament von den zwölf Aposteln. Jesus wurde am 24.12. geboren, Johannes der Täufer am 24.06. Die Offenbarung des Johannes berichtet von den 24 Ältesten, die auf 24 Thronen saßen, die um den Thron Gottes waren. 24 Mitglieder zählte das Bremer Domkapitel. In dieser Tradition der christlichen Zahlensymbolik stehen auch die 24 Diakone der Domdiakonie.

Die historischen Ursprünge der Bremer Diakonie allein vermögen aber immer noch nicht zu erklären, warum die Diakonien in Bremen sich über Jahrhunderte nahezu unverändert erhalten haben. Auch diese Gründe lassen sich mit letzter Sicherheit nicht ermitteln. Wesentlich für den Erfolg der Diakonien scheinen möglicherweise einige kluge »Konstruktionsprinzipien«. Sie lassen sich durch eine Art Dekonstruktion erschließen. Insbesondere folgende Strukturen, die durch Lebenserfahrung und Klugheit geprägt sind, tragen sicherlich zum Erfolg der Bremer Diakonie bei:

Die Domdiakonie ist organisiert wie ein Freundeskreis: Sie ergänzt sich selbst. Dritte können eine Aufnahme in den Freundeskreis nicht verlangen. Dieses Prinzip der Selbstergänzung stärkt den inneren Zusammenhalt und erleichtert die Bildung von Freundschaften unter den Diakonen. Es führt auch dazu, dass eine klassische »Gemeindekarriere« für das Diakonenamt weder notwendig noch hinreichend ist. Dadurch werden die Domdiakonie und die St. Petri Domgemeinde immer wieder durch neue kluge Köpfe bereichert.

Gleichheit ist die Seele der Freundschaft. Deswegen wird in der Domdiakonie stets darauf geachtet, dass neu zu wählende Diakone etwa zwischen 30 und 40 Jahre alt sind. Die meisten sind selbständige Kaufleute oder Juristen, sind jung verheiratet, haben kleine Kinder und sind im Begriff, sich eine berufliche Existenz aufzubauen. Diese Gemeinsamkeiten in Alter, Beruf und häufig auch Herkommen stärken ebenfalls die Gemeinschaft und fördern die Bildung eines Netzwerkes, das dann später für die Gemeinde eingesetzt werden kann, was auch regelmäßig geschieht. Nicht zuletzt fördert diese Aufnahmepolitik auch die Freundschaft unter den Ehefrauen der Diakonen, deren Bedeutung kaum zu überschätzen ist.

Das Amt des Diakons genießt über die St. Petri Domgemeinde hinaus in Bremen ein gewisses Ansehen. Das erfreut nicht nur die Diakone, es nutzt auch der Gemeinde. Die Amtszeit eines Diakons ist auf zwölf Jahre begrenzt, damit stets auch im Kreis der Diakone für neue Köpfe gesorgt ist und die Aufgaben auch zeitlich zu bewältigen sind. Die Diakone wachsen in ihre jeweilige Tätigkeit langsam hinein. Jeder wird nach

Bremen mit dem St. Petri Dom auf einem Ölgemälde von Jürgen Landwehr, 1602.

seinen Fähigkeiten eingesetzt. Verantwortung wird so früh wie möglich übertragen. So macht das Amt Freude.

Die festlichen Diakoniegesellschaften, bei denen Diakone mit anderen Amtsträgern der Gemeinde zusammen kommen, sind immer wieder ein Ereignis. Einladungen werden nur ungern abgesagt. Festlichkeit und Freundschaft sorgen für eine besondere Atmosphäre. Die traditionsreichen Abläufe ermöglichen eine enge Verbundenheit auch unter den Diakonie-Generationen. Die Diakone erwerben durch ihre Teilnahme an diesen Gesellschaften wertvolle Erfahrungen u.a. in der freien Rede und in der Organisation großer Gesellschaften. Die Sitten und Gebräuche der Domdiakonie, die im Einzelnen die einzuladenden Gäste sowie Reden- und Speisenfolge vorschreiben, sorgen dafür, dass auch bei Diakoniegesellschaften alle zu ihrem Recht kommen. So bilden sich häufig lebenslange Freundschaften.

Aber auch die klügste Organisation kann Probleme nicht gänzlich vermeiden. Der allgemeine Bedeutungsverlust von Glaube und Kirche sowie die sinkenden Gemeindegliederzahlen haben auch Auswirkungen auf die Arbeit der Domdiakonie. Die Zahl der berufsbedingten Umzüge, welche in alten Zeiten bei selbständigen Kaufleuten und Juristen praktisch nicht vorkamen, nimmt zu und führt häufiger als früher zu Verlusten von Diakonen. Die Anforderungen an die Professionalität der

Der Schlüssel als Symbol der Domöffnung am 23. September 1638.

Aufgabenerfüllung der Diakone steigen trotz allem ständig. Die Zeiten, in denen die tägliche Arbeit eines Domdiakons praktisch von einer versierten Sekretärin erledigt werden konnte, sind lange vorüber. Gleichwohl konnte sich die Diakonie bisher an alle Veränderungen der letzten Jahrhunderte erfolgreich anpassen. Es ist nicht zu erkennen, warum dies in Zukunft anders sein sollte.

Die Frage, wann die Domdiakonie (endlich) Diakoninnen aufnehmen wird, wird immer wieder einmal gestellt. Diese Frage ist keineswegs unberechtigt. Denn andere, durchaus noch ältere Einrichtungen Bremens haben auch weibliche Amtsträger zugelassen, nicht zuletzt die St. Petri Domgemeinde, die 1992 ihre erste Dompredigerin in ihrer langen Geschichte gewählt hat. Und an den Fähigkeiten von Diakoninnen können keine Zweifel bestehen. Bisher hat die Domdiakonie allerdings keine Diakoninnen erwählt. Eine biblische Begründung gibt es dafür nicht. Diakoninnen werden erwählt, wenn es die Diakone – ohne jeden äußeren Druck – für richtig halten. Das sollten alle Außenstehenden akzeptieren. Denn das Prinzip der Selbstergänzung ist eines der konstitutiven Elemente der Domdiakonie, es dient der Freundschaft der Diakone untereinander und nutzt damit auch der Gemeinde.

Der Vorwurf, die Domdiakonie sei nicht demokratisch legitimiert, weil sich Diakone keiner Wahl durch den Konvent der St. Petri Domgemeinde stellen müssen, wird ebenfalls hin und wieder erhoben. Dieser Vorwurf ist begründet (vgl. Art. 38 Abs. 2 Satz 1 sowie Art. 44 der Verfassung der St. Petri Domgemeinde). Denn die Diakone werden nicht gewählt, sondern sorgen selbst für ihre Nachfolger. Sie regeln auch ihre innere Ordnung selbst (vgl. Art. 39 Abs. 2 Satz 2 der Verfassung). Auch diese Besonderheiten sind eine Folge des Prinzips der Selbstergänzung. Der Domdiakonie das Prinzip der Selbstergänzung zu gewähren, war eine bewusste und kluge Entscheidung der Väter und Mütter der Verfassung der St. Petri Domgemeinde. Diese Entscheidung zeugt von dem Respekt vor dem Jahrhunderte alten erfolgreichen Wirken der Domdiakonie. Was Jahrhunderte mit viel Erfahrung und Klugheit geformt haben, sollte nicht mit flinker Hand geändert werden. Und schließlich sind die Diakone – trotz aller Unabhängigkeit – Mitglieder der Gemeinde. Die Domdiakonie ist nur ein Teil der Gemeinde. Diakonievermögen ist Gemeindevermögen. Die Diakone sind nur Träger bestimmter gemeindlicher Aufgaben, die es bestmöglich zu erfüllen gilt.

Auch neuen Aufgaben ist die Domdiakonie bisher stets erfolgreich nachgekommen. So wurden – soweit keine Alternativen erkennbar waren – vorhandene Verwaltungen geschlossen (wie z. B. die Schwestern-Station) und neue Verwaltungen gegründet (wie z. B. die Verwaltung Dommuseum). Strategische Fragen werden von Domdiakonen intensiv mit Domgremien beraten. Das in der Domdiakonie vorhandene Know How wird dabei zurecht gern genutzt. Auch gemeindeübergreifende Kooperationen wurden von der Domdiakonie begonnen und werden erfolgreich praktiziert, möglicherweise ein Modell für die Zukunft.

Auch die Domdiakonie wird in Zukunft sicher anders aussehen als heute. Aber wenn sie am Bewährten festhält und das Neue klug aufnimmt, wird es die Domdiakonie auch noch in ferner Zukunft geben. Das Wort von Ernst Troeltsch aus dem Jahre 1896 auf der Jahresversammlung der Freunde der christlichen Welt »Meine Herren, es wackelt alles« sollte die Domdiakonie nicht beunruhigen. Für die Domdiakonie gilt vielmehr das, was für uns alle gilt: »Des Menschen Herz erdenkt sich seinen Weg, aber der Herr allein gibt, dass er fortgehe« (Sprüche 16,9). Für die Domdiakonie gilt das Wort Luthers: Sie sind jedermanns Diener, aber niemandes Untertan. Die Domdiakonie ist ein Jahrhunderte alter Ausdruck des bremischen Selbstbewusstseins, dessen Verlangen nach Freiheit und Unabhängigkeit sich in ehrenamtlichem Engagement für das Gemeinwohl in seiner schönsten Form zeigt. Die Domdiakonie ist wirklich etwas ganz Besonderes.

Anno 1638

Anno 1638: Am Sonntagmorgen des 23. September, kurz vor sieben Uhr, waren Straßen und Gassen der Bremer Altstadt voller Menschen. Lutherische Bewohner aus allen Stadt- und Landesteilen strömten zum lutherischen Gottesdienst im Dom.[1] 77 Jahre lang war die Kathedrale des Erzbischofs im Zentrum der Stadt geschlossen gewesen. Kein Paar wurde im Dom getraut und kein Kind getauft. Manchmal hörte man eine Predigt, wenn ein neuer Erzbischof in sein Amt eingeführt wurde, und gelegentlich erklangen Orgelspiel und Gesang unter den hohen Gewölben. Fünf Tage vor der Wiedereröffnung mit einer öffentlichen Predigt war der junge Erzbischof Friedrich II.[2] aus dänischem Königshaus mit seinem Gefolge nach Bremen gekommen, um den Dom zur Pfarrkirche der Lutheraner zu machen. Bedeutungsschwer stellte er sich damit in die Tradition seines Großvaters Christian III. (1503–1559), der genau 100 Jahre zuvor in Kopenhagen durch den Reformator Johannes Bugenhagen zum ersten protestantischen König in Europa gekrönt worden war.[3]

Viel Volk drängte durch die weit geöffneten Türen ins Kirchenschiff, obwohl der Rat unter Androhung von Geld- und Leibesstrafen den Besuch des Gottesdienstes im Dom verbot und den Zugang durch die Stadtsoldaten zu verhindern versuchte. Einige Bürger wurden inhaftiert und erst freigelassen, nachdem sie gelobt hatten, künftig dem Gottesdienst fernzubleiben.[4] Die Aufregung

war groß. Der Rat fürchtete um Sicherheit und Ordnung und die Kaufmannschaft um den Handel: König Christian IV. von Dänemark (1577–1648), der Vater des Erzbischofs, drohte mit einer Blockade. Die Elterleute der Kaufmannschaft[5] intervenierten wegen der möglichen Folgen von Handelssperren, vor allem für den nordischen Handel mit dem zu jener Zeit dänischen Handelsort Bergen.[6]

Ungeachtet aller Hindernisse und Behinderungen predigte der vom Erzbischof berufene Pastor Johann Fürsen[7] an jenem Sonntag vor angeblich 4000 Lutheranern.[8] Wenn es sich ausschließlich um stadt- und landbremische Gottesdienstbesucher gehandelt haben sollte, hätte die Zahl der Lutheraner zu jener Zeit etwa 1/5 der gesamten rund 20 000 Personen zählenden Einwohnerschaft ausgemacht. Die meisten – etwa 15 000 Bremer – wohnten in den etwa 4000 Häusern der durch Mauer und Wall geschützten Altstadt. Dort lebten einer zeitgenössischen Quelle zufolge mehr als 1000 Lutheraner.[9] Viele von ihnen waren aus dem Umland zugezogen: Einige waren

angesehene Kaufleute und Gelehrte. Die meisten gehörten den unteren Bevölkerungsschichten der Handwerker und Gewerbetreibenden an, waren Hausbedienstete, Hafenarbeiter oder Tagelöhner. Etliche lebten in Armut und waren auf fremde Hilfe wohlmeinender Bürger angewiesen.[10]

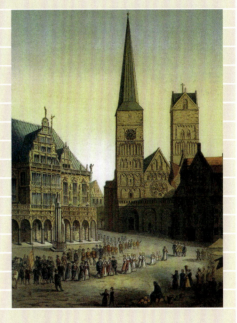

Für die Armen sammelnd sollen vier lutherische Bürger einige Wochen nach dem als historisches Faktum belegten aufsehenerregenden Ereignis der Wiedereröffnung des Doms bei einem sonntäglichen Gottesdienst mit Klingelbeuteln durch die Reihen der Gläubigen gegangen sein.[11] Das erste eindeutige Dokument über die Tätigkeit der damit auch namentlich erwähnten ersten Diakone am St. Petri Dom ist das sogenannte »Gottes Kasten Register«, ein seit 1644 geführtes Rechnungsbuch der Diakonie.[12]

Der Bremer Dom nach dem Fall des südlichen Turms am 27. Januar 1638 und dem Brand des Nordturm am 4. Februar 1656.

◂ Tumult vor dem Dom. Die nicht realistisch dargestellte Szenerie vermittelt ein Bild von der Bedrängung der Gottesdienstbesucher durch die Stadtsoldaten am Tag der Domöffnung.

◂ Hochzeitszug vor dem Bremer Rathaus und dem St. Petri Dom vor 1638. So könnte man sich die Domöffnung am 23. September 1638 vorstellen. Allerdings bot die Westfassade des Doms nach dem Einsturz des Südturms das Bild einer Ruine.

EIN BLICK IN DIE ZEIT
Bremen zur Zeit der Wiedereröffnung des St. Petri Doms

Was soll man glauben?
Böse Omen und bedenkliche Risse

Das Jahr 1638 stand unter keinem guten Stern: Am 27. Januar 1638, einem windstillen Tag, stürzte nachmittags um zwei Uhr der südliche – sogenannte kleine – Domturm mit acht Glocken ein, zerstörte zwei Häuser und kostete acht Menschen das Leben.[13] Sechs Wochen später, am 14. März, schlug ein Blitz in den anderen sogenannten großen Turm ein.[14] Der Einsturz des Südturms lässt auf zu geringe Erhaltungsaufwendungen schließen. Das Domgebäude stand öde und verlassen, nachdem es nach der Schließung im Jahre 1561 für einige Zeit zweckentfremdet als Zeughaus gedient hatte. In den ungenutzten Dombau wurde kaum noch investiert.[15]

Die Unterhaltung des Doms oblag seit dem Mittelalter der sogenannten Domfabrik,[16] die von den Dombaumeistern (structurarii) aus dem Domkapitel und aus den Kreisen angesehener und einflussreicher Bürger der Stadt Bremen verwaltet wurde.[17] Vermögensrechtlich war die Domfabrik ein selbständiges Gut, das sich nicht in der Verfügungsgewalt des Erzbischofs befand. Die Mittel stammten aus dem Fonds des Domkapitels, in den die Zehnten und andere Abgaben vom Güterbesitz, Einnahmen aus Pfründen, Zinsen aus Vermögen, Vermächtnissen und Legaten sowie Spenden und ein Anteil aus den Kollekten flossen.[18] Die Kollekten entfielen allerdings während der Zeit der Domschließung, da keine liturgischen Handlungen vorgenommen wurden. Die Erzbischöfe ließen sich im Dom huldigen, stellten aber aus ihrem gesonderten Etat keine Mittel für die Domkirche bereit. Und der Bremer Rat sah aufgrund der politischen wie religiösen Absonderung des Doms keine Veranlassung, sich für die erzbischöfliche Kathedrale zu engagieren.[19]

Auf die Bremer Bevölkerung wirkte der Einsturz des stark vernachlässigten Bauwerks wie ein Symbol für den Machtverfall des Erzbischofs. Die Verunsicherung war groß. Wem und was sollte man glauben? Aberglaube war weit verbreitet. Ungewöhnliche Ereignisse wurden als böse Omen gedeutet. Die Ausnahmesituation des bereits seit zwanzig Jahren andauernden Dreißigjährigen Krieges hatte mit Tod, Not und Vertreibung nicht nur eine real spürbare Verschlechterung der Lebensumstände vieler Menschen verursacht, sondern auch mittelalterliche Horrorszenarien mit der Furcht vor dem Jenseits neu belebt. Viele Menschen sahen die erschreckenden Ereignisse als Strafe Gottes und Mahnung für ein gottgefälliges Leben an. Die Gläubigen suchten Zuflucht bei Gott und gingen in die Kirchen. Nur in welche – und was sollte man glauben?

Dom und Stadt
Eins und (un)eins

Die Festigkeit von Glaube und Macht wies, wie der Domturm, bedenkliche Risse auf, als Friedrich von Dänemark an Heiligabend 1634 mit einem Gefolge von 65 Personen in die Stadt einzog, nachdem ihn das Domkapitel am 29. November zum Erzbischof gewählt hatte. Er wohnte im bischöflichen Palatium

Der erzbischöfliche Wohnsitz, das Palatium neben dem Rathaus.

◄ Bremen zu Beginn des 17. Jahrhunderts.

▼ Erzbischof Friedrich II. von Bremen (1609–1670).

zwischen Dom und Rathaus. Unmittelbar nach seiner Proklamation am 19. Februar 1635 verließ er die Stadt wieder. Zum einen, weil er sich durch die Predigt, die er am Neujahrstag 1635 in der St. Ansgariikirche gehört hatte, provoziert fühlte, und zum anderen, weil man sich nicht auf eine Huldigungsformel einigen konnte. Erst als man einen von beiden Seiten akzeptierten Kompromiss gefunden hatte, kam der dänische Prinz am 21. März 1637 mit 700 Stiftsrittern wieder nach Bremen und ließ sich am 22. März von Rat und Bürgerschaft Bremens als Erzbischof Friedrich II. im Dom huldigen. Ein Hofprediger hielt den Gottesdienst. Auf diese Weise unterstrich der Erzbischof unmissverständlich seinen Status als Landesherr und den des Doms als Kathedralkirche.[20]

Vier Wochen nach dem Einsturz des Domturms, am 28. Februar 1638, teilte der Erzbischof dem Domkapitel sein Vorhaben mit, den Dom für den Gottesdienst der lutherischen Einwohner Bremens zu öffnen. Der Rat hörte davon und protestierte mit dem Argument, der Dom werde nicht benötigt, da die lutherischen Einwohner bei den vier Pfarrkirchen eingepfarrt seien.[21] In umfangreichen Schreiben und Gutachten wurde der Streit ausgetragen, bis er im Spätsommer 1638 eskalierte, weil sich die Elterleute der Kaufmannschaft als Sprecher der Bürgerschaft am 16. August 1638 direkt an den Erzbischof wandten und damit seine Rolle als Landesherr unterstrichen.[22] In Verfassungs- und Steuerstreitigkeiten vertraten sie die Interessen der Bürger. Am 18. September 1638 erschien dann der Erzbischof in Bremen, um gegen den heftigen Widerstand des Rates und etlicher Personen aus der Bürgerschaft sein Vorhaben umzusetzen, den lutherischen Gottesdienst am Dom einzuführen. Es war sein landesherrliches Recht, die Religion seines Herrschaftsbereiches zu bestimmen. Der Rat bat den Erzbischof um eine Anhörung und wurde folgerichtig an den für die Landstände zuständigen Landdrosten des Erzbischofs, Caspar Schulte, verwiesen, der ausweichend reagierte. Da sich Bremen zur calvinistischen Glaubensauffassung bekannte, wurde mit der Einführung des lutherischen Ritus der Grundsatz der konfessionellen Einheit durchbrochen. Der Bremer Rat sah seinen Anspruch auf Selbstbestimmung in Religionsangelegenheiten und damit die angestrebte Reichsunabhängigkeit gefährdet. Da er sich beim Erzbischof nicht durchsetzen konnte, sandte der Rat seine schriftlich formulierten Einwände an das Domkapitel und lud am 22. September 1638 etliche der vornehmsten Lutheraner aus der Bürgerschaft mit ihrem Worthalter (Sprecher) Lubertus Edzardi ins Rathaus. Es ging um die Religions- und andere Bürgerangelegenheiten. Vor allem benötigte man die Einwilligung der Bürgerschaft

Rechnung des Eltermannes der Kaufmannschaft, Burchard Lösekanne, für den »Imbiß« des Erzbischofs Friedrich II. am 21. März 1637 im Haus Schütting der Bremer Kaufmannschaft.

St. Petri Dom, vor 1638. ▶

seinen Sohn Friedrich 1621 als Koadjutor im Bremer Erzstift durchgesetzt hatte.²⁵ Friedrich trat nach dem Tod seines Vorgängers Johann Friedrich²⁶ im Jahre 1634 sein Amt an. Er war der letzte Bremer Erzbischof. Im Gegensatz zu seinem machtlosen Vorgänger war der dänische Prinz Friedrich energisch und durchsetzungsfähig. Mit dem Beistand seines Vaters behauptete er sich gegen den vom Papst ernannten katholischen Favoriten des Kaisers²⁷, scheiterte aber letztlich an den Schweden, die unter König Gustav II. Adolf (1594–1632) auf der Seite der Protestanten 1630 in den Dreißigjährigen Krieg eintraten und 1632 erstmals das Erzstift Bremen besetzten. Erzbischof Friedrich II. konnte zwar 1636 die Neutralität der Stifte Bremen und Verden sichern, aber Schweden behielt sich die erworbenen Anrechte vor.²⁸

Von der goldenen Kanzel
Die erste Predigt 1638

»Des Sonntags, alß zum ersten der Prediger in den Thumb eingeführet worden«²⁹, predigte Johann Fürsen in der vollbesetzten Domkirche. Die vergoldete Kanzel, die der dänische König aus diesem Anlass seinem Sohn, dem Erzbischof, schenkte, trägt das Datum des ersten Gottesdienstes am 23. September 1638.³⁰ Am darauffolgenden Tag wurde mit Caspar Schacht ein zweiter Prediger bestellt und am 29. September 1638 eingeführt.³¹ Die offizielle Bestallung der beiden Domprediger durch das Domkapitel, vertreten durch den Domdekan Otto Frese und den Senior Johan Joachim von Schoenebeck, erfolgte allerdings erst ein Jahr später, weil das Domkapitel in der Besetzung der Predigtämter durch den Erzbischof eine Missachtung seines Vorschlagsrechts monierte.³² Dringend notwendige Reparatur- und Sicherungsarbeiten am Dom ließ der Erzbischof ausführen, aber den Südturm nicht wieder errichten.³³

zu einer Steuer zur Verteidigung der Stadt. Am darauffolgenden Tag wurde der Dom für den lutherischen Gottesdienst geöffnet.²³

Die Wiedereröffnung der Domkirche erfolgte mitten im Dreißigjährigen Krieg (1618–1648), einem der markantesten Ereignisse der Geschichte. Ausgelöst durch den Prager Fenstersturz am 23. Mai 1618 im Zuge des Aufstandes der protestantischen böhmischen Stände gegen den böhmischen König, der in Personalunion auch deutscher Kaiser war, entbrannte ein europäischer Konflikt, der im Deutschen Reich als politisch-religiöse Auseinandersetzung zwischen dem Kaiser bzw. der Katholischen Liga und der Protestantischen Union ausgetragen wurde.²⁴ Der Bremer Rat taktierte diplomatisch, konnte aber nicht verhindern, in die Auseinandersetzungen hineingezogen zu werden, nachdem König Christian IV. von Dänemark

Die vergoldete Kanzel im Dom mit dem Datum des ersten lutherischen Gottesdienstes zur Wiedereröffnung des St. Petri Doms am 23. September 1638.

◀ Schreiben des Erzbischofs Friedrich II. vom 30. November 1638 wegen der Beschwerden der lutherischen Bürger an den Präses und die Elterleute der Kaufmannschaft in ihrer Funktion als Sprecher der Bürgerschaft der Stadt Bremen mit seiner eigenhändigen Unterschrift.

Kurzer Rückblick in die Reformationsgeschichte Bremens

Das Ereignis der Domöffnung verbindet sich mit der Überlieferung über die Anfänge der Bremer Domdiakonie. Bereits wenige Wochen nach dem ersten Gottesdienst sollen Bremer Bürger lutherischen Glaubens mit dem Klingelbeutel durch die Reihen der Gläubigen im Dom gegangen sein, um Mittel für die Armen zu sammeln. Die Bildung der Domdiakonie erfolgte mehr als 100 Jahre nach der Gründung der Diakonien der altstädtischen Kirchengemeinden Unser Lieben Frauen, St. Ansgarii, St. Stephani und St. Martini, wo der Aufbau der diakonischen Armenpflege 1525 im Zuge der Reformation, drei Jahre nach der ersten lutherischen Predigt von Heinrich von Zütphens (1489–1524) in der St. Ansgariikirche, einsetzte.[34]

Der Erzbischof und das Domkapitel waren Gegner der Reformation; der Dom blieb katholisch.[35] Während die Diakonien der vier Stadtkirchen nach den Grundsätzen der lutherischen Glaubenslehre und im Sinne der Bremer Kirchenordnung von 1534 eine bürgerliche Armenwohlfahrt aufbauten, wurde die karitative Fürsorge am katholischen Dom in traditioneller Weise aus den dafür bestimmten Mitteln des Domfonds fortgesetzt. Daran änderte sich auch nach der Schließung des Domes im Zuge einer politisch-religiös motivierten Verfassungskrise, des sogenannten »Aufstandes der 104 Männer«[36], im Jahre 1532 nichts. Die bis in die Zeit der Stadtwerdung im Mittelalter zurückreichenden politischen Machtkämpfe zwischen der nach Selbständigkeit strebenden Stadtgemeinde Bremen einerseits und dem Erzbischof als Landesherrn und damit auch Stadtherrn Bremens andererseits verbanden sich mit den theologischen Auseinandersetzungen der Reformation.

1547 wurde durch den Prediger Albert Rizäus Hardenberg (1510–1574)[37] der lutherische Gottesdienst auch am Dom eingeführt. In dem Zusammenhang könnte eine Domdiakonie gegründet worden sein, die aber vermutlich nicht lange bestand.[38] Seit 1555 entzweiten die von der Bremer Geistlichkeit ausgetragenen sogenannten Hardenbergischen Streitigkeiten die Bürger der Stadt. Hardenberg folgte der von der lutherischen Lehre abweichenden Abendmahlsauffassung der Reformatoren Johannes Calvin (1509–1564) und Ulrich Zwingli (1484–1531): Leib und Blut Christi seien zwar in Brot und Wein wirksam, aber nicht Luthers Auffassung entsprechend substantiell und allgegenwärtig (Ubiquität). Eine Minderheit des Rates um Bürgermeister Daniel von Büren dem Jüngeren (1512–1593), der Bürgerschaft und der Geistlichkeit wurde von dieser geistigen Strömung erfasst. Die Ratsmehrheit folgte der mit der Kirchenordnung von 1534 als geltende Norm festgeschriebenen Meinung Luthers.[39] Der Streit leitete den Übergang der vier stadtbremischen Kirchengemeinden zur calvinistischen Religionsauffassung ein.[40] Damit verlagerten sich die vom politischen Streit um die Stadtherrschaft nicht zu trennenden konfessionellen Auseinandersetzungen zwischen Dom und Stadt von der Ebene Katholiken gegen Lutheraner auf die der Lutheraner gegen die Calvinisten.[41]

Es stellte sich die Frage, wer den Augsburger Religionsfrieden (Confessio Augustana) vom 25. September 1555 zu garantieren hatte. Der Religionsfrieden gestand jedem Reichsstand, also jeder landesherrlichen Obrigkeit, das Recht der freien Wahl der Konfession seiner Untertanen zu (»cuius regio, eius religio«). Der Bremer Rat übte die Aufsicht über das Kirchenwesen der vier Pfarrkirchen Unser Lieben Frauen, St. Ansgarii, St. Stephani und St. Martini aus und beanspruchte damit Rechte eines reichsunmittelbaren Standes, was Bremen aber nicht war. Landes- und kirchenrechtlich unterstand Bremen dem Erzbischof als Landesherrn und summus episcopus. Daher konnte Hardenberg vom Rat nicht zur Verantwortung gezogen werden, musste aber zur Sicherung des Reichsfriedens nach einem Votum der niedersächsischen Kreisstände 1561 Bremen verlassen. Der Dom wurde wieder geschlossen und blieb es 77 Jahre lang, von einigen Huldigungsfeiern für neugewählte Erzbischöfe abgesehen.[42]

Der Verdener Vertrag von 1568 fixierte die Religionshoheit des Erzbischofs als Landesherrn. Es galt die im Augsburger Religionsfrieden von 1555 neben der katholischen Konfession akzeptierte lutherische Glaubenslehre, der sich der Erzbischof und

Bremisch-Evangelische Kirchenordnung von 1534.

lutherisch
Lehre des Reformators Martin Luther (1483–1546). Im Zentrum stand die Rechtfertigungslehre und die Wahrheit der Offenbarung Gottes in Christus. Luther betonte die wirkliche Gegenwart Christi im Abendmahl.

reformiert
Lehre des Schweizer Reformators Johannes Calvin (1509–1564), beinhaltend den Glauben an die Prädestination und die von Luther abweichende Abendmahlslehre (Calvinismus); 1549 mit der Lehre des Schweizer Reformators Ulrich Zwingli (1484–1531) zur reformierten Lehre vereinigt.

die Domherren zugewandt hatten.[43] Das Bekenntnis zum Calvinismus verstieß gegen den Grundsatz der einheitlichen Religion und brachte Bremen in eine kirchen- und staatsrechtlich schwierige Situation. Der Dombezirk im Stadtgebiet offenbarte den politisch-religiösen Zwiespalt und zeugte von den bislang erfolglosen Bemühungen der Stadt zur Durchsetzung der Unabhängigkeit vom erzbischöflichen Stadtherrn.[44] Wer am lutherischen Glauben festhielt, hatte seit der Schließung des Doms keine Möglichkeit mehr, den lutherischen Gottesdienst in Bremen zu besuchen. Man traf sich in Privathäusern oder ging in die Kirchen des lutherischen Umlandes, z. B. in Seehausen, was im Winter und bei schlechtem Wetter sehr beschwerlich war.[45] Die gemeinsame Organisation des Kirchgangs (rund 10 Kilometer, etwa 2 Stunden Fußweg) und gegenseitige Hilfeleistungen könnte ein Gremium von führenden Lutheranern übernommen haben, die als Vorsteher der Gemeinde fungierten.[46] Eingepfarrt blieben die Lutheraner in den vier städtischen Kirchspielen.[47]

Der Dom und die vier Stadtkirchen

Die Stadt Bremen und ihr Gebiet waren politisch wie kirchlich Teil des Erzbistums Bremen, das seit 1230 von 24 Kanonikern des Domkapitels zu Bremen verwaltet wurde. Diese Domherren verfügten über ein vom Bischof unabhängiges Vermögen. Sie versorgten sich vor allem aus den Feudaleinkünften des Kapitels und eigener Besitztümer. Die Wahl erfolgte aus einer Vorschlagsliste des Domkapitels. Durch Selbstergänzung beschränkte sich der Kreis auf Adelige und angesehene Bürger.

Der St. Petri Dom, die Kathedrale des Erzbischofs, bildete zusammen mit der Wilhadikapelle, den Kurien der Domkapitelherren und etwa 200 weiteren Gebäuden die Domimmunität, den auch als Domfreiheit bezeichneten erzbischöflichen Herrschaftsbereich mit eigenem Recht.[48] Daneben gab es in der Bremer Altstadt am rechten Weserufer vier Kirchspielkirchen: Unser Lieben Frauen, St. Ansgarii, St. Stephani und St. Martini, außerdem zwei Klosterkirchen, eine Ordenskirche und etliche kleinere Kirchen und Kapellen, zum Teil bei oder in Hospitälern, Konventen und Stiften.[49]

1229 war die Einteilung der Altstadt in drei Kirchspiele (Unser Lieben Frauen, St. Ansgarii und St. Martini) erfolgt; Anfang des 14. Jahrhunderts ergänzt um das bis dahin außerhalb der Stadtmauern gelegene Stephaniviertel.[50] Das Kirchspiel Unser Lieben Frauen erstreckte sich – den Dombesitz mit der Bischofskathedrale ausklammernd – in der östlichen Altstadt von der Balge bis zur Söge- und Kleinen Waagestraße. Daran grenzte südöstlich das Martiniquartier zwischen Weser und Balge. Das Ansgariiviertel schloß sich im Westen an, von der Söge- und Kleinen Waagestraße bis zur Ansgariitorstraße. Nordwestlich des Ansgariiviertels lag das Stephaniviertel.[51] Diese Einteilung der vier Kirchspiele oder Quartiere der altstädtischen Pfarrkirchen wurde seit der Reformation maßgeblich für die Zuständigkeiten in der Armenpflege.

Jedes Quartier hatte eine spezifische soziale und wirtschaftliche Prägung. Im Kirchspiel Unser Lieben Frauen rund um das Rathaus und den Marktplatz lebten die meisten angesehenen Ratsfamilien, im kleinsten Martinikirchspiel viele wohlhabende Kaufleute, im Ansgariikirchspiel überwogen neben den Kaufleuten die Handwerker, und im Stephanikirchspiel gab es viele einfache, arbeitsame Leute wie Fischer, Schiffer und Fuhrleute. An den breiteren Straßen lagen die großen als »Erben« bezeichneten Immobilien der wohlhabenden Bürger. Die Buden genannten primitiven Behausungen der armen Leute verteilten sich in Gassen, Höfen und Kellern im gesamten Stadtgebiet. Sie standen auch in ungünstigen Lagen, außerhalb der schützenden Stadtmauer und im Überschwemmungsgebiet entlang der Weser.

»Wen wij man den Dohm beholden«
(K)eine Frage der Überzeugung

Zwei Tage nach der Domöffnung, am 25. September 1638, verließ der Erzbischof die Stadt Bremen in Richtung Delmenhorst. Der Rat beklagte sich bei seinem Vater, König Christian IV. von Dänemark, und verbot den lutherischen Bürgern den Besuch der Gottesdienste im Dom. Am 22. Oktober 1638 verlasen die Kirchspieldiener die obrigkeitliche Verordnung, und am 25. und 28. Oktober 1638 verkündeten es die Prediger von den Kanzeln der städtischen Kirchen. Wie an den Sonntagen zuvor, und auch während der Mittwochsgottesdienste, bewachten Stadtsoldaten die Eingänge zur Domkirche, zur Domschule und zum Küsterhaus. Dabei kam es am 28. Oktober 1638 zu einem Zwischenfall, weil Bürger bis in den Dom verfolgt und mit gezogenem Säbel bedroht wurden, was eine Verletzung der erzbischöflichen Hoheitsrechte darstellte und juristisch geahndet wurde.[52]

In mehreren Briefen an seinen Vater, König Christian IV. von Dänemark, kritisierte der Erzbischof die Beeinträchtigung seiner landesherrlichen Rechte, womit die Stadt Bremen ihr offensichtliches Ziel der Unabhängigkeit zu erreichen versuchte. Da der König drohte, die lukrative Fahrt zum dänischen Hafen Bergen zu sperren, setzten sich die angesehenen Bergenfahrer[53], die innerhalb der Kaufmannschaft eine eigene Gruppe bildeten, für die ungehinderte Religionsausübung der Lutheraner, insbesondere für die Nutzung des Doms für die Gottesdienste, ein.[54] Der Schütting, das Versammlungshaus der Kaufleute, wurde zum Zentrum der Beschwerden lutherischer Bürger, die sich über die Schmälerung ihrer Bürgerrechte durch Benachteiligungen und Verfolgungen beklagten.[55] Im »Bremischen Stadt Spiegell«, einer Art Flugblatt, brachten die »Lutterschen Borger« ihre Forderung zum Ausdruck: »Wen wij man den Dohm beholden, so mag idt umb dat averige gahn alß idt kann«[56] (Frei übersetzt: Wenn wir nur den Dom behalten, so mag sich auch das andere finden). Die Elterleute der Kaufmannschaft (Collegium Seniorum) versuchten in ihrer Funktion als Wortführer des Bürgerkonvents (Notablenversammlung der Bremer Bürgerschaft) zu vermitteln, um den ungestörten Handel nicht zu gefährden. Noch verschaffte die neutrale Stellung den Bremer Kaufleuten, auch nach zwanzigjähriger Kriegsdauer, gute Erträge.

Der Bremer Rat lavierte zwischen den widerstreitenden Interessen und Mächten. Im Bemühen um ein entspanntes Verhältnis zum dänischen Haus nahmen die Vertreter des Rates Anfang November 1638 in Glückstadt Verhandlungen mit dem dänischen König auf. Dabei ging es vorrangig um das gemeinsame Vorgehen gegen den Durchmarsch von Truppen durch bremisches Gebiet, nebenbei aber auch um die Domangelegenheiten. Bezüglich der Verteidigung der Stadt Bremen, vor allem gegen die Schweden, war man sich schnell einig: Gemeinsam brachten Rat und Erzbischof große Summen zur Sicherung der Neutralität auf und kauften sich von den vor den Toren der Stadt lagernden Schweden frei.

Um Einquartierungen und Durchzüge der kaiserlichen Söldnertruppen zu verhindern und um die Bestätigung der Reichs-

Erzbischof Friedrich II. beschwerte sich bei seinem Vater, König Christian IV. von Dänemark, wegen der Behinderung der lutherischen Gottesdienste im St. Petri Dom in Bremen, 28. September 1638 und 20. Oktober 1638.

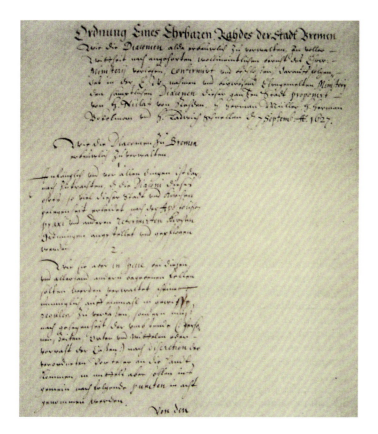

unmittelbarkeit zu erlangen, pflegte Bremen auch zum Kaiser kostspielige Beziehungen.

Von den verheerenden Kriegsfolgen blieb die gut befestigte Stadt Bremen weitgehend verschont. Umfangreiche Finanzmittel waren in die Befestigungsanlagen investiert worden. Zum militärischen Schutz der altstädtischen Weserseite wurde ab 1623 am gegenüberliegenden linken Weserufer nach einem 1619 vorgelegten Plan des niederländischen Ingenieurs Johann von Valckenburgh (um 1575–1625) die durch Bastionen gesicherte Neustadt angelegt.[57] Es gab Streit, weil sich der Rat dafür Ländereien des Domkapitels angeeignet hatte.[58] Weitere Investitionen flossen in den zur Förderung des Handels notwendigen Ausbau des Hafens von Vegesack 1619 bis 1623, weil große Seeschiffe wegen der Versandung der Weser den altstädtischen Hafen an der Schlachte am rechten Weserufer in Bremen nicht mehr erreichen konnten. Allerdings litt der Handel zunehmend unter Behinderungen durch Überfälle und Sperren. Durch die Entvölkerung der Landgebiete kam es zu Ausfällen bei den Ernten und beim Absatz. Vernichtung, Konfiszierung, Vertreibung, Flucht und Seuchen führten im Laufe des Krieges zu einer Depression und Teuerung, vor allem beim Korn, was die Grundversorgung gefährdete.[59]

Die extremen Notlagen des Dreißigjährigen Krieges ließen mit dem Strom der Flüchtlinge die Zahl der Hilfebedürftigen anschwellen. Viele Menschen flohen vor Hunger und Not und vor Raub, Plünderung, Zerstörung, Mord und Vergewaltigung durch die kriegführenden Truppen hinter die schützenden Mauern der Stadt Bremen.[60] Den Flüchtlingen der ersten Kriegsjahre aus Böhmen und der Pfalz folgten seit der Besetzung der Umgebung Bremens durch die dänischen Truppen Christians IV. in den Jahren 1625/26 und mit dem Vorrücken der Truppen der kaiserlichen Liga des Feldherrn Graf Johann Tserclaes Tilly 1627/28 die Bewohner des Umlandes.[61] Wiederholte Male suchte der Erzbischof selbst Schutz. Je länger der Krieg dauerte, umso mehr Menschen kamen in die Stadt und umso schwieriger wurde die Versorgung. Die Armenkassen waren aufgrund der außerordentlichen Anforderungen stark beansprucht, und die Mittel flossen weniger reichlich, weil

Fremde Bettler bitten um eine Gabe.

◀ Bremische Armenordnung von 1627.

die Fähigkeit und die Bereitschaft zur Unterstützung in den schweren Zeiten abnahmen. Im Laufe des Krieges trat eine wesentliche Verschlechterung ein. Die große Zahl fremder Bettler wurde zunehmend als Belastung empfunden.[62] Eine 1627 erlassene Armenordnung sollte die Versorgung der einheimischen, in Armenbüchern registrierten sogenannten Hausarmen[63] sicherstellen und die Bettelei einschränken.[64] Durch Sammlungen an den monatlichen Bettagen und bei Festgottesdiensten hoffte man, zusätzliche Einnahmequellen zu erschließen.[65]

Stader Vergleich von 1639
Das Recht zur Kollekte im Dom

Angesichts der gemeinsamen Bedrohung durch kaiserliche und schwedische Truppen kam es schließlich nach langwierigen, schwierigen Verhandlungen am 4. Oktober 1639 mit dem Stader Vergleich zu einer Einigung zwischen dem Rat der Stadt Bremen und dem Erzbischof, die auch die Ausübung der lutherischen Religion (Exercitii Lutheranae religionis) im Dom einschloss.[66] Der Vergleich bildete die kirchenrechtliche Grundlage für die Anerkennung der lutherischen Domgemeinde. Damit war auch die nach dem Prager Frieden von 1635 aufgeworfene Frage nach dem für den Dom geltenden Bekenntnis beantwortet.[67] Dem Erzbischof bzw. seinen Rechtsnachfolgern standen die Entscheidung über die Religion am Dom und das Episkopalrecht zu.[68] Der Rat musste zusagen, die lutherischen Einwohner unbehelligt den Domgottesdienst besuchen und die Sakramente empfangen zu lassen. Da dem Dom aber kein Parochialrecht über die lutherischen Bürger zugestanden wurde, das beim Rat bleiben sollte, durften die Domprediger zwar Amtshandlungen wie Taufen vollziehen, mussten aber die Gebühren an die Kirchengemeinde abführen, in denen die Lutheraner eingepfarrt waren. Trauungen mussten in den Stadtkirchen erfolgen.[69] Die lutherischen Bürger waren den Kirchspielen zugeordnet, in denen sie ihren Wohnsitz hatten.[70]

Zum Armenwesen hieß es wörtlich im Vergleich von 1639: »Es soll auch der Thumbkirchen durch dieses Exercitium

Stader Vergleich vom 4. Oktober 1639 (Abschrift).

▶ Sammlung von gedruckten Streitschriften zur Wiedereinführung des lutherischen Gottesdienstes am Bremer St. Petri Dom, 1639.

▶▶ Vereinbarung bezüglich der Verteilung der im Dom gesammelten Almosen im Stader Vergleich vom 4. Oktober 1639.

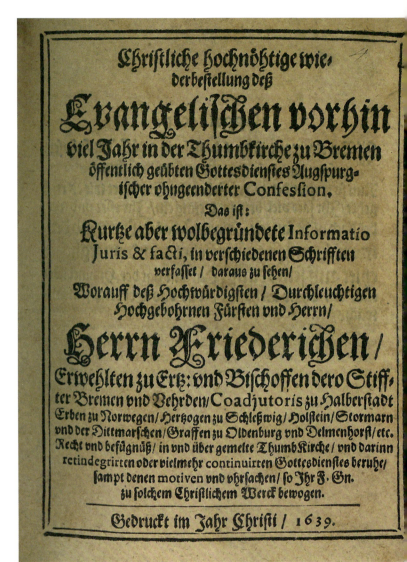

Lutheranae religionis kein jus parochiale über die Lutheranischen Bürger zustehen, sondern Senatus Civitas an ihren jure parochiali unpraejudiciret, Gestalt dann den Stadtkirchen, Schulen undt Almosenhäusern ihre gefälle, steuern undt einkünfte wie bißhero allerdings, so woll auch daß Jenige waß der Thumbkirchen an freywilligen collectis, Eleemosynis undt anderen milten gaben zugewendet werden möchte, deroselben verbleiben.«[71] Den vier Stadtkirchen sowie den Schulen und Armenhäusern standen demzufolge die bisherigen Einkünfte aus dem Dometat zu. Die verklausulierte Formulierung über die Verwendung der im Dom gesammelten Mittel führte dazu, dass später wiederholt die Forderung erhoben wurde, diese seien an die Stadtkirchen abzuführen, die sich für die Versorgung der in den Kirchspielen lebenden verarmten Lutheraner zuständig sahen. Die Domdiakonie beanspruchte, ebenfalls mit dem Verweis auf diesen Passus, die im Dom gesammelten freiwilligen Gaben für die von ihnen übernommene lutherische Armenfürsorge.

Die dem Dom freiwillig gespendeten Kollekten, Almosen und milden Gaben könnten bereits von Gemeindemitgliedern gesammelt und verteilt worden sein. Möglicherweise waren das jene »der Lutherischen Religion zugethane Bürger«, die sich im März 1639, also noch vor dem Stader Vergleich, im Namen der Domgemeinde an den Rat gewandt hatten, um sich wegen der Beschränkung ihrer Religionsfreiheit zu beschweren. Da der Rat die Annahme des Schreibens verweigerte, sandten die lutherischen Bürger eine nicht unterzeichnete Abschrift an das als Sprecher der Bürgerschaft fungierende Collegium Seniorum der Kaufmannschaft und baten um Unterstützung.[72]

Neben den Kollekten sollte, wie in vorreformatorischer Zeit, ein Teil der Kirchengüter der Armenfürsorge für Arme, Alte und Waisen dienen. Die Kirchengüter wurden von 24 Domkapitelherren verwaltet. Einer von ihnen war der für den Dom- oder Strukturetat zuständige Strukturarius.[73] Aus seinem Etat, der sich vorwiegend aus Feudaleinkünften finanzierte, hatte er den Dom und den Kultus zu unterhalten, die Domprediger, die Domschulen und die Lehrer, die Sekretäre, Handwerker und andere Angestellte zu entlohnen und die Armenmittel bereitzustellen.[74]

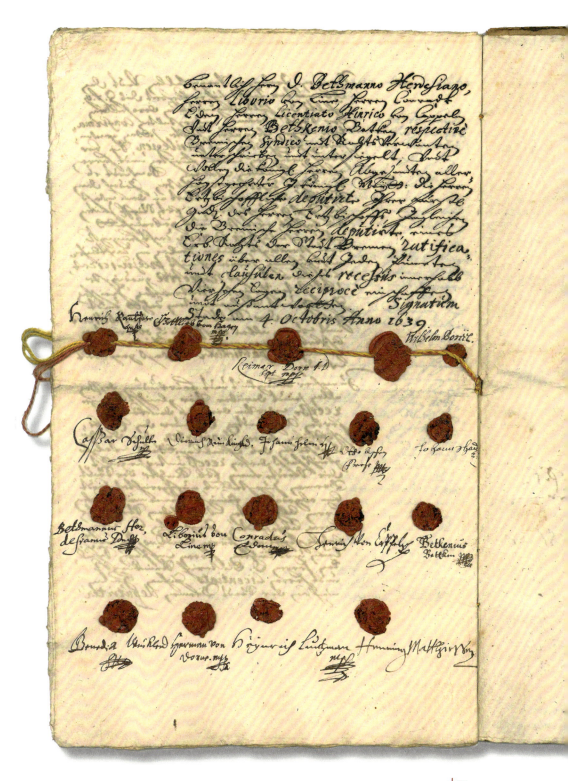

DIE ANFÄNGE DER DOMDIAKONIE

Vorsteher der St. Petri Domgemeinde

Wer trug den ersten Klingelbeutel?
Die Suche nach dem Ursprung der Domdiakonie

Die Frage nach dem Ursprung der Diakonie am St. Petri Dom ist nicht eindeutig zu beantworten. Im Zusammenhang mit der Erstellung dieser Chronik wurde sie von Dr. Peter Ulrich erneut aufgeworfen und im Kreis der Diakonie und der Autoren dieses Werkes wiederholt diskutiert. Die historischen Umstände sprechen für eine Aufnahme der Diakonietätigkeit zur Zeit der Wiedereröffnung des Domes für den lutherischen Gottesdienst im Jahre 1638. Das in der älteren Literatur angegebene und danach vielfach wiederholte Datum einer ersten Klingelbeutelsammlung am 11. November 1638 (Martinstag), fast sieben Wochen nach dem ersten Gottesdienst im Dom, ist anhand der vorliegenden Quellen jedoch ebenso wenig zu belegen wie das in einigen Unterlagen angegebene Datum der Gründung der Diakonie am 17. November 1638.[75] Die im Stader Vergleich erwähnten freiwilligen Kollekten, Almosen und anderen milden Gaben lassen eine Ende 1639 bestehende Sammlung für die Armen aber ebenso vermuten wie Gemeindemitglieder, die diese Aufgabe erfüllten.[76]

Vier Gemeindemitglieder sollen mit Klingelbeuteln durch die Reihen der Gemeinde gegangen sein: »Getreu der alten Überlieferung in Bremen haben vielmehr vier besonders aktive Gemeindemitglieder von sich aus mit der Billigung der im Dom versammelten Gläubigen die Initiative ergriffen und eine Armenpflege eingerichtet.«[77] Initiatoren der Sammlung sollen die »Vorsteher der Glaubensgemeinde am Dom«[78] gewesen sein, nicht der Erzbischof oder das Domkapitel.[79] Möglicherweise waren das jene »verordnete(n) Vorsteher der Armen In dem Gottshaus In der Buchtstraße zu Bremen belegen«[80], die bereits vor der Domöffnung fungierten. Sie wurden bereits 1611 im Zusammenhang mit einer Schenkung des Erzbischofs Johann Friedrich aus den Erlösen eines Landverkaufs an das Armenhaus genannt.[81] Es war ihre Aufgabe, die Armen des St. Petri Armenhauses an der Buchtstraße und weitere in einem Buch registrierte sogenannte Bucharme des Armenhauses aus Mitteln zu versorgen, die »von alters her von frommen gottesfürchtigen Leuten darzu an das Armen Hauß gegeben« worden waren. Das waren Einnahmen aus dem Kirchenvermögen, aus Legaten, aus Spenden an das Haus und aus Vermächtnissen mehrerer Domkapitelherren, die auch zur Zeit der Domschließung vereinnahmt wurden.[82] Die Mittel waren Teil des nach wie vor vom Strukturarius des Domkapitels verwalteten Strukturfonds. Die Vermutung, die Diakone könnten die Nachfolger der Vorsteher des Armenhauses an der Buchtstraße gewesen sein, liegt nahe. Dass es sich bei dem Armenhaus um das später von der Domdiakonie verwaltete St. Petri Witwenhaus handelte, beweist die Bezeichnung als »wittiben Hauß« im »Armen Register in der Buchtstraße« aus dem Jahre 1669.[83]

Bedeutendste Einnahmequelle des Armenwesens am Dom war die Clüversche Armengifte, das waren Vermächtnisse, unter anderem der Senioren des Domkapitels Segebade Clüver (1547) und Harmen Clüver (1570).[84] Aus diesen Einnahmen wurden nach dem Clüverschen Armenregister 77 namentlich

Klingelbeutel der St. Petri Domdiakonie von 1760.

erfasste Bedürftige versorgt. Bei der Verteilung im und vor dem Armenhaus an der Buchtstraße erhielten 12 Personen vierzehntägig 14 Grote und 65 weitere Personen 8 Grote, dazu Schulgeld, Kerzen sowie unter anderem Leinwand und zu Weihnachten eine Sondergabe.[85] Der jedem Einzelnen ausgeteilte Geldbetrag entsprach etwa dem halben Tagelohn eines Handwerkers und reichte aus, um jeden Monat ein Pfund Ochsen- oder Schweinefleisch sowie ein Pfund Käse und ½ Pfund Butter zu kaufen. Wer auf Fleisch verzichtete, konnte auch fast vier Liter (1 Stübchen = 3,772 Liter) gutes Bier erwerben.[86] Monatlich wurden aus der Clüverschen Armenkasse auch 1 Reichstaler 60 Grote an jede der Gotteskisten der vier städtischen Kirchspiele gezahlt und zu Weihnachten 19 Reichstaler und 26 Bremer Mark.[87] Am Heiligabend wurden außerdem 10 Reichstaler den Armen im Gasthaus an der Hutfilterstraße (Ilsabeen-Gasthaus) und im Dietrich Fresen Gasthaus (nach dem Stifter benanntes Armen- und Witwenhaus an der Buchtstraße) sowie der Zwölf Apostel Kapelle und dem Armen Schiffer Gasthaus (Haus Seefahrt[88]) gespendet. Besondere Zuwendungen erhielten auch die kindlichen Hausarmen sowie die armen Mägde, das Gesinde in der Bademeisterei sowie die Schulmeister am Dom.[89]

Epitaph des ersten lutherischen Domherrn und Stifters der Clüverschen Armengifte, Segebade Clüver, 1547.

Ein Verzeichnis der Schuldforderungen des Armenfonds an das Domkapitel und an die Erben eines Vermächtnisses lassen Defizite im Strukturetat erkennen. Auch fehlten die vor der Domschließung ausgewiesenen Kollekten und der »Vierte Pfennig« (im Mittelalter auch unter der Bezeichnung »Vierzeitenpfennig«), eine Art Kirchensteuer, sowie die Einkünfte aus dem Weinkauf[90] und aus der Vermietung von Kirchenstühlen.[91] Die Mittel reichten weder für die Armenversorgung noch für dringend notwendige Sanierungen am Domgebäude.[92]

Das »Gottes Kasten Register« von 1644
und die ersten Diakone am St. Petri Dom

Der erste eindeutige Hinweis auf die Diakonie am St. Petri Dom liegt mit dem ältesten bekannten »Gottes Kasten Register« von 1644 bis 1660 vor. Die im Staatsarchiv Bremen entdeckte Quelle gibt detaillierte Auskunft über die Sammlung und Verwendung der Mittel ab dem Jahr 1644 und nennt namentlich die ersten buchhaltenden Diakone.[93] Damit ließ sich die bislang bekannte Reihe der Diakone in dem grundlegenden Werk über die Domdiakonie von Richard Rüthnick und Kurd Schulz über das Jahr 1650 hinaus zurückverfolgen.[94] Mit der Aufnahme der karitativen Tätigkeit durch die Diakonie gab sich die Domgemeinde eine eigene Organisation.

Bei dem 1644 beginnenden »Gottes Kasten Register« handelt es sich um die Abschrift eines Rechnungsbuches der Diakonie aus dem späten 17. Jahrhundert, das wörtlich als das erste Buch bezeichnet wird.[95] Es soll (nicht auffindbare) Ausgabebücher gegeben haben, die mit A, B und C bezeichnet worden waren. Das Ausgabebuch B sei ab 1. Juli 1650 geführt worden. Ein Bearbeitungsvermerk bestätigt den Beginn der schriftlich dokumentierten Diakonietätigkeit im Jahre 1644: »Das erste Buch anfangend vom 24. Juni 1644 habe ich ganz (i. O. unterstrichen) abschreiben lassen … Das 2t. Buch B signirt enthält die Austeilung an die Armen vom 1 July 1650 an bis Ende 1658. … Das eigentliche Rechnungsbuch fängt Anno 1650, 1 July an …«[96] Das im ersten Buch genannte Datum, der 24. Juni 1644, ist der früheste vorliegende, eindeutige Hinweis auf die Diakonietätigkeit am Dom.

Die zunehmend unsicheren politischen Verhältnisse könnten die schriftliche Rechnungslegung zum Nachweis über die möglicherweise bereits vorher durchgeführte Sammlung und Verwendung der Mittel veranlasst haben. Frühere Dokumente wären in den Unterlagen der für das Armenwesen zuständigen Domkapitelherren oder der seit 1638 amtierenden Prediger zu suchen. Für die Jahre 1637 bis 1646 weisen die Register und Archivalien der Domstruktur eine Lücke auf, so dass die in der

Literatur erwähnten Daten vom Beginn der Diakonie am St. Petri Dom am 11. oder 17. November 1638 in den Quellen unbestätigt bleiben.[97]

Die erste dokumentierte Sammlung und Verteilung von Almosen an die Armen durch die Domdiakone fand also mitten im Dreißigjährigen Krieg statt, als es im Zuge des schwedischen Vormarsches in die direkte Umgebung Bremens zu finanziellen Schwierigkeiten bei der Beschaffung der für den Unterhalt der Armen benötigten Mittel kam. Der Rat diskutierte über die Probleme der Wohlfahrtsfürsorge und erließ 1645 eine erweiterte Armenordnung, die sonntäglich von den Kirchenkanzeln verkündet wurde. Wegen der hohen Beanspruchung der Armenkasse sollten nur noch einheimische Arme versorgt werden.[98] Zur Aufnahme von Bettlern wurde ein neues Zucht- und Werkhaus[99] eingerichtet, das von vier Diakonen der altstädtischen Kirchspiele verwaltet wurde.[100]

Dänemarks Expansionsdrang kollidierte mit dem Machtstreben der schwedischen Nachbarn und den handelspolitischen Zielen der Niederlande im Nord- und Ostseeraum. Im Ringen um die Vorherrschaft entwickelten sich die politischen Verhältnisse zu Ungunsten des Bremer Erzbischofs.[101] Die Interessen rivalisierender Mächte bestimmten das weitere Schicksal des Doms. Die Liga des katholischen Kaisers, dessen außenpolitischer Partner das gegen die Generalstaaten der Niederlande kämpfende Spanien war, zog gegen die protestantischen Fürsten. Frankreich verbündete sich mit Schweden, das wiederum bei den Generalstaaten der Niederlande hoch verschuldet war. Der Einmarsch schwedischer Truppen unter dem Feldherrn Lennart Torstensson (1603–1651) im Dezember 1643 in das dänische Holstein löste den schwedisch-dänischen Krieg (Torstenssonkrieg 1643–1645) aus. Im Januar 1644 besetzte der schwedische Feldmarschall Hans Christoph von Königsmarck (1600–1663)[102] das neutrale Erzstift Bremen, das er im Frühjahr 1645 endgültig eroberte und gegen Erzbischof Friedrich II. verteidigte. Das Erzstift Bremen kam von dänischer unter schwedische Herrschaft. Auf einen Angriff gegen die gut gesicherte Stadt Bremen verzichteten die Schweden und ließen den Rechtszustand in der Schwebe. Die schwedische Königin Christina (1626–1689), Tochter Gustav II. Adolfs, ernannte den zum Generalleutnant beförderten Königsmarck 1645 zum Gouverneur des Erzstifts.[103] Er führte eine zunächst provisorische und unzureichende Verwaltung.[104] Am 1. Juni 1646 erlangte die Stadt Bremen mit dem Linzer Diplom Kaiser Ferdinand III. (1608–1657) die langerstrebte Reichsunmittelbarkeit, also landesherrliche Unabhängigkeit. Der Rat nutzte das gewonnene Privileg und die politische Lage, um gegen die vermeintlich schutzlose lutherische Gemeinde vorzugehen. Unter anderem wurde ihr das Recht auf ein eigenes Schulwesen bestritten.[105]

In jenen unsicheren Zeiten lassen sich mit dem »Gottes Kasten Register der Thumkirchen in Bremen« erstmals die Domdiakonie und ihre Tätigkeit im Dienste der Domgemeinde nachweisen. Gleichzeitig werden Organisationsstrukturen deutlich. Es zeigt sich, dass das Armenwesen den Anregungen Luthers zum kirchlichen Laienamt und der Kirchenordnung von 1534 folgend nach dem Vorbild der altstädtischen Kirchengemeinden aufgebaut war. Zur Sammlung der Almosen wurden Armenkisten aufgestellt. Die Lichtungen (Leerungen) der Armenkisten fanden im Januar, April, Juni, August, November und Dezember statt.[106] Zu diesem Anlass und zur Rechnungsablage trafen sich die »verordneten Diakone« in der Diakonenkammer in der Domkirche mit dem Bevollmächtigten des Domkapitels sowie den Predigern Johann Fürsen und Caspar Schacht. Der buchhaltende Diakon verzeichnete

Die schwedische Königin Christina (1626–1689) versicherte der Stadt Bremen am 27. April 1644 ihre Freundschaft und garantierte die Freiheit des Handels.

◂ Extrakt aus dem Rechnungsbuch der St. Petri Armenkasse ab 24. Juni 1644 (Abschrift).

die Einnahmen. Die Sammlung bestand aus vielerlei Münzen verschiedener Währung. Fremde Münzen wurden nach dem Metallwert verkauft und daher als Pfundgeld bezeichnet.[107] Über weitere Zuwendungen und über die Ausgaben wurden gesonderte Bücher geführt. Der buchhaltende Diakon teilte von den gesammelten Mitteln, zum Teil nach vorheriger Prüfung durch die Domprediger, in seinem Haus Almosen an Notleidende, insbesondere an Kriegsflüchtlinge, aus. Das waren ortsfremde Bettler im Gegensatz zu den einheimischen Armen, sogenannten Hausarmen. Diesen wurde gemäß Armenregister alle vierzehn Tage in der Diakonenkammer eine Gabe gereicht. Die Empfänger wurden in ein Buch eingetragen, das nach dem Ende der Amtszeit an den nachfolgenden buchhaltenden Diakon weitergereicht wurde.[108]

Der erste namentlich genannte Diakon an der St. Petri Domkirche war Dirich Gerdinck (Gerdings). Er war aus der Grafschaft Diepholz gebürtig und erlangte am 18. Dezember 1637 das Bürgerrecht.[109] Im Juli 1644 erscheint er als erster Rechnungsführer der Armenkasse. Der Nachfolger Gerdincks als Buchhalter der St. Petri Domdiakonie war Tyes Dober. Er zog aus »Barnßdorff« (Grafschaft Diepholz) zu, stammte aber aus Pommern, wohin 1630 einer der ersten Feldzüge des schwedischen Königs Gustav II. Adolf führte. 1633 beantragte Dober das Bremer Bürgerrecht, das ihm am 1. September erteilt wurde.[110] Im Dezember 1644 übernahm er die Rechnungsführung für das erste Halbjahr 1645. Tyes Dober war Kaufmann und gehörte offensichtlich zu den schwedischen Parteigängern. Er war ein angesehener Bremer Bürger, der 1654 zur Huldigungsfeier für die Schweden

Das »Gottes Kasten Register« der St. Petri Domkirche in Bremen 1644 bis 1659 (Abschrift).

Die erste Seite des ▶ Gotteskastenregisters vom 24. Juni 1644, unterzeichnet vom ersten bekannten Diakon am St. Petri Dom Dirich Gerdinck (Abschrift).

im Haus Schütting der Kaufmannschaft eingeladen wurde.[111] Wirtschaftlich kompetente Kaufleute gehörten zum zweiten von vier Ständen der hierarchisch gegliederten bürgerlichen Gesellschaft Bremens.[112]

Die Amtszeit der ersten Diakone lässt sich nicht feststellen. Auch ist nicht bekannt, ob die Diakone von der lutherischen Gemeinde oder durch Selbstergänzung gewählt oder bestimmt wurden. Seit 1647 fungierten die Diakone mit einer gewissen Regelmäßigkeit im Abstand von zwei Jahren jeweils ein halbes Jahr lang als Buchhalter. Sie setzten ihre Tätigkeit nach der Übernahme des Erzstifts Bremen durch die Schweden 1645 in gewohnter Weise fort, allerdings nahm seit 1646 kein Bevollmächtigter des Domkapitels mehr an den Diakonieversammlungen teil.[113] Seit die nach »altem Herkommen« geübte Kontrolle der Kollekten durch das Domkapitel entfiel, agierte die Diakonie als selbständige Körperschaft der Domgemeinde. Die gesammelten Mittel befanden sich in direkter Verfügungsgewalt der Domdiakone. Das verschaffte der Domgemeinde in jenen unruhigen Zeiten ein hohes Maß an finanzieller Unabhängigkeit.[114] Die Einnahmen aus den Armenkisten wurden, bis auf kleine Restbeträge, vollständig für die Versorgung der Armen ausgegeben.[115]

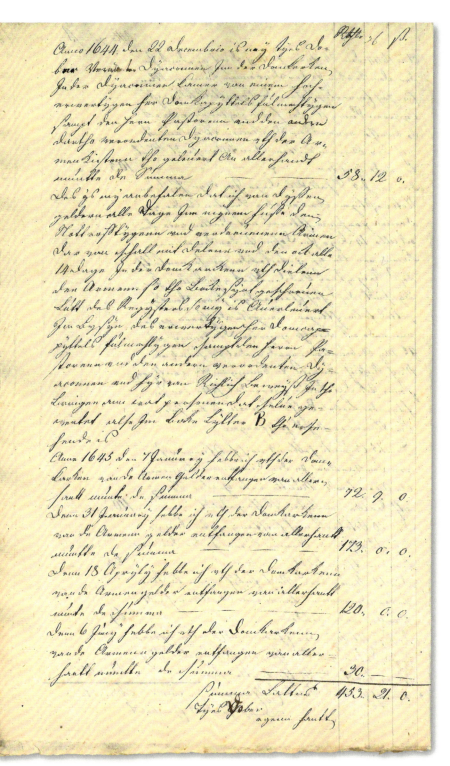

Die Rechnungsführung des zweiten genannten Diakons Tyes Dober im ersten Halbjahr 1645 (Abschrift).

Stadt und Erzstift Bremen zwischen kaiserlichen, dänischen und schwedischen Interessen (1635–1653)

Dr. Beate-Christine Fiedler

Die Wiedereröffnung des Bremer Doms und die Entstehung der Diakonie an der St. Petri Domkirche fallen in einen politisch unruhigen und wirtschaftlich schwierigen Zeitraum mitten im Dreißigjährigen Krieg.[1] Der Elbe-Weser-Raum geriet in die kriegerische Auseinandersetzung der protestantischen Monarchien Dänemark und Schweden um die Vorherrschaft im Ost- und Nordseeraum, in die der katholische Kaiser aktiv eingriff, mit dem Ziel, das Erzstift Bremen als strategisch bedeutendes Grenzgebiet im Norden des Reiches im Reichsverbund zu halten. Parallel zu dieser Entwicklung verselbstständigte sich die Stadt Bremen, die als Landstand zum Erzstift Bremen gehörte, zunehmend und erhielt dabei große Unterstützung von Kaiser und Reich.

Nach dem Kriegseintritt des schwedischen Königs Gustav II. Adolf im Jahr 1630 wurde der Elbe-Weser-Raum schwedisch besetzt. Der Tod des Königs in der Schlacht bei Lützen 1632, die schwedische Niederlage bei Nördlingen 1634 und der Prager Frieden von 1635 veränderten die Situation zu Ungunsten Schwedens, die kaiserliche Autorität im Reich war wiederhergestellt. Zeitgleich, im September 1634, starb der schwedisch gesinnte, evangelische Bremer Erzbischof Johann Friedrich aus dem Hause Schleswig-Holstein-Gottorf. Der dänische König Christian IV. nutzte die Gelegenheit, Ansprüche seines Sohnes Friedrich geltend zu machen, und Ende des Jahres 1634 wählte das Bremer Domkapitel den dänischen Prinzen zum neuen Erzbischof. Im Februar 1635 trat Friedrich die Regierung an.

Im August 1636 sicherte Schweden den Stiften Bremen und Verden vertraglich Neutralität zu, schwedische Einquartierungen und Kontributionserhebungen, die seit 1632 an der Tagesordnung waren, wurden nunmehr untersagt, gewisse Rechte behielt sich die schwedische Krone allerdings vor. Auch mussten zur Räumung der Stifte durch die schwedischen Regimenter hohe Zahlungen geleistet werden.

Im Jahr 1637 sicherte auch der Kaiser dem Erzstift Bremen »Exemtion« zu. Allerdings fielen bereits 1638 – im Jahr der Wiedereröffnung des Bremer Doms – kaiserliche Truppen unter dem Generalleutnant Matthias Graf Gallas in das Erzstift ein. Gallas verlangte die Einquartierung und Verpflegung zahlreicher Regimenter. Die bremischen Landstände, noch unter Einschluss der Stadt Bremen, lehnten dies ab, notfalls waren sie zur Verteidigung ihres Landes bereit. In Verhandlungen zwischen Erzbischof Friedrich und Deputierten sämtlicher Stände auf der einen Seite sowie dem kaiserlichen Generalleutnant Gallas auf der anderen Seite, die im Juni 1638 im kaiserlichen Hauptquartier im mecklenburgischen Grabow stattfanden, gelang es zwar, die kaiserlichen Truppen zum Abzug zu bewegen, allerdings mussten im Gegenzug wiederum hohe Zahlungen geleistet werden. Eine vom Land aufzubringende Summe von 60 000 Reichstalern wurde vereinbart, die in drei Terminen an den Kaiser auszuzahlen war: eine hohe Belastung für Stadt und Erzstift Bremen.[2]

Drei Monate nach den Verhandlungen um den Abzug kaiserlicher Truppen aus dem Erzstift, im September 1638, eröffnete der dänische Königssohn und Bremer Erzbischof Friedrich den Dom unter großem Protest der reformierten Stadtbürger mit einem lutherischen Gottesdienst. Die Stadt Bremen verstärkte in dieser Zeit ihre Bemühungen um Autonomie und den Status einer freien Reichsstadt. Seit 1638 verweigerte sie die Zahlung von Landessteuern, seit 1642 nahmen ihre Bevollmächtigten nicht mehr an den bremischen Landtagen teil. Stattdessen wurde die Stadt Bremen zum Reichstag des Jahres 1641 nach Regensburg eingeladen. Die Teilnahme der Stadt am Reichstag rief auf den bremischen Landtagen zwar heftige Diskussionen hervor, doch die Abspaltung der Stadt war nicht mehr aufzuhalten.[3]

Schreiben Erzbischof Friedrichs II. an die Elterleute der Kaufmannschaft in Bremen wegen der Beschwerden der lutherischen Bürger und des Domkapitels vom 29. März 1639.

Die Zukunft des Erzstifts Bremen wurde wenige Jahre später im Rahmen des schwedisch-dänischen Krieges um die Vorherrschaft in Nordeuropa (1643–1645) entschieden. Der schwedische Generalleutnant Hans Christoph von Königsmarck fiel im Februar 1645 auf Befehl des Feldmarschalls Lennart Torstensson in das Erzstift Bremen ein, eroberte in kurzer Zeit Stade, Buxtehude sowie alle befestigten Orte und forderte hohe Kontributionen.[4]

Mit der militärischen Besetzung schuf Königsmarck wichtige Fakten, Schweden war auf dem Weg zu einer europäischen Großmacht. Von 1645 bis 1648 wurde das eroberte Territorium unter Leitung Königsmarcks als von der schwedischen Krone eingesetzter Gouverneur interimsweise verwaltet.

Das endgültige Schicksal des Elbe-Weser-Raums wurde bei den Friedensverhandlungen in Osnabrück diskutiert und im Westfälischen Frieden von 1648 vertraglich vereinbart. Die schwedische Krone erhielt die geistlichen Territorien Bremen und Verden als säkularisierte, gemeinsam verwaltete Herzogtümer. Erzbischof Friedrich wurde finanziell abgefunden, er regierte als König Friedrich III. seit 1648 in Dänemark.

Die Stadt Bremen – aus schwedischer Sicht der »Schlüssel« zum Herzogtum Bremen – gehörte nicht zum neuen schwedischen Herrschaftsgebiet. Den Gesandten der Stadt war es gelungen, im Angesicht der kriegerischen und diplomatischen Entwicklungen ihre eigenen Interessen erfolgreich bei Kaiser und Reich durchzusetzen. Auch diese hatten keinerlei Neigung, die bedeutende Hansestadt Bremen an Schweden abzutreten. Gegen eine hohe Geldsumme konnte die Stadt im Linzer Diplom vom 1. Juni 1646 und damit noch vor Unterzeichnung des Osnabrücker Friedensvertrages die Reichsunmittelbarkeit erwirken, verbunden mit Reichs- und Kreisstandschaft. Der Rechtsakt war zwar umstritten und wurde insbesondere von Schweden nicht anerkannt, faktisch blieb die Stadt Bremen jedoch außerhalb des schwedischen Herrschaftsgebiets.

Für den Bremer Dom und den Dombezirk brachte die neue weltliche Herrschaft wesentliche Veränderungen. Auf Grund der vereinbarten Säkularisierung wurde der erste Landstand, die Geistlichkeit – Domkapitel, Äbte und Pröpste der Klöster und Kollegiatstifte – aufgehoben, die Geistlichen erhielten den Status »privati«.[5] Alle kirchlichen Güter, Rechte und Einkünfte kamen in weltlichen Besitz, die kirchlichen Angelegenheiten wurden nunmehr durch ein königlich-schwedisches Konsistorium in Stade, der neuen Provinzhauptstadt, verwaltet. Etliche Betroffene, auch das Bremer Domkapitel, klagten gegen ihre Aufhebung beim Reichshofrat in Wien, es half jedoch nichts. Bis 1654 war die Säkularisierung umgesetzt.

Die säkularisierten Güter wurden nahezu vollständig an Privatpersonen verliehen bzw. verschenkt (doniert), auf diesem Weg erhielten Offiziere, Beamte und Diplomaten, die der schwedischen Krone wertvolle Dienste geleistet hatten, statt Barbezahlung ihre Belohnung und Abfindung.[6]

Für den Bremer Dom bedeutete dies konkret, dass die vielen unterschiedlichen Besitzungen des Domkapitels mit ihren Rechten und Einkünften nach der Säkularisierung an zahlreiche, vorwiegend ortsfremde Privatpersonen zur eigenen Nutzung übergeben wurden, darunter befanden sich der schwedische Feldmarschall und Reichsrat Lennart Torstensson und Hans Christoph von Königsmarck, der erste schwedische Gouverneur in den Herzogtümern Bremen und Verden, der später noch den Dompropsteihof erwarb.

Gemäß Verordnung der schwedischen Krone sollte das Kirchen-, Schul- und Armenwesen in den Herzogtümern Bremen und Verden aus den Einkünften der ehemaligen Domkapitel unterhalten werden. So wurde den mit Gütern des Bremer Domkapitels versehenen Personen auferlegt, den sechsten Teil ihrer Einkünfte aus den Donationen für diesen Zweck zur Verfügung zu stellen – was nur in begrenztem Maße geschah.[7]

In der Stadt Bremen übernahm die schwedische Krone als Rechtsnachfolgerin des Erzbischofs dessen Besitz. Er umfasste die Domkirche und alle dazu gehörigen Gebäude und Einkünfte. Die Stadt hatte in diesem Dombezirk (Domimmunität, Domfreiheit) keinerlei Rechte.[8] Zur Verwaltung des Dombezirks und seiner Güter stellte die Krone landesherrliches Personal unter Leitung eines Struktuars bzw. Baumeisters ein. Im Haushaltsplan für die Domkirche und Domschule in Bremen vom Mai 1653 waren für die Kirchen- und Schulbedienten, die Domstruktur, für Armengelder, Material und Brennholz sowie außerordentliche Ausgaben rund 5200 Reichstaler veranschlagt, mehr als 3000 Reichstaler entfielen allein auf die Personalkosten.

Fazit

»Der Bremer Dom befand sich seit Mitte des 17. Jahrhunderts in einer außergewöhnlichen Situation: Konfessionell war er eine Exklave in der ansonsten reformierten Stadt Bremen. Politisch war er eine Exklave, da der Dombezirk weiterhin zum Landesherrn gehörte, während die Stadt zumindest faktisch reichsunmittelbar wurde. Mit anderen Worten: In der vom Landesherrn […] unabhängigen, reformierten Stadt Bremen befand sich der lutherische, zu den Herzogtümern Bremen und Verden gehörende Dombezirk mit umfangreichen Gütern und Rechten.«[9]

Unruhe, grundlegende Veränderungen sowie schwierige finanzielle und wirtschaftliche Verhältnisse bestimmten die letzten Jahre des Erzstifts Bremen und den Übergang zur schwedischen Landesherrschaft mit der Umwandlung des geistlichen Territoriums in ein weltliches Herzogtum. Vor diesem Hintergrund sind Entstehung und Aufgaben der Diakonie am Bremer Dom von hoher Bedeutung.

1 | Siehe hierzu und zum Folgenden die Einführung der Verfasserin Fiedler, Beate-Christine: Der Bremer Dom in der Frühen Neuzeit – das territoriale Umfeld, in: Hoffmann, Hans-Christoph: Der Bremer Dom im 17. und 18. Jahrhundert (Hrsg.: St. Petri Domgemeinde zu Bremen und Landschaftsverband der ehemaligen Herzogtümer Bremen und Verden; Schriftenreihe des Landschaftsverbandes der ehemaligen Herzogtümer Bremen und Verden Bd. 44), Stade 2015, S. 13-37, hier S. 20-22 (im Folgenden: Fiedler, Beate-Christine 2015). Siehe dort auch weitere Literaturangaben.

2 | StA Stade Rep. 5 b Nr. 2066.

3 | StA Stade Rep. 5 b Nr. 2077.

4 | Bereits im Januar 1644 hatte Königsmarck das Stift Verden und Teile des Erzstifts Bremen besetzt, zog jedoch im März wieder ab. Zu den Landtagsverhandlungen in dieser Sache vgl. StA Stade Rep. 5 b Nr. 2078.

5 | Vgl. hierzu und zum Folgenden Fiedler, Beate-Christine 2015, S. 25-27.

6 | Zu den Donationen siehe Klaus-Richard Böhme, Bremisch-Verdische Staatsfinanzen 1645–1676. Die schwedische Krone als deutsche Landesherrin, Uppsala 1967 (im Folgenden: Böhme, Klaus-Richard 1967). Hier findet sich auch eine Liste über sämtliche Donationen (S. 536-542). Bis 1653 waren nahezu alle Kapitelgüter vergeben. Die donierten Güter fielen, nach ersten Ansätzen im Jahr 1655, vollständig nach 1680 im Rahmen einer grundlegenden Haushaltskonsolidierung an den schwedischen Staat zurück.

7 | 1653/54 betrugen die Einnahmen nach Selbstveranlagung der entsprechenden Donatare insgesamt knapp 14300 Reichstaler, etwa 2400 Reichstaler davon waren für Kirchen, Schulen und Arme in den Herzogtümern Bremen und Verden vorgesehen (Böhme, Klaus-Richard 1967, Seite 148/149).

8 | Fiedler, Beate-Christine 2015, S. 34-36.

9 | Fiedler, Beate-Christine 2015, S. 36

KÖNIGLICHE GESCHENKE AUS KIRCHENGUT

Der »schwedische« Dom

Kümmerliche Zeiten
Diakone als Verwalter des Mangels

Im Westfälischen Frieden von Münster und Osnabrück vom 24. Oktober 1648 wurde der Besitzstand Schwedens in dem zum weltlichen Herzogtum säkularisierten Erzstift Bremen, einschließlich des Dombezirks mit der Domkirche, bestätigt, ebenso die Rechte der Stadt Bremen, die aber in Bezug auf die Reichsstandschaft nicht eindeutig formuliert waren.[116] Schweden beanspruchte als Nachfolger des Erzbischofs, dem Bremen 1637 als Landesherrn gehuldigt hatte, das Erzstift mitsamt der Stadt Bremen und behandelte die Stadt als Landstand. Die Bremer legten dagegen den Passus des Friedensvertrages, wonach die Stadt und das Gebiet im gegenwärtigen Status der politischen und kirchlichen Rechte gelassen werden sollten, zu ihren Gunsten aus und bezogen sich auf die Anerkennung der Reichsfreiheit im Linzer Diplom von 1646.[117]

Die Gleichberechtigungsformel im sogenannten »Teutschen Frieden« (Westfälischen Frieden) sicherte beiden Glaubensrichtungen die Konfessionsfreiheit zu, und in der Stockholmer Resolution vom 18. September 1649 wurde den Lutheranern die freie Ausübung ihrer Religion, einschließlich der lutherischen Gottesdienste im Bremer Dom, garantiert.[118] Doch weder politisch noch konfessionell trat Frieden ein. Ständige Reibereien, Misstrauen und Verdächtigungen zeugten vom Unmut der Bremer gegenüber der fremden Herrschaft und Religion. Die Freiheit der Stadt stand auf dem Spiel – die mit dem »Linzer Diplom« vom 1. Juni 1646 des Kaisers Ferdinand III. mühsam und teuer errungene Reichsunmittelbarkeit, die von den Schweden rechtlich und dann auch militärisch bestritten wurde, zumal die Zustimmung der Reichsstände fehlte.[119]

Im Zuge der Säkularisation des Erzstiftes Bremen wurden gemäß des Westfälischen Friedensvertrages zur Entschädigung Schwedens Ämter, Kirchen- und Klostergüter eingezogen und von der schwedischen Königin Christina an Offiziere und Beamte in ihren Diensten vergeben.[120] Das Domkapitel und andere kirchliche Einrichtungen wurden aufgehoben. Die neuen Besitzer der Kirchengüter kamen der Verpflichtung, den sechsten Teil ihrer Einkünfte für das Kirchen-, Schul- und Armenwesen am Dom abzuführen, nur ungenügend nach.[121]

»Da nun der Kirche zustehende Güter andere zu sich ziehen«[122], fehlte am Dom das Geld zur Unterhaltung des Kultus, des Schul- und Armenwesens und zur Bezahlung des Personals. Die Domprediger beantragten am 5. Juni 1649 und per Resolution vom 18. September 1649 eine Sondersteuer, wie sie in Form der Quartalsabgabe für die reformierten Kirchen gesammelt wurde, »da man sich sonst mit kümmerlicher Notdurft behelfen«[123] müsse. Die Diakone Hans Hilcken, Claus Woldt und Arendt (Arend, Arnold) von Bobart[124] engagierten sich für die Domgemeinde. Im Herbst 1650 erklärten sie sich bereit, den Domhaushalt zu ordnen und durch einen Teil der Kirchenkollekten die Finanzlücke zu schließen, um wenigstens den Predigern die Gehälter zahlen zu können. Die Vorschüsse sollten anschließend durch Einkünfte aus einer freiwilligen

Bremen. Ansicht und Vogelschau von Süden, 17. Jahrhundert.

vierteljährlichen Abgabe der Gemeinde, also der von den Predigern vorgeschlagenen Quartalssammlung, einer jährlichen Hebung und durch die Vermietung der Kirchenstühle[125] ausgeglichen werden.[126]

Der derzeitige Strukturarius am Dom, Heinrich von Berth[127], dem die Verwaltung dieser Mittel oblag, beschwerte sich bei der Regierung in Stade über die Diakone und Domprediger. Er verwahrte sich gegen die Anmaßung der »vermeintlichen Diaconis und Kirchenaufseher«, als Vertretungsorgan der Gemeinde aufzutreten. Die Selbstverwaltung von Kollekten und Einnahmen aus den Kirchenstühlen hätte den Diakonen eine dem Strukturarius vergleichbare Stellung verschafft. Abgesehen davon befürchtete die schwedische Regierung eine stadtbremische Einflussnahme auf die Domverwaltung, da die Diakone als »fürnembste Luttersche Bürger« der Stadt Bremen dem Rat und nicht der schwedischen Krone verpflichtet waren: »So seind auch die Diaconis nicht beeidigt, sondern stehen als bürger in des Radts jurisdiction, eiden und pflichten …«.[128] Dem Rat der Stadt Bremen war es wiederum nicht recht, dass die Diakone die Rolle der Vertreter der lutherischen Domgemeinde einnahmen, wie sie die Elterleute der Kaufmannschaft als Sprecher der Bürgerschaft beanspruchten. Daher mahnten beide Regierungen, bis zur endgültigen Klärung der staats- und territorialrechtlichen Verhältnisse keinen Anlass zu Tumult und Ärgernis zu geben.[129]

Opferstock an einer Säule des Südschiffs nahe dem Hochaltar.

Der Strukturarius Heinrich von Berth wurde noch im selben Jahr von Andreas von Mandelsloh (1590-1658) abgelöst, der 1646 mit zahllosen Vorwürfen von der schwedischen Herrschaft entlassen worden war. Mandelsloh war 1619 vom Domkapitel zum Sekretär und 1637 zum Strukturarius gewählt worden. Er gehörte zu den Befürwortern und Förderern der Domöffnung durch den dänischen Erzbischof.[130] Von seinem Engagement für die Armen berichtet die Überlieferung, er habe sich während einer Pestepidemie einen Sarg machen lassen, den er, nachdem die Seuche ihn verschont hatte, jedes Jahr mit Korn füllen ließ, das an die Bedürftigen verteilt wurde.[131] Da der Dometat wegen der seit 1646 vorgenommenen Donation von Kirchengütern an schwedische Adelige für den Kultus und die Entlohnung der Bediensteten nicht mehr ausreichte, hatte Mandelsloh einen Vorschuss auf das Kirchenkapital aufgenommen, was ihm als Unterschlagung ausgelegt wurde.[132] Kurz vor seiner Wiedereinsetzung hatte Mandelsloh die Stelle des Domkämmerers Johann von Hassel übernommen.[133] Hassel war 1651 mit der Organisation der Kirchenfinanzen beauftragt worden. Er erstellte eine umfassende handschriftliche Gesamtübersicht des Domhaushaltes mit unter anderem Bursa-, Ministrations-, Capitular- und Strukturregistern und etlichen weiteren gesonderten Aufstellungen. Bedauerlicherweise weist das zugrunde liegende ältere Etatregister der Struktur zwischen den Aufzeichnungen von 1637 und 1646 eine Lücke auf.[134] Die Unterlagen hätten möglicherweise Aufschluss über die Verwaltung der Armenmittel geben können und darüber, ob und seit wann Diakone daran beteiligt waren. Auf der Basis der von Hassel zusammengestellten Aufstellungen richtete die schwedische Regierung in Stade, gemäß der schwedischen Instruktion von 1651, einen provisorischen Etat zur Unterhaltung des Kirchen-, Schul- und Armenwesens ein, der sich zum Teil aus den Einkünften der säkularisierten Güter finanzieren sollte.[135]

Stiftungen aus dem Strukturfonds
Sicherung der Armenversorgung

Die schwedische Regierungsordnung vom 20. Juli 1652 regelte den systematischen Aufbau der Verwaltung.[136] Das Regierungskollegium zog mitsamt dem Domarchiv von Bremervörde an den Sitz des Generalgouverneurs in Stade.[137] Diesem oblag die Inspektion über die Kirchen und den Kirchenetat. Zu seinen Aufgaben gehörte es, die Kirchen, Schulen und Armeneinrichtungen (Hospitäler) zu unterhalten und in ihren Rechten zu schützen. Er hatte dafür zu sorgen, dass gemäß der Augsburger Konfession[138] gepredigt wurde. Ein Resident bzw. Etatsrat nahm die schwedischen Interessen in Bremen wahr.¹³⁹ Die Verwaltung der Güter lag bei der Intendantur und bei der Struktur.¹⁴⁰ Man unterschied zwischen den Intendanturgütern, das waren Staatsgüter, vor allem aus ehemaligem erzbischöflichen Besitz, und den Strukturgütern, die den Kirchenfonds des Doms, der früheren Domfabrik, bildeten.¹⁴¹ Zur Struktur gehörte alles, was die alten Register als Kirchengut auswiesen, und auch das, was seit 1639 vom Domkapitel und seit 1651 von den schwedischen Bevollmächtigten der Strukturkasse hinzugefügt worden war.¹⁴² Der vom Strukturarius verwaltete Dometat finanzierte sich nach einem 1653 aufgestellten Haushaltsplan in erster Linie aus den Einnahmen der Ländereien (Zehnten etc.) und der Liegenschaften des Doms in und außerhalb der Stadt Bremen sowie aus den Begräbnis- und Statutengeldern, Einkünften aus der Vermietung von Kirchenstühlen sowie aus Vermächtnissen. Die Mittel dienten zur Unterhaltung der Domkirche und aller weiteren zum Dom gehörenden Gebäude. Sie wurden zur Durchführung der Gottesdienste im Dom und zur Besoldung des Dompersonals mit durchschnittlich 35 Beschäftigten (Superintendent, Pastoren, Organisten, Musiker, Lehrer, Kirchen- und Schulbedienstete) ausgegeben.¹⁴³

Die Beschäftigten am Dom, vom Prediger bis zum Kirchendiener, wurden vom Landesherrn bestellt und vereidigt und waren damit schwedische Untertanen, also keine Bremer Bürger. Die Prediger unterstanden als schwedische Beamte dem Konsistorium¹⁴⁴ in Stade, einer geistlichen Behörde mit dem Generalsuperintendenten an der Spitze.¹⁴⁵ Die lutherischen Diakone waren dagegen Bürger der Stadt Bremen und leisteten den Bürgereid auf die bremische Verfassung, die Neue Eintracht von 1534. Da es keine bürgerlichen Bauherren am Dom gab, wie an den stadtbremischen Kirchen, bildete die Diakonie das zentrale Organ der Domgemeinde. Als »Vorstand« oder »Vorsteher der Domgemeinde« wurden sie von der schwedischen (und später von der hannoverschen Regierung) akzeptiert, während der Rat sich nie explizit an die Diakonie, sondern an die »Gemeine«, also die gesamte Domgemeinde, wandte. Aus der Zwitterstellung der Diakone zwischen Dom und Rat ergaben sich besondere Herausforderungen und Anfechtungen von beiden Seiten, die ihnen die Gemeindearbeit erschwerten.¹⁴⁶

Aus den Mitteln des Strukturfonds unterhielt der in schwedischen Diensten stehende Strukturarius und Administrator die 16 Bewohner des Armen- und Witwenhauses an der Buchtstraße, wie es bei der Gründung des Hauses bestimmt worden war. Er verwaltete auch die Clüversche Armengifte und das Armenregister, wonach die sogenannten Bucharmen¹⁴⁷ alle vierzehn Tage im Dom ihre Unterstützung erhielten.¹⁴⁸ Unabhängig von dieser Fondsverwaltung waren die Diakone nach Ausweis des Gotteskastenregisters mit der Sammlung der Kollekten, Almosen und Gaben zur Finanzierung der Gemeindearbeit beauftragt und nahmen die Verteilung der von ihnen gesammelten Mittel in der Diakoniekammer des Doms vor.

Das gemeinsame Ziel, die Kirchengemeinde in der Zeit des Übergangs von der dänischen zur schwedischen Herrschaft zu erhalten und finanziell abzusichern, sorgte für ein einvernehmliches Verhältnis zwischen den beiden Predigern und der Gemeinde wie auch den Diakonen. Die Gemeinde unterstützte den noch vom dänischen Erzbischof berufenen Domprediger Johann Fürsen, als dieser wegen seiner ablehnenden Haltung mit der schwedischen Herrschaft in Streit geriet. Die Folge war, dass nicht er, sondern Daniel Lüdemanns 1651 zum ersten Superintendenten berufen wurde, während Fürsen die Stelle eines Konsistorialrates und Superintendenten in Verden angeboten wurde.¹⁴⁹ Freunde aus der Domgemeinde traten 1655 bei der Regierung in Stade erfolglos für ihn ein. Das werden die vier Diakone Friedrich Wortmann, Heinrich Rouwe, Johann Kruse und Johann Meyer Gerdts¹⁵⁰ gewesen sein, denen er seine Abschiedspredigt, die er nicht hatte halten dürfen, zusandte. Fürsen verließ Bremen und ging nach Hamburg.¹⁵¹

Während der Zeit der schwedischen Regierungsbildung verschlechterte sich das Verhältnis zwischen Dom und Stadt, weil deutlich wurde, dass Schweden die Übernahme der Stadtregierung als zentrales Ziel seiner Politik konsequent weiterverfolgte. Bremen war durch die 1652 verhängte Reichsacht politisch isoliert. Grund der Ächtung war die Weigerung, den Elsflether Weserzoll anzuerkennen, der Graf Anton Günther von Oldenburg (1583-1667) am 31. März 1623 mit einem kaiserlichen Zollprivileg zugestanden und im Westfälischen Frieden bestätigt worden war.[152] Die schwedische Regierung verbot den Meiern auf den säkularisierten Gütern 1652 die Leistung der Feudalabgaben und behielt die Einkünfte, auch die Renten aus Vermächtnissen zugunsten der Armenkassen des Doms und der vier städtischen Kirchspiele, ein.[153] Ein vom Rat unterstützter Einspruch der städtischen Diakonien blieb wirkungslos, zumal Bremen der schwedischen Herrschaft den Huldigungseid verweigerte, die Befolgung schwedischer Anordnungen verbot und seinerseits fällige Renten einbehielt.[154]

Verzicht und Verrat
Stader Vergleich von 1654

1654 kam es zum ersten offenen Konflikt mit den Schweden, der durch den Stader Vergleich vom 28. November 1654 beigelegt wurde. Bremen musste auf einen Teil seiner Landgebiete und auf Hoheitsrechte verzichten.[155] Die Frage der Reichsunmittelbarkeit Bremens blieb ungeklärt. Das Linzer Diplom von 1646 erkannten die Schweden nicht an. Als Nachfolger des letzten Erzbischofs beanspruchten sie die Herrschaft über das gesamte Erzstift. Das Domgebiet blieb vom städtischen Territorium ausgeschlossen. Vom Rat wurde verlangt, den Kapitelherren des Doms und der Kollegiatkirchen St. Ansgarii und St. Stephani ihren Schutz zu entziehen.[156] Damit verlor der Widerstand der Domkapitulare, die sich 1653 und 1654 erfolglos beim Kaiser beschwert hatten, seinen Rückhalt. Sie wurden endgültig von den säkularisierten geistlichen Gütern, den Kurien und Ländereien, vertrieben. Ein Separatartikel zum Stader Vergleich regelte, dass die lutherischen Bürger den reformierten gleichgestellt und aufgrund ihres Bekenntnisses nicht benachteiligt werden durften. Dennoch kam es zu ständigen Reibereien, die unter anderem die Rangfolge der Prediger oder das Singen bei Beerdigungen betrafen.[157]

Nicht zu vergessen die von den Schweden geforderte Huldigung, die Hans Christoph von Königsmarck und Schering Rosenhan für die schwedische Herrscherin entgegennahmen. Nach einem Gottesdienst im Dom fand am 5. Dezember 1654 eine große Feier im Rathaus statt. Am Nikolaustag (6. Dezember) gaben die Kaufleute ein Gastmahl im Haus Schütting, und am nächsten Tag waren Ratsherren und Elterleute bei den schwedischen Regierungsvertretern eingeladen. An dem Bankett im Haus der Kaufmannschaft nahmen neben dem gesamten Rat, seinen Syndici und Sekretären sowie den Gelehrten auch 31 »alte Bürger« teil. Einer von ihnen war Ties (Tyes) Dober, der zweite namentlich bekannte Diakon am St. Petri Dom. Die alten Bürger genossen als angesehene Senioren bei dem Bankett die Ehre eines Sitzplatzes. Zu den Privilegierten zählten auch Diederich und Peter Tredenap, die 1656 die St. Jacobi Maioris Bruderschaft gründeten. Sie waren Diakone zu St. Stephani und Schwäger des Bürgermeisters Statius Speckhan, der später in den Dienst der Schweden trat. 42 »junge Bürger« sollten Speisen und Getränke reichen und die Gäste mit Wildbret, Fleisch und Geflügel, Lachs und anderen Fischen, Kohl sowie Wein, Branntwein, Bremer und Mindener Bier »traktieren« (auffordernd versorgen).[158] Noch im Jahr der Huldigung erklärte die schwedische Königin Christina ihren Rücktritt und übergab die Regierung ihrem Vetter Karl X. Gustav (1622-1660).[159]

Mit den politischen und religiösen Differenzen rund um den Dom sind die Machtkämpfe zwischen dem absolutistisch ambitionierten Rat und der ein Mitspracherecht in städtischen Belangen einfordernden Bürgerschaft eng verknüpft. Der Rat hielt seinen Vollmächtigkeitsanspruch seit der Unterzeichnung der Neuen Eintracht von 1534 und des Vergleichs mit dem Erzbischof im selben Jahr für gesichert. Die Verfassung fixierte das Verbot, auf Versammlungen andere als eigene, seien es wirtschaftliche oder kirchliche, vor allem aber keine politischen Angelegenheiten zu erörtern.[160] Gegen dieses Verbot verstoßend übernahmen die Elterleute der Kaufmannschaft als Worthalter (Sprecher) des Bürgerkonvents, nach Ansicht des Rates unberechtigt, die Vertretung von Bürger-

Ties (Tyes) Dober, einer der ersten namentlich bekannten Diakone am St. Petri Dom, nahm 1654 am Gastmahl der Bremer Kaufmannschaft zu Ehren der schwedischen Herrschaft im Haus Schütting teil.

interessen. Im Geiste des Humanismus nannten sie sich seit Ende des 16. Jahrhunderts Collegium Seniorum (Elterleutekollegium) der Kaufmannschaft und seit 1635 sogar Elterleute der Stadt Bremen. Die Elterleute gingen auf Konfrontationskurs zum Rat und machten die Bewilligung von außerordentlichen Steuern und von Mitteln zur Verteidigung der Stadt von der Abstellung von Mängeln in der Finanzverwaltung und im Justizwesen und von der Erhaltung bürgerlicher Freiheiten und Rechte abhängig.[161] Ein zentraler Streitpunkt war die 1625 eingeführte Konsumtionssteuer (Verbrauchssteuer).[162]

Der Jurist und Syndikus der Elterleute der Kaufmannschaft, Burchard Lösekanne, wurde im latenten Widerstand gegen den staatlichen Dirigismus absolutistischer Denkweise, der sich in vermehrten obrigkeitlichen Eingriffen in das städtische Leben äußerte und die Bürgerfreiheiten einzuschränken drohte, zur treibenden Kraft. Er nahm sich der bürgerlichen Forderungen nach politischer Partizipation und rechtlicher Durchsetzung ihrer Interessen an.[163] Im Verdener Vertrag von 1568 hatte er einen Satz entdeckt, der es jedem Bremer Bürger ermöglichte, beim Erzbischof als Territorialherrn zu intervenieren, wenn er seine Freiheiten verletzt sah. Nachfolger des Erzbischofs waren die Schweden. Der Rat erhob Einspruch, mit der Begründung, das Abkommen sei ihm in schweren Zeiten aufgezwungen worden. Zum einen stellte eine Beteiligung Dritter bei internen Unstimmigkeiten die ratsherrliche Autorität in Frage und zum anderen hätte – was noch schwerer wog – ein Appell an die Schweden als Nachfolger des Erzbischofs die Reichsunmittelbarkeit gefährdet. Lösekanne hatte zu den Befürwortern des Erzbischofs und Förderern des lutherischen Gottesdienstes im Dom gehört. Seit der Übernahme des Erzstifts durch die Schweden setzte er sich für die Eingliederung der Stadt in den schwedischen Herrschaftsbereich ein und berichtete der Regierung in Stade regelmäßig über die Ereignisse in Bremen. 1653 griff der Rat kursierende Gerüchte über die verräterischen Verbindungen Lösekannes zu den schwedischen Nachbarn auf. Es gelang Lösekanne nicht, sich vom Verdacht des Hochverrats zu befreien. Die Intervention der Schweden blieb erfolglos. Der richtende Rat unter Vorsitz von Bürgermeister Statius Speckhan[164] sprach zwanzig Tage nach der Festnahme Lösekannes das Todesurteil, das zwei Tage später, am 12. Mai 1654, mit dem Schwert vollstreckt wurde, nachdem man ihm wegen Meineides die Schwurfinger abgeschlagen hatte.[165] »Er hat eine Grube gegraben und ausgeführt und ist in die Gruben gefallen, die Er gemacht hat« (Psalm 7 Vers 16), hieß es im Nachwort einer zeitgenössischen Schrift.[166] Bürgermeister Speckhan traf der gleiche Vorwurf der Konspiration mit den Schweden. Im Dezember 1654 trat er von seinem Ratsamt zurück und 1658 in schwedische Dienste. Das Domkapitel scheiterte in demselben Jahr endgültig mit seiner Klage wegen der Enteignung seiner Güter beim Kaiser.[167]

St. Petri Dom nach dem Brand im Jahre 1656.

Religionsfreiheit und Bürgerrecht
Lutheraner im Nachteil

Am 4. Februar 1656 brannte der nördliche Domturm, nachdem bei Schneewetter ein Blitz eingeschlagen hatte.[168] Das war nun eine Sache der Schweden und damit des amtierenden Strukturarius[169] Johann von Hassel, der wegen der Ausbreitung und Folgen des Brandes auch noch beschuldigt wurde. Am 23. November 1654, also kurz vor dem Stader Vergleich, hatte er die Nachfolge von Andreas von Mandelsloh angetreten.[170] Hassel formulierte die Grundelemente der lutherischen Domgemeinde gemäß des Vergleichs von 1639: die Religionsfreiheit der Lutheraner, den ungehinderten Gottesdienst, die Gleichstellung im gesellschaftlichen Leben, sowohl im Rat wie in den Zünften (Ämtern) und bei den öffentlichen Abgaben.[171]

Obwohl kein lutherischer Bürger wegen seines Glaubens benachteiligt werden sollte, wurde die Stellung der Lutheraner im calvinistischen Bremen zunehmend problematischer. Sie waren zwar nicht vom Bürgerrecht ausgeschlossen, doch war der Erwerb des Bürgerrechts teurer und schwieriger. Für das Altstadtbürgerrecht zahlten sie ein im Vergleich zu den Calvinisten um ein Drittel höheres Bürgergeld.[172] Bei der Schenkung des Bürgerrechts an Dienstboten nach 12-jährigem Dienst in Bremen wurden Personen, die sich zum calvinistischen Glauben bekannten, bevorzugt.[173] Im Gegensatz zu den Diakonen der vier Stadtkirchen, denen das Amt den Weg in kirchliche und bürgerliche Ehrenämter als Bauherren und Ratsherren bis zum Amt des Bürgermeisters ebnete[174], wurde den Lutheranern dieser gesellschaftliche Aufstieg erschwert und schließlich gänzlich verwehrt. Mit dem 1665 zum Dom-

50 | KÖNIGLICHE GESCHENKE AUS KIRCHENGUT

diakon gewählten Arend (Arnold) Wolpmann gelangte zum letzten Mal ein Lutheraner in den Rat.[175] Vom 6. September 1676 bis zum 11. Dezember 1802 waren die lutherischen Bürger im zentralen Regierungsorgan nicht mehr vertreten. Als einige Handwerksämter und Societäten (Zünfte) die Aufnahme von Lutheranern verweigerten, äußerte der Rat ausweichend, die Zulassung könne grundsätzlich nicht versagt werden. Seinerseits hatte er aber bereits am 2. Mai 1640 die Anstellung im Staatsdienst verboten.[176] In beeidigten öffentlichen Stellungen wie Geldwechsler, Makler oder Stadtphysici wurden sie ebenfalls nicht zugelassen. Aus diesen Gründen ergriffen Lutheraner häufig Gewerbe, die nicht zünftig organisiert waren, oder sie wandten sich dem Handel zu. Die Gemeinschaft der Kaufleute kannte keine konfessionelle Aufnahmebeschränkung. Allerdings gelang nur wenigen der Aufstieg zum Eltermann der Kaufmannschaft.[177] Das Diakonenamt wurde oft gut situierten Kaufleuten anvertraut, die über hinreichende Erfahrungen in der Verwaltung von Geld- und Sachmitteln verfügten. Etliche wurden bereits wenige Jahre nach dem Zuzug nach Bremen gewählt, wenn sie ihre ökonomischen Fähigkeiten bewiesen hatten. Es war primäre Aufgabe des buchhaltenden Diakons, die Almosen zu sammeln und an die Bedürftigen zu verteilen. Überschüsse konnten zinsbringend im eigenen Unternehmen verwendet oder verliehen werden. Verluste hatte der Diakon auszugleichen und bei Fehlbeträgen mit einem Vorschuss auszuhelfen. Ein Bankenwesen gab es bis ins 19. Jahrhundert nicht, aber die Möglichkeit der Geldanlage in Handfesten.[178] Daher setzte das Amt neben der persönlichen Eignung und einem hohen Maß an Pflichtbewusstsein auch eine gesicherte wirtschaftliche Stellung voraus. Wer beruflich scheiterte, musste das Diakonenamt aufgeben.[179]

Die Ansprüche an die Diakone waren dieselben wie bei den altstädtischen Kirchspielen, in deren Armenfürsorge die Domdiakone allerdings nicht einbezogen waren. Mit der »Erneuerten Armen- und Almosen-Ordnung« von 1658[180] erfolgte eine Aufteilung der Kirchspielsdiakone auf die in 32 Distrikte gegliederten vier stadtbremischen Parochialgemeinden und die später entstandenen vor- und neustädtischen Kirchspiele St. Remberti, St. Pauli und St. Michaelis. Den Diakonen wurde aufgetragen, regelmäßig die Armen zu besuchen und der monatlichen Session (Versammlung) davon zu berichten.[181] Im Gegensatz zu ihren Diakoniekollegen kümmerten sich die Domdiakone um alle ihrer Personalgemeinde zugehörigen lutherischen Bedürftigen in Bremen, wenn sich diese mit der Bitte um Unterstützung an den Dom wandten.[182]

Schon bald kam der Dom aufgrund der politischen Entwicklung in eine schwierige Lage, und wieder wurden die Kollekten der Gemeinde für die Aufrechterhaltung der Gottesdienste benötigt.[183] 1660 huldigte Bremen als freie Reichsstadt Kaiser Leopold I. und erhielt 1663 Sitz und Stimme auf dem Reichstag, womit die Anerkennung seiner Selbständigkeit erfolgte. 1665 brach der zweite bremisch-schwedische Krieg aus. Der schwedische Reichsfeldmarschall Carl Gustav Wrangel marschierte mit seinen Truppen gegen Bremen. Im November 1666 wurde der Frieden von Habenhausen geschlossen, und am 9. Juli 1667 nahm Wrangel im Namen des schwedischen Herrschers die Huldigung der Stadt entgegen.[184] Der Dompredigt folgte ein Gastmahl im Rathaus, und am Donnerstag, dem 11. Juli 1667, lud die Bürgerschaft unter der Führung der Kaufmannschaft in das Haus Schütting ein. Zum gastgebenden Elterleutekollegium der Kaufmannschaft, das sich nunmehr als »Stadt Eltermänner« bezeichnete, gehörte der Bergenfahrer Lüder Rose, der 1649 buchhaltender Diakon

Erlass des schwedischen Generals Carl Gustav Wrangel zur Regelung des Handels über die Stadt Bremen, 1666.

am St. Petri Dom war. Einer der jüngsten Elterleute der Kaufmannschaft war der 1661 zum Domdiakon und 1665 zum Eltermann gewählte Arend Meyer.[185] Am 12. Juli 1667 traf man sich auf Einladung der Schweden in der Dompropstei.[186]

1675 sicherte sich Bremen erneut die Reichsfreiheit, nachdem König Karl XI. von Schweden (1672-1697) wegen seines Bündnisses mit König Ludwig XIV. von Frankreich gegen die vom Deutschen Reich unterstützten Niederlande die Reichsacht erklärt worden war. König Christian V. von Dänemark, Herzog Georg Wilhelm von Celle, Herzog Rudolf August von Braunschweig-Wolfenbüttel und der Bischof von Münster, Bernhard von Galen, zogen zur Reichsexekution gegen die schwedischen Provinzen in das Herzogtum Bremen ein. Nach vierjährigem Krieg wurde 1679 in Celle der Friede geschlossen und das Territorium an Schweden zurückgegeben.[187] Im Rahmen einer Finanzreform ließ Karl XI. von Schweden 1684 die seit 1646 von Königin Christina gemachten Schenkungen wieder einziehen. Es wurde ein neuer Kirchen-, Schul- und Strukturetat ausgearbeitet und, da die Strukturgüter zur Deckung der Kosten nicht ausreichten, das dem Dom zugewiesene Kirchengut vergrößert.[188]

Eine Herausforderung stellte die starke Zuwanderung aus dem Umland dar. Die Zahl der Lutheraner stieg überproportional auf etwa ein Drittel der städtischen Bevölkerung. Insgesamt wuchs die in den Jahren zuvor durch wiederholte Pestwellen dezimierte Einwohnerzahl auf etwa 25 000 Menschen.[189] Gleichzeitig entwickelte sich das Spendenaufkommen aufgrund des wirtschaftlichen Niedergangs rückläufig.[190]

Mit der Neuordnung des Kirchenamtes erfolgte eine zunehmende Kommunalisierung des Wohlfahrtswesens in Bremen, die den unter schwedischer Herrschaft stehenden Dom allerdings nicht einbezog. Der Rat nahm den Platz des Ministeriums, der geistlichen Vertretung, ein und unterstellte das Armenwesen seiner staatlich reglementierten, institutionalisierten Organisation. Seit 1668 übten fünf Ratsmitglieder als Inspektoren die Aufsicht über das Fürsorgewesen aus.

Das St. Petri Waisenhaus wurde 1692 in einer ehemaligen Domkurie am Domshof eingerichtet.

Im Zuge dieser Reform verlor das Diakonenamt mit einem Teil seiner bisherigen Verantwortlichkeit und Funktionen den Charakter eines selbständigen kirchlich-bürgerlichen Ehrenamtes und wurde zu einem ausführenden Organ mit eingeschränkter Aktionsfreiheit. Die Leitung lag bei der Zentralsession der Senioren und Subsenioren der städtischen Kirchspiele unter der Aufsicht der Ratsdeputierten. Diesem Gremium waren alle gesammelten Armenmittel aus den Gotteskisten und Klingelbeutelsammlungen, den Hochzeitsbüchsen, von den Orgeln, Weinhäusern und anderen Orten der Stadt, der Quartalskollekten, Zinsen, Miet- und Pachteinnahmen einzusenden. Künftig durfte kein Geld mehr ohne Zustimmung der Session an die Armen ausgeteilt werden, sondern ausschließlich nach Anweisung der Session und nur an die in den Armenrollen (Armenregistern) verzeichneten einheimischen Bedürftigen. Auch bei der Verteilung von Naturalien mussten die Diakone die Inspektoren hinzuziehen. Es durfte auch kein Kirchspiel mehr selbst über die Verwendung der den Armen überlassenen Häuser und Gottesbuden in seinem Besitz entscheiden und Kapital verleihen. Durch eine repressive Armenpolitik sollte die Bettelei, vor allem von Fremden, unterbunden werden. Die arbeitsfähigen Armen wurden in das Arbeitshaus eingewiesen.[191]

Mit der Neufassung der Armen- und Almosenordnung vollzog sich 1676 die Gründung des Generalarmenwesens mit dem

Werk- und Zuchthaus als Zentrum. Die obrigkeitlich geregelte Administration des Hauses wurde den Diakonen der vier reformierten Kirchspiele übertragen, die auf der Zentralsession Rechenschaft abzulegen hatten. Gleichzeitig fand eine weitere Differenzierung des Wohlfahrtswesens statt. Eine Stiftung veranlasste 1677 die Schaffung des Alte-Mann-Hauses am Stephanitor. Die Versorgung von Kranken, bislang integrativer Bereich des Armenwesens, wurde als spezifische Aufgabe erkannt. Heilbare Kranke sollten nicht mehr in Gasthäusern und Hospitälern, die als Herbergen für Reisende und Pilger, Unterkunft für Arme und Pflegestätte für Kranke immer mehreren Zwecken zugleich dienten, versorgt werden, sondern in einem Krankenhaus Betreuung und Behandlung durch Ärzte erfahren. Auf Anordnung des Rates erfolgte 1689 die Einrichtung des ersten Bremer Krankenhauses im ehemaligen Ballhaus am Schweinemarkt in der Neustadt.[192] Die Domdiakonie leistete einen finanziellen Beitrag, auch zur Vergrößerung 1733 bis 1742.[193] Das Krankenhaus finanzierte sich aus dem Entgelt für die medizinische Versorgung und aus Zuschüssen aus den Armenkassen der Kirchspiele, deren Diakone gemeinsam mit dem Bürgermeister die Aufsicht übernahmen. Die St. Petri Domdiakonie zahlte laut Vertrag vom 7. Oktober 1757 für jeden im Krankenhaus aufgenommenen Lutheraner einen Reichstaler, den sogenannnten »Confessionstaler«, aus der Armenkasse.[194] 1684 wurde, neben dem bereits 1596 gestifteten sogenannten Roten Waisenhaus zur Unterbringung, Versorgung und Erziehung armer unversorgter Kinder, aus den Mitteln der Diakonien das Diaconorum Arme Kinderhaus (Blaue Waisenhaus) an der Hutfilterstraße eingerichtet.[195]

Gründung des St. Petri Waisenhauses
Die Farben der Schweden

Die Lutheraner gründeten 1692 ein eigenes Waisenhaus, das St. Petri Waisenhaus oder »Armen Kinder Haus«, das nur lutherisch getaufte Kinder aufnahm. Die Kinder trugen Kleidung in den schwedischen Nationalfarben blau und gelb. Am 10. November (Luthers Geburtstag) wurde die Einrichtung in einer ehemaligen Domkurie am Domshof feierlich eröffnet.[196] Der schwedische König Karl XI. hatte 1691 das vorher vom kaiserlichen Residenten Theobald Edler von Kurtzrock[197] bewohnte Gebäude gestiftet und zur Versorgung der Waisen die Einkünfte eines Meiergutes in Ellen sowie eine Weidefläche auf der Pauliner Marsch überlassen. Die Diakone und lutherische Bürger spendeten seit 1679 für das Waisenhaus und trugen mit insgesamt 1600 Reichstalern und mit Arbeitsleistungen zur Einrichtung bei. Künftig waren zwei Kollekten im Jahr (Laetare[198] und Martini[199]) und der Inhalt eines besonderen Sammelbeckens für die Waisen bestimmt.[200]

Waisenkinder des lutherischen St. Petri Waisenhauses in den blau-gelben Nationalfarben der Schweden.

Die Verwaltung des St. Petri Waisenhauses lag in den Händen der Initiatoren, der Domdiakonie und der Domprediger. Die Inspektion übten der schwedische Etatsrat und der Superintendent aus. Als Administratoren fungierten zwei Diakone. Der zunehmenden Arbeitsbelastung der Diakone durch die Verwaltung des Waisenhauses wurde mit einer Verstärkung des verwaltenden Kollegiums auf acht Mitglieder und einer Verdoppelung der Dienstzeit Rechnung getragen. Alle vier Jahre am Johannistag (24. Juni) sollten die vier ältesten Diakone ausscheiden. Die verbleibenden schlugen 12 Bürger vor, aus denen die Inspektoren vier neue Diakone auswählten. Die Diakonieversammlungen fanden auf Einladung der Inspektoren in der »Diaconen Capell« im Dom statt.[201]

Auszug aus dem Stiftungsbuch des St. Petri Waisenhauses: Entwurf des Schreibens an den schwedischen König Karl XI. mit der Bitte um Stiftung des lutherischen Waisenhauses.

Der Rat protestierte bei der schwedischen Regierung in Stade gegen die Separierung der lutherischen Waisen, die bislang in den beiden reformierten Waisenhäusern ausreichend betreut worden seien. Außerdem sei die Einrichtung einer Wohlfahrtseinrichtung ein Hoheitsrecht des Rates. Der mühsam aufrecht erhaltene konfessionelle Friede werde gestört und die Armenpflege gespalten. Außer der Erziehung im lutherischen Glauben sei auch eine Einflussnahme im Sinne der Landesherrschaft anzunehmen. Die Lutheraner konterten mit dem Hinweis auf die von der übrigen bremischen Armenpflege getrennte lutherische Fürsorge und auf den Unterschied, der im Krankenhaus, im Armenhaus und auch bei den Hausarmen zwischen lutherischen und reformierten Bürgern gemacht wurde, sowie mit den Benachteiligungen und Behinderungen der freien Religionsausübung. Das Waisenhaus wurde zum umstrittenen Objekt konfessioneller und machtpolitischer Kontroversen.[202]

Einen Schritt zur Annäherung stellte der Vorschlag dar, die Domdiakone mit gleichen Rechten und Pflichten am kommunalen Fürsorgewesen zu beteiligen. Damit sollte die Konkurrenz bei der Sammlung von Spenden unterbunden und ein gemeinsamer Weg zur Versorgung der Armen beschritten werden. Zum geplanten städtischen Armenhaus leistete die Domdiakonie einen finanziellen Beitrag, womit ihr ein Drittel der 180 Plätze zustand. In der Sitzung am 16. März 1699 erklärten sich die Domdiakone zu einem Zusammenwirken bei der Verwaltung des Armenhauses und zu einem Beitrag aus ihrer Armenkasse bereit, entschieden sich aber gegen eine Beteiligung an der allgemeinen städtischen Armenversorgung (Generalarmenwesen).[203]

Die lutherischen Bremer Bürger trugen als Domgemeindemitglieder neben dem Beitrag zur städtischen Armenversorgung außerdem zur Armenkasse des Domes bei. Lutherische Bedürftige (Hausarme) im gesamten Stadtgebiet wurden aus beiden Kassen versorgt, zu zwei Dritteln aus der städtischen und zu einem Drittel aus der des Doms. Das ist einem Antrag der Domgemeinde an die schwedische Regierung zur Genehmigung einer Sonderkollekte aus »Liebe für die Armen« zu entnehmen, nachdem im August 1697 der mit fünf Schlössern gesicherte Armenkasten gewaltsam aufgebrochen und der gesamte Inhalt gestohlen worden war.[204]

Das stadtbremische Armenhaus
Ein Drittel lutherisch

Das Armenhaus wurde 1696 bis 1698 auf Initiative aller bremischen Diakonien nach niederländischem Vorbild zur geschlossenen Betreuung und Sozialdisziplinierung an der Großenstraße im Westen des Stephaniviertels gebaut.[205] Die Erziehung zur Arbeit war leitende Maxime dieser auch als Zucht- und Werkhäuser oder als Arbeits- und Korrektionshäuser bezeichneten Einrichtungen. Nicht die Almosen der Mitmenschen, sondern der Einsatz der eigenen Arbeitskraft sollte den Notleidenden den Lebensunterhalt sichern. Die Bewohner waren zu einem arbeitsamen und gottesfürchtigen Leben verpflichtet, was die Gründer als unmissverständliches Motto über dem Portal des Bremer Armenhauses einmeißeln ließen: »Dieser Stat Armen Haus zum Behten und Arbeiten«.[206]

Mit der Fertigstellung des Armenhauses erließ der Rat der Stadt Bremen eine neue Armenordnung, die sogenannten »Fundament-Artikel« des Armenwesens von 1698. Sie definierte die Aufgaben der Diakone, die Bedingungen für die Anerkennung als Hausarme (nicht im Armenhaus untergebrachte bedürftige Personen), den Umgang mit fremden Armen und Kranken sowie die Funktionen der Armenvögte. Am Armenhaus wirkten reformierte und lutherische Diakone erstmals gemeinsam: Acht Diakone aus den reformierten Kirchenkollegien, die beiden ältesten Diakone jedes reformierten Kirchspiels, übernahmen zusammen mit zwei lutherischen Diakonen (Senior und Subsenior) die Armenhausverwaltung. Die miteinander verbundenen Verwaltungen von Armenhaus und Generalarmenwesen unterstanden der Aufsicht des als Oberinspektor fungierenden präsidierenden Bürgermeisters und von vier Inspektoren aus dem Rat.[207] Die Zentralsession tagte jeweils am Dienstag nach dem Bettag, erstmals am 21. Juni 1698. Die Diakone hatten die Aufgabe, die Armengelder der Kirchspiele, der Domkirche und der Kirchen der Vor- und Neustadt zu sammeln und davon jährlich dem Rat Rechnung abzulegen. Einnahmequellen waren die Zinsen aus Kapitalvermögen, Vermächtnisse, Schenkungen, aus den vierteljährlichen Sammlungen, Klingelbeutelsammlungen und Kollekten, ein jährlicher Beitrag der Neumannstiftung, Geld aus den Armenbüchsen, die in Wirtshäusern und bei Hochzeiten aufgestellt wurden, sowie der Ertrag aus der Arbeitstätigkeit der Armenanstalt.[208]

Im Armenhaus wurden ausschließlich Bremer Bürger und Bürgerinnen aufgenommen, nur in Ausnahmefällen auch andere Stadtbewohner ohne Bürgerrecht.[209] Alle bettelnden Nichtbremer waren aus der Stadt zu weisen. Das war Aufgabe von sechs Armenvögten der vier reformierten Kirchspielsdiakonien, eines siebten Armenvogts der lutherischen Domdiakonie und eines solchen in der Neustadt.[210] Die Religionszugehörigkeit sollte ursprünglich kein Aufnahmekriterium bilden, doch wurde wegen ständiger Konflikte über die folgende Aufteilung der Plätze nach den Bekenntnissen entschieden: zwei Drittel für die Reformierten und ein Drittel für die Lutheraner.[211]

Weil die Mittel nicht reichten, verlangte der Rat, dass alle Einkünfte der Gotteskisten monatlich in eine Gesamtkiste im Armenhaus abgeliefert werden sollten.[212] Gegenüber der Domdiakonie wurde angeführt, dass sich ein Defizit zwischen den Beiträgen der Domdiakonie zur allgemeinen Armenkasse, zum Armenhaus und zum Krankenhaus und den für die lutherischen Armen aufgewandten Kosten ergeben hätte, weil die Zahl der Lutheraner weiter angestiegen sei und diese überwiegend den unteren Bevölkerungsschichten angehörten. Die Domdiakone verweigerten die Abgabe aller dem Dom zur Verfügung stehenden Mittel der Armenfürsorge, weil einige Vermächtnisse, wie die Clüversche Armengifte und die Mittel für das Armen- und Witwenhaus, zweckgebunden seien und weil den lutherischen Armenhausbewohnern der Besuch des Domgottesdienstes erschwert werde.[213] Die Verwaltung dieser, noch aus katholischer Zeit stammenden Armengelder war demzufolge in die Verantwortung der Domdiakonie gelangt. Daraufhin lehnten es auch die anderen Diakoniekollegien ab, ihre gesamten Kirchspielseinkünfte monatlich an das Armenhaus abzuführen. Die Fronten verhärteten sich wieder.[214] Nach nur wenigen Jahren gemeinsamer Armenpflege zog sich die Domdiakonie aus der Administration des Armenhauses zurück.[215]

Das 1696 bis 1698 errichtete Bremer Armenhaus.

Das stadtbremische Armenwesen umfasste Ende des 17. Jahrhunderts folgende größere Anstalten: neben dem Armenhaus das Zucht- und Arbeitshaus, die Waisenhäuser und die Stifte für ältere Menschen. Der Dom unterhielt ein eigenes Armen- und Witwenhaus und ein Waisenhaus. Jede Kirchspielsdiakonie kümmerte sich um die Bedürftigen ihres Sprengels, die Domdiakonie um alle lutherischen Armen, die sich an den Dom wandten.

NEUE HERREN – ALTER STREIT

Der »hannoversche« Dom

Ein Griff in den Beutel
Domdiakonie und städtisches Armenwesen

Die Kommunalisierung der kirchlichen Wohlfahrt brachte keine Besserung der Armenversorgung. In der Bettelei auf den Straßen sah man ein Zeichen zunehmender Verarmung. Als Ursachen galten ökonomische Schwierigkeiten, hervorgerufen durch den Nordischen Krieg (1700–1719/20) und merkantilistische Abschließungstendenzen.[216] Seuchen, wie die erneute Ausbreitung der Pest (1709) und das Auftreten der Pocken (1711), die vor allem in den Armeleutevierteln viele Opfer forderten, verschärften die Probleme.

Im Laufe des Nordischen Krieges ergaben sich territorialpolitische Veränderungen, die Bremen zwar von den Schweden befreiten, nicht aber von der fremden Herrschaft im Domgebiet. Friedrich IV. von Dänemark (1671–1730) trat das nach der 1712 erfolgten Besetzung reichsrechtlich noch schwedische Herzogtums 1715 für sechs Tonnen Gold und den Erlass von Schulden an den Kurfürsten Georg I. von Braunschweig-Lüneburg (1660–1727) ab, der die Dynastie des Hauses Hannover (Kurhannover) begründete und seit 1714 in Personalunion auch König von Großbritannien war. Königin Ulrika Eleonora von Schweden (1688–1741) überließ die Herzogtümer Bremen und Verden sowie das Amt Wildeshausen dann mit dem am 9./20. November 1719 geschlossenen Frieden von Stockholm für 1 Million Reichstaler dem Kurfürsten. Auf kaiserlichen Druck konnte zwar 1733 die Anerkennung der Reichsunmittelbarkeit durch König Georg II. von Großbritannien erreicht werden, aber die Stadt musste im Zweiten Stader Vertrag vom 23. August 1741 weitere Verluste des Landgebietes akzeptieren.[217] Die Unabhängigkeit der Stadt Bremen war damit wieder gesichert, aber immer noch fiel ein Schatten auf die städtische Freiheit, der Schatten des Doms.[218]

Der Stockholmer Frieden von 1719 gewährleistete die Existenz der Domenklave, einschließlich der freien Religionsausübung und der Erhaltung des Domkirchenfonds. Die von den Schweden vorgenommene Regelung der Finanzen blieb bestehen.[219] Mit der Anerkennung der Domgemeinde als »evangelisch-lutherische Gemeine« wurden ihr die gesamten bisherigen Struktureinkünfte zur Unterhaltung der Domkirche und der Schulen, auch der in hannoversche Dienste tretenden Prediger und des Schulpersonals zugestanden. Die Stelle des schwedischen Etatsrats nahm ein hannoverscher Oberhauptmann als Resident in Bremen ein. Der Regierungssitz in Stade wie auch die Verwaltungsämter und Zuständigkeiten der Struktur und Intendantur wurden von der kurhannoverschen Regierung beibehalten.[220] Die Diakonie wurde stärker in die Domangelegenheiten einbezogen, nicht mehr nur im Armen- und Schulwesen, sondern auch bei Bauprojekten. Es wurde erwartet, dass sich die Diakonie mit Sonderkollekten an der Finanzierung notwendiger Baumaßnahmen beteiligte, so 1747, als Kupferplatten am sturmgeschädigten Domdach ersetzt werden mussten. Etliche Festtagskollekten waren für die Erhaltung der Domkirche bestimmt.[221] Damit nahm die Diakonie fast eine den mittel-

Sammeldose der St. Petri Domdiakonie von 1730.

◀ Kollektentruhe von 1759.

alterlichen bürgerlichen Bauherren vergleichbare Stellung ein. Auf die zunehmenden Aufgaben der sich vergrößernden lutherischen Domgemeinde stellte sich die Diakonie 1754 mit einer auf 12 erhöhten Mitgliederzahl ihres Kollegiums ein. Etwa die Hälfte der rund 25 000 Personen zählenden Stadtbevölkerung war lutherisch getauft.

Unter dem Eindruck der Aufklärung verstärkte sich die Aversion gegen das Betteln, und die Spendenbereitschaft nahm weiter ab. Angesichts von Finanzschwierigkeiten wurde seit 1744 erneut über strukturelle Verbesserungen der Armenfürsorge diskutiert. Im Laufe eines jahrelangen Meinungsaustausches überlegten Rat, Bürgerschaft und Diakonien, ob und wie man die Zahl der Armen verringern, die Aufnahme in den Armen- und Waisenhäusern beschränken und die fremden Bettler aus der Stadt schaffen bzw. fernhalten könnte. Wieder wurde für sinnvoll erachtet, die gesamten Einnahmen der einzelnen Kirchspiele und nicht nur deren Beiträge in einer gemeinsamen Kasse zu vereinen. Zu den wichtigsten Einnahmequellen der Armenkassen gehörten neben den Zinsen aus Schenkungen, Stiftungen und Vermächtnissen die Erträge aus Sammlungen und Lotterien zugunsten der Armen. Die stark schwankenden Ergebnisse der Armenanstalt, in der die Bedürftigen einfache Arbeiten wie Spinnen und Weben verrichteten, waren abhängig von der Arbeitsfähigkeit der Insassen und den Absatzmöglichkeiten für die Produkte.[222]

Bei einer Generalvisitation stellten die verordneten Diakone fest, dass die Zahl der lutherischen Armen größer war als die der reformierten. 1746 wurden in Alt- und Neustadt 4978 reformierte und 5022 lutherische Bedürftige sowie 247 papistische (römisch-katholische) Arme gezählt.[223] Die Armenrolle wies aus, dass die vom Generalarmenwesen in der Hausarmen- oder offenen Armenpflege verwandten Mittel vorwiegend den Lutheranern zugute kamen. Im Armenhaus war das den Lutheranern zustehende Drittel der Plätze überschritten. Die Beiträge der Domdiakonie zum Armenhaus (monatlich 2 ½ Reichstaler für jeden lutherischen Insassen) und zum Krankenhaus (monatlich 1 Reichstaler für jeden lutherischen Kranken) waren nicht kostendeckend.[224] In dieser und weiteren Aufstellungen wurde die Klage erhoben, die reformierten Diakone würden sich um alle Armen ohne Unterschied der Konfession kümmern, während die Domdiakonie ihre Unterstützung auf die eigenen Glaubensgenossen beschränke und auf diese Weise mehr Mittel für eine gute Versorgung und Ausbildung des Nachwuchses in ihrem Waisenhaus und in ihren Schulen zur Verfügung hätte.[225] Die Kritik zielte auf die seit Jahrzehnten geforderte gemeinsame Armenkasse und auf eine Aufhebung der konfessionellen Unterschiede bei der Versorgung der Bedürftigen. Allerdings war man nicht bereit, der Domdiakonie Einblick in alle Bereiche der Verwaltung des Generalarmenwesens zu gewähren. Sie sollten in die von der Anstaltspflege getrennte Hausarmenpflege einbezogen werden, nicht aber in die Administration des Armenhauses, die sich die Diakonien der vier Altstadtkirchen vorbehielt.[226] Knappe Mittel (und wohl auch der nach wie vor schwelende Zwist) veranlassten die reformierten Diakone 1750, ein Verbot zu erwirken, das den Domdiakonen untersagte, bei lutherischen Hochzeiten ihre Armenbüchsen aufzustellen. Die Trauungen fanden aufgrund des Parochialzwangs in den reformierten Kirchen statt.[227]

Kriegsereignisse unterbrachen die Diskussionen um eine Reform des Armenwesens. Im fünften Jahr des Siebenjährigen Krieges (1756–1763) konfiszierten Engländer das Armenhaus und weitere öffentliche Gebäude, um sie als Militärlazarett zu nutzen.[228] Nach Abzug der Besatzung wurde die Debatte über die Krise in der Wohlfahrtsfürsorge in Rat und Bürgerschaft fortgeführt. Der andauernde finanzielle Notstand erforderte Zuschüsse aus den städtischen Kassen, die auch ausgleichen mussten, was an Spenden und Stiftungen wohltätiger Bürger, unter anderem zur Instandsetzung des Armenhauses, fehlte. Zur Sicherstellung von Ruhe und Ordnung und um den Abfluss dringend benötigter Mittel zu verhindern, wurde das Verbot des Straßenbettelns wiederholt, unter Androhung von Leibesstrafen und Zuchthaus.[229] Mancher Fremde floh auf das exterritoriale Gebiet der hannoverschen Domenklave, wo er von der stadtbremischen Polizei und Gerichtsbarkeit nicht

Lebenshaltungskosten kaum aus, um eine Familie zu ernähren. Da es nur die private soziale Absicherung gab und kaum Reserven angespart werden konnten, verfielen Familien der unteren Bevölkerungsschichten, selbst wenn sie ein schlichtes Auskommen gefunden hatten, nach einem Unglücks- oder Todesfall in Armut.[231] Die Diakonien versuchten die Not zu lindern.

Gemeinsame Fürsorgekonzepte
Integration in das stadtbremische Armeninstitut

Nordansicht des Doms mit dem St. Petri Waisenhaus im Osten des Domshofes.

◂ Der Nordturm des Doms, seit 1767 mit der welschen Haube.

1779 entschieden sich Rat[232] und Bürgerschaft[233] für folgendes Konzept des Armenwesens, um die Wohltätigkeit der reformierten und lutherischen Diakonien besser zu koordinieren: Die bislang geltende Organisation des Generalarmenwesens wurde aufgehoben, die Verwaltung des Fonds zur Unterstützung der Stadt- oder Hausarmen von der Unterhaltung des Armenhauses getrennt und einem besonderen Zweig des allgemeinen Armenwesens, dem neu geschaffenen Armeninstitut, übertragen.[234] Die Verwaltung übernahmen acht Institutsdiakone, je vier Diakone von jeder Konfession, die für jeweils zwei Jahre gewählt wurden. Sie unterstanden einem Direktorium von vier halbjährlich im Vorsitz wechselnden Ratsherren. Gleichberechtigt mit den reformierten Kirchspielsdiakonien war die Domdiakonie nunmehr bereit, in diesem Bereich der Wohlfahrtsfürsorge ihre bisherige Selbständigkeit aufzugeben. Dem Fonds des Armeninstituts wurden künftig die Überschüsse der Domkollekten, die sogenannten »St. Petri-Klingelbeutelgelder«, nach Abzug der Kosten für die St. Petri Armen- oder Freischule an der Buchtstraße und der Abgaben an das Armenhaus und an das Krankenhaus, übergeben.[235] Statt der bisherigen Quartalskollekten wurden Wochensammlungen eingeführt. Die Diakone gingen nach vorheriger Bekanntmachung des Rates und der Verkündung von den Kirchenkanzeln

verfolgt werden durfte. War es ein bedürftiger Lutheraner, wurde er nach einer Prüfung durch einen der Prediger aus der Armenkasse der Domgemeinde versorgt.[230]

Für viele Menschen jener Zeit war das Leben eine Gratwanderung. Während mancher Kaufmann in der Handelskonjunktur der Jahre nach der Unabhängigkeitserklärung der Vereinigten Staaten (1776) mit dem Anschluss an den transatlantischen Schiffsverkehr große Gewinne erzielte, reichte der Verdienst eines einfachen Arbeiters wegen der stark ansteigenden von Haus zu Haus und forderten zur Subskription auf.[236] Jeder sollte mindestens einen Groten geben. Sammlungen bei den Hochzeiten und im Institutshaus sowie Geschenke und Legate erbrachten zusätzliche Einnahmen.

In den Zuständigkeitsbereich des Instituts fiel neben der Versorgung der Notleidenden auch der Schulunterricht für arme Kinder sowie die Beschäftigung Arbeitsloser mit freiwilliger oder erzwungener Arbeit. Zur Durchführung der allgemeinen Arbeitspflicht und Heranbildung von Arbeitskräften wurde in den früher bereits von den Diakonien genutzten Räumen des Alten Kornhauses bei der St. Martinikirche eine Arbeitsanstalt eingerichtet, wo auch viele Kinder arbeiteten. Auch wurden direkte Aufträge an die Hausarmen vergeben oder sie wurden von Handwerksmeistern oder sogenannten Fabrikanten[237] in der Tabakverarbeitung, Spinnerei oder Strumpfwirkerei beschäftigt. Die Arbeit der Armen wurde zum zentralen Aspekt der neuen Ordnung.[238]

Ansichtszeichnung des neu erbauten und 1785 eingeweihten St. Petri Waisenhauses an der Ecke Domshof/Sandstraße im klassizistischen Stil. Den Eingang schmückte ein Risalit mit Dreiecksgiebel und Säulenportal.

Lageskizze für den ▶ Bauplatz des neu zu erbauenden St. Petri Waisenhauses.

Das Armenhaus blieb als eigenständige Einrichtung unter der Administration der vier reformierten Diakonien abgekoppelt[239]. Zur finanziellen Ausstattung gehörte neben den bisherigen Einnahmen auch die Pacht der Fähre über die Weser von der Schlachte zum Neustadtsdeich. Einkünfte erzielten die Armenhausbewohner seit 1760 mit dem Druck sogenannter Tabaksbriefe, das waren vom Rat genehmigte Warenzeichen zur Kennzeichnung von Tabakprodukten.[240] Die Domdiakonie zahlte weiterhin für jeden im Armenhaus lebenden Lutheraner 2 ½ Reichstaler monatlich.[241] Wegen der Belegungsquote des Armenhauses – nach wie vor zu zwei Dritteln mit Reformierten und zu einem Drittel mit Lutheranern – kam es wieder zum Streit, weil die Verteilung nicht mehr dem Verhältnis beider Konfessionen an der städtischen Bevölkerung entsprach. Während Plätze der Reformierten unbesetzt blieben, wurden lutherische Antragsteller abgelehnt.[242] Die Verwaltung der reformierten Fürsorgeeinrichtungen lag weiter bei den vier altstädtischen Diakonien unter Aufsicht des Rates, während ausschließlich die Domdiakonie für das lutherische Waisenhaus und das Witwenhaus zuständig war.[243]

Nach einigen Jahren herrschte schon wieder Finanznot, und es wurden Überlegungen zu einer durchgreifenden Sozialreform angestellt, um dem Armenwesen eine tragfähige Basis zu verschaffen.[244] Zur Verkoppelung von Arbeitszwang und kommunaler Arbeitsbeschaffung sollte eine spezielle Arbeitsanstalt geschaffen werden, zur Aufnahme jener, die arbeitsfähig waren, aber keine Arbeit fanden oder zu träge zum Arbeiten waren. Die Umsetzung der Pläne ließ allerdings auf sich warten. Im Zusammenhang mit den Beratungen kam es erneut zum Disput über die von der Domdiakonie abzuführenden Klingelbeutelgelder. Nach Ansicht der reformierten Diakonien sollten sie vollständig dem Armeninstitut zufließen. Die Domdiakone beriefen sich auf die 1779 getroffene Vereinbarung, die für sie bereits einen Kompromiss darstellte, weil im Stader Vergleich von 1639 bestimmt worden sei, dass das, was dem Dom an Kollekten und anderen Gaben zugewendet wurde, der lutherischen Gemeinde verbleiben sollte. Sie

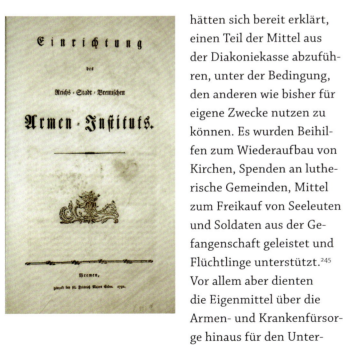

durch Anleihen wurde auf einem Grundstück, einer ehemaligen Domkurie, an der Sandstraße, die der Landesherr, der hannoversche Kurfürst und englische König Georg III. (1738–1820), am 23. April 1783 der Domgemeinde schenkte, ein neues Waisenhaus errichtet und am 10. Juni 1785 eingeweiht.[246]

hätten sich bereit erklärt, einen Teil der Mittel aus der Diakoniekasse abzuführen, unter der Bedingung, den anderen wie bisher für eigene Zwecke nutzen zu können. Es wurden Beihilfen zum Wiederaufbau von Kirchen, Spenden an lutherische Gemeinden, Mittel zum Freikauf von Seeleuten und Soldaten aus der Gefangenschaft geleistet und Flüchtlinge unterstützt.[245] Vor allem aber dienten die Eigenmittel über die Armen- und Krankenfürsorge hinaus für den Unterhalt des Waisenhauses und der Armenschulen. Die Diakone sammelten für einen Neubau des Waisenhauses, weil das alte Gebäude am Domshof den baulichen wie räumlichen Anforderungen nicht mehr entsprach. Mit einer Restfinanzierung

Nach jahrelangen Erörterungen wurde mit der neuen Ordnung des »Reichs-Stadt-Bremischen Armen-Instituts« im September 1791 der Beschluss zur Einrichtung eines Armeninstituts mit Gewerbeanstalt auf dem Teerhof gegenüber der großen Weserbrücke gefasst. Die Gewerbeanstalt sollte sich durch die Arbeit, sowohl freiwillige als auch Zwangsarbeit der Insassen, selbst unterhalten[247]. Die Verwaltungstätigkeit blieb in den Händen der acht Institutsdiakone beider Konfessionen und die Direktion bei den Ratsherren. Angesichts der rückläufigen Spendenwilligkeit wurde eine Art Armensteuer erhoben. Jeder Bürger musste sich bei einem von 32 Diakonen, denen jeweils ein bestimmter Distrikt zugeteilt war, zu Beginn eines Jahres schriftlich zu einem bestimmten wöchentlichen Beitrag zur Armenpflege verpflichten, womit die Spendenleistung nicht mehr freiwillig erfolgte. Die Namen derer, die nicht zahlten, wurden veröffentlicht.[248]

Opferstock von 1790.

◀ Waisenkinder vor dem St. Petri Waisenhaus, das 1798 die charakteristische Freitreppe erhielt.

◀ Druckschrift zur Einrichtung des bremischen Armeninstituts, 1791.

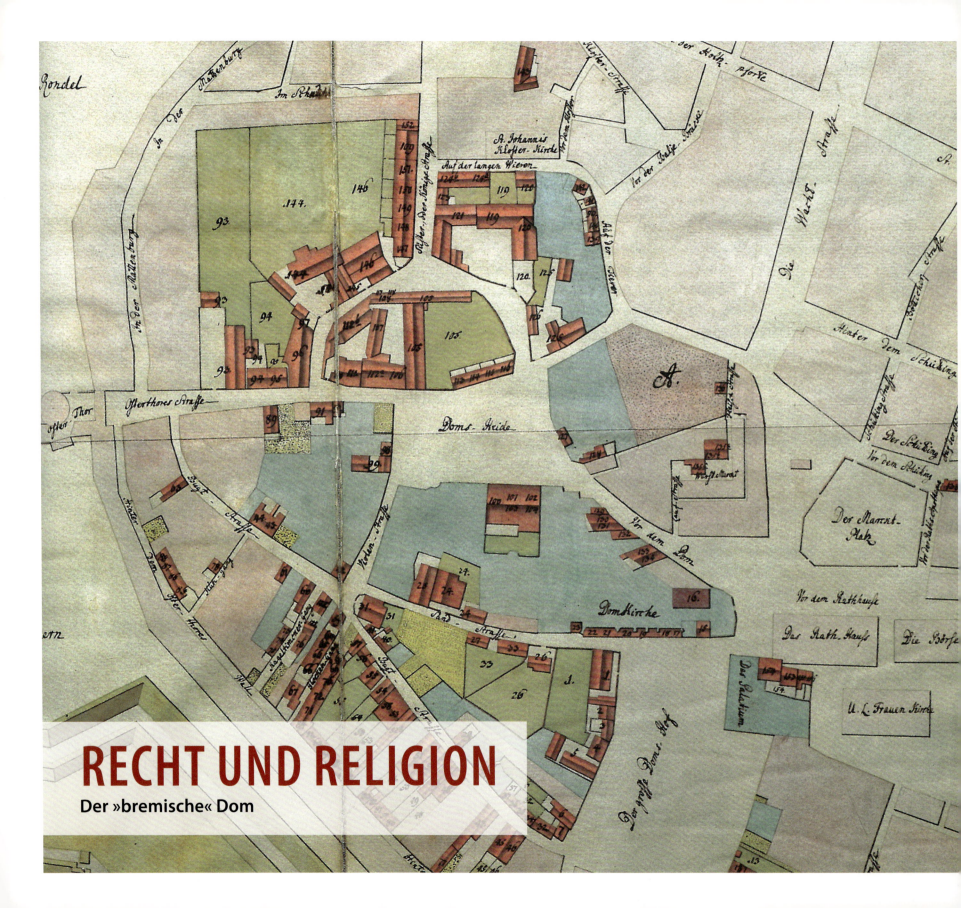

RECHT UND RELIGION
Der »bremische« Dom

Sein oder Nichtsein?
Streit um die Existenz der Domgemeinde

Die Existenz der Domdiakonie stand auf dem Spiel, seit mit dem Vormarsch der Franzosen unter Napoléon Bonaparte[249] in Europa ein Wandel der politischen Verhältnisse eintrat. Nach dem Frieden von Lunéville (1801) bestimmte Napoléon die territoriale Neuordnung Deutschlands, die im Reichsdeputationshauptschluss (1803) ihren Niederschlag fand. Die politischen und rechtlichen Grundlagen des alten Deutschen Reiches verloren mit der Akzeptanz des Reichsdeputationshauptschlusses im Februar 1803 durch Kaiser Franz II. und den Reichstag ihre Gültigkeit. Der Kurfürst von Braunschweig-Lüneburg (inoffiziell auch: Kurhannover) und König von Großbritannien, Georg III., musste auf seine Hoheitsrechte verzichten, damit auch auf den Dombezirk in Bremen.

Bremen gelang es, seine souveräne Rechtsstellung als Freie Reichsstadt zu erhalten und darüber hinaus durch Gebietserweiterungen von der politischen und territorialen Neuordnung Deutschlands zu profitieren. Neben weiteren Besitzungen im Stadt- und Landgebiet wurden mit dem Reichsdeputationshauptschluss (§§ 4 und 27) der Dom und die dazu gehörenden Gebäude, Besitzungen und Einkünfte an die Reichsstadt Bremen übertragen. Damit war erreicht, was Bremen seit Jahrhunderten anstrebte: Dom und Stadt wurden hoheitsrechtlich vereint. Zur Domenklave gehörten 154 Gebäude mit Mieteinnahmen von rund 9000 Reichstalern jährlich. Die Stadt übernahm das gesamte Vermögen, nicht nur das der Intendantur, sondern auch das der Struktur, das zur Aufrechterhaltung des Kultus[250] und der lutherischen Einrichtungen bestimmt war. Das stand im Widerspruch zum § 63 des Reichsdeputationshauptschlusses, wo es bezüglich der Religionsausübung hieß, jede Religion solle, gemäß den Bestimmungen des Westfälischen Friedens, im ungestörten Besitz und Genuss ihres Kirchengutes bleiben.[251] Nach Schätzungen bildeten rund 20 000 Lutheraner die konfessionelle Mehrheit, die Reformierten eine Minderheit von etwa 12 000 Glaubensangehörigen.[252]

Die Domdiakonie setzte sich für die Domgemeinde ein.[253] Noch vor Inkrafttreten des Reichsdeputationshauptschlusses hörten die Diakone bei Verhandlungen über Kollekten zu geplanten Investitionen des Landesherrn zur Erhaltung des Doms von den bevorstehenden Veränderungen.[254] Am 18. November 1802 überreichten die «alten und fungierenden Diakonen der hiesigen Domgemeine» als «Vorsteher der Gemeine» dem Senat der Stadt Bremen ein Memorial.[255] Der Bitte um den Schutz ihrer herkömmlichen Rechte und die Gleichstellung des Doms mit den reformierten Gemeinden sowie die Erhaltung der Strukturgüter fügten sie Vorschläge zu einer künftigen Kirchenverfassung bei. Ein lutherisches Kirchenkollegium aus zwei Senatsmitgliedern, den Dompredigern, den fungierenden und ehemaligen Domdiakonen, sechs Gelehrten, sechs Kaufleuten und 12 anderen lutherischen Bürgern sollte als leitendes Organ die Verwaltung der Kirchengemeinde übernehmen. Anstelle des Strukturarius sollten Bauherren[256] das der Domkirche zustehende Kirchenvermögen verwalten

Grundriß des Dombezirks in der Bremer Altstadt mit dem hannoverschen Grundbesitz, 1750.

und vor dem Kirchenkollegium Rechnung ablegen. Die Rechnungsablage über die Verwaltung des St. Petri Waisenhauses durch die Prediger und die fungierenden Diakone sollte ebenfalls vor dem Kollegium erfolgen, das im Namen der Domgemeinde auch die Prediger wählen sollte. Sämtliche lutherische Schulen (lateinische Schule mit Athenäum, die dazu gehörige deutsche Schule mit der Nebenschule an der Sandstraße sowie alle niederen Schulen) sollten bestehen bleiben. Mit der Erteilung der Parochialrechte sollten die Beschränkungen bezüglich der Taufen und Vermählungen entfallen. Analog zum reformierten sollte ein lutherisches Ministerium gebildet werden.[257]

Die vier Domprediger wandten sich am selben Tag (18. November 1802) mit der Sorge um den Fortbestand der Domkirche, der Schulen und des Waisenhauses an die Regierung in Hannover, ihren Dienstherrn. Ihnen ging es um die Gewährleistung der freien Religionsausübung durch die Lutheraner, das ungeteilte Kirchengut, die Mittel für die Armen und die Armenschulen aus den Blöcken (Sammelbehältern), aus dem Bräutigambuch, aus Vermächtnissen und Geschenken sowie die Finanzierung des Waisenhauses durch jährliche Kollekten und das Verspielen der Kälber.[258] Sie traten für die Diakonie ein und forderten, «daß das Collegium der Diaconen ferner aus 12 Mitgliedern bestehe und das Recht behalte, solche jährlich, oder sonst durch einen andern Fall abgehende Mitglieder, durch freie Wahl zu ersetzen, die übernommenen Geschäfte für die Waisen und Armen nach der bisherigen Ordnung zu vertheilen, mit Zuziehung der vier Domprediger, den gewöhnlichen, aus den Vorstehern und Verwaltern des Hauses bestehenden Convent frei anzustellen, und darin die gemeinschaftlichen Angelegenheiten, nach den bisher Statt findenden Gesetzen, zu verhandeln, auch bei wichtigen Ereignissen, wie es bisher üblich war, die abgegangenen Diaconen zusammen zu rufen». Auch wollten sie, «daß den Diaconen das Recht verbleibe, ihre Rechnungen für die Waisenschulen und Armencasse von den zuletzt abgegangenen Mitgliedern nachsehen zu lassen, und sie alsdann, von dem Rechnungsführer und dem gewesenen Senior mit unterschrieben, dem Convent vorzulegen, und ihre Bestätigung zu erhalten.»[259] Das für lutherische Witwen bestimmte Witwenhaus an der Buchtstraße sollte bestehen bleiben. Die lateinische und deutsche Schule sollten unter der Aufsicht der Domprediger verbleiben. Auch wollten die Prediger, die Lehrer der lateinischen und deutschen Schulen und die Dombediensteten in den ihnen überlassenen Häusern wohnen bleiben und ihre Gehälter weiter beziehen. Ohne Zustimmung der Prediger, Diakone und führenden Gemeindemitglieder sollten keine Änderungen im Kultus vorgenommen werden. Dem Dom sollte das Patronatsrecht verliehen werden.[260]

Der Senat verfolgte eigene Ziele: Durch die vollständige politische und kirchliche Eingliederung des Domes wäre die historische Sonderstellung des bislang unter fremder Landesherrschaft stehenden lutherischen Doms in der reformierten Stadt endgültig aufgehoben und die Einheit des Staatswesens wieder hergestellt worden. Eine selbständige Kirchenkorporation stand diesen Plänen entgegen.[261] Inzwischen waren fast zwei Drittel der Stadtbewohner lutherisch, bildeten aber keinen eigenen Gemeindesprengel, weil dem Dom kein Parochialrecht zugestanden worden war. Die Domgemeinde hatte der Rat nie anerkannt.[262] Am 1. Dezember 1802 erklärte der Senat, die Lutheraner wären keine zum Dom gehörende Gemeinde im rechtlichen Sinne und bestritten den Besitz eines eigenen Kirchenfonds. Der Dom sei eine Anstalt, die bislang aus den Gütern der hannoverschen Regierung unterhalten worden sei. Dieses Sondervermögen, die Strukturgüter, sei wie alle von Hannover abgetretenen Güter zu bremischem Staatseigentum geworden. Die Domgüter seien demnach Staatsbesitz. Die damit verbundene Verbindlichkeit, aus den Einkünften dieser Güter den Lutheranern die freie Ausübung ihres Gottesdienstes zu ermöglichen, sei in der Art und Weise der Ausführung in das Ermessen des Rates gestellt.[263] Als erster Schritt zur politischen und kirchlichen Fusion wurde, angeblich als Zeichen des guten Willens, knapp einen Monat später, am 10. Dezember 1802, nach mehr als einem Jahrhundert, wieder ein Lutheraner in den Senat gewählt. Der gewählte Friedrich Horn war ein Freund des Senators Johann Smidt, kein gebürtiger Bremer und erst seit kurzer Zeit bremischer Bürger.[264]

Vom 25. bis 27. Januar 1803 erfolgte die förmliche Übergabe der hannoverschen Güter an Bremen. Unverzüglich übernahmen der Bürgermeister als Oberinspektor und zwei Inspektoren aus dem Senat die Aufsicht über das St. Petri Waisenhaus, die bisher vom hannoverschen Oberhauptmann ausgeübt worden war.²⁶⁵ Die von Domdiakonie und Dompastoren selbstverwaltete Einrichtung wurde damit dem Bremer Staat unterstellt.²⁶⁶ Auch die Verwaltung der Domschulen wollte man ihnen entziehen und sie dem vom Senat eingesetzten Bremischen Scholarchat unterstellen. Die Diakone fanden keine Anerkennung als Vorsteher der Domgemeinde, sondern wurden in allen Schreiben und Beschlüssen des Senats als Armenpfleger oder Armenvorsteher bezeichnet. Die Prediger wurden auf ihre Aufgabe der «öffentlichen Gottesverehrung» verwiesen.²⁶⁷

Als die Domdiakonie am 4. Juni 1804 an ihr Schreiben vom 18. November 1802 erinnerte, folgte noch an demselben Tag die Antwort: Der Senat bestritt der lutherischen Domgemeinde die Existenz. Sie habe keine kirchliche Organisation, könne folglich kein Kirchengut besitzen und die Domschulen und das Waisenhaus nicht selbständig verwalten.²⁶⁸ Die Nutzung der Domkirche durch die Lutheraner und die Leistungen aus dem Strukturvermögen seien freiwillige Leistungen des hannoverschen Kurfürsten gewesen, ohne dass damit ein Rechtsanspruch begründet worden sei. Dabei wurde nicht berücksichtigt, dass Karl XI. von Schweden der Domgemeinde im Zuge der Finanzreform 1685 ein eigenes Kirchengut geschaffen und sie als selbständiges Rechtssubjekt anerkannt hatte. Die rechtliche Anerkennung durch die nachfolgende kurhannoversche Regierung war mit den vertraglichen Vereinbarungen zur Überlassung einer Immobilie für das lutherische Waisenhaus erfolgt.²⁶⁹ Der von der Domgemeinde angestrebten Bildung eines eigenen Kirchenkonvents widersprach der Senat mit dem Hinweis auf das Versammlungsverbot gemäß der Neuen Eintracht von 1534 in Verbindung mit der im Bürgereid beschworenen Pflicht zum Gehorsam gegenüber der Obrigkeit.²⁷⁰

Selbstbestimmung und Eigentum
Der Anspruch der Lutheraner

Die Domdiakone bildeten eine «Deputation für die Angelegenheit der Lutheraner», die Mittel für den Streit sammelte und den Schriftwechsel mit dem Senat drucken ließ und publizierte.²⁷¹ Sie fochten für das Eigentumsrecht und das Recht auf Selbstbestimmung der Domgemeinde. Sollte der Dom der Domgemeinde gehören oder dem Staat zufallen und durfte der Senat in die Verwaltung des Doms und der damit verbundenen mildtätigen Stiftungen und gelehrten Anstalten eingreifen? Zur Bestimmung und Abgrenzung der staatsrechtlichen Stellung des Doms beriefen sich beide Parteien auf die im Laufe der Geschichte bezüglich des Doms geschlossenen Verträge und Vergleiche.²⁷² Die Lutheraner verlangten die Einhaltung des Verdener Vertrags von 1568, des Stader Vergleichs von 1639 und des Westfälischen Friedens von 1648, womit ihnen die ungehinderte Religionsausübung zugesichert worden war, allerdings keine Parochial- und Kollegiatrechte, das heißt, sie konnten keinen eigenen Sprengel und keine rechtlich anerkannten Gemeindeorgane bilden.²⁷³

Kollektenbecken im Dom.

Die erste schriftlich fixierte Ordnung der St. Petri Domdiakonie regelte 1809 die Durchführung der Sammlungen und Kollekten.

Nachdem einige fungierende Kollegen der St. Petri Domdiakonie den Eltermann Johann Matthias Lameyer[274], einen ehemaligen Domdiakon, einbezogen hatten, befasste sich seit Frühjahr 1805 das Collegium Seniorum der Kaufmannschaft mit der strittigen Angelegenheit. Seit jeher unterhielt die Domdiakonie gute Beziehungen zum Elterleutekollegium. Im Gegensatz zu anderen Korporationen und zum Senat war den Lutheranern der Zugang zur Gemeinschaft der Kaufleute nie verwehrt worden, und als Sprecher des Bürgerkonvents hatten sich die Elterleute in der Vergangenheit mehrfach für die Interessen des Doms eingesetzt.[275] Ein Gespräch der Elterleute mit Senator Johann Smidt sollte die Differenzen beilegen.[276] Ein halbes Jahr lang geschah nichts. Dann traf sich eine zu diesem Zweck gebildete gemeinsame Deputation aus Rats- und Domvertretern fast täglich, ohne zu einem Ergebnis zu kommen.[277] Eine Klage der St. Petri Domdiakone vor dem Reichskammergericht in Wetzlar blieb ohne Entscheidung, da das Gericht mit der Abdankung des Kaisers 1806 aufgehoben wurde.

Der deutsche Kaiser Franz II. resignierte auf Druck Napoléons und erklärte am 12. Juli 1806 das Heilige Römische Reich Deutscher Nation für aufgelöst. Nach der Niederlage der Preußen in der Schlacht bei Jena und Auerstedt am 14. Oktober 1806 besetzten französische Truppen das Land.[278] Bremen konnte seine Stellung als souveräner Freistaat sichern, doch hatte die 1806 verfügte napoleonische Kontinentalsperre schwere wirtschaftliche Folgen. Da der Senat angesichts der außenpolitischen Turbulenzen an einer Beruhigung der innerstädtischen Verhältnisse interessiert war, ging der Senat einen Kompromiss ein und stimmte 1808 und 1810 einer Pfarrwahl zur Besetzung freiwerdender Predigerstellen am Dom zu.

Nach dem Vorbild der reformierten Kirchengemeinden, wo der Konvent das Recht zur Pfarrwahl ausübte, Bauherren und Diakone einsetzte, wurde am Dom ein Wahlkollegium berufen, ein Vorgängergremium des Konvents.[279] Dem Kollegium gehörten neben den derzeitigen die ehemaligen Diakone, die Domprediger und angesehene Gemeindemitglieder an. Der Senat bestätigte und berief die Prediger am Dom und nahm damit die landesherrliche Kirchenhoheit wahr.[280] Inzwischen war 1804 unter Protest der Domgemeinde an der Kirche St. Ansgarii ein lutherischer Prediger angestellt worden, und zwei Lutheraner waren in die dortige Diakonie eingetreten.[281]

1809 fixierte die St. Petri Domdiakonie mit der «Ordnung, nach welcher die Diakonen der Domkirche in Bremen bey den Sammlungen und Beckenstehen sich richten», das erste nachzuweisende (hand-)schriftliche, später gedruckte Regelwerk für ihre Tätigkeit. Organisiert wurde die Durchführung der Kollekten. Das Recht ergab sich aus dem ältesten Beleg über Sammlungen im Dom im Stader Vergleich von 1639. Die sonntäglichen Sammlungen »in der Mitte, Domsh(of). Seite, hint(er) d(er) Kanz(el)« waren unter 12 Diakonen so aufgeteilt, dass jeweils drei (ein Quartier) für ein Vierteljahr freigestellt waren. In zwei Monaten eines Jahres waren sie für jeweils eine Wochensammlung eingeteilt. Sonderregelungen galten für den zweiten Feiertag zu Ostern und Pfingsten, zu Weihnachten, an den sogenannten kleinen Festen wie Neujahr und Karfreitag (»stiller Freitag«) und am Gründonnerstag. Eine weitere Einteilung galt für das Beckenstehen bei den Waisenkollekten, an Dank-, Buß- und Bettagen und bei besonderen Kollekten an Sonntagen. Die Einnahmen flossen in die St. Petri Armen- und Freischulkasse, an das St. Petri Waisenhaus und in die allgemeine Gemeindearbeit.[282]

Die Verwaltung der Armenmittel wurde ein Jahr später mit der «Instruktion für den Administrator» aus dem Jahre 1810, das war der nach Dauer der Zugehörigkeit achte Diakon am St. Petri Dom, schriftlich umrissen. Zu den Obliegenheiten des Administrators (früher: buchhaltender Diakon) gehörten das Einziehen der Zinsen aller angelegten Kapitalien und die Prüfung der korrekten Eintragung der Inhaber von Obligationen und Handfesten. Die Wiederanlage gekündigter Gelder erfolgte mit Genehmigung des Konvents. Weitere Aufgabe war die monatliche Lichtung (Leerung) der Klingelbeutelgelder für die Armenkasse der Domkirche, der fünf Armenblöcke an den Kirchentüren (an der Turmtür zur Orgel, an der Domshoftür, am Durchgang unter der Orgel, an der Tür zum Durchgang neben dem Chor und am Diakonenstuhl). Die beiden anderen für das Waisenhaus bestimmten Armenblöcke an der großen und kleinen Tür zum Domshof wurden nur zu Neujahr und Johannis (24. Juni) gelichtet. Die Diakonie beschäftigte drei Kirchenknechte[283], die nach bestimmten Taxen für ihre unterstützende Tätigkeit bei den Lichtungen und anderen Arbeiten entlohnt wurden. Auf dem Konvent im Waisenhaus hatte der Administrator die Rechnung der Armen- und Schulkasse abzulegen.[284] Bei der vierteljährlichen Armenkommunion musste er anwesend sein. Er hatte die in das Krankenhaus eingelieferten und die entlassenen Personen in ein Register einzutragen und aus der St. Petri Armenkasse für jeden lutherischen armen Kranken den sogenannten Konfessionstaler abzuführen.[285]

Das Diakonenamt erforderte viel Engagement und Zeit: »Gleich wie das officium diaconis mit vieler last und arbeit; gleichwohl aber mit keiner besoldung verknüpft ist ...«[286], klagte ein Domdiakon, lehnte das Amt ab und kaufte sich mit einer Spende an die Armenkasse frei. Aus persönlichen Gründen sollte das kirchliche Ehrenamt nicht abgelehnt werden. Schwere Krankheit und mangelndes Vermögen wurden als Hinderungsgründe anerkannt.[287] Bei Vakanzen erfolgten Neuwahlen. Die Diakonie ergänzte sich selbst durch die Auswahl von Kandidaten, die dem Wahlkollegium (seit 1817 Kirchenkonvent) vorgeschlagen wurden. Die Wahl erfolgte nach Stimmenmehrheit. Entscheidende Zugangsvoraussetzungen waren bis zur Mitte des 19. Jahrhunderts neben der lutherischen Konfessionszugehörigkeit das Bürgerrecht mit einem Wohnsitz im Bremer Stadtgebiet und eine selbständige Tätigkeit.[288]

Unter den Franzosen
Ein trügerischer Friede

Um den Dom wurde weiter verhandelt und gestritten, Schrift um Gegenschrift verfasst, bis die Expansion Frankreichs zur Einigung drängte, um einen Zugriff auf die Kirchengüter und eine anderweitige Verwendung durch die Franzosen zu verhindern. Am 7. November 1810 trafen sich Vertreter des Senats und der Domgemeinde – und am 10. Dezember 1810 verkündete Napoléon die Annektion der Hansestädte. Bremen wurde als Hauptstadt des Départements der Wesermündungen (Départements des Bouches du Weser) in das französische Kaiserreich eingegliedert.[289] Der Bremer Senat erhielt die Nachricht von der Vereinigung der Hansestädte mit dem napoleonischen Kaiserreich am 20. Dezember 1810, der Bürgerkonvent zwei Tage später. Eilig wurde eine Geheime Deputation einberufen, zu deren Gegenständen die Erhaltung der öffentlichen Anstalten und mildtätigen Stiftungen und auch die Domangelegenheit gehörten. Wenige Tage später, am 26. Dezember 1810, willigte der Senat in folgenden Vergleich ein: Die Domgemeinde wurde als juristische Person anerkannt und ihr ein Teil des Kirchengutes als privates Eigentum zugestanden. Die reformierten Kirchen erhielten aus dem Kirchengut des Domes eine Entschädigung für die künftig entfallenen Gebühren für kirchliche Amtshandlungen. Es wurden vier Bauherren (zwei Senatoren und zwei Diakone) – die ersten am lutherischen Dom – zu Vertretern der Gemeinde ernannt, ab 5. Februar 1811 gewählt. Es war ihre Aufgabe, für die Unterhaltung von Dom und Gottesdienst aus den zu diesem Zweck abgesonderten Strukturgütern zu sorgen.[290] Mit der Gewährung der Parochialrechte waren ab sofort Taufen und Trauungen im Dom möglich.[291] Aus dem Domfonds wurden auch die Kosten der Domschulen, des Waisen- und des Witwenhauses bestritten.[292] Außer den Bauherren wählte ab 1811 ein Wahlkollegium aus Mitgliedern der Gemeinde, auf Vorschlag der Diakone, die neuen Mitglieder der Diakonie. Sie wurden in Gegenwart der Gemeindevertreter und fungierenden Diakone durch den Pastor Primarius im Dom eingeführt. Eine offizielle Anerkennung, auch der Domgemeinde, wurde aber tunlichst vermie-

Entwurf zur Instruktion des Diakoniekollegiums der St. Petri Domkirche aus der Franzosenzeit. Dieser erste vorliegende Entwurf einer Diakonieordnung entstand auf der Grundlage von 1784 zusammengefassten Verpflichtungen der Diakone.

den. Die Diakonie wurde auf ihre herkömmlichen Aufgaben als «Armenpfleger» verwiesen.[293]

Senat und Bürgerkonvent wurden am 16. Februar 1811, aufgelöst und die Franzosen bildeten eine neue Regierung: Munizipalität, Finanz- und Justizverwaltung übernahmen die öffentlichen Aufgaben. An der Spitze stand der kaiserlich-napoleonische Präfekt Graf Philipp Karl von Arberg. Mit der Einführung des «Code Napoléon» verlor die bremische Verfassung ihre Gültigkeit.[294] Ein französisches Dekret vom 4. Juli 1811 (Artikel 212) ordnete die Organisation des Kirchenwesens nach französischem Vorbild ab 1. Januar 1812 an.[295] Die milden Stiftungen (unter anderem das Armenhaus, die Waisenhäuser, die Witwenhäuser, Stifte, Hospitäler und Gasthäuser) wurden der «Commission des Hospices» als gemeinschaftlicher Behörde unterstellt.[296] Die beiden reformierten Waisenhäuser und das lutherische Waisenhaus wurden zusammengelegt. Die Diakone mussten ihre Kassen schließen und zusammen mit den Büchern der Wohlfahrtskommission übergeben. Sie durften Almosen sammeln, aber nicht mehr selbst verwalten. Die Zahl der Unterstützungsbedürftigen stieg infolge des allgemeinen ökonomischen Niedergangs und der napoleonischen Kriege stark an.[297] Den Plänen der Franzosen, das Armenhaus in eine Kaserne und das Krankenhaus in der Neustadt in ein Militärhospital umzuwandeln, kam 1813 das Ende der französischen Herrschaft zuvor.[298] Nach den Befreiungskriegen (1813–1815) schlossen sich die 35 souveränen Staaten und vier freien Städte Deutschlands im Wiener Kongreß zu einem Staatenbund, dem Deutschen Bund, zusammen. Im Zuge der Restauration wurde die vor der französischen Zeit geltende Rechts- und Wirtschaftsordnung wieder hergestellt.[299]

Rekonstruktion des Wohlfahrtswesens
Die erste schriftliche Ordnung der Domgemeinde

Die von den Franzosen konstituierte Kommission zur Wohlfahrtspflege wurde bis 1817 als provisorische «Verwaltungsdeputation der milden Stiftungen» weitergeführt. Das Gremium hatte unter anderem die Aufgabe, die Administration des Armenhauses zu rekonstruieren, dem das räumlich bereits integrierte Mannhaus[300] mit seinem Vermögen unterstellt wurde. Die Diakone wurden wieder in die Verwaltung des Armeninstituts eingesetzt. An der mit acht Diakonen (Senior und Subsenior) der vier altstädtischen Kirchspiele besetzten Administration waren die vier dienstältesten Diakone der St. Petri Domgemeinde und auf Antrag der Bürgerschaft zwei Diakone der St. Pauli-Kirchengemeinde[301] in der Neustadt beteiligt.[302] Die praktische Verwaltungsarbeit übernahmen zwei aus ihrer Mitte gewählte Diakone, von denen einer als Generalrechnungsführer fungierte. Es wurde zur Gewohnheit, diese beiden Administratoren aus den Diakonien des St. Petri Domes und der St. Ansgariikirche zu wählen.

In einem Memorial vom 18. Februar 1817 erklärte sich die St. Petri Domdiakonie freiwillig bereit, jeweils die Klingelbeutelgelder, die bei der sonntäglichen Hauptpredigt gesammelt wurden, an das Armenhaus abzugeben.[303] In einem der Klingelbeutel mit der Aufschrift «Aus Dank gegen Gott»[304] fand sich am 29. August 1817 ein an die Diakone am Dom gerichteter Zettel mit der provozierenden Frage, ob sie wirklich Vorsteher der Gemeinde seien.[305] Der Streit um den Dom war noch nicht zu Ende ausgetragen, auch wenn man sich öffentlich einig zeigte. Das 300-jährige Jubiläum der Wittenberger Reformation feierte man als gemeinsames Fest der evangelischen Konfessionen. Zu den Festgottesdiensten am 18. Oktober 1817 erschienen reformierte Diakone im Dom und lutherische Diakone besuchten die Kirchspielskirchen. Am darauffolgenden Tag fanden sich erstmalig alle Diakone zu einer privaten Feier zusammen.[306]

Die St. Petri Diakonie übernahm wieder die Verwaltung des lutherischen Waisenhauses und des Witwenhauses. Die Vorlage der Jahresrechnungen belegt die Anerkennung des Senats als Kontrollinstanz in der Rolle des früheren Landesherrn.[307] Die bezüglich der Kirchengüter getroffene Vereinbarung von Dezember 1810 blieb rechtsgültig. Allerdings war zur Zeit der französischen Herrschaft eine Veränderung bei den grundherrlichen Einkünften eingetreten. Die Aufhebung feudaler Rechte an Grund und Boden und die französische Ablöseverordnung von 1811 hatten den meierpflichtigen Bauern ermöglicht, sich gegen Zahlung einer vereinbarten Summe oder Rente aus der Abhängigkeit der Lasten und Pflichten (Geld und/oder Naturalien und Dienste) zu befreien, was in einigen Fällen erfolgt war. Nach der Völkerschlacht bei Leipzig (16.-19. Oktober 1813) und dem Abzug der Franzosen wurden die alten Feudalverhältnisse wieder hergestellt, bis nach der Ablöseverordnung vom 8. Juli 1850 im Zuge der sogenannten «Bauernbefreiung» die auf den Domstrukturgütern ruhenden Verpflichtungen abgelöst werden konnten.[308]

Am 21. Oktober 1817 verabschiedete das als Kirchenkonvent fungierende Wahlkollegium am Dom eine auf Vorschlag der Diakone erarbeitete Gemeindeordnung, die sogenannten «Artikel».[309] Bis zu dem Zeitpunkt wurden die bremischen Kirchengemeinden ohne Statuten nach Gewohnheitsrecht verwaltet.[310] Kirchenrechtliche hoheitliche Regelungen der reformierten Kirchen erließ der Senat per Proklam. Beim lutherischen Dom waren sie bis 1803 per Verordnung des Konsistoriums der jeweiligen landesherrlichen Regierung erfolgt. Mit dem verfassunggebenden Regulativ konstituierten sich die Domgemeinde und ihre Organe. Die Gemeinde der St. Petri Domkirche bildeten jene lutherischen Bürger, die sich der Domgemeinde angeschlossen und für zugehörig erklärt hatten (Personalgemeindesystem).[311]

Zeitgleich mit der Domgemeindeordnung fasste die Diakonie die «Verhältnisse, Rechte und Geschäfte des Collegium Diaconorum der St. Petri Domkirche in Bremen» in Statuten zusammen.[312] Das Diakoniekollegium bildeten die fungierenden gemeinsam mit den ehemaligen Diakonen. Die Altdiakonie war zu allen Versammlungen, seien es Wahlen oder Besprechungen, einzuladen, um beratend zur Verfügung zu stehen. Zwei Altdiakone gehörten mit zwei obrigkeitlich bestellten Senatoren dem 1810 geschaffenen Bauherrengremium an. Damit nahm die Altdiakonie am Dom eine vergleichbar dominante Stellung ein wie das Collegium Seniorum der Kaufmannschaft in Bremen. Den aktiven Dienst in der Domgemeinde versahen die fungierenden Diakone. Ihre Zahl wurde von 12 auf 16 erhöht. Der Älteste (Senior) wechselte nach 16-jähriger Amtszeit in die Altdiakonie, nachdem ein neues Mitglied gewählt worden war. Alle Versammlungen des Kollegiums fanden nach Einladung und unter Vorsitz des Seniors im St. Petri Waisenhaus statt. Aufgabenbereiche der fungierenden Diakone waren: 1. Kirchliche Geschäfte, 2. Verwaltung des St. Petri Waisenhauses, 3. Verwaltung der St. Petri Schul- und Armenkasse, 4. Versorgung der Armen im Armeninstitut.

1. *Als Mitvorstehern der Kirchengemeinde wurde den Diakonen ein Mitspracherecht bei der Ordnung der Gottesdienste eingeräumt. Sie waren an den Wahlen der Bauherren, des Pastor Primarius, der Prediger, der Lehrer der deutschen Domschule und der Nebenschulen, des Küsters und des Organisten beteiligt. In allen Predigten in der Domkirche sammelten sie mit dem Klingelbeutel nach einer von ihnen festgelegten Ordnung die Almosen. Die Mittel übernahmen die Administratoren des St. Petri Waisenhauses oder der Administrator der Armen-, Schul- und Krankenkasse. Sie verwalteten auch die Erträge der halbjährlich gelichteten sieben Armenblöcke an den Kirchentüren und der beiden Orgelbüchsen, von denen zwei Armenblöcke und eine Orgelbüchse für das Waisenhaus bestimmt waren. An den vierteljährlich zugunsten des Kirchenbaus aufgestellten Becken stand der Senior der Diakonie gemeinsam mit den Bauherren. Die Beckenerträge an Bußtagen waren für das Armenhaus bestimmt, die Kollekten am Sonntag Laetare (vierter Sonntag der sechswöchigen Fastenzeit vor Ostern) und nach Martini (11. November) für das Waisenhaus. Jeder Diakon hatte ein freies Vierteljahr.*

2. *Sämtliche fungierenden Diakone bildeten gemeinsam mit den vier Dompastoren das Kollegium zur Verwaltung des Waisenhauses. Zu den Versammlungen (Konventen) lud der Administrator, der auch das Protokoll führte. Er führte die Geschäfte ein Jahr lang, unterstützt von seinem Vorgänger und von seinem Nachfolger. Seiner Ehefrau oblagen die «weiblichen Haushaltungsangelegenheiten».*

3. *Die Verwaltung der Schul- und Armenkasse oblag dem Kollegium der Diakonie und den Pastoren. Ein Administrator aus der Diakonie führte ein Jahr lang die Bücher. Der Konvent entschied über Wahl und Prüfung der Lehrer der Armen- und Freischulen. Die Verhältnisse der Kinder ab dem 8. Lebensjahr in den Freischulen, für die das Schulgeld und die Bücher bezahlt wurden, waren von Zeit zu Zeit zu überprüfen. Für jeden lutherischen Kranken im Krankenhaus zahlte die Diakonie monatlich einen Reichstaler (Konfessionstaler) aus der Armenkasse.*

4. *An der Verwaltung der öffentlichen Armenanstalt waren nach den Gesetzen des Armeninstituts 12 Diakone der bremischen Kirchen beteiligt. Sie bilden ein Kollegium, das in den Sessionen (Sitzungen) über die Angelegenheiten des Instituts entschied. Den Vorsitz führte ein Mitglied des Senats. Die vier dienstältesten Diakone übernahmen in ihren vier letzten Dienstjahren als Institutsdiakone die Administration, wobei sie sich halbjährlich in der Generaladministration ablösten. Die acht jüngeren Diakone hatten sich in den ersten acht Amtsjahren als sogenannte Distriktdiakone in den ihnen angewiesenen Distrikten um die Armen zu kümmern und die Armengelder*

zu erheben. In den Einzeichnungsbüchern (blaue Bücher) wurden die Subskriptionen der Bürger eingetragen und in den Einsammlungsbüchern (gelbe Bücher) die erhobenen Mittel.[313]

Die Diakonie St. Petri war damit als gleichberechtigte Korporation in die soziale Fürsorge in Bremen integriert. Wegen der größeren Arbeitsbelastung durch die Beteiligung am städtischen Armenwesen wurde die Zahl der Diakone am 9. Juni 1818 noch einmal, auf 24, erhöht, die Amtszeit aber von 16 wieder auf 12 Jahre reduziert.[314] Bei gleichbleibender Aufgabenverteilung waren vier zusätzlich aufgenommene Diakone, nunmehr also 12 Männer, als Distriktdiakone in der Armenpflege verschiedener Stadtbezirke tätig. Nach den Vorschriften des Armeninstituts hatten sie die Konto-, Sessions- und Einweisungsbücher zu führen, die Armen ihres Distrikts zu betreuen und durch eine Prüfung der Lebensverhältnisse die Ursache ihrer Armut und den Grad der Hilfsbedürftigkeit festzustellen. Der Senior, der Subsenior und ihre beiden Vertreter saßen in der Verwaltung des städtischen Armenhauses. Zwei Diakone waren als Verwalter und Rechnungsführer des St. Petri Waisenhauses tätig und einer für das St. Petri Witwenhaus zuständig. Ein Diakon übernahm die Aufsicht über die Armen- und Freischulen, und einige Diakoniekollegen wurden in den Kirchenvorstand und in den Kirchenkonvent entsandt.[315] Der Kirchendienst der Diakone war in Jahresplänen gesondert geregelt.

Künftig wechselten jährlich um Johannis (24. Juni) die beiden Dienstältesten in die Altdiakonie, und es wurden zwei neue Diakone gewählt. Nach den Wahlgesetzen[316] waren selbständige Bürger und Mitglieder der Domgemeinde der Alt- und Neustadt wahlfähig. Sie sollten das 40. Lebensjahr noch nicht vollendet haben und nicht schon dreimal vorgeschlagen worden sein. Auch sollten nicht zwei Mitglieder einer Familie oder Teilhaber einer Firma in der fungierenden Diakonie sitzen. Die Wahl sollte nicht abgelehnt werden, aber mancher kaufte sich durch Spenden an die Armenkasse von dem mühsamen Amt frei. Vierzehn Tage vor seinem Abtreten hatte der Senior mit den fünf dienstältesten Diakonen durch Stimmenmehr-

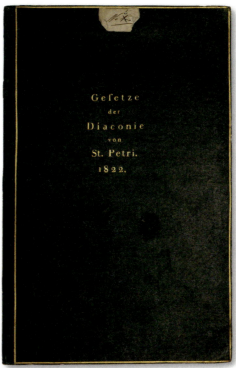
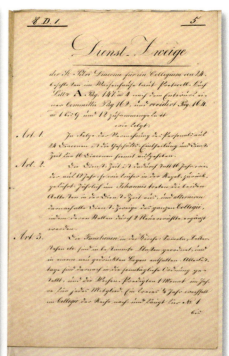

Die Statuten der St. Petri Domdiakonie fassten die »Dienst Zweige der St. Petri Diaconie für ein Collegium von 24« zusammen.

heit eine Wahlliste mit mindestens sechs Kandidaten anzufertigen. Die Liste war der dann einzuberufenden Versammlung des Kollegiums vorzulegen, die eine Vorauswahl von drei Kandidaten traf. Diesen Wahlaufsatz hatte der Senior dem verwaltenden Bauherrn zuzustellen und einen Kirchenkonvent zu beantragen, der das Wahlrecht und das Recht zur Entlassung hatte. Den gewählten Diakonen wurde die Wahl angezeigt, und sie wurden von den Predigern und den Diakonen begrüßt.

Der Senior ersuchte den Pastor Primarius um die Einführung der neuen Diakone.[317] Seit 1822 war die Wahl der Diakone dem Senat zur Bestätigung anzuzeigen. Gleichzeitig verpflichteten sich die Diakone auf der Versammlung am 9. Dezember 1822 mit ihrer Unterschrift, was bei ihren Treffen besprochen und beschlossen wurde, nach Absprache geheim zu halten.[318] Der Senior hatte am Schluss seines Seniorats alle Unterlagen an das Archiv zu geben und das Protokollbuch weiterzureichen. Alle Diakone wechselten alternierend ihre Dienstzweige.[319]

| 71

Der Dom mit dem Nordturm und der Domshof im Jahre 1821. An dem Platz, Ecke Sandstraße, lag das lutherische Waisenhaus.

Der Nicolaische Kirchenstreit
Anerkennung der Domgemeinde

Dass angesichts der französischen Okkupation nur eine Art Waffenstillstand mit der Domgemeinde geschlossen worden war, erwies sich, als bald nach der Befreiung der Konflikt wieder aufbrach. Nach der Vereinigung des Dombezirks mit der Stadt strebte der Senat die Aufhebung der eigenständigen Domgemeinde an, um endlich die Ausnahmesituation eines Staates im Staate zu beenden. Unter der Führung der Domdiakonie und eines Dompastors kämpfte die Domgemeinde um die kirchenrechtliche Anerkennung. Die Auseinandersetzungen gingen als Nicolaischer Kirchenstreit[320] in die Geschichte ein, benannt nach dem streitbaren Prediger am Dom, Johann David Nicolai, dem Widerpart des nicht weniger entschieden auftretenden Senators Johann Smidt, eines reformierten Theologen.[321] Da mit den kirchenpolitischen Konzeptionen des Territorialismus (Smidt) und des Kollegialismus (Nicolai) zwei völlig unterschiedliche Auffassungen von Kirche und ihrem Recht kollidierten, war ein Ausgleich kaum möglich.[322]

Die autoritäre Kirchenpolitik Smidts war geprägt vom religiösen und philosophischen Rationalismus der Spätaufklärung. Mit der Auffassung, das Kirchenregiment des Landesherrn liege in seiner Territorialhoheit begründet, sah er in der Kirche eine Anstalt des Staates. Daraus leitete er den Anspruch auf alleinverantwortliche Souveränität des Senats in kirchlichen Angelegenheiten ab. Sein Ziel war es, durch die Vereinigung beider Konfessionen innerhalb eines gemeinsamen organisatorischen Rahmens eine geistige Einheit in der Bürgerschaft zu erreichen. Ein eigenes, im Wesen der Kirche begründetes Recht gestand er ihr nicht zu, da die Kirche als Gesellschaft von Gleichen nur ein Kollegium wie jede andere bürgerliche Vereinigung sei. Daher könne sie sich nicht selbst, sondern nur der Staat, eine verbindliche Ordnung setzen. Als Organ wollte er nur das Venerandum Ministerium[323], den Zusammenschluss der reformierten Pastoren, akzeptieren. Durch kirchliche Eigenständigkeit, manifestiert durch die Konstituierung einer Gemeindevertretung, werde die Staatsautorität geteilt und ein Staat im Staat gebildet. Es waren dieselben Argumente, die seit der Reformation und auch bei der Domöffnung 1638 gebraucht wurden, wenn es um die Vollmächtigkeit des Senats einerseits und die Freiheiten und Rechte der Bürger andererseits ging.

Smidt wollte die Lutheraner ihren Wohnsitzen nach den Kirchspielen zuordnen. Dem Dom sollte der östliche Teil der Altstadt als Sprengel zugewiesen und damit die Personalgemeinde der sich zum Dom bekennenden Lutheraner aufgehoben werden. Die Bauherren sollten allein dem Senat verantwortlich sein und das Domvermögen nicht als Kirchengut verwalten, sondern im Auftrag des Senats als Fonds für den lutherischen Kultus. Für die Wahl der Bauherren und Diakone war die Bestätigung des Senats einzuholen. Auf Versammlungen sollten keine anderen als kirchlich-organisatorische Fragen erörtert werden. Auf den Vorwurf der mangelnden Toleranz reagierte Smidt mit der Zulassung von Lutheranern im Senat und in den Ämtern. Smidt legte seine Begründung in einer 246 Folioseiten umfassenden Streitschrift dar.[324]

Nicolai war dagegen ein Befürworter der autonomen Kirchengemeinde und Verfechter des kollegialen Prinzips. Er forderte die den anderen Gesellschaften eingeräumte Selbstbestimmung und Selbstverwaltung auch für die christliche Gemeinde.[325] Das implizierte das Recht des Bekenntnisses als freien Konsens der Gemeindemitglieder ebenso wie das Recht auf Eigentum einer Gemeinde. Der Staat sollte sich auf die Aufsicht beschränken.[326] Beide Parteien trugen den Streit um die Rechte der Domgemeinde und die Kirchengüter in einer Fülle von Druckschriften und Zeitungsbeiträgen in die Öffentlichkeit. Ein 1822 gestellter Unionsantrag für die evangelisch-christliche Kirche scheiterte am Veto der Vertreter des Doms.[327]

Zur Klärung der Rechtslage beauftragte die Domdiakonie den Staatsrechtsgelehrten Carl Friedrich Eichhorn mit der Erstellung eines Gutachtens. In der am 19. März 1830 von ihm vorgelegten schriftlichen Erörterung zur Entstehung von Recht aus dem Gemeingeist kam Eichhorn zu dem Schluss, dass die Lutheraner seit 1638 eine Kirchengemeinde im vollen Rechtssinn bildeten. Faktisch sei sie mit der Zuerkennung eines Teils der Strukturgüter am 26. Oktober 1810 anerkannt worden. Die Strukturgüter seien Kirchengut, das die Gemeinde unbeschränkt genießen könne. Zu den Rechten der Domgemeinde gehöre die selbständige Verwaltung des verbliebenen Kirchengutes durch selbsterwählte Bauherren wie auch die freie Entscheidung in kirchlichen Angelegenheiten. Die Domgemeinde könne in Glaubensfragen selbst entscheiden und ihre Vertretung durch die Diakone als Repräsentanten und Wortführer und/oder durch die Bauherren und das Wahlkollegium wahrnehmen lassen. Der Dom habe aber kein Recht zur Bildung einer neuen Körperschaft. Die Wahl der Prediger und Gemeindebeamten hatte nach dem Gesetz vom 5. Februar 1811 unter der Leitung der Bauherren zu erfolgen. Das vom Senat anerkannte Wahlkollegium (Kirchenkonvent) oder das Kollegium der Bauherren sollte die Stelle der Diakonie als Gemeindevertretung einnehmen. Die traditionellen Rechte der Diakonie seien zu erhalten, da sie zu keinem Zeitpunkt durch einen Beschluss des Senats aufgehoben worden seien. Am Waisenhaus habe die Gemeinde ein besonderes Recht erworben.[328]

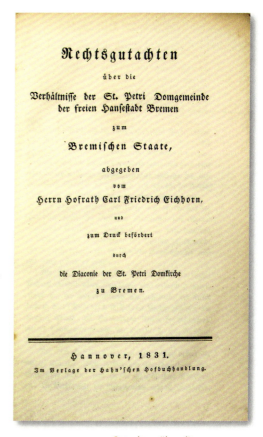

Gutachten über die Rechtsverhältnisse der St. Petri Domgemeinde des Staatsrechtsgelehrten Carl Friedrich Eichhorn von 1830 in der gedruckten Fassung von 1831.

Die Diakone legten das Gutachten am 1. Juni 1830 dem Senat vor. Das war zur Zeit der Pariser Julirevolution. Um zu vermeiden, dass die Domstreitigkeiten von liberalen Bürgern in den seit 1814 zu einer demokratischen Neuordnung geführten Konstitutionsverhandlungen argumentativ genutzt wurden, nahm eine »Kommission für die kirchlichen Angelegenheiten« Abstimmungsgespräche auf. In der Sitzung am 15. Dezember 1830 erkannte der Senat die lutherische Domgemeinde an und akzeptierte die Leitung durch den Kirchenkonvent und frei gewählte Bauherren. Dem Kirchenkonvent sollten aber, wie der Notablenversammlung des Bürgerkonvents[329], nur angesehene Bürger angehören. Die verbliebenen Strukturgüter wurden der Domgemeinde als Kirchenfonds überlassen. Dem Dom wurden eigene Parochialrechte und damit das Recht zu allen kirchlichen Amtshandlungen zugestanden, doch erhielt er keinen Lokalsprengel wie die altstädtischen reformierten Kirchen. Es galt weiterhin das Personalgemeindesystem.[330] Über die Zugehörigkeit zur Domgemeinde entschied die Willenserklärung des Einzelnen.[331] Nach langjährigen Auseinandersetzungen, vom ersten Schreiben der Domdiakonie zur Behauptung der Gemeinderechte im Jahre 1802 bis zum Beschluss des Senats auf der Grundlage des von der Diakonie in Auftrag gegebenen Rechtsgutachtens, war 1830 das Ziel einer gleichberechtigten selbständigen Domgemeinde und der Anerkennung ihrer Organe erreicht. Das Ergebnis der Verhandlungen wurde drei Tage später auf der Diakonieversammlung im St. Petri Waisenhaus verkündet.[332]

Die St. Petri Domgemeinde gab sich eine neue Verfassung[333]: Der Kirchenkonvent, dem 75 Mitglieder der lutherischen Personalgemeinde angehörten, übte die Gemeinderechte aus. Die Einberufung des Konvents und Beschlüsse bedurften der Bestätigung des Senats. Der Konvent wählte mit absoluter Stimmenmehrheit auch die von den Diakonen vorgeschlagenen und vom Senat bestätigten Diakone. Die »Gesetze und Instruktionen der Diaconie der St. Petri-Dom-Kirche in Bremen« wurden seit dem 25. September 1830 in einer dazu gebildeten Diakoniekommission beraten und in der Diakonieversammlung am 20. Dezember 1830 beschlossen. Zentrale Funktion der Diakonie war die Erfüllung der Verpflichtungen in Gemeinde und Kirche, insbesondere der Armenpflege, auch im Rahmen der allgemeinen stadtbremischen Armenfürsorge. Geregelt wurden in zwei Abschnitten: 1. die Ausübung der Verbindlichkeiten und Dienstpflichten (Gemeinde, Kirche, Armen- und Schulkasse, Freischulen, Waisenhaus, Armeninstitut, Armenhaus[334]) und 2. die Organisation der Diakone als Kollegium.

Der regelmäßige Besuch der Kirchenkonvente war für die Diakone verpflichtend, auch die Wahrnehmung der ihnen nach der Kirchenordnung aufgetragenen Aufgaben. Das war vor allem der traditionelle Kirchendienst zur Sammlung der Spenden in der Kirche, mit Klingelbeutel oder beim Beckenstehen nach der vorgegebenen Ordnung. 1837 wurden Sammelbecken eingeführt.[335] Versäumnisse wurden mit einer Geldbuße belegt. Die Diakone hatten ihre eigene Bank im Dom.

Einer der Diakone war Verwalter der Armen- und Schulkasse. Die Schulkasse finanzierte sich aus dem Überschuss der Armenkasse und der dazu bestimmten Sammlungen bei den Gottesdiensten. Aus der Armenkasse war auch der Diakoniediener zu bezahlen. Die Sorge für das Waisenhaus trug ein Kollegium der Diakonie unter der Inspektion des Waisenhauskonvents (ein Bürgermeister, vier Senatoren, vier Domprediger). Die Administration übernahmen zwei Diakone, der eine als dirigierender, der andere als buchführender Verwalter. Die Amtszeit der für das Waisenhaus zuständigen verwaltenden Diakone wurde 1841 von zwei auf vier Jahre verlängert. Jeweils im September eines Jahres fand eine Haussammlung für das Waisenhaus statt. Außerdem wurden einige Beckensammlungen für die Einrichtung bestimmt. Die acht jüngsten der

24 Diakone führten eine «Verspielung der Kälber» (Verlosung) zugunsten des Waisenhauses durch.

Nach Senats- und Bürgerschaftsbeschluss waren die Domdiakone Mitglieder des Armeninstituts und des Armenhauses zur Fürsorge für Arme und Alte. Die beiden ältesten Diakone (Senior und Subsenior) fungierten als Sessionsdiakone und waren an der Wahl zur Verwaltung des neu organisierten Mannhauses beteiligt.[336] Einer von ihnen saß in der Administration des Armenhauses, ein anderer in der des nunmehr damit verbundenen St. Petri Witwenhauses. Die jüngsten Diakone besuchten die Armen in den ihnen zugeteilten Distrikten und waren an den Sammlungen des Armeninstituts zu bestimmten Terminen beteiligt. Die Subskriptions- und Einsammelbücher waren zusammen mit den Spenden zur Session des Armeninstituts einzureichen.

Neben der Wahrnehmung der Rechte und Pflichten in der sozialen Fürsorge regelte die Diakonieordnung die Organisation ihres Kollegiums (Wahlen, Versammlungen und Konvente, Seniorat und Subseniorat, gesellschaftliche Zirkel): Die Diakonie bestand aus 24 nach den Wahlgesetzen für 12 Jahre gewählten Mitgliedern. Sie verwalteten die ihnen der Reihe nach übertragenen Dienstzweige. Jeweils im Januar traten die beiden ältesten Diakone aus und in die Altdiakonie

ein, wo sie der Gemeinde weiterhin mit Rat und Unterstützung zur Verfügung standen. Die anderen Diakone rückten in den Funktionen nach. Wahlfähig waren selbständige Bürger lutherischer oder einer anderen christlichen Konfession, die möglichst nicht der Familie oder der Firma eines Diakons angehören und jünger als 40 Jahre sein sollten. Vierzehn Tage vor Neujahr hatte der Senior gemeinsam mit den ihm folgenden Diakonen eine Wahlliste anzufertigen und acht Tage vor der Wahl den verwaltenden Bauherrn um Einberufung eines Kirchenkonvents zur Wahl zu ersuchen. Am Vorabend der Wahl wurde die Liste im Kreis der Diakone besprochen und geschlossen. Die gewählten Diakone wurden direkt, die Bauherren, Prediger und das Kollegium per Circular über das Wahlergebnis benachrichtigt. Die Einladungen zu den Diakonieversammlungen erfolgten durch den Senior, die zu den Waisenhauskonventen und zu den Schulkonventen jeweils durch die verwaltenden Diakone. Die Diakone nahmen dem Dienstalter nach rechts vom Senior Platz. Gültige Beschlüsse setzten die Anwesenheit von mindestens 13 der 24 Mitglieder voraus.

Der Senior vertrat zeichnungsberechtigt die Diakonie als Korporation und war verantwortlich für die Einhaltung der (mit der Übernahme der Kirchenhoheit auch den Dom betreffenden) Senats- und Bürgerschaftsverfügungen. Er hatte die schriftlichen Unterlagen

Blick in das Mittelschiff des St. Petri Doms nach Osten, um 1830. Rechts zwischen den Emporen die Kanzel von 1638.

St. Petri Dom mit der Orgel im Westen zur Biedermeierzeit.

zu ordnen und diese im Archiv der Diakonie, das sich im St. Petri Waisenhaus befand, zu verwahren. An jedem Monatsende nahm er die Hebung der gesammelten Mittel vor und übergab sie dem Administrator des Armenhauses. Der Senior sorgte für die Erhaltung und Förderung der kollegialen Einigkeit der Diakonie und führte die Diakoniekasse.[337]

Arbeit und Disziplin
Sozialfürsorge zur Zeit der Revolution von 1848

Bremer Armengesetz von 1829.

Das 1832 neu erbaute Arbeits- und Zwangsarbeitshaus. ▼

Das Armeninstitut blieb strittiger Gegenstand von Reformplänen. Einige Diakone plädierten für die Einführung einer Armensteuer in Form einer Erwerbs- oder Vermögensabgabe statt der pseudofreiwilligen bürgerlichen Fürsorgeabgaben, deren Erhebung den Diakonen viel Arbeit bereitete. Die Domdiakone wollten sich aus der Administration des Instituts zurückziehen, zum einen, weil die Mittel

schon wieder nicht reichten und man auf öffentliche Zuschüsse angewiesen war, und zum anderen wegen der fortgesetzten konfessionellen Streitigkeiten. Eine eigenverantwortliche Sammlung und Verteilung der Mittel im Rahmen der Domgemeindearbeit hielten sie für zweckmäßiger und effizienter.[338]

Während die Schwächen des Sozialwesens kontrovers, aber noch ohne Ergebnis diskutiert wurden, konnte ein wirtschaftspolitisches Problem durch konsequentes Handeln gelöst werden: 1827 erfolgte die Gründung Bremerhavens als neuer Hafen Bremens an der Wesermündung, der bald zum bedeutenden Auswandererhafen für viele Menschen wurde.[339] Am 1. Oktober 1832 wurde die erste bremische Auswandererverordnung erlassen, die zugleich die erste deutsche Schutzvorschrift und Vorbild für die weitere Auswanderergesetzgebung war. Ein neues Armengesetz zur Verbesserung des Fürsorgewesens war am 23. April 1829 auf der Grundlage von Vorschlägen der von ihm beauftragten Deputation und mit Zustimmung des Bürgerkonvents vom Senat verabschiedet worden: Das Armenhaus blieb eine gesonderte Einrichtung. Beim Armeninstitut wurden einige organisatorische Veränderungen vorgenommen. Durch verlängerte Amtszeiten sollte mehr Kontinuität bei der Sammlung der Armenbeiträge sowie in der Verwaltung des neuen Arbeitshauses in der Neustadt, im Schulwesen, im Krankenwesen, in der allgemeinen Armenfürsorge und bei der 1810 eingerichteten Suppenanstalt erreicht werden.[340] Die Altstadt, die Neustadt und die Vorstädte wurden in 40 Armendistrikte aufgeteilt und die Zahl der zuständigen Diakone entsprechend erhöht. Den Distriktsdiakon unterstützten Armenpfleger, die mit fünf städtischen Armenaufsehern zusammenarbeiteten. Die Funktionen der besoldeten Armen- oder Bettelvögte, die für jeden ergriffenen Bettler eine Prämie erhielten, waren inzwischen auf die städtische Polizeibehörde übergegangen.[341]

Nur Bürger, die nicht in der Lage waren, den notwendigen Lebensunterhalt zu verdienen und zu deren Versorgung niemand verpflichtet war, hatten einen Anspruch auf Unterstützung. Im Arbeits- und Zwangsarbeitshaus, einem ab 1. August 1832 genutzten Neubau am Brautwall[342], fanden die vom Armeninstitut betreuten Personen eine Beschäftigung, wobei auf eine strenge Trennung der freiwilligen Arbeit im Arbeitshaus von der erzwungenen im Zwangsarbeitshaus geachtet wurde. Ziel war die soziale Disziplinierung von Personen, die der Öffentlichkeit und den Armenanstalten zur Last fielen. Senat und Bürgerkonvent hatten eine kostendeckend arbeitende Einrichtung schaffen wollen, doch war das Institut im Laufe der Jahre immer wieder auf städtische Zuschüsse angewiesen.[343]

Kirchliche Selbständigkeitsbestrebungen mit der Forderung nach der Ablösung des unmittelbaren Kirchenregiments des Bremer Staates als obersten Kirchenherrn und der Bildung einer gesonderten kirchlichen Leitungsbehörde der Kirchengemeinden waren Gegenstand der Verfassungsdiskussionen der bürgerlich-revolutionären Bewegung von 1848. Unter dem Druck der Volksmenge wurde die alte bremische Verfassung aufgehoben und am 5. März 1849 eine neue demokratische Verfassung verabschiedet.[344] Man hatte sich auf die Teilung des Episcopalrechts zwischen Senat und Bürgerschaft geeinigt, was aber mit der konservativen Verfassung von 1854 wieder revidiert wurde. Die Verfassung von 1854 behielt auch im Kirchenwesen bis 1918 ihre Gültigkeit.[345] Zentraler Gegenstand der revolutionären Kritiker waren auch die sozialen Missstände und über die jüngste Armenordnung von 1847 hinausgehende für dringend erforderlich angesehene Maßnahmen. Engagierte Bürger legten mit dem «Verein für kleine Miethwohnungen», dem ältesten deutschen Bauverein, den Grundstein für den sozialen Wohnungsbau in Bremen, um die ärmlichen Lebensbedingungen der unteren Bevölkerungsschichten zu verbessern.[346]

Die Gemeinde der St. Petri Domkirche präsentierte dem Senat 1849 eine neue, vom Kirchenkonvent verabschiedete und von den Bauherren genehmigte Verfassung zur Bestätigung, in die auch die 1847 erstmals gedruckten «Gesetze der Diaconie der St. Petri Domkirche» (5. Abschnitt §§ 31 bis 38) eingegangen waren. Geregelt wurden die Aufnahme von Diakonen, der Wahlmodus, das Seniorat und Subseniorat, die Rechnungsführung und die Bestimmungen für die Diakonieversammlungen und -gesellschaften.[347] Von den 24 Diakonen sollten jährlich die beiden dienstältesten ausscheiden und zwei neue gewählt werden. Die Diakonie schlug dem Kirchenkonvent drei Gemeindemitglieder zur Wahl mit absoluter Stimmenmehrheit vor. Der Geschäftskreis der Diakonie erstreckte sich auf das Beckensammeln zugunsten der Freischulen und des gemeinsam mit den Predigern verwalteten Waisenhauses sowie auf die Verwaltung des Fonds der St. Petri Armen- und Schulkasse. Jeder Diakon übernahm zwei Jahre lang die Verwaltung

Vor dem Nordturm des Domes mit der welschen Haube das ehemalige Domkapitelhaus nach dem Umbau zum Haus des Bremer Künstlervereins im Jahre 1857.

der Kasse. Haupteinnahmequelle bildeten die angelegten Kapitalien des Kirchengutes und der Ertrag der im Dom angebrachten Armenblöcke, die halbjährlich gelichtet wurden. Der Verwalter der Armenkasse hatte vor dem Armenkonvent der Diakonie und der Prediger jährlich, in der Regel im St. Petri Waisenhaus, Rechnung abzulegen, die dann dem Kirchenkonvent präsentiert wurde.[348]

Die Bekenntnisgegensätze schwächten sich ab und mit zunehmender Fluktuation verlor die Bindung an eine Kirche an Bedeutung.[349] Viele Bürger verließen ihr Wohn- und Kontorhaus innerhalb der engen Altstadtgrenzen und damit auch ihre frühere Kirchengemeinde, seit die rechtliche Gleichstellung der Neu- und Vorstadt mit der Altstadt im Zuge der 1848er-

Marktplatz mit Rathaus, Dom und Börse vor Beginn der Bauarbeiten zur Wiedererrichtung des fehlenden südlichen Turms, um 1888.

Zeichnung der Westfront ▸ des Domes zur Restaurierung und zum Wiederaufbau des Südturmes 1888/89 bis 1900/1901.

Die Diakonie der St. Petri Domkirche in Bremen gab sich am 10. November 1863 neue Gesetze und Vorschriften, die im Wesentlichen den Bestimmungen von 1830 entsprachen und mit einigen Änderungen und Aktualisierungen bis zur Zeit des Nationalsozialismus galten.[353] Nach einem 1864 gefassten Beschluss der Domdiakonie, die Verwaltung der Schul- und Armenkasse zu trennen, wurde 1869 aus der damit abgesonderten Schulkasse der Fonds für Gemeindezwecke gebildet.[354] Für Unruhe sorgte 1873 der Antrag eines Diakons, das in § 33 der Kirchenverfassung bestimmte, aber nicht mehr als zeitgemäß empfundene Prinzip der Selbstergänzung abzuschaffen. In früheren Zeiten mochte es angebracht gewesen sein, würde aber dem freiheitlich gesinnten Demokraten der Bismarckschen Zeit als Relikt konservativer Bürger erscheinen. Die Mehrheit der Diakone lehnte den Antrag mit der Begründung ab, die Ergänzung ihres Kreises auf Vorschlag aus den eigenen Reihen gewährleiste jene gesellschaftliche Geschlossenheit, die einheitliches und konsequentes Handeln ermögliche.[355]

Revolution die Verlegung der Wohnsitze ohne Verlust von Bürgerrechten ermöglichte. Mit der Aufhebung des Parochialzwangs gemäß der obrigkeitlichen «Verordnung den stadtbremischen Pfarrverband betreffend vom 30. April 1860» endete die Kirchspielzugehörigkeit nach dem Wohnsitz innerhalb der Grenzen eines Sprengels. Das ermöglichte jedem die individuelle freie Wahl einer Kirchengemeinde entsprechend der theologischen Überzeugung. Künftig galt für das bremische Kirchenwesen das typische Mischsystem aus Parochial- und Personalgemeinde.[350] Die Intensivierung der Zusammenarbeit zwischen den Kirchengemeinden verband sich angesichts der sozialen Probleme im Zuge der Industrialisierung mit Überlegungen zur Neuordnung der bremischen Fürsorge.[351] Alternativ wurden die Beibehaltung der Verwaltung in Händen erfahrener Diakone und eine Ablösung durch eine stadtbremische Behörde mit ehrenamtlichen und/oder hauptberuflichen Armenpflegern diskutiert. Zur Finanzierung wurde 1868 eine Armensteuer vorgeschlagen.[352]

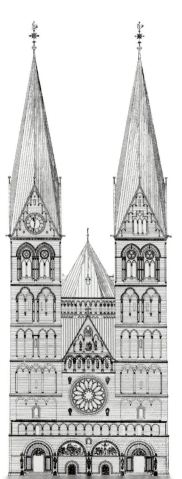

In jenen Jahren wurde am 1. April 1856 der Domchor[356] gegründet und 1862 nach einem Künstlerfest im Stadttheater mit der Einrichtung des sogenannten Doneldey-Fonds eine Kommission zum Wiederaufbau des 1638 eingestürzten südlichen Domturms gebildet. Das war eine Sache der Dombauherren.[357] Im engen Zusammenwirken mit den Diakonen und Pastoren sollte der Bau durch Sammlungen und Benefizveranstaltungen finanziert werden.[358] Als sich abzeichnete, dass eine gründliche Domerneuerung erforderlich sein würde, die umfangreichere Mittel und ein konkretes Konzept erforderten, initiierte der Dombauherr Franz Ernst Schütte 1887 eine große Spendenaktion. 1888/89 begann mit der Grundsteinlegung für den Wiederaufbau des Südturms die Restaurierung des Doms nach Plänen des Dombaumeisters Max Salzmann (bis 1900/01).[359]

78 | RECHT UND RELIGION

Von der kirchlich-bürgerlichen Armenpflege
zur öffentlichen Armenverwaltung in Bremen

Mit der Gründung des Deutschen Reiches im Jahre 1871 wurde Bremen als Freie Hansestadt ein deutscher Bundesstaat. Die Gesetzgebung des neugeschaffenen Reiches zum Aufbau einer Sozialbehörde sah am 16. April 1871 mit dem ursprünglich preußischen Gesetz über den Unterstützungswohnsitz eine einheitliche Regelung der örtlichen Zuständigkeiten im Rahmen der öffentlichen Fürsorgepflicht vor. Das traditionelle Heimatprinzip wurde zugunsten einer zweijährigen Aufenthaltsfrist an einem Ort aufgegeben. Die gesetzliche Regelung von Art und Umfang der Unterstützung sowie die Organisation der Armenfürsorge blieben den Ländern überlassen.[360]

In Bremen erarbeitete eine vom Senat beauftragte Deputation Vorschläge zur Reform des Armenwesens, die in das «Gesetz, betreffend die stadtbremische Armenpflege» vom 1. Dezember 1878 mündeten. Die Verwaltung des kommunalen Armenwesens wurde einer neugegründeten staatlichen Behörde, der «Stadtbremischen Armenpflege», übertragen.[361] Unter dem Direktorium eines Senatsmitgliedes gehörten dieser Institution 54 bürgerschaftliche Armenpfleger an und für eine Übergangszeit noch 48 Diakone. Ihnen oblag die Beaufsichtigung von 160 städtischen Armendistrikten, von denen jeweils acht zu einem Bezirk zusammengefasst waren. Zwanzig Bezirksvorsteher bildeten gemeinsam mit dem Direktor den Vorstand der Armenpflege.[362]

Mit der Lösung der kirchlichen Bindung der Armenfürsorge ging die Verwaltung der städtischen Armenpflege nach einer letzten gemeinsamen Session der Diakonien Ende 1878 an die Organe des Staates über.[363] Der Prozess der fortschreitenden Kommunalisierung der von den Diakonien (im Armeninstitut) selbstverwalteten Armenpflege war damit abgeschlossen. Damit endeten auch die Aufbringung der Mittel aus den nach Vermögen und Erwerbsverhältnissen festgelegten freiwilligen Beiträgen der Bürger und die Sammlung durch die Diakone. Zur Finanzierung der öffentlichen Sozialhilfe wurde seit 1880 eine Armensteuer erhoben.[364]

Zur Wahrnehmung ihrer Interessen fanden sich Vertreter der Bremer Kirchengemeinden am 13. November 1876 erstmalig zu einer Sitzung zur Erörterung von Fragen des kirchlichen Lebens zusammen, aus der die «Bremische Kirchenvertretung», eine Art Vorläufer des Kirchentages, ohne Verfassung und Kompetenzen hervorging.[365] Sie setzte durch, dass die Beckensammlungen zur Fortsetzung der gemeindlichen Arbeit den Diakonien verblieben und laut Verordnung des Senats vom 1. Januar 1879 nur die Kollekten an vier Sonntagen im Jahr an das Armenhaus abgeführt werden mussten.[366] Dem Zugriff der vom Senat besetzten Direktion des Armenhauses auf die Vermögen der Armenkassen entgingen die Diakonien durch die Zahlung von Abfindungen. An der Verwaltung des Armenhauses blieben sie beteiligt. 1880 schufen die bremischen Diakonien mit dem «Regulativ betr. die Verwaltung des Armenhauses und der mit demselben

Vom Dombaumeister Max Salzmann vor Beginn der Domrestaurierung angefertigte Zeichnung, 1887.

▼ *Das Armenhaus an der Großenstraße im Stephaniviertel in Bremen, um 1900.*

verbundenen Stiftungen etc.« einen übergemeindlichen Arbeitskreis von 18 Diakonen – darunter vier Domdiakone – zur Verwaltung des Armenhauses und der damit verbundenen Witwenhäuser.[367] Die seit 1757 bestehende Verpflichtung zur Zahlung des sogenannten monatlichen Konfessionstalers für jeden lutherischen Patienten an die Verwaltung des Krankenhauses, die per Vertrag vom 28. Dezember 1867 in eine jährliche Leistung von 78 Reichstalern an das Armeninstitut umgewandelt worden war, wurde durch eine Vereinbarung vom 25. August 1896 endgültig abgelöst.[368]

Unmittelbar nach dem Erlass zur Schaffung einer reichseinheitlichen Sozialfürsorge gab sich die St. Petri Domgemeinde eine neue Verfassung zur Abgrenzung und Bestimmung ihrer Funktionen im Armenwesen. Danach galt als Mitglied der Domgemeinde, wer als Einwohner Bremens evangelisch-lutherischer Konfession den Bauherren eine mündliche oder schriftliche Beitrittserklärung gab und in das Gemeindebuch eingetragen wurde.[369] Die kirchlichen Gemeinderechte übten der Kirchenkonvent und die anderen verfassungsmäßigen Organe aus. Den Kirchenkonvent bildeten die der Gemeinde angehörenden Senatsmitglieder, die Mitglieder des Kirchenvorstandes und die Diakone, Gemeindemitglieder, die seit mindestens drei Jahren eine Kirchenstelle (einen entgeltlichen Sitzplatz in der Kirche) besaßen, und weitere Angehörige der Gemeinde. Fünf Diakone bildeten für die Dauer ihres Amtes gemeinsam mit den fünf Predigern, den vier Bauherrn und 15 vom Kirchenkonvent aus dessen Mitte gewählten Mitgliedern den Kirchenvorstand. Die Bauherren waren die Leiter, Verwalter und Vertreter der Domgemeinde, beriefen die Prediger nach der Bestätigung der Wahl durch den Senat und stellten die übrigen Gemeindebeamten ein. Die Wahl in ein Gemeindeorgan verpflichtete zur Annahme des Amtes. Nach dem Ausscheiden der dienstältesten wurden am Ende eines Kalenderjahres zwei neue Diakone gewählt und vom Kirchenvorstand bestätigt. Zu ihren Aufgaben zählten die Beckensammlungen, die Verwaltung der Gemeindepflege in Verbindung mit der bürgerlichen Armenpflege, die Beteiligung an der Session des Armenhauses und der damit verbundenen Administration des St. Petri Witwenhauses, die Verwaltung des St. Petri Waisenhauses und der St. Petri Armen- und Schulkasse.[370]

Neue Aufgaben der Diakonie
Die Domgemeindepflege

Die Diakonien waren und blieben Träger der kirchlichen Gemeindearmenpflege. Seit der Übernahme der Armenpflege durch die Sozialbehörde stellten sie sich in den Dienst der gemeindlichen Wohltätigkeit und kümmerten sich um die von der kommunalen Fürsorge nicht erfassten Notlagen. Die

◀ St. Petri Waisenhaus, um 1900.

Hilfeleistungen der Gemeindepflege ersetzten Funktionen sozialer Netze, die sich bei zunehmender Mobilität im Zuge der Industrialisierung auflösten, womit persönliche Bindungen und traditionelle Formen der Absicherung verloren gingen.[371] Mit der neben den Verwaltungen des Armenhauses, des Witwenhauses und des Waisenhauses übernommenen Trägerschaft der seit 1893 so bezeichneten Gemeindepflege, einschließlich der Krankenfürsorge, legitimierte die Diakonie ihre Existenz als kirchliche Körperschaft, die sich nicht auf eine gesellige Vereinigung reduzieren lassen wollte.³⁷² Die Erträge aus den Beckensammlungen und Kollekten flossen künftig in den Fonds für die Gemeindepflege. An diesen wurden auch die Überschüsse der Armenkasse überwiesen, die mit der Verstaatlichung der zentralen Aufgaben für den ursprünglichen Bestimmungszweck nicht mehr ausgeschöpft wurden. Die Mittel der Gemeindepflege finanzierten vor allem die Armen-Krankenpflege, eine die ärztliche Versorgung ergänzende Sozialleistung für bedürftige Kranke.³⁷³ 1879 stellte die Diakonie zwei Gemeindeschwestern (Rot-Kreuz-Schwestern) ein, die pflegerische und soziale Aufgaben in der Gemeinde übernahmen. Sie betreuten arme alte und kranke Menschen in zwei Pflegebezirken im Westen und im Osten der Stadt. Ihre Tätigkeit regelten die 1883 verfassten Instruktionen für die Gemeindeschwestern.³⁷⁴

Nach der Armenfürsorge verlor die St. Petri Domdiakonie auch die Verwaltung der Domschulen, die 1880 in das staatliche Schulwesen überging. Die Existenzberechtigung des St. Petri Waisenhauses wurde diskutiert, nachdem die Mädchen 1876 bereits in das Mädchenwaisenhaus verlegt worden waren.³⁷⁵ Mit Berufung auf die zweckgebundene historische Stiftung gelang es den Diakonen, dem Dom die Einrichtung zu erhalten. 1899 wurde das Gebäude des St. Petri Waisenhauses am Domhof verkauft und auf einem rund fünf Hektar großen Gelände an der Stader Straße ein neues Haus errichtet, das am 15. September 1901 bezogen werden konnte.³⁷⁶

Die Sozialpolitik des Kaiserreiches war auf Vereinheitlichung und Verstaatlichung gesellschaftlicher Aufgaben gerichtet. Vor dem Hintergrund gravierender gesellschaftspolitischer Konflikte im Zuge der Industrialisierung wurde im Zusammenhang mit der Lösung der sogenannten Arbeiterfrage mit der kaiserlichen Botschaft Kaiser Wilhelms I. zur «Förderung des Wohles der Arbeiter» vom 17. November 1881 die deutsche Sozialversicherung geschaffen. Die Bismarcksche Sozialgesetzgebung sorgte für die Absicherung von Arbeitern bei Krankheit, Unfall, Invalidität und im Alter. Seit der Jahrhundertwende wurden weitere Berufsgruppen einbezogen. Wegbereiter der reichsgesetzlichen Versicherungsorganisation waren freiwillige und kirchliche Einrichtungen zur Daseinssicherung in Notfällen, die den Gedanken der solidarischen Selbsthilfe trugen. Die Zusammenfassung des gesamten Sozialversicherungsrechts (Kranken-, Unfall- und Rentenversicherung) in der Reichsversicherungsordnung (RVO) am 19. Juli 1911 schuf die Rechtsbasis des auf Versicherung und Fürsorge basierenden dualen Systems des deutschen Wohlfahrtsstaates.

Der Auszug der Waisen aus dem St. Petri Waisenhaus am Domhof. Das bereits fehlende Portal wurde zum neuen Waisenhaus übertragen.

Das frühere Portal des lutherischen Waisenhauses befand sich seit 1901 am neu erbauten St. Petri Waisenhaus an der Stader Straße.

IM DIENSTE DER DOMGEMEINDE

Diakonische Fürsorge im Sozialstaat

Für die Armen, Kranken, Witwen und Waisen
Empathie und Engagement der Domdiakonie

Nach dem Beitritt zum Deutschen Zollverein und der Eröffnung des Freihafens im Jahre 1888 in Verbindung mit der Weserkorrektion holte Bremen im Boom des wilhelminischen Zeitalters die verzögerte Industrialisierung nach und partizipierte am allgemeinen wirtschaftlichen Aufschwung.[377] Mit dem wachsenden Arbeitskräftebedarf der sich ansiedelnden und expandierenden Unternehmen verdoppelte sich die Einwohnerschaft in den zehn Jahren bis zur Wende zum 20. Jahrhundert auf mehr als 200 000 Menschen, vor allem durch den Zuzug aus dem Umland.[378] Damit erhöhten sich die Anforderungen an die Gemeindepflege, die sich zum Schwerpunkt der sozialen Arbeit am St. Petri Dom entwickelte. Seit 1901 gab es drei Gemeindeschwestern. Jede betreute einen eigenen Zuständigkeitsbereich in der westlichen und östlichen Altstadt, in der Vorstadt und in einem Teil der Neustadt.[379] Jährlich kümmerten sie sich um bis zu 500 Familien und pflegten monatlich durchschnittlich 30 bis 40 Personen in jedem Bezirk. Neben der Unterstützung ärztlicher Maßnahmen wurden Kleidung, Feuerung, Lebensmittel, Mittagessen und medizinische Mittel sowie Weihnachtsgeschenke direkt an Bedürftige verteilt. Es gab Bemühungen zur Abstimmung mit der Armen-Krankenpflege der anderen Kirchengemeinden, mit dem Ziel, ein entsprechendes Abkommen zu treffen.[380]

Die Gemeindepflege finanzierte sich aus Zinsen der Vermögen, Legaten, Gaben, Kollekten und Kirchenbeckensammlungen.

Eine der ersten Aufnahmen vom restaurierten Dom, 1894. Vor dem Eingang in der Mitte liegt noch Baumaterial.

◄ Die Domkirche mit den beiden Türmen und dem Vierungsturm aus östlicher Richtung, nach 1899.

Neben diesen Mitteln der traditionellen Armenfürsorge flossen freiwillige Beiträge und ein Zuschuss aus dem Fonds für Gemeindezwecke sowie Pflegegelder in die Kasse. Den größten Posten der Ausgaben bildeten die Löhne der Gemeindeschwestern. Ihnen stand neben der Vergütung eine Wohnung im früheren Küsterhaus an der Sandstraße 9 und freie Kost zu. Am 4. März 1909 richtete der Kirchenvorstand einen Beihilfefonds für die Gemeindeschwestern der Domgemeindepflege ein, der aus nicht zweckgebundenen Kollekten und Beckengeldern finanziert wurde. Die ausdrückliche Zustimmung der Diakonie zur Verwendung der Mittel aus Kollektengeldern wurde 1914 nachgeholt, um im Ersten Weltkrieg die Überführung in den Kriegshilfsfonds zu verhindern.[381]

Nach Beschluss einer neuen Verfassung der St. Petri Domgemeinde im Jahre 1904 nahm die Diakonie 1909 eine Überarbeitung der zuletzt 1895 geänderten Gesetze und Vorschriften vom 10. November 1863 vor. Geregelt waren im ersten Abschnitt die Dienstpflichten der Diakonie in der Gemeinde (Kirche, Armen- und Schulkasse, Waisenhaus, Gemeindepflege und Armenhaus, seit 1903 Altenheim). Der zweite Abschnitt befasste sich mit der Organisation der Diakonie als Kollegium.[382] Nach ihrem historischen Selbstverständnis bezeichneten sich die Diakone als Vorsteher der Gemeinde. Die Vertretung der Gemeinde nach außen oblag den Bauherren und dem Kirchenvorstand.

Die Mitglieder des 24-köpfigen Diakoniekollegiums wurden aus der Mitte der Gemeinde gewählt. Wählbar waren selbständige Einwohner, die den Staatsbürgereid geleistet hatten. Die Wahl fand in der Diakoniegesellschaft statt, die der Kirchenvorstandssitzung im Dezember voranging.[383] Jedes Jahr im November traten die beiden dienstältesten Diakone aus und die übrigen rückten in der Reihe der nach Dienstalter verteilten Dienstzweige nach. Traditionelle Funktionen waren das Beckenstehen in der Kirche und die Lichtung der Becken. Die Beckensammlungen bildeten neben den Zinsen aus Kapitalien und dem Inhalt der Armenblöcke die Haupteinnahmequellen. Über die Verwendung der Mittel entschied die Diakonie bei der Rechnungsablage der Schulkasse, der Armenkasse und der Gemeindepflegekasse, die in der Diakonieversammlung im Februar stattfand. Einer der Diakone führte zwei Jahre lang die Verwaltung der Armenkasse, ein anderer die Schulkasse. Diese Kasse wurde nach der Übergabe der Domschulen an den Staat bis 1910 zur Beschaffung von Gesangbüchern für arme Konfirmanden und für die Gehaltszahlungen an den Diakoniediener weitergeführt und dann von der Kirchenkasse übernommen. Die endgültige Auflösung erfolgte 1913 auf Beschluss des Kirchenvorstandes, nachdem man die fehlende Zustimmung der Diakonie eingeholt hatte.[384] Der Fonds für Gemeindezwecke wurde gesondert geführt.[385]

Die Sorge um das Waisenhaus oblag den Diakonen gemeinsam. Jeder Diakon war verpflichtet, am Waisenhauskonvent, bestehend aus der Inspektion des Senates, den Predigern und fungierenden Diakonen, unter Vorsitz des ältesten Verwalters teilzunehmen. Zwei Diakone übernahmen für vier Jahre die Verwaltung, zunächst zwei Jahre lang als Rechnungsführer, dann als dirigierender Administrator. Jeder von ihnen verwahrte einen Schlüssel zu einer eisernen Kiste mit den wichtigen Dokumenten, die nur gemeinsam geöffnet werden konnte. Jeder Diakon hatte in einem ihm zugewiesenen Distrikt für das Waisenhaus zu sammeln, nach einer bestimmten Ordnung am Sammelbecken für das Waisenhaus im Dom zu stehen und die Lichtung vorzunehmen. Die acht jüngsten Mitglieder der Diakonie hatten am Gründonnerstag die Verlosung der Kälber vorzunehmen.

Die Gemeindepflege nahmen die Diakone in Abstimmung mit den Predigern wahr. Der Generalrechnungsführer wurde aus der Reihe der für die Gemeindepflege zuständigen Diakone gewählt. Er war drei Jahre lang im Amt. Die Rechnung legte er jährlich vor der vom Senior einberufenen Generalversammlung der Diakonie und im Kirchenkonvent ab. Die Diakonie erließ eine Geschäftsordnung für die Gemeindepflege. Vier Diakone saßen vier Jahre lang in der Session des Armenhauses/Altenheims. Einer von ihnen wurde in die Administration des Armenhauses und einer (seit 1890 für vier Jahre) zum Verwalter des St. Petri Witwenhauses gewählt. Der Senior vertrat die Diakonie als Korporation und unterzeichnete die Dokumente. Er hatte auf die Einhaltung der Diakoniestatuten zu achten und die kollegiale Einheit der Diakonie zu erhalten. Zu seinen Obliegenheiten gehörten die Führung der Diakoniekasse, die Hebung der Beckengelder für das Armenhaus/Altenheim und die Übergabe der geordneten Diakonieunterlagen an seinen Nachfolger oder an das Archiv. Zu den Versammlungen der Diakonie lud der Senior per Circular; zu den Waisenhauskonventen der verwaltende Diakon. Eine regelmäßige Teilnahme wurde erwartet. Der Senior führte den Vorsitz. Rechts von ihm nahmen die Diakone dem Dienstalter nach ihre Plätze ein. Wer zu spät kam, zahlte ein Strafe in die vom Senior geführte Diakoniekasse. Für gültige Beschlüsse mussten mindestens 13 Mitglieder anwesend sein.[386]

1911 wurde eine Satzung für die Gemeindepflege der St. Petri Domkirche in Bremen beschlossen. In demselben Jahr wurde der gesetzliche Arbeitszwang eingeführt, wonach jeder, der Mittel aus der öffentlichen Armenunterstützung erhielt, seinen Fähigkeiten entsprechend zur Arbeit gezwungen werden konnte. Die Aufgaben der Gemeindepflege übernahmen zehn Domdiakone in Verbindung mit den Predigern, den Gemeindeschwestern und sechs Frauen der »Frauengruppe der Domgemeinde«. Die weiblichen Gemeindemitglieder dieser Gruppe entlasteten in Einzelfällen die Gemeindeschwestern und kümmerten sich um die Einkleidung der Konfirmanden. Vorsitzender und Leiter der Gemeindepflege war der für ein Jahr aus der Mitte der Diakonie gewählte Generalrechnungsführer. Weitere Mitglieder waren der Senior und neun jeweils für drei Jahre gewählte Beigeordnete. Als Zentralstelle unterhielt die Gemeindepflege ein Büro beim Dom, wo die Unterlagen über die Hilfsbedürftigen verwahrt wurden, regelmäßige Sprechstunden und auch die monatlichen Versammlungen stattfanden. Die Gemeindeschwestern nahmen beratend daran teil. Bei diesen Monatstreffen wurde über die Vergabe der Unterstützungen entschieden. Die Gemeindepflege bot unbemittelten Kranken der St. Petri Domgemeinde unentgeltliche Pflege und persönliche Fürsorge durch die Gemeindeschwestern, die geschulte Krankenpflegerinnen waren. In der Regel wurde die Hilfe nur bei Krankheit gewährt, ausnahmsweise auch bei Todesfällen oder bei außergewöhnlichen Umständen. Darüber hinaus gab es Weihnachtsbescherungen für Kinder in Not. Die Mittel stammten aus Beiträgen, Kollekten, freiwilligen Gaben in Geld und Naturalien.[387]

Die Beteiligung der Frauen in der Diakonie entsprach der Gleichberechtigung in der sozialen Arbeit, durchgesetzt von der bürgerlichen Frauenbewegung des ausgehenden 19. Jahrhunderts. In Bremen wurden unverzüglich nach dem Gesetzeserlass vom 25. April 1900 neben den bislang ausschließlich männlichen Armenpflegern 44 hauptberufliche Armenpflegerinnen verpflichtet und in den Armenbezirken des Stadtgebietes eingesetzt. In ihrer Verantwortung lag die über die finanzielle Unterstützung hinausgehende Vermittlung sozialer und sittlicher Werte. Sie kümmerten sich vor allem um Familien mit Kindern.[388]

1913 zogen die Bewohner des von der Domdiakonie mitverwalteten Armenhauses an der Großenstraße (seit 1903

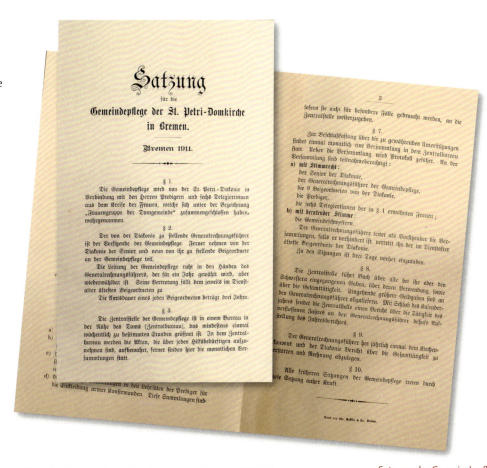

Satzung der Gemeindepflege der St. Petri Domkirche, 1911.

Altenheim) in das Altenheim der Egestorff-Stiftung am Stadtrand um. Johann Heinrich Egestorff (1859–1905) hatte seinen Landbesitz und sein Vermögen am 25. März 1896 testamentarisch dem Bremer Staat vermacht, mit der Bestimmung, auf seinem Landgut in Bremen-Tenever einen Ruhesitz für bedürftige alte Frauen und Männer zu schaffen. Für das Altenheim ließ die 1908 gegründete Egestorff-Stiftung auf dem rund 220 Morgen großen Grundbesitz einen großzügigen Neubau errichten. Es gab eine Landwirtschaft und Viehhaltung.[389] Laut Stiftungssatzung zählte der Vorstand zwölf Mitglieder: zwei Senatoren, einen leitenden Beamten der bremischen Wohlfahrtsverwaltung, die Vorsteher der Landgemeinden Osterholz und Oberneuland-Rockwinkel, drei von der Stadtbürgerschaft berufene Mitglieder, die aber nicht unbedingt Mitglieder der Bürgerschaft sein mussten, und vier von den bremischen evangelischen Kirchen vorzuschlagende Mitglieder. Einer wurde zum Rechnungsführer, der andere zu seinem Stellvertreter gewählt.[390]

In Sorge um die Gemeinde
Diakonie im Ersten Weltkrieg

Die Jahre des Ersten Weltkrieges (1914–1918) und die Nachkriegsjahre waren von Ausnahmesituationen geprägt: Kriegszwangswirtschaft, Räterepublik, Versailler Vertrag und Inflation – eine Belastungsprobe, auch für die Diakonie am St. Petri Dom. In den ersten Monaten nach Kriegsbeginn am 2. August 1914 schien das Leben noch in gewohnten Bahnen zu verlaufen, doch gingen unter der im November 1914 verhängten englischen Seeblockade der deutschen Küsten die wirtschaftlichen Aktivitäten und damit Beschäftigung und Einkommen zurück. Zur Verwaltung des Mangels und zur Aufrechterhaltung der Ordnung überzog staatlicher Dirigismus das Land mit einem Netz von Kontrollmechanismen und Reglementierungen. Die Diakonie stand angesichts dringend benötigter, aber immer geringerer Kollekteneinnahmen und der zunehmenden Not vor schwierigen Aufgaben. Aufgrund der kriegsbedingten Abwesenheit vieler Väter, der oft notwendigen Berufstätigkeit vieler Mütter, Wohnungsnot, Arbeitslosigkeit und der schlechten Versorgungslage kam es zu schwerwiegenden sozialen Problemen mit umfassenden, zum Teil neuartigen Problemen für die Wohlfahrtspflege, die ihren Niederschlag in einer Differenzierung der kommunalen Fürsorgeaktivitäten fand. Die planmäßige Sozialpolitik zur Unterstützung der sich vergrößernden Zahl von Hilfsbedürftigen verstärkte die öffentliche Einflussnahme auf die Lebensbedingungen der notleidenden Menschen. Von dem universell tätigen Armenamt getrennte Behörden übernahmen spezifische soziale Dienstleistungen, so im Bereich Kinder- und Jugendfürsorge das 1912 geschaffene Jugendamt.[391]

Die Gemeindepflege der Domdiakonie richtete kurz nach Ausbruch des Ersten Weltkrieges 1914 eine Kriegshilfe zur Unterstützung jener Menschen ein, die indirekt unter den Folgen des Krieges litten. Der »Zentralhilfsausschuß (ZHA) des Roten Kreuzes« versorgte Angehörige von Kriegsteilnehmern und Kriegsgeschädigten[392], aber nicht die Familien von arbeitslos gewordenen Männern. Gemeindemitglieder verpflichteten sich zu wöchentlichen oder monatlichen Beiträgen, und der Domchor überwies die Einkünfte von Konzerten an die Gemeindepflege. Es wurden Mietbeihilfen geleistet, Lebensmittelkarten und Essenskarten verteilt und Arbeit vermittelt. Dazu gehörte unter anderem das Nähen und Stricken von Kleidungsstücken. Die Betreuung wurde von der Frauengruppe und ihren Helferinnen übernommen. Zwei bereits im Ruhestand befindliche Gemeindeschwestern kehrten in den aktiven Dienst zurück, womit sich die Zahl der Schwestern auf fünf erhöhte.[393] Wegen der zunehmenden Armut war auch eine steigende Zahl von Konfirmanden auszustatten. Bei finanziellen Engpässen gewährten die Bauherren der Gemeindepflege wiederholt Unterstützung.[394] Im zweiten Kriegsjahr waren nur noch vier von 24 Diakonen in Bremen anwesend. Zwei konnten wegen schlechter Verbindungen zum Umland kaum in die Stadt kommen, so dass die beiden anderen fast jeden Sonntag den Beckendienst bei den Gottesdiensten versahen. Zur Entlastung erklärten sich Mitglieder der Altdiakonie zur Vertretung der abwesenden Diakone, auch in den Verwaltungen, bereit.[395]

Im sogenannten Steckrübenwinter 1916/17 stieß die karitative Gemeindehilfe an ihre Grenzen. Bei lang anhaltender Kälte herrschten katastrophale Versorgungszustände, nachdem im April 1917 die Vereinigten Staaten an der Seite der Alliierten in den Krieg eingetreten waren. In Russland stürzten die Bolschewisten in der Oktoberrevolution den Zaren – und in Deutschland wurden im Jahr des 400. Reformationsjubiläums Kirchenglocken eingeschmolzen. Die sich zuspitzende Ernährungssituation, die hohen Arbeitsanforderungen und die drohende militärische Niederlage führten nach mehrjähriger Kriegsdauer zu einer allgemeinen Not und Unzufriedenheit. Das Verlangen nach Frieden und politischer Neuordnung eskalierte in revolutionären Unruhen. Nachdem es im Oktober/November 1918 in Wilhelmshaven und Kiel zu

Rechnungsbuch der St. Petri Armenkasse, 1913/14.

Meutereien gekommen war, bildeten sich Soldatenräte, die sich nach Solidaritätsstreiks der Werft- und Industriearbeiter zu paritätisch besetzten Arbeiter- und Soldatenräten vereinigten. Der deutsche Kaiser Wilhelm II. zog sich ins niederländische Exil zurück. Am 11. November 1918 kam mit den siegreichen Ententemächten (England, Frankreich, Vereinigte Staaten) ein Waffenstillstandsabkommen zustande. Zwei Tage zuvor waren in Berlin eine sozialistische und eine parlamentarische Republik ausgerufen worden. In Bremen gab es ab dem 14. November 1918 einen Arbeiter- und Soldatenrat, der Senat und Bürgerschaft ablöste und am 10. Januar 1919 die Räterepublik proklamierte.[396]

Das Bremer Rätesystem wurde wenige Wochen später, am 4. Februar 1919, durch militärisches Eingreifen gewaltsam wieder beseitigt. Regierungstruppen und Freikorps sorgten gemeinsam mit einer neu gebildeten Stadtwehr für Ruhe und Ordnung. Ein provisorischer Senat übernahm die Regierungsgewalt, doch wurde aufgrund der angespannten politischen Stimmung mit fortgesetzten Unruhen, begleitet von Straßenkämpfen und einem Generalstreik, zunächst keine Stabilisierung der Situation erreicht. Es herrschte der Belagerungszustand. Der innere Stadtbereich wurde zur Bannmeile erklärt. Kirchen, Banken, Betriebe und Geschäfte blieben geschlossen, und der Verkehr ruhte. An allen zentralen Punkten und Zufahrten wurde Stacheldraht gezogen, und es wurden Wachen aufgestellt, was dem Osterfest 1919 die Bezeichnung »Stacheldrahtostern« eintrug.[397]

Am 19. Januar 1919 bildete sich die verfassunggebende Nationalversammlung der Weimarer Republik, wählte den Sozialdemokraten Friedrich Ebert (1871–1925) zum ersten Reichspräsidenten und verabschiedete am 14. August 1919 die Verfassung der Weimarer Republik.[398] Zu den wichtigsten verfassungsrechtlichen Änderungen gehörte die Trennung von Kirche und Staat.

Trennung von Kirche und Staat
Bildung der Bremischen Evangelischen Kirche

Durch den Wechsel der Staatsform von der Monarchie zur Republik änderte sich die Beziehung zwischen Staat und Kirche. Mit der Abdankung des deutschen Kaisers ging der protestantischen Kirche im November 1918 die Bindung an das landesherrliche Kirchenregiment verloren. Die Weimarer Regierung hob mit der Verabschiedung der Reichsverfassung (Art. 137) die Symbiose von Kirche und Staat auf. Damit endete die Kirchenhoheit des Bremer Senats mit der Aufsicht über die bremische Kirche und die Kirchenleitung, die durch die Bremische Verfassung vom 28. Mai 1920 an die bremischen Kirchen überwiesen wurden.

Bereits Ende Dezember 1918 hatten Mitglieder der im Krieg gegründeten »Arbeitsgemeinschaft Bremer Pastoren« und der früheren »Senatskommission für das Kirchenwesen« in Reaktion auf die veränderte politische Situation einen Ausschuss gebildet. Vertreter dieses Gremiums befassten sich seit 1919 in einer »Studienkommission für die Verfassung der Bremischen Evangelischen Kirche« mit dem Entwurf der rechtlichen Grundlagen des neu zu gründenden gemeinsamen Organs der bremischen Kirchengemeinden. Mit der einstimmigen Annahme durch delegierte Mitglieder der bremischen Kirchengemeinden auf dem verfassungsgebenden Kirchentag am 14. Juni 1920 konstituierte sich die Bremische Evangelische Kirche (BEK) als öffentlich-rechtliche Körperschaft in der noch heute geltenden kaum veränderten Form. Charakteristische Eigenart der Bremischen Evangelischen Kirche war und ist bis heute die verfassungsrechtlich garantierte unbeschränkte Glaubens-, Gewissens- und Lehrfreiheit und die weitgehende Autonomie der Gemeinden. Das unterscheidet sie von anderen deutschen Landeskirchen. Die Ordnung der BEK beschränkte sich auf das äußere Kirchenwesen. Sie regelte die Zugehörigkeit und bestimmte als Organe den Kirchentag und den Kirchenausschuss. Der Kirchentag bestand aus Vertretern der einzelnen Gemeinden und einigen hinzugewählten Mitgliedern. Dem Kirchenausschuss als dem obersten Verwaltungsgremium der BEK gehörten 12 Mitglieder an. Der Vorstand bestand aus dem Präsidenten und dem Vizepräsidenten, die Laien sein mussten, sowie einem Prediger im leitenden geistlichen Amt des Schriftführers und einem Schatzmeister. Im Unterschied zu den Verfassungen anderer deutscher Landeskirchen sah die bremische Kirchenverfassung kein Organ der geistlichen Leitung der Gesamtkirche wie die Bischöfe anderer evangelischer Landeskirchen vor. Die Funktion des Senats in kirchlichen Angelegenheiten wurde auf die Berufung und Bestätigung der Gemeindepfarrer und die Bestätigung von Gemeindeordnungen beschränkt. Das Gewohnheitsrecht etlicher Kirchengemeinden wurde erst in jenen Jahren durch schriftliche Gemeindeordnungen ersetzt, die die Selbstverwaltung der Gemeinden garantieren. Seit 1923 wurde eine Kirchensteuer[399] (8 % der Lohn- bzw. Einkommensteuer) erhoben, die den 1921 eingeführten Kirchenschoß, eine freiwillige Selbstbesteuerung, ersetzte, weil die Einnahmen, auch inflationsbedingt, für die Finanzierung der kirchlichen Aufgaben nicht reichten. Aus der Zentralkasse der BEK wurden und werden die Pastorengehälter und -renten gezahlt sowie Zuschüsse für die Arbeit der einzelnen Gemeinden.[400]

Sozialpolitik in der Krise
Inflationäre Wohlfahrt

Die Rückkehr von der Kriegswirtschaft zur Privatwirtschaft konnte auch nach dem Versailler Friedensvertrag (29. Juni 1919) nur erklärtes Ziel der Weimarer Regierung bleiben. Der Verfall der Währung – eine Folge der verdeckten Geldschöpfungspolitik zur Beschaffung der Kriegsmittel und zum Ausgleich des wachsenden Staatsdefizits –, hohe Arbeitslosigkeit und Versorgungsengpässe erschwerten die Stabilisierung der wirtschafts- und sozialpolitischen Lage.[401] Es fehlte am Lebensnotwendigsten zur Versorgung der Menschen, vor allem an Nahrungsmitteln, Eisenerz und Kohle. Amerikanische Lebensmitteltransporte und Kinderspeisungen unterstützten die notleidende Bevölkerung.[402]

Der verfassungsrechtlichen Verantwortung für das Wohlergehen der Bevölkerung versuchte die Regierung durch eine Sozialreform des Armenwesens zur Verbesserung der Lebensverhältnisse der notleidenden Bevölkerung nachzukommen. Das hieß zunächst, der Massenarmut abhelfen. Da sich die Fürsorgegesetzgebung der Weimarer Zeit auf Reichsebene in allgemeinen Rahmenvorschriften und schließlich in Notverordnungen erschöpfte, ging die Initiative zur Neuordnung der Wohlfahrtspflege von den Ländern aus. Dem Armenamt (bis 1907 Stadtbremische Armenpflege, seit 15. Januar 1920 Fürsorgeamt) wurde die Versorgung der Hilfsbedürftigen übertragen, die den notwendigen Lebensunterhalt nicht aus eigenen Kräften beschaffen konnten und keine Zuwendungen von anderer Seite erhielten.[403] Die staatlichen Unterstützungsmaßnahmen blieben unzureichend, weil die Mittel fehlten und mit zunehmender Geldentwertung immer knapper wurden.[404] Am 1. April 1919 wurde die Kriegshilfe eingestellt.[405]

1919 nahm die St. Petri Domdiakonie Neuwahlen vor, die während des Krieges ausgefallen waren. Sechs neugewählte Diakone ersetzten die ausgeschiedenen und die im Krieg gefallenen Mitglieder der Domdiakonie.[406] Die Mittel waren begrenzt, »… da die finanzielle Not unsere ganze Verwaltung trifft.«[407] Nur was in Immobilien oder in wertbeständige Kapitalanlagen investiert war, bildete eine solide und inflationssichere Vermögenssubstanz. Die Erträge der Kirchenbeckensammlungen waren kläglich und wurden von der Geldentwertung verschlungen. In den Kollekten gesammeltes Geld, seit 1918 vor allem Notgeldscheine mit laufend höherem Nennwert, war nach wenigen Monaten, dann Wochen, schließlich nach wenigen Tagen das Papier nicht mehr wert, auf dem es gedruckt worden war.[408] Der Währungsverfall schritt so schnell voran, dass der Etat bald nicht mehr ausreichte, um den laufenden Geldbedarf zu decken. Den Gemeindeschwestern wurden Teuerungszulagen gezahlt, um ihren Lebensunterhalt zu sichern, bis auch das immer schwieriger wurde.[409]

Im Januar 1921 richtete die Diakonie einen Spendenaufruf an die Mitglieder der Domgemeinde. Die jeweiligen Sammlungen ermöglichten die Bestreitung der laufenden Ausgaben, führten aber angesichts der wirtschaftlichen Not vieler Menschen auch schon bald nicht mehr zum erwünschten Erfolg. Anfang Dezember 1921 stand der Domgemeindepflege kein Barguthaben mehr zur Verfügung. Der Erlös aus Effekten reichte nur noch bis Jahresende. Es wurden Einkünfte aus dem Vermögen der St. Petri Armenkasse herangezogen, bis die Bauherren rieten, die Kasse nicht weiter zu schwächen.[410] Das Rechnungsbuch des Fonds für Gemeindezwecke wurde am 5. Januar 1923 geschlossen, »weil durch die Inflation der Besitz zu einem Nichts geworden war.« Die Mittel waren in inflationsbedingt wertlosen Bremer Staatsanleihen angelegt.[411] Obwohl die Kirchenkasse ebenfalls mit erheblichen Finanzschwierigkeiten kämpfte, übernahmen die Bauherren im August 1923 die für die Gemeindeschwesternstation erforderliche Summe von 140 Millionen Mark. Das entsprach den Vorkriegsaufwendungen von knapp 4000 Mark pro Jahr.[412] Der Währungsverfall eskalierte zur Hyperinflation. Wenn im November 1923 eine Rechnung von 100 Reichsmark zu begleichen war, musste man sich mit Körben voller Papiergeld im Wert von etwa 30 Billionen Reichsmark auf den Weg machen, und man musste sich beeilen, um schneller zu sein als der Währungsverfall. Weil jede Transaktion mit komplizierten Rechenexempeln der Verwaltung verbunden war und mit dem wertlosen Papiergeld nur noch wenig Hilfe geleistet werden konnte, bevorzugte die Gemeindepflege Sachspenden, die von den Diakonen und auch von den Gemeindeschwestern und der Frauengruppe gesammelt wurden.[413]

Mit dem Übergang zur Rentenmark am 15. November 1923 und der Umstellung auf die goldgedeckte Reichsmarkwährung am 30. August 1924 wurde eine Stabilisierung der Währungsverhältnisse erreicht. Aber die Kassen der sozialen Einrichtungen waren leer. Das Konto der Gemeindepflege wies 31,85 Goldmark und 93,45 Dollar, acht Badische Kohlenanleihen und sechs Zentner Berliner Roggenanleihen aus.[414] Etliche Stiftungsvermögen gingen verloren. Statt 53 000 Mark im Jahre 1917 betrug das Kapital der St. Petri Armenkasse nur noch 1000 Mark. Das Vermögen des St. Petri Waisenhauses in Höhe von 82 000 Mark war rechtzeitig vor dem Werteverfall in den Neubau eines Gebäudes auf einem Grundstück südlich der Osterholzer Heerstraße investiert worden, in den 1921 zwölf Jungen einzogen.[415]

Ende 1923 konnten die Ausgaben der Domgemeindepflege dank der Spendenfreudigkeit von rund 750 Mitgliedern und von Domfreunden im In- und Ausland, z. B. der Schwedischen Samariterspende, der Bremer Nothilfe, des Evangelischen Wohlfahrtsbundes, des Vereins für Innere Mission, der Bremischen Evangelischen Kirche, der Wohlfahrtskommission sowie des Fürsorgeamtes, gedeckt werden. Der Senat stellte der Domgemeindepflege am 27. November 1924 einen einmaligen Betrag von 6000 Mark zur Verfügung.[416] Diese Höhe erreichte seit 1927 auch der von den Bauherren weitergereichte Zuschuss zur Gemeindearbeit aus der Zentralkasse der Bremischen Evangelischen Kirche.[417] Das Gemeindepflegekonto war ausgeglichen und wies wieder ein Bankguthaben von einigen Tausend Reichsmark und eine Geldanlage in Anleihen aus.[418] Die Kollekten am Dom stiegen in dem Maße wieder an, wie sich Bremens Wirtschaft erholte und den Menschen Arbeit und Lohn verschaffte.

Am 1. Januar 1925 übernahm eine neu gebildete Behörde für das Wohlfahrtswesen in Bremen die an eine Pflicht zur Arbeit geknüpfte Fürsorge. Nach den allgemeinen Reichsgrundsätzen über die Voraussetzungen, die Art und das Maß der Fürsorge erfolgte die den Ländern überlassene spezifische Regelung des Wohlfahrtswesens zur Sicherung des notwendigen Lebensbedarfs der Hilfsbedürftigen.[419] Wegen der hohen kommunalen Verschuldung und unter dem Druck der staatlichen Sparpolitik blieb die staatliche Versorgung schwierig und unzureichend.

In Anpassung an die gesellschaftspolitischen Veränderungen, insbesondere im Bereich der Sozialfürsorge, trat am 1. Januar 1927 eine neue Verfassung der Gemeinde der St. Petri Domkirche in Kraft.[420] Im Sinne des § 87 der bremischen Verfassung war die evangelisch-lutherische Domgemeinde eine Körperschaft des öffentlichen Rechts, der jene Mitglieder der Bremischen Evangelischen Kirche angehörten, die ihre Zugehörigkeit erklärt hatten und im Gemeindeverzeichnis geführt wurden. Kirchenkonvent, Kirchenvorstand und Bauherren vertraten die Gemeinde (§ 6).[421] Frauen konnten nicht Bauherr oder Diakon werden, aber 20 der 50 für sechs Jahre gewählten Konventsmitglieder konnten Frauen sein.[422] Zum Kirchenvorstand gehörten die Bauherren, die Prediger und sechs Diakone sowie sechs Altdiakone und sechs weitere Konventsmitglieder. Die Gemeindemitglieder wurden verpflichtet, ein ihnen übertragenes Kirchenamt anzunehmen.

Die Gesetze und Vorschriften der Diakonie der St. Petri Domkirche vom 10. November 1863 wurden entsprechend überarbeitet und zusammen mit der Geschäftsordnung der St. Petri Domgemeindepflege 1930 beschlossen. Zu den Aufgaben der 24 St. Petri Domdiakone gehörten die Beckensammlungen, die Verwaltung der Gemeindepflege im Einvernehmen mit den städtischen Fürsorgestellen, die Verwaltung des Waisenhauses und der St. Petri Armenkasse sowie die Teilnahme an der Verwaltung des stadtbremischen Altenheims (Egestorff) und der damit verbundenen Stiftungen, insbesondere des St. Petri Witwenhauses. Vertreter der Diakonie war der Senior. Jeweils ein dem Kirchenkonvent angehörender Diakon und ein Altdiakon waren zum Kirchentag der Bremischen Evangelischen Kirche zu wählen.[423]

Am 20. November 1925 gab sich das »Kollegium der Alt-Diakonie«, soweit bekannt erstmalig, eine Geschäftsordnung, um die nach den Satzungen der St. Petri Domkirche erforderlichen Wahlen zur Besetzung der Ämter, insbesondere zum Kirchenvorstand, vorzunehmen und das Interesse an den Gemeindeangelegenheiten zu pflegen. Ein Bauherr oder ein anderer aus ihrer Mitte übernahm die Vertretung. Die Altdiakone trafen sich im Konferenzzimmer der Domkirche an der Sandstraße 9.[424]

»Gebt noch einmal«
Hilfe in der Weltwirtschaftskrise

In der Phase der Konsolidierung des Domhaushalts zeichnete sich 1928/29 ein konjunktureller Rückgang ab. Den Vorboten der Krise, Entlassungen infolge des Produktionsrückgangs, folgte der als »Schwarzer Freitag« bezeichnete New Yorker Bank- und Börsencrash am 25. Oktober 1929. In Bremen erreichte die Rezession im Sommer 1931 mit dem Konkurs von Banken und Unternehmen ihren Höhepunkt. Angesichts des bedrohlichen Niedergangs wurden seit Juli 1930 per Notverordnung Regierungsmaßnahmen zur Behebung der finanziellen, wirtschaftlichen und sozialen Notstände ergriffen. Die Löhne und Gehälter stagnierten, und im Zuge von Rationalisierungsmaßnahmen wurden Massenentlassungen vorgenommen. Die Zahl der Arbeitslosen in Bremen stieg

Die Glocke »Brema«. Die zur Restaurierung des Doms 1894 gestiftete Glocke wurde, nachdem sie 1919 gesprungen war, am 15. Mai 1925 abgenommen und neu gegossen. Zu Pfingsten 1925 konnte wieder geläutet werden.

von rund 19 000 (1929) auf rund 59 000 (1932). Am 31. Januar 1933 waren mehr als 5 Millionen Menschen in ganz Deutschland arbeitslos. Die Folge der Verarmung war eine starke Beanspruchung des Sozialsystems.[425] Aufgrund der für viele Menschen hoffnungslosen Lage herrschten eine hohe Instabilität und zunehmende Radikalisierung des politischen Lebens.

Der krisenbedingte Rückgang der Kirchensteuereinnahmen bedingte seit 1930 eine Kürzung der Zuschüsse aus der Zentralkasse der Bremischen Evangelischen Kirche an die Kirchengemeinden. Den Betrag an die Gemeindepflege leisteten die Bauherren zunächst weiter in gleicher Höhe aus der Kirchenkasse des Doms, bevor die Überweisung seit 1932 wegen fehlender Mittel stark reduziert werden musste. Spenden und Beiträge reichten nicht aus, um für einen Ausgleich zu sorgen.[426] Die Domgemeindepflege wandte sich 1931 mit einem Aufruf zur Weihnachtsspende für die Notleidenden an die Domgemeinde. Konkurrierend sammelte einer der Dompastoren, Heinz Weidemann[427], für eine von ihm initiierte Winter-Notspende.[428] Da beide Sammlungen wenig erfolgreich waren, veranstalteten die Domdiakone, -bauherren und -prediger eine gemeinsame Aktion »Gebt noch einmal!« für die Weihnachtsbescherung und kostengünstige Mittagsspeisungen für bedürftige Gemeindemitglieder.[429] Zum 400-jährigen Jubiläum – man gedachte der ersten evangelischen Predigt im Dom zur Zeit des Aufstandes der 104 Männer im Jahre 1532 – wurde ein neuer Spendenaufruf verteilt. Der Appell, dem sich auch die Frauengruppe der Domgemeindepflege anschloss,

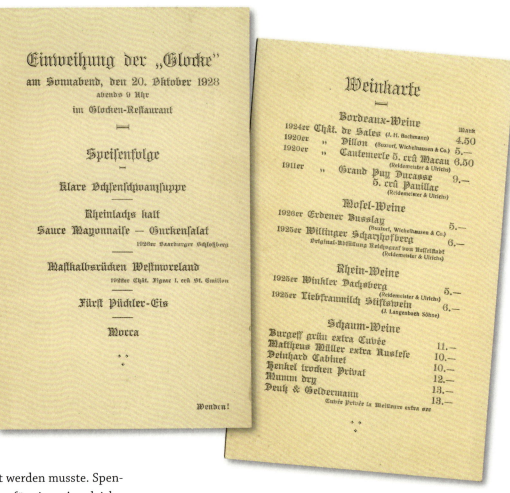

Einladung der Diakonie zur Einweihung der »Glocke« am 20. Oktober 1928.

verband sich mit einer Mitgliederwerbung. Die gesammelten Mittel mussten, trotz des vehementen Widerspruchs der Domgemeindepflege, an die Winterhilfe abgeführt werden.[430]

Die Domgemeindepflege finanzierte sich in erster Linie aus den Beiträgen ihrer fast 800 Mitglieder. Dazu kamen Spenden amerikanischer Freunde und der Prediger sowie Erlöse aus Haus- und Beckensammlungen und der Gemeindeabende, Pflegegelder, Zuschüsse der Kirche und der Domdiakonie, Zinsen und andere Kapitalerträge sowie Mieteinnahmen aus der 1930 erworbenen Immobilie Kölner Straße 32. Bei den Haussammlungen verzeichnete die Domgemeindepflege Zuwächse, während die Beckensammlungen zurückgingen.

Im Haus Seefahrt an der Lützowerstraße in Bremen durfte ein weiteres Sammelbecken aufgestellt werden. Die Diakone überwiesen die Gewinne von Skat- und Bridgespielen der Diakonieabende an die Domgemeindepflegekasse. Positive Ergebnisse brachten ein Spendenaufruf für die Winterhilfe (Geld, Lebensmittel, Kleidung etc.) und die in der Glocke veranstalteten Domgemeindeabende. An der Gestaltung beteiligten sich die Prediger, der Domchor und der Domjugendbund.[431] Etwa ein Drittel der Gesamteinnahmen deckte die Kosten der Gemeindeschwesternstation. Außerdem wurden die Ausstattung der Konfirmanden übernommen und Winterhilfe, Lebensmittel und Sondergaben an bedürftige Familien geleistet.[432] Aufgrund der angespannten Finanzlage war die karitative Arbeit am Dom nur beschränkt möglich.[433]

Zur Förderung der Domgemeindepflege wurde auf Anregung Pastor Weidemanns Mitte des Jahres 1932 die Domhelferschaft gegründet. Sie sollte sich zur Festigung der Verbindung zwischen Gemeindepflege und Gemeinde, und um antiklerikalen Tendenzen entgegenzuwirken, an der kirchlichen Wohlfahrtspflege beteiligen. Dazu gehörten auch die Werbung neuer Mitglieder für die Gemeindepflege, um die Einnahmen zu verbessern, die Sammlung von Spenden und die Unterstützung der Gemeindeschwestern. Zehn Helfer übernahmen das Amt. Jährlich sollten zehn weitere gewählt werden, bis die Zahl 30 erreicht war. An jedem ersten Montag eines Monats fand eine Sitzung zur Besprechung offener Fragen statt, an der auch zwei Prediger, das Seniorat der Diakonie, der Generalrechnungsführer und acht Beigeordnete der Gemeindepflege der Diakonie teilnahmen. Die Domhelferschaft wurde 1935 aufgelöst und die Aufgaben wieder von der Diakonie übernommen.[434]

SELBSTBESTIMMUNG CONTRA FÜHRERPRINZIP
Die Domdiakonie im Nationalsozialismus

Konfessionelle Gleichschaltung?
Die Bildung der Reichskirche

Die tiefgreifenden Erschütterungen der Weltwirtschaftskrise leiteten in Verbindung mit den in der Weimarer Republik nicht bewältigten wirtschaftlichen und gesellschaftlichen Problemen eine politische Wende ein, die den Aufstieg der Nationalsozialisten begünstigte. Obwohl viele Menschen es nach den rückläufigen Ergebnissen der NSDAP bei der Wahl im November 1932 nicht für möglich gehalten hatten, wurde Adolf Hitler am 30. Januar 1933 zum Reichskanzler ernannt. Der spektakulären Machtübertragung folgte die Auflösung des Reichstages. Die Nationalsozialisten konnten zwar in Bremen die erhoffte absolute Mehrheit nicht erreichen und lagen mit ihrem Stimmenanteil erheblich unter dem Reichsdurchschnitt, waren aber die stärkste Partei. Am 6. März 1933, einen Tag nach der Reichstagswahl, setzten politische Umwälzungen mit dem erzwungenen Übergang zum autoritären Regierungssystem ein. Vom Rathaus wehte die Hakenkreuzfahne. Am 18. März 1933 ersetzte eine Stadtführung aus Nationalsozialisten und Deutschnationalen den nach einigen Rangeleien zurückgetretenen bürgerlich-sozialdemokratischen Senat und besiegelte damit auch für Bremen die Beseitigung der parlamentarischen Demokratie durch Diktaturgewalt. Der sozialdemokratische Wohlfahrtssenator Wilhelm Kaisen trat gemeinsam mit zwei weiteren Senatoren seiner Fraktion zurück. Otto Heider übernahm am 11. März 1933 als staatlich bestellter Kommissar die alleinige Verantwortung und Führung im Bereich Arbeit, Wohlfahrt, Medizinal- und Versicherungswesen, doch wurde ihm der Gesundheitsbereich bereits eine Woche später wieder entzogen. Die Deputation für das Wohlfahrtswesen wurde zu einem beratenden Gremium, aber schon im November 1933 aufgelöst, gefolgt von der Auflösung der Bürgerschaft bei der Eingliederung Bremens in den Gau Weser-Ems im Jahre 1934.

Der Etablierung der nationalsozialistischen Regierung folgten organisatorische Schritte zur Durchsetzung des autoritären Regimes in allen Bereichen des Lebens mit dem Ziel einer planmäßigen, staatlich gelenkten Gesellschaft nach Maßgabe der Führerideologie. Mit der Notverordnung zum Schutz von Volk und Staat wurden politische Gegner verfolgt und mit den Gleichschaltungsgesetzen das Führerprinzip durchgesetzt. Der Nationalsozialismus duldete keine weltanschauliche Konkurrenz, erkannte aber in einer Regierungserklärung Hitlers die christlichen Kirchen als Faktoren zur Erhaltung des Volkstums an, um das christlich orientierte Potential in der Bevölkerung zu nutzen. Unter Vermeidung einer konfessionellen Festlegung sollte in einer Symbiose von Kirche und Staat eine völkische Reichskirche gebildet werden. Die Inszenierung einer das Deutschtum betonenden nationalsozialistischen Ersatzreligion verband sich mit der politischen Instrumentalisierung der Kirche. Wie alle öffentlichen Institutionen sollten die kirchlichen Einrichtungen der Verwaltungshoheit des Reiches unterstellt und nach dem Führerprinzip umstrukturiert werden. Die Gleichschaltungsbestrebungen zielten auf die Zerstörung der überkommenen Strukturen und Charakteristika der Kirche, um sie zur Erfüllungsgehilfin des

Das Domportal mit Aufbauten und Hakenkreuzfahnen am 1. Mai 1933.

autoritären nationalsozialistischen Systems zu machen. Noch im Jahr der Machtergreifung fügte die Regierung die führenden Einrichtungen des Kirchenwesens in den staatlichen Lenkungsapparat ein. Ein legitimer Zugriff auf das Kirchenrecht musste aber wegen der dezentralen Gliederung der Landeskirchen zunächst unterbleiben, sofern die Umstrukturierung nicht aus den Kirchen heraus erfolgte.[435]

Mit der Intention, die nationalsozialistische Weltanschauung mit dem protestantischen Christentum zu verbinden, adaptierte die Führung der protestantischen Kirche die autoritäre Staatsauffassung und arrangierte sich mit dem diktatorischen Regime, sei es aus Überzeugung oder in Sorge um den eigenen Fortbestand.[436] Im Geiste des Nationalsozialismus entwickelte Wertmaßstäbe und Glaubensvorstellungen knüpften in weltanschaulicher Rückbesinnung an die antijüdischen Traditionen der protestantischen Theologie an. Luthers Judenhass diente als ideologische Basis für den völkischen Antisemitismus mit einer menschenverachtenden politischen Zielsetzung von lebensbedrohlichem Ausmaß.[437]

Eine sich 1932 innerhalb der evangelischen Kirche formierende kirchenpolitische Glaubensbewegung, die Gruppe der Deutschen Christen, bot sich den Nationalsozialisten als Kooperationspartner an. Der Bremer Dompastor Heinz Weidemann nahm an der ersten Reichstagung der Deutschen Christen in Berlin vom 3. bis 5. April 1933 teil, wo für die völkisch-nationale Reichskirche geworben wurde. Der bis zu seinem Eintritt in die NSDAP Anfang 1933 politisch nicht aktive Weidemann wurde zu einem enthusiastischen Verfechter der deutschen Volkskirche und entwickelte sich zu einer Führungspersönlichkeit, die rückhaltlos für den nationalsozialistischen Staat eintrat. Er bereitete die Eingliederung der Bremischen Evangelischen Kirche (BEK) in die geplante Deutsche Evangelische Reichskirche (DEK) vor.[438]

Im Dompastor Heinz Weidemann fand Senator Otto Heider einen gleichgesinnten Mitstreiter für die Verschmelzung von Protestantismus und nationalsozialistischer Ideologie und den Aufbau einer deutsch-nationalen evangelischen Landeskirche. Übereinstimmung herrschte zwischen ihnen und ihren Sympathisanten auch in der antisemitischen Definition einer rassischen Elite und leistungsfähigen Volksgemeinschaft.[439] Gemeinsam veranstalteten sie am 25. April 1933 eine gut besuchte Kundgebung der von Weidemann gegründeten Kreisorganisation der Deutschen Christen, deren Leitung er beanspruchte. Drei Tage nach der Veranstaltung, am 28. April 1933, unterzeichneten 36 von 51 Bremer Pastoren einen Aufruf, in dem sie sich, nach lutherischer Tradition um Loyalität mit dem Staat bemüht, für die »Regierung der nationalen Erhebung« und für die Schaffung einer einheitlichen evangelischen Reichskirche aussprachen, aber die Verquickung von Religion und Politik ablehnten. An demselben Tag fand vor der ersten Sitzung der neugewählten Bürgerschaft am 28. April 1933, die auch die letzte war, ein von Domprediger Weidemann gehaltener Dankgottesdienst im Dom statt. Zur Feier des 1. Mai wurde der Dom mit den Requisiten des Nationalsozialismus geschmückt.[440] Unmittelbar danach erfolgten die Zwangsauflösungen von Parteien und Gewerkschaften und setzte die zum Teil erzwungene, zum Teil freiwillige Gleichschaltung in allen Bereichen der Gesellschaft ein. Am 27. Juni 1933 ernannte der nationalsozialistische Senatspräsident und regierende Bürgermeister Richard Markert den Senator Otto Heider zum Kommissar für die kirchlichen Angelegenheiten und den am 1. Mai 1933 in die NSDAP eingetretenen Weidemann zu seinem Stellvertreter.[441]

Sieben Tage nach der Verabschiedung der Reichskirchenverfassung zur Konstituierung der Deutschen Evangelischen Kirche als Körperschaft des öffentlichen Rechts am 14. Juli 1933 fanden kurzfristig angesetzte Neuwahlen zu den kirchlichen Organen statt, die den Deutschen Christen bei den Wahlen zu den Landessynoden Mehrheiten verschafften. Die Rechte und Pflichten des Deutschen Evangelischen Kirchenbundes, der die Einigung der evangelischen Bekenntnisse eingeleitet hatte, gingen auf die DEK über. Höchstes Organ war der Reichsbischof. Zentrale Aufgabe war die Fürsorge für das deutsche Volkstum im Sinne der nationalsozialistischen Ideologie.[442]

Bremer Kirchenvertreter gingen in Opposition: In einer Entschließung an den Kirchenausschuss der BEK forderten 17 Bauherren von zehn stadtbremischen Gemeinden (St. Petri Dom, St. Stephani, St. Ansgarii, St. Remberti, St. Pauli, St. Michaelis, Friedenskirche, St. Jakobi, Unser Lieben Frauen, St. Martini) am 18. September 1933 die Erhaltung der Selbstverwaltung der Gemeinden unter Führung und persönlicher Mitarbeit der Laien, insbesondere der Bauherren, des Kirchenvorstandes und der Diakonien. Auch verlangten sie die Beibehaltung des traditionellen Rechts der freien Pfarrwahl durch die Gemeinden. Weidemann sagte seitens des Kirchenausschusses der BEK die Fortführung des Laienprinzips zu, äußerte sich aber ausweichend zur Pfarrwahl.[443] Im November 1933 inszenierte Feiern zum 450. Geburtstag Martin Luthers verdeckten den Widerspruch gegen die Verstaatlichung der Kirche, der nach einer Kundgebung der Deutschen Christen in Berlin am 13. November 1933 von zwölf Kirchengemeinden, darunter die vier altstädtischen und der Dom, offenkundig gemacht wurde.[444]

Einen nach der Einführung des sogenannten Arierparagraphen am 6. September 1933 vom Reichsminister des Inneren am 7. Dezember 1933 verkündeten Burgfrieden hielt Weidemann bis zum 6. Januar 1934 geheim, da er seine Pläne, das Führerprinzip in der bremischen Kirche und die Eingliederung der BEK in die Reichskirche durchzusetzen, gefährdet sah. Am 4. Oktober 1933 wurde er vom Bremer Senat zum Staatsrat für kirchliche Angelegenheiten ernannt.[445] Auf dem außerordentlichen Kirchentag am 24. Januar 1934 sollten die Gleichschaltung der demokratisch aufgebauten selbständigen Kirchengemeinden und die Bevollmächtigung des Kirchenausschusses zur Neuordnung der bremischen Kirchenverhältnisse mit dem Ziel der Eingliederung der BEK in die Reichskirche durchgesetzt werden. Da es sich um eine verfassungsändernde Gesetzesvorlage handelte, konnte die Beratung durch die Mehrheit der Anwesenden des Kirchentages, der als Zusammenschluss selbständiger Gemeinden lediglich ein formaler Zweckverband war, verhindert werden. Auch konnte, so lautet die Argumentation, die BEK keinen Landesbischof haben, da ihr die gemeinsame Bekenntnisgrundlage fehle. Mit der Begründung, Angriffe auf den NS-Staat abzuwehren, erklärte Kirchenpräsident Otto Heider daraufhin mit Berufung auf eine Ermächtigung des Reichsbischofs Ludwig Müller, die Auflösung des Kirchentages und übernahm die Leitung der bremischen Kirche.[446] Der Kirchenausschuss wurde auf die Funktion eines beratenden Gremiums reduziert. Alle anderen Organe der BEK wurden aufgelöst und die Verfassung der BEK von 1920 sowie die Gemeindeordnungen außer Kraft gesetzt.[447] Die verwaltenden Bauherren wurden im Sinne des Führerprinzips zu Gemeindeführern ernannt, ihnen aber die Ausübung des gemeindlichen Selbstverwaltungsrechts bestritten. Der Schriftführer des Kirchenausschusses, Weidemann, wurde drei Tage später per Verfügung von Heider zum Landesbischof und zu seinem Stellvertreter als Landeskirchenführer ernannt. Die Bevollmächtigung erwirkte Heider rückwirkend beim Reichsbischof, der am 15. Juni 1934 die Eingliederung der BEK in die Reichskirche (DEK) vollzog.[448] Am 30. Juni 1934 – dem Tag des Röhm-Putsches – erhielt Weidemann mit der Einführung durch Reichsbischof Ludwig Müller[449] im Dom die nachträgliche Legitimierung.[450]

Kirchenpolitisch opponierende Bremer Kirchenvertreter vereinten sich im Protest gegen die diktatorische Kirchenführung in der Bewegung der Bekennenden Kirche. Die Vereinigung ging am 4. Juni 1934 aus dem Pfarrernotbund hervor, der am 21. Dezember 1933 nach dem Erlass des Arierparagraphen gegründet worden war, wonach Deutsche Christen bei der Besetzung der Pfarrstellen bevorzugt wurden. Eine »Kirchliche Arbeitsgemeinschaft«, die aus einer im Oktober 1935 unter dem Vorsitz des ehemaligen Bürgermeisters Theodor Spitta gebildeten Vereinigung hervorging, lehnte sich gegen die Zerstörung der freiheitlichen Bremer Kirchentradition auf. Spitta war bis zu seiner Verdrängung aus dem Amt durch die Nationalsozialisten im Jahre 1933 als Senator für die Kirchenangelegenheiten zuständig gewesen. Der Arbeitsgemeinschaft gehörten rund 50 kirchlich engagierte Bürger (Bauherren, Pastoren, Diakone, Kirchenvorstände) aus zehn bremischen Kirchengemeinden an, unter anderem vom Dom. Ein Teil gehörte zur Bekennenden Kirche. Drei zentrale Forderungen wurden im Oktober 1935 dem Reichskirchenausschuss vorgelegt: Rücktritt Heinz Weidemanns, Wiederherstellung der Gemeindeordnungen und der liberalen Verfassungsgrundlage der BEK. Unterstützung fanden sie beim Reichskirchenminister Hans Kerrl[451], der Weidemann als untragbar ablehnte und einen Landeskirchenausschuss aus Mitgliedern der Arbeitsgemeinschaft befürwortete, aber wegen der Parteibeziehungen Weidemanns vor konsequenten Schritten zurückschreckte.[452]

Weidemanns Macht wuchs, als Heider nach seiner im Oktober 1934 erfolgten Ernennung zum Bürgermeister im April 1936 aus dem Kirchenvorstand des Doms ausschied und Ende November 1936 das Amt des Kirchenpräsidenten niederlegte. Er übertrug die Befugnisse des Präsidenten der BEK auf den Landesbischof, also einen Geistlichen, was nach der Bremer Kirchenverfassung von 1920 nicht möglich war. Kirchenminister Hans Kerrl resignierte und überließ die Geschäfte seinem Stellvertreter, Staatssekretär Hermann Muhs, den Weidemann seit Studientagen kannte. Muhs bestätigte Weidemann als Führer der bremischen Kirchenregierung.[453] Da es Weidemann nicht gelang, Reichsleiter der Deutschen Christen zu werden, gründete er im Herbst 1935 eine eigene Bewegung, die Kommende Kirche.[454] In seinem gleichnamigen Verlag erschien seit September 1936 (bis 1940) die Wochenzeitung »Kommende Kirche«. Die Geschäftsstelle befand sich im Haus des Dompastors Hermann Rahm an der Domsheide 2. Verschiedene Autoren, unter anderem der Herausgeber selbst, nutzten das Presseorgan zur Veröffentlichung polemisch-hetzerischer antisemitischer und antikatholischer Beiträge der christlich-völkischen Theologie und in häufig wiederkehrenden Phrasen zunehmend kämpferisch formulierter Inhalte.[455] Ab 1. Mai 1938 übernahm Dompastor Walter Dietsch als Hauptschriftleiter die Verantwortung für den Inhalt der Zeitung.[456]

Vom 20. bis 23. September 1935 fand, eingeleitet durch den Reichsbischof Ludwig Müller, den Regierenden Bürgermeister Otto Heider, noch als Kirchenpräsident, und Dompastor Heinz Weidemann als Landesbischof die »1. Reichskirchentagung für Niederdeutschland« in Bremen statt. Zwei weitere Kirchentagungen folgten 1936 und 1937. Diese Veranstaltungen dienten den Deutschen Christen zur Propagierung der Grundmaximen deutsch-nationaler evangelischer Kirchenpolitik und zu Angriffen gegen Katholiken, Juden und die Bekennende Kirche, und Weidemann zu seiner Positionierung innerhalb des nach dem Führerprinzip aufgebauten hierarchischen Organisationsmodells, auch innerhalb der Kirche.[457]

In Opposition gegen das Kirchenregiment
Wohlfahrtswerk der Domdiakonie

Da der verkündete kirchenfreundliche Kurs der Nationalsozialisten eine Erneuerung der Kirche erwarten ließ, hatte sich die Domdiakonie zunächst konform verhalten und sich mit einer neuen Satzung[458] den in allen gesellschaftlichen Bereichen durchgesetzten politischen Veränderungen angenähert, weigerte sich aber, sich durch die Führerambitionen des Dompredigers und Leiters der Deutschen Christen in Bremen, Heinz Weidemann, entmündigen zu lassen. Die Opposition gegen das diktatorische Kirchenregiment brachte die Domdiakonie zunehmend in die Rolle »einer mißtrauisch betrachteten Gruppe von Bürgerlichen und Reaktionären, die sich dem großen Aufbruch des neuen Zeitalters widersetzen wollten.«[459]

Satzungsgemäß führte die Diakonie »das Wohlfahrtswerk der Domgemeinde«. Es umfasste die Gemeindepflege mit dem Fonds für Gemeindeschwestern, das St. Petri Witwenhaus und das St. Petri Waisenhaus. Die Jahresberichte und -rechnungen präsentierten die Diakone seit 1934, »da eine Vorlage an den Konvent nicht mehr in Frage kommt«[460], weil dieser im Zuge der Gleichschaltung aufgehoben worden war, den verwaltenden Bauherrn, die nunmehr Gemeindeführer hießen. Die Ausgaben der Gemeindepflege überstiegen die Einnahmen, weil Zuschüsse der BEK für Wohlfahrtspflege und die Jugendarbeit der Gemeinden gestrichen wurden und die Erträge aus den Haussammlungen und Beckensammlungen erheblich zurückgingen. Die St. Petri Armenkasse wurde zugunsten der Domgemeindepflege abgerechnet.[461]

Die neue Satzung der Domdiakonie berücksichtigte auch die Veränderungen durch die neue Sprengeleinteilung, die nach dem »Gesetz über die Kirchspiel- und die Gemeindezugehörigkeit« von 1934 in Kraft getreten war. Es blieb bei dem Mischsystem von Personal- und Parochialgemeinde, doch erstmals wurde auch dem Dom ein Sprengel zugeteilt. Die St. Petri Domdiakonie beschränkte ihre Arbeit nach wie vor nicht auf den Bezirk, sondern kümmerte sich weiterhin um alle Gemeindemitglieder, die sich zum Dom zugehörig meldeten und in einer Kartei erfasst waren. Eine engere Zusammenarbeit mit der Gemeindepflege der anderen Stadtkirchen wurde angestrebt und künftig in gemeinsamen Diakoniesitzungen besprochen. Die Sozialpolitik des NS-Staates erschwerte den Diakonen in zunehmendem Maße die Ausübung ihrer Fürsorgeaufgaben im Dienste der Gemeinden. Das nationalsozialistische Regime versuchte mit Hilfe der Deutschen Christen die gesamte Wohlfahrtspflege zu monopolisieren und die kirchliche Wohltätigkeit durch Organisationen der NSDAP, wie die Nationalsozialistische Volkswohlfahrt (NSV), zu verdrängen.[462]

Am 23. Januar 1935 versammelten sich die Seniorate der bremischen Kirchengemeinden zur Organisation der kirchlichen Mütterfürsorge. Das harmlos scheinende Thema barg Konfliktpotential, weil sich die Diakonien dem angestrebten Fürsorgemonopol der NSV mit Verweis auf ihre Satzungen zu entziehen und ihre Einrichtungen wie auch die geplanten Erholungsaufenthalte der Mütter vor ideologischer Beeinflussung zu schützen versuchten. Mit der Eröffnung der Sitzung erklärte Weidemann die Abstimmung der Satzungen zum Zweck der Besprechung, legte einen für die Domdiakonie vorgefertigten Satzungsentwurf vor und verließ dann die Versammlung. Die Aussprache blieb ohne Ergebnis, da die Statuten des Doms von den anderen Diakonien nicht als maßgeblich angesehen wurden. Die weitere Besprechung widmete sich dem eigentlichen Anlass des Treffens, der Organisation der Müttererholung.[463]

Die Schaffung einer gemeinsamen Diakonieordnung stand ein Jahr später, am 10. Januar 1936, im Zusammenhang mit der Vorbereitung der kirchlichen Müttererholungsfürsorge erneut auf der Tagesordnung der versammelten Seniorate, an der unter anderem die Liebfrauendiakonie nicht teilnahm. Ein an Weidemann übersandter Bericht über die Sitzung betonte die erheblichen Unterschiede, die hinsichtlich der Mitgliedschaft, Amtsdauer, Aufgabenstellung etc. zwischen den Diakonien bestanden, und insbesondere die Abweichungen zum vorliegenden Satzungsentwurf. Die Vertreter der Diakonien waren sich einig, keine Anpassung vorzunehmen, solange es keine Reichskirchenordnung als Grundlage für eine Landeskirchenordnung gab, in der Aufgaben und Gliederung der bremischen Diakonien berücksichtigt worden waren. Der Entwurf der Domdiakonie könne nur als allgemeine Richtlinie für die von den Kirchengemeinden erlassenen gesonderten Geschäftsordnungen dienen. Künftig wurde das Thema nur noch angesprochen, wenn Weidemann anwesend war, und am 14. Oktober 1936 endgültig beschlossen, vorläufig keine Satzungsänderungen vorzunehmen.[464] Die Diakone hatten die Selbständigkeit und Unabhängigkeit ihrer Verwaltungen erfolgreich verteidigt.

Die in enger Kooperation mit den anderen städtischen Kirchengemeinden erarbeiteten Erholungsangebote für Mütter wurden 1936 in Malente-Gremsmühlen in der Holsteinischen Schweiz durchgeführt. Die Anträge auf Müttererholung waren gemäß einer Anordnung der Bremischen Evangelischen Kirche dem Ortsausschuss der Nationalsozialistischen Volkswohlfahrt (NSV) einzureichen. Die Bremer Kirchenregierung stellte einen Zuschuss bereit. Die Verwaltung des Fonds übernahmen die Diakonieseniorate der Friedenskirche, des Doms und der St. Rembertikirche. Dompastor Weidemann mischte sich wiederholt in die Organisation ein. Es kam zu heftigen Auseinandersetzungen wegen der Gestaltung der Aufenthalte, als Weidemann kirchenpolitische Schulungen (»Verfall der deutschen Glaubensbewegung«, »Ob das Christentum jüdisch sei«) einführen wollte, was nach Ansicht einiger Diakonievertreter nicht im Sinne dieser gemeinnützigen, wohltätigen

Blick von der Obernstraße zum Dom, 1938.

Einrichtung war. Daraufhin warf Weidemann den Diakonen des Doms und der St. Rembertikirche ihre liberale Haltung vor, die er nicht zulassen wollte, um eine »Atomisierung« der Gemeinden zu vermeiden.[465] Die beiden vorsitzenden Diakone der Kommission für die kirchliche Müttererholungsfürsorge reagierten im Mai 1936 mit der Niederlegung ihrer Ämter.[466] Das Bauherrenkollegium am Dom begrüßte diesen Schritt und das geschlossene Auftreten der Diakonien.[467] Seinem persönlichen und dem politischen Kalkül der Nationalsozialisten folgend lenkte Weidemann ein. Es sei nicht beabsichtigt, die Mütter zu Deutschen Christen zu erziehen oder politisch zu schulen, sondern lediglich seelsorgerlich zu betreuen. Die Diakonievertreter der Dom-, Ansgarii-, Remberti- und Stephanigemeinde setzten die Organisation der Müttererholung und Verwaltung des Müttererholungsheims fort.[468] Im November 1936 wurde Weidemann Landeskirchenführer.

Während der wirtschaftliche Aufschwung, vor allem durch die zunehmende Rüstungsproduktion, für Vollbeschäftigung und damit auch für höhere Kirchensteuereinnahmen sorgte, geriet die Domgemeindepflege seit Anfang 1936 in finanzielle Schwierigkeiten. Zuschüsse der BEK wurden von Weidemann zu anderen Zwecken, unter anderem für seinen Verlag, verwendet und die Zahlungen des von der Auflösung bedrohten Vereins für Innere Mission reduziert. Damit war auch die Existenz der Kranken- und Altenpflege der Gemeindeschwesternstation in Frage gestellt.[469] Zur Zusammenfassung der Domgemeindepflege wurde, unter anderem aus dem Verkaufserlös des Hauses an der Kölner Straße, am 1. September 1936 an der Straßburgerstraße 28 ein Gemeindehaus eingerichtet, in dem die Gemeindeschwestern wohnten, Sprechstunden abhielten und Veranstaltungen angeboten werden konnten.[470] Am Tag der Einweihung des Gemeindehauses wurde eine vierte Gemeindeschwester eingestellt. Im Zusammenhang mit den Planungen der Müttererholungsfürsorge war bereits 1935 eine Erhöhung der Zahl der Schwestern von drei auf fünf beantragt worden, da eine der Schwestern im Sommer zwei Monate lang die Erholungsaufenthalte der Mütter begleitete.[471] Seit 1938 mussten die Verträge der Gemeindeschwestern den Grundsätzen der NSV angepasst werden.[472]

Das Kirchenministerium ordnete am 9. Juni 1937 an, dass Kirchenkollekten nach einem von der übergeordneten Kirchenbehörde aufgestellten Kollektenplan zu erfolgen hatten, die damit Einfluss auf die Verteilung der Mittel nahm. Per Verordnung vom 25. Juni 1937 wurde die Schaffung unabhängiger Finanzabteilungen bei der DEK und den Landeskirchen bestimmt. Damit wäre Weidemann, der inzwischen alle führenden Kirchenämter in seiner Person akkumuliert hatte, die freie Verfügbarkeit der Mittel entzogen worden. Weidemann missachtete die Vorschrift und legte ab 1939 willkürlich den Kollektenplan für alle bremischen Kirchengemeinden fest. Vier Sammlungen waren für die »Volkskirchliche Arbeit der BEK« bestimmt. Sie wurden für kirchliche Propagandazwecke genutzt.[473] 1937 hatte Weidemann auch versucht, den aus Kollekten finanzierten Domgemeindefonds zur Unterstützung von bedürftigen Gemeindemitgliedern in Notfällen zu übernehmen. Die Diakone konnten den Zugriff verhindern, zumal das Konto kaum noch Guthaben auswies, das Weidemanns Anforderungen genügt hätte.[474]

Die gemeindliche Jugendarbeit wurde in die Formierung der Jugend im Sinne der nationalsozialistischen Ideologie einbezogen. Dompastor Rahm, seit 30. August 1933 Beauftragter der BEK in Jugendfragen, wurde zum Landesjugendführer ernannt. Zur Intensivierung der Kinder- und Jugendarbeit richtete die Domdiakonie für Veranstaltungen und Freizeitaktivitäten des Domjugendbundes das im Dezember 1933 eingeweihte St. Petri Domjugendheim auf einer tannenbepflanzten Düne in Seebergen bei Lilienthal ein. Kurz darauf erfolgte am 19. Dezember 1933 die Auflösung und Eingliederung aller evangelischen Jugendorganisationen in die nationalsozialistische Hitlerjugend. Der Domjugendbund wurde in den gleichgeschalteten Dombund überführt, der, wie die Hitlerjugend, das Erholungsheim Seebergen nutzte. Seit 1942 sollte das Haus wegen der zunehmenden Bombengefahr in den Städten der Kinderlandverschickung dienen, wurde aber von der Gauleitung Hannover-Ost beschlagnahmt, um als Flakstellung zu dienen.[475]

»… mindestens ein zweiter Luther«
Widerstand gegen eine autoritäre Kirchenführung

Die 17. Verordnung des Reichsministers für kirchliche Angelegenheiten vom 10. Dezember 1937 gab den Kirchenregierungen das Recht, eigene Verordnungen zu erlassen.[476] Das bot Weidemann die Möglichkeit, auf dem Verordnungswege die Gemeindeordnungen der Bremer Kirchengemeinden zu unterlaufen, nachdem ihm die Abschaffung oder Gleichschaltung der Selbstbestimmungsrechte der Gemeinden nicht gelungen war. Mit der »Verordnung zur Wiederherstellung der Ordnung in der BEK« vom 27. Dezember 1937 nahm Weidemann eine Scheinlegalisierung seiner Position vor. Er erklärte, die Aufgaben und Rechte des Kirchentages seien nach Auflösung des Kirchentages und der Beschränkung des Kirchenausschusses auf eine beratende Tätigkeit rechtmäßig auf ihn, den Landeskirchenführer, übergegangen. Als Kirchenpräsident beanspruchte er auch das Recht, die ihm verantwortlichen Gemeindeführer ein- und abzusetzen.[477]

Die nahezu unumschränkte Machtfülle seines diktatorischen Kirchenregiments nutzte er 1938 zu einem Eingriff in das Pfarrwahlrecht der Kirchengemeinden, indem er, trotz vorheriger Zusage, einer durch die Gemeindeorgane am Dom erfolgten Pfarrwahl die Bestätigung verweigerte. Auf seine Veranlassung war bereits 1934 Hermann Rahm, der sich der Kreisgruppe der Deutschen Christen angeschlossen hatte, zum Dompastor gewählt worden.[478] Das Bauherrenkollegium des Doms (Franz Schütte, Carl Ed. Meyer, Carl Traub, Karl Lindemann) entschloss sich nach der Ablehnung der

Pfarrwahl, da eine weitere Zusammenarbeit mit Weidemann als untragbar angesehen wurde, zum Rücktritt und riet auch dem Kirchenvorstand und der Diakonie zu diesem Schritt. Die Bauherren vertraten die Auffassung, dass die zuständigen Kirchenstellen das Signal verstehen und einschreiten würden.

Auf einer außerordentlichen Versammlung der aktiven Diakonie und der Altdiakonie wurde am 13. Juli 1938 ausführlich über Fortbestand oder Selbstauflösung der Gemeindeorgane beraten. Zwei Diakone hatten bereits – einmalig in der Diakoniegeschichte des Doms – ihren Austritt aus der Kirche erklärt, weil sie sich dem neuen Kirchenregiment nicht unterstellen wollten. Der Vorschlag des Seniors der Diakonie – seit November 1937 als Nachfolger von Georg Schotte der 1935 in die Diakonie gewählte Leo Schlemmermeyer –, sich dem Rücktritt der Bauherren anzuschließen, fand keine Mehrheit. Die Diakone vermuteten, dass Weidemann die Aufgabe ihrer Ämter nutzen würde, um das sich seit 300 Jahren selbst ergänzende Kollegium mit kirchenpolitischen Sympathisanten zu besetzen. Im Dienst der Domgemeinde wollte man Geschlossenheit zeigen und die selbstbestimmte Diakonietätigkeit fortsetzen. Es wurde ein Beirat aus der Altdiakonie zur Unterstützung der aktiven Diakonie ernannt und eine enge Zusammenarbeit vereinbart, um den Machtansprüchen Weidemanns zu begegnen.[479] Von der Kirchenpolitik wollte man sich fernhalten und sich auf die Verwaltung der Ämter und Pflege der Gemeinschaft konzentrieren, bis eine (in diesem Sinne) neue Verfassung der BEK erlassen werden würde. Die Pastoren wurden künftig nicht mehr zur Semestergesellschaft der Domdiakonie, wo die Jahresberichte der einzelnen Amtsbereiche vorgelegt wurden, eingeladen.[480] Die Domdiakonie behauptete sich – als selbständiges Organ der Domgemeinde.

Die Entscheidung der Domdiakonie veranlasste die Bauherren, ihre Ämter beizubehalten, um gemeinsam die Kontinuität und den Kirchenfrieden am Dom zu sichern.[481] Die geplante 300-Jahr-Feier zur Wiedereröffnung des Doms und zur Gründung der Diakonie[482] im Jahre 1638 wurde wegen der Unstimmigkeiten mit der Kirchenregierung (Weidemann)

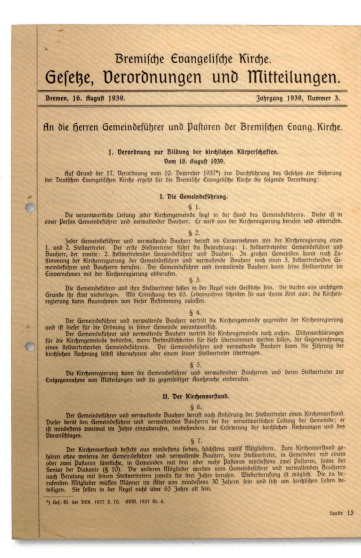

Verordnung zur Bildung der kirchlichen Körperschaften vom 16. August 1939.

abgesagt.[483] Ob das Judenpogrom in der Reichsprogromnacht am 9./10. November 1938 (in der Nacht zu Luthers Geburtstag am 10. November 1483) der Grund war, lässt sich nur vermuten. In den überlieferten Unterlagen der Domdiakonie findet sich keine Reaktion auf die Ermordung von fünf Juden in Bremen, während die Presse, allen voran die nationalsozialistische Bremer Zeitung, tendenziös berichtete und die von Weidemann editierte Kirchenzeitung »Kommende Kirche« die antisemitischen Taten zwar nicht dokumentierte, aber nachträglich theologisch rechtfertigte.[484] Der Domdiakonie gab das

Jubiläum Anlass zur Rückbesinnung auf die jahrhundertealte Existenz der St. Petri Domdiakonie durch alle, auch widrige Zeitläufte. 1940 legte Richard Rüthnick die »Geschichte der St. Petri Domdiakonie« mit einer Liste der Diakone ab 1650 vor, doch wurde das Werk zunächst nicht editiert.[485]

Am 16. August 1939 erließ Weidemann in seiner Funktion als Präsident der Bremischen Evangelischen Kirche eine »Verordnung zur Bildung der kirchlichen Körperschaften«, die am 1. Oktober 1939 in Kraft treten sollte. Sie diente der endgültigen Beseitigung der Gemeindeautonomie durch das Führerprinzip. Ein Konvent, also eine Gemeindevertretung zur Wahl der Pastoren, Bauherren, Diakone und des Kirchenvorstandes, war nicht vorgesehen. Gemeindeführer und Stellvertreter, die als verwaltende Bauherren fungierten, konnte die Kirchenregierung willkürlich berufen und abberufen, wie auch den beratend tätigen Kirchenvorstand und die Diakonien.[486] Weidemann setzte die Genehmigung der Verordnung mit Unterstützung des Staatssekretärs Hermann Muhs beim Kirchenministerium durch. Einige Gemeinden, unter anderem die der Kirche Unser Lieben Frauen und der Friedenskirche[487], wandten sich mit ihrem Protest direkt an den Reichskirchenminister Hans Kerrl. Nach einer Auseinandersetzung im Ministerium, unter anderem wegen der Einführung einer unabhängigen Finanzabteilung, äußerte Kerrl die Ansicht, der anmaßend auftretende Weidemann würde an Selbstüberschätzung leiden, »die ihm vorspiegelt, er sei mindestens ein neuer Luther.«[488] Negative Konsequenzen hatten Vorgehen und Verhalten Weidemanns, aufgrund seiner guten politischen Beziehungen und der machtpolitischen Schwäche des Kirchenministers, nicht.

Am 18. September 1939, einen Monat nach dem Erlass, aber noch vor Inkrafttreten der Verordnung, forderte Weidemann den Senior der Domdiakonie, Leo Schlemmermeyer, zum Rücktritt auf. Mit Berufung auf ihre in den Statuten festgelegten Rechte als verfassungsmäßiges Organ der Domgemeinde ignorierte die Diakonie sowohl die Vorschrift als auch die Aufforderung Weidemanns. Das Kollegium bildete künftig einen geschlossenen Zirkel. Es fanden keine Neuwahlen mehr statt, um Weidemann keine Gelegenheit zu geben, Einfluss auf die Zusammensetzung der Domdiakonie zu nehmen.[489]

Ab Kriegsbeginn am 1. September 1939 wurde nach einer Anweisung Hitlers, alle Aktionen gegen die Kirche zu unterlassen, eine Art kirchlicher Zwangsfrieden verordnet.[490] Von den 24 Domdiakonen wurden acht zum Wehrdienst einberufen. Die verbleibenden Diakone sicherten sich am 11. Dezember 1939 den gegenseitigen Zusammenhalt zu und beschlossen, die Ämter während des Krieges weiterzuführen.[491] Für die Dauer des Zweiten Weltkrieges sorgte die verbleibende Diakonie mit einer sinkenden Zahl von Mitgliedern für die Aufrechterhaltung einer funktionsfähigen Gemeindearbeit. Der Kirchendienst wurde auf den kleineren Kreis der Diakone aufgeteilt. In den Bereichen der sozialen Fürsorge wurden sie von den Gemeindeschwestern und den Frauen in der Gemeinde tatkräftig unterstützt. Es wurde zunehmend schwieriger, das Gemeindeleben und die Diakonietätigkeit fortzusetzen. Die Gottesdienste waren schlecht besucht, mit der Folge, dass die Erträge der Beckensammlungen sanken. Die schlechte Beheizung des Doms wegen Kohlenmangels und die zunehmende Bombengefahr waren nicht die Hauptgründe für das Fernbleiben der Gläubigen, sondern eine allgemeine Abwendung von der Kirche, die durch die Streitigkeiten am Dom noch verstärkt wurde. Die Domgemeindepflege klagte über sinkende Mitgliederbeiträge. Auch fehlten ihr und dem St. Petri Witwenhaus die Zuschüsse der BEK, da Weidemann den Diakonien die Kirchenmittel vorenthielt.

Um die Diakoniekasse aufzubessern und die »Liebestätigkeit« der Diakonie zu finanzieren, wurde im beheizten Saal der »Glocke« ein Domgemeindeabend mit Musik-, Gesangs- und Theaterdarbietungen veranstaltet. Als sogenannte Liebesgabensendungen schickte die Diakonie Feldpostpäckchen mit Büchern und Rauchwaren an Gemeindemitglieder an der Front.[492] Mit Rücksicht auf die Gefahr von Fliegerbomben wurde während des Krieges von weiteren Gemeindeabenden abgesehen, zumal Versammlungen nach der Kriegsordnung verboten waren. Für die Gemeindeschwestern war es wegen der angeordneten Verdunkelung problematisch, Bewohner in entlegenen Stadtgebieten zu besuchen. Eine der Schwestern war ins Lazarett abberufen worden, so dass die verbliebenen drei, eine war bereits im Rentenalter, fast 400 Familien betreuten. Die Kindernachmittage mussten ausfallen, da der betreuende Pastor versetzt worden war.[493]

Domkrise im Zweiten Weltkrieg
Der geistlich-geistige Zustand des Landesbischofs

Viele Menschen hatten kirchenpolitische Veränderungen begrüßt, und viele Bremer hatten sich mit dem autoritären Führungsstil und dem theologischen Radikalismus Weidemanns arrangiert. Die Gruppe seiner Anhänger, auch in den Reihen der Deutschen Christen, wurde kleiner, als Weidemann in despotischer Weise die Kirchenführung weiter an sich riss und durch die autokratische Verwaltung der Finanzen, Vernachlässigung von Amtspflichten und seinen Lebensstil Anstoß erregte. Moralische Vergehen machten ihn zu einer fragwürdigen Persönlichkeit: Beleidigungsklagen, Missachtung von Amtsgeheimnissen, eine außereheliche Beziehung, der Ehescheidungsprozess und sein Verhalten in diesem Verfahren sowie sein maßloses Machtstreben schadeten nicht nur seinem Ansehen, sondern auch dem der Domkirche.[494] Die Diakonie unterstützte den Widerstand gegen Weidemann und trug wesentlich zu seiner Amtsenthebung bei.

Am 11. Juli 1941 leitete der Gemeindeführer und verwaltende Bauherr der St. Petri Domgemeinde, Franz Schütte, beim Landgericht Bremen mit einer Strafanzeige wegen Betrugs, Vergehen gegen die Kriegswirtschaftsordnung (Gehaltserhöhung) und Untreue ein Disziplinarverfahren ein. Dabei ging es vor allem um die Verwendung des Kirchenetats. Während Mittel der Gemeinden gekürzt oder gar nicht erst bewilligt worden waren, hatte sich Weidemann Gehaltserhöhungen und besondere Einkünfte verschafft. Große Summen verwendete er für eigene Zwecke, für das Volkskirchliche Amt und seinen Verlag »Kommende Kirche«, in dem er die gleichnamige Kirchenzeitung herausgab, und für seine Anhänger in Partei und Kirche, bis in die Berliner Ministerien. Weidemann reagierte mit der unverzüglichen Absetzung Schüttes am 14. Juli 1941 und machte sich selbst zum Gemeindeführer und verwaltenden Bauherrn am Dom.[495]

Schütte erkannte die Abberufung nicht an, weil die aufgeführten Gründe nicht der Wahrheit entsprachen, und ging in die Offensive. In der Diakonie fand er Mitstreiter gegen die Anfeindungen Weidemanns. Am 15. Juli 1941 legte der Domdiakon und Rechtsanwalt Otto Meyer sein Mandat zur Verteidigung Weidemanns in der Beleidigungsklage gegen seinen Schwager, Syndikus der Industrie- und Handelskammer Braunschweig, Alfred Schmidt, wegen innerer Gewissenskonflikte nieder. Schütte informierte den Senior der Domdiakonie, Leo Schlemmermeyer, und Dompastor Walter Dietsch[496], der seinerseits Pastor Hermann Rahm unterrichtete. Weidemann verdächtigte Schütte, Meyer eine entsprechende Anweisung erteilt zu haben, bestritt den beiden Pastoren gegenüber den Rückzug seines Anwalts und drohte ihnen mit einem Disziplinarverfahren, falls sie sich gegen ihn stellten. Schlemmermeyer sicherte den beiden Pastoren seelischen und finanziellen Schutz durch die Organe des Doms zu und übernahm die juristische Vertretung der Domangelegenheiten, fasste die Klagepunkte zusammen und reichte sie gemeinsam mit Schütte beim Kirchenministerium und bei der Deutschen Evangelischen Kirchenkanzlei ein, was den Angriff Weidemanns auf die Diakonie lenkte.

Am 24. Juli 1941 berief Weidemann Carl Eduard Meyer ab, der Schatzmeister und Mitglied der Kirchenregierung der BEK war, am 14. August 1941 den Bauherrn und stellvertretenden Gemeindeführer Carl Traub und schließlich auch Leo Schlemmermeyer, den Senior der Domdiakonie. In seinem an den Senior gerichteten Schreiben vom 23. August 1941, in dem sich Weidemann als Gemeindeführer und verwaltender Bauherr bezeichnete, erklärte er, dass die Diakonie gemäß der Verordnung zur Bildung der kirchlichen Körperschaften von

1939 nicht gesetzmäßig und Schlemmermeyer demzufolge weder Senior der Domdiakonie noch Mitglied des Kirchenvorstandes sei.[497] Einen Tag zuvor, am 22. August 1941, war Weidemann in der Beleidigungsklage eines Pastors wegen der Ablieferung der Kirchenglocken unterlegen, in der er sogar Unterstützung beim Vorsitzenden des Ministerrates für die Reichsverteidigung, Hermann Göring, gesucht hatte. Schlemmermeyer legte zum Beweis seiner rechtmäßigen Einsetzung ein entsprechendes Bestätigungsschreiben des zur Zeit seiner Wahl amtierenden Gemeindeführers und verwaltenden Bauherrn Franz Schütte vor, das bestätigte, dass er seit 1935 Diakon und seit 1937 Senior war.[498]

In mehreren Telefonaten, die Weidemann allerdings durch einen mit ihm befreundeten Pastor führen ließ, versuchte er am 30. August 1941, Franz Schütte zur Aufgabe seiner Haltung zu bewegen. Es kam zu keiner Einigung, weil Weidemann nicht bereit war, die von Schütte gestellten Bedingungen zu erfüllen: Rücktritt Weidemanns und Rücknahme der Abberufungen mit entsprechender Bekanntmachung im Gemeindeblatt. Anfang September 1941 erklärte Weidemann in einem beleidigenden Schreiben an Schlemmermeyer noch einmal die seines Erachtens unrechtmäßige Stellung der Diakonie und ihres Seniors. Der Adressat gab das Schreiben »ohne Antwort zu den Akten«[499]. Durch die Drohungen und Schmähungen Weidemanns ließ er sich nicht einschüchtern und engagierte sich mit Unterstützung aus der Diakonie und durch einige Bauherren auf dem Rechtsweg für die Absetzung Weidemanns.[500]

Im Namen der Bauherren Franz Schütte, Carl Eduard Meyer, Carl Traub und in seinem eigenen Namen begründete und ergänzte Schlemmermeyer am 11. September 1941 die bei der Deutschen Evangelischen Kirchenkanzlei gestellten Disziplinaranträge vom 21. Juli 1941 wegen Betrug, Untreue und Verstoß gegen die Preisstoppverordnung (wegen der Gehaltserhöhung) zu einem rechtlichen Protest gegen die Willkürhandlungen. Dazu kamen in gesonderten Verfahren Ehebruch und die Verletzung des Seelsorgegeheimnisses. Ein Dringlichkeitsantrag richtete sich auf die sofortige Amtsenthebung Weidemanns als Landeskirchenführer, also als Kirchenpräsident und Landesbischof, sowie als Gemeindeführer und Domprediger. Die durch das Verhalten Weidemanns schwer zerrütteten Verhältnisse der Bremischen Evangelischen Kirche seien nur durch die sofortige Absetzung Weidemanns wieder herzustellen. Die zuständigen Regierungsstellen unternahmen aus politischen Rücksichten zunächst nichts gegen Weidemann.[501]

Seinen Rückhalt in der Partei verlor Weidemann, als die Nationalsozialisten seine Verfehlungen politisch zu nutzen gedachten. Die Deutsche Evangelische Kirche und Kirchenminister Hans Kerrl suspendierten ihn am 8. Oktober 1941 mit der Eröffnung des Disziplinarverfahrens von seinem Amt. Die Verwaltung der Kirchengelder wurde per Anordnung des Kirchenministeriums einem Finanzbevollmächtigten und dessen Stellvertreter, das waren Franz Schütte und Leo Schlemmermeyer, sowie einer Finanzabteilung aus Vertretern der kirchlichen Mitte (Kaufmann Hermann Edzard, Bankier Carl Meyer, Rechtsanwalt Hermann Apelt) übertragen. Weidemann erklärte fünf Tage später namens der Kirchenregierung in den »Gesetzen, Verordnungen und Mitteilungen der Bremischen Evangelischen Kirche« das Disziplinarverfahren gegen ihn als Präsidenten und Landesbischof und damit auch die Amtsenthebung für unzulässig und amtierte weiter.[502] Gleichzeitig bestätigte er noch einmal die Abberufung Franz Schüttes als Gemeindeführer und verwaltenden Bauherrn und setzte die Schatzmeister der Finanzabteilung ab.

Weidemann ignorierte alle gegen ihn gerichteten Maßnahmen, störte mehrfach die Gottesdienste und verursachte unchristlichen Aufruhr, was am 21. Oktober 1941 zu einer umfangreichen Strafanzeige führte.[503] Der Senior der Diakonie, Schlemmermeyer, war selbst am 15. Oktober 1941 von dem empörten Weidemann auf offener Straße angegriffen worden, als diesem der Zutritt zu den Räumen der Glocke für einen Frauennachmittag verwehrt worden war.[504] Um weitere aufsehenerregende Aktionen zu unterbinden, erteilte der Reichsminister für kirchliche Angelegenheiten, Hans Kerrl, dem

Finanzbevollmächtigten der St. Petri Domkirche, Franz Schütte, und seinem Stellvertreter Leo Schlemmermeyer die Anweisung, die Domkirche ab dem 25. Oktober 1941 an Sonntagen für Gottesdienste geschlossen zu halten und nur für Taufen und Trauungen, kirchenmusikalische Veranstaltungen und Fremdenführungen zu öffnen.[505]

Der Arbeitsgemeinschaft der Pastoren legte Schlemmermeyer einen Bericht des Sachverhalts vor, um klarzustellen, dass es sich bei dem von Weidemann provozierten Streit nicht um einen von Weidemann behaupteten Kirchenkampf, sondern um die Selbständigkeit und das Ansehen der bremischen Kirche ging. Am 27. Oktober 1941 unterzeichneten 40 Pastoren (rund 80 %), unter anderem die Dompastoren Dietsch und Rahm, eine Aufforderung an Weidemann, sich bis zur Erledigung des Disziplinarverfahrens der Amtsausübung zu enthalten. Fünf Pastoren (10 %) traten weiter für ihn ein.[506]

Ansicht der Schlachte mit dem St. Petri Dom im Hintergrund vor und nach den Zerstörungen im Zweiten Weltkrieg.

Sodom und Gomorrha
Weihnachtsfest in Trümmern

Die für Weidemann negative Entwicklung schlug nach dem Tod des Kirchenministers Hans Kerrl am 14. Dezember 1941 zu seinen Gunsten um, weil Weidemanns Studienkollege Muhs die Führung des Ministeriums übernahm. Muhs entließ die Finanzbevollmächtigten und die Finanzabteilung am Dom nach 2 ½-monatiger Tätigkeit mit dem Argument, sie seien Zeugen in der Sache Weidemann. Zum neuen Leiter der Finanzabteilung berief er den Rechtsanwalt Georg Cölle, der bereits die Finanzabteilungen anderer Landeskirchen und ab August 1942 auch die der DEK leitete.[507] Die Domschließung wurde per 1. März 1942 aufgehoben. Auf Versammlungen der Deutschen Christen stilisierte sich Weidemann als Märtyrer und die Auseinandersetzungen um seine Person zum Kirchenkampf, um seine Anhängerschaft zu mobilisieren.[508] Es handelte sich aber weder um einen politisch motivierten Widerstand der Kirche gegen den Nationalsozialismus noch um einen Bekenntnisstreit. Die aus der Sicht Weidemanns konfessionelle Komponente der von ihm geführten Auseinandersetzungen machte er in einem Rundschreiben der Kirchenregierung vom 27. Januar 1942 deutlich, in dem er erklärte, die BEK habe ihren Bekenntnisgrundlagen hinzugefügt, sie sei antijüdisch. Angehängt war ein Hinweis »zur Rechtslage«, womit Weidemann sich selbst in seinen Funktionen als Landesbischof, Kirchenpräsident der BEK und Leiter der Kirchenregierung bestätigte und eine Aufhebung der Suspendierung ankündigte.

Die elf in Bremen anwesenden Mitglieder der Diakonie der St. Petri Domgemeinde verfassten in einer nach langer Pause stattfindenden Sitzung am 4. Dezember 1942 eine Entschließung mit folgendem aus den Vorgängen resultierenden Resümee: Die Übernahme der Geschäfte des Kirchenführers der Bremischen Evangelischen Kirche durch den Domprediger

Weidemann und seine Ernennung zum Landesbischof habe Unsicherheit und Unordnung in der Verwaltung der Kirche verursacht, durch die eine tiefe Beunruhigung beim Kirchenvolk eingetreten sei. »Die Diakonie hält sich aber zum Schutz ihrer Gemeinde und der ganzen Bremischen Evangelischen Kirche für verpflichtet, mit allem Nachdruck darauf hinzuweisen, dass ihr ein weiteres Verbleiben des Landesbischofs Lic. Dr. Weidemann in seinen bisherigen Amtsstellungen oder überhaupt in einem kirchlichen Amt in Bremen im Interesse des kirchlichen Friedens wie auch der öffentlichen Ordnung als völlig untragbar erscheint.«[509] Dieser Schritt sei zur Wahrung der Rechte und des Ansehens des Doms und seiner Gemeinde notwendig. Der Schriftsatz wurde am darauffolgenden Tag vom Senior der Diakonie dem Kirchenvorstand der St. Petri Domgemeinde[510] mit der Maßgabe überreicht, entsprechende Maßnahmen zur endgültigen Absetzung Weidemanns zu ergreifen. Für Schlemmermeyer war es die letzte Amtshandlung als Senior der Domdiakonie. Nach fünfjähriger aufreibender Tätigkeit in den Auseinandersetzungen um die Erhaltung der Diakonie als selbstverwaltetes Organ der Domgemeinde bat er um seine Entlassung. Die Nachfolge trat 1943 der Syndikus der Handelskammer Bremen, Jules Eberhard Noltenius, an.[511]

Im November 1942 wurde Weidemanns Ehe nach einem von ihm veranlassten Berufungsverfahren aufgrund seines alleinigen Verschuldens rechtskräftig geschieden.[512] Er verließ Bremen, kehrte aber zurück, obwohl ihm vom Kirchenministerium die Niederlegung seiner Ämter nahegelegt worden war und Cölle als Leiter der Finanzabteilung die Suspendierung ausdrücklich bekräftigt hatte. Mit dem Ziel, aus der Bremischen Evangelischen Kirche eine Volkskirche mit Parochialrecht für das Reich zu bilden, wandte sich Weidemann am 31. Januar 1943 direkt an Hitler. Hätte er sich durchsetzen können, wäre seine Suspendierung hinfällig geworden. Als keine Resonanz erfolgte, erhob er, begünstigt durch seine noch guten Beziehungen zu einigen Parteifunktionären und den Schutz der Gestapo, ab Anfang April 1943 weiterhin Anspruch auf seine Ämter und die Kirchenführung. Mit grotesken Aktionen störte er den Gottesdienst. Sein auffälliges Benehmen führte dazu, dass er unter Hausarrest gestellt und im Juli 1943 in der Berliner Charité sein Geisteszustand überprüft wurde.[513] Nach einer Selbstanzeige seiner Sekretärin wegen Meineids in der Scheidungsangelegenheit wurde Weidemann verhaftet und im Oktober 1944 zu 2 ½ Jahren Zuchthaus verurteilt. Am 1. Juli 1944 wurde er rechtskräftig seiner Ämter enthoben.[514] Den Rückhalt der Parteigenossen hatte er bereits im Januar und endgültig im November 1943 mit dem Ausschluss aus der NSDAP verloren.[515]

Die kommissarische Leitung als Landeskirchenführer und Kirchenpräsident der BEK nahm seit Februar 1943 Oberkonsistorialrat Johannes Schulz wahr, der eine Kirchenregierung aus gemäßigten Deutschen Christen berief. Zum weltlichen Mitglied und stellvertretenden Kirchenpräsidenten ernannte er mit Zustimmung des Leiters der DEK und BEK, Cölle, den Gemeindeführer am Dom und Senior der Diakonie, Jules Eberhard Noltenius. Kirchliches Mitglied will nach eigener, unbestätigter Aussage der angeblich mündlich berufene Dompastor Walter Dietsch gewesen sein.[516] Nachweisen ließ sich lediglich, dass sich Dietsch mit der Bitte um Unterstützung an den Senior der Diakonie, Noltenius, und zur Klarstellung seiner Position an Cölle gewandt hatte, da er wegen seiner kirchenpolitischen Nähe zu Weidemann befürchtete, dass seine Stellung vom Prozessausgang abhängig gemacht werden würde.[517]

Je länger der Krieg dauerte, desto schwieriger wurde die Aufrechterhaltung des Gemeindelebens am St. Petri Dom. Diakone und Bauherren waren, wie viele andere Männer, zum Kriegsdienst einberufen. Frauen übernahmen ihre Plätze im Berufsleben und engagierten sich in den Kirchengemeinden. Kinder hatte man in weniger gefährdete Gebiete verschickt. Familien waren auseinandergerissen, ausgebombt oder evakuiert. Häufige Bombenalarme unterbrachen das tägliche Leben und Arbeiten, auch Versammlungen und Gottesdienste der Domgemeinde, weil die Menschen in Bunkern und Kellern Schutz vor den lebensbedrohlichen Bombenabwürfen suchen mussten. Es gab viele Opfer. Bremen war mit der standortgebundenen kriegswichtigen Industrie ein ständig gefährdetes Ziel für Luftangriffe. Bis 1945 legten fast 200 Luftangriffe einen Großteil der Wohn- und Geschäftshäuser und der Industrieanlagen in Trümmer. 1943 wurde der Dom von Brandbomben getroffen. Die Scheiben des Südschiffes zerbrachen. Bei einem Bombenangriff am 23. März 1945 schlug eine Sprengbombe im östlichen Teil des Nordschiffes ein und zerstörte einen Teil des Daches und des Gewölbes des Südschiffes sowie die dortigen Kapellen. Die farbige Verglasung aller Domfenster aus der Zeit der aufwendigen Domrestaurierung zur Jahrhundertwende zersplitterte.[518] Orgeln, Kanzel, Gestühl und das Gewölbe des Querschiffes erlitten Schäden. Das 1943 zerstörte Dach war im Sommer 1945 noch nicht wieder gedeckt, obwohl die amerikanische Besatzung den Dom zum wiederherzustellenden Baudenkmal erklärt hatte. Provisorische bauliche Sicherungsmaßnahmen machten es immerhin möglich, Weihnachten 1945 in der Domruine zu feiern.[519] Die Sammelbecken und -büchsen konnten allerdings nicht benutzt werden, da die Schlüssel unter den Trümmern lagen.[520]

Das St. Petri Witwenhaus an der Buchtstraße 60/61 ging in der schweren Bombennacht des 6. Oktober 1944 durch einen Brand verloren.[521] Völlig zerstört wurde auch das Gemeindehaus an der Straßburger Straße. Da Baumaterial nicht zu beschaffen war und Arbeitskräfte nicht zur Verfügung standen, musste der Wiederaufbau zunächst verschoben werden.[522]

Gottesdienste in der Ostkrypta
Wege aus dem Chaos

Am 8. Mai 1945 besiegelte die deutsche Kapitulation nach 12-jähriger Diktatur, einschließlich fast sechs Kriegsjahren, das Ende der nationalsozialistischen Herrschaft. Ein alliierter Kontrollrat der vier Siegermächte übernahm die Regierungsgewalt und beseitigte die politische Ordnung und die staatliche Organisation des Dritten Reiches. Deutschland wurde in vier Besatzungszonen und Berlin in vier Sektoren aufgeteilt, die den jeweiligen Militärregierungen (England, Frankreich, Vereinigte Staaten, Sowjetunion) unterstanden. Bremen gehörte nach dem Einmarsch britischer Truppen am 26./27. April 1945 zunächst zur englischen Zone, wurde aber am 20. Mai 1945 mit dem Landgebiet und den Landkreisen der Unterweserregion, einschließlich der Stadt Wesermünde, als Enklave im britischen Besatzungsgebiet den Amerikanern übertragen, um der US-Militärregierung einen Seehafen als logistische Basis für den überseeischen Güterumschlag zur Versorgung der amerikanischen Truppen in Süddeutschland zu verschaffen. Seit dem 15. April 1946 übte das Office of Military Government for Bremen Enklave (OMGUS) die Kontrolle aus. Da Bremen weiterhin nach den Grundsätzen der britischen Besatzungspolitik verwaltet wurde, war bis 1947 bei allen zentralen Entscheidungen die Zustimmung der Briten erforderlich. Die unterschiedlichen Vorstellungen bezüglich der Zukunft Bremens erschwerten die eindeutige

Der Bremer Marktplatz mit Dom und Rathaus, 1946. Im Vordergrund die Ruinen des Hauses Schütting der Handelskammer Bremen.

6. Juni 1945 zum Senator für das Wohlfahrtswesen bestimmt. Als ihm am 1. August 1945 das Amt des Bürgermeisters und Präsidenten des Senats übertragen wurde, übernahm Adolf Ehlers das Ressort für Wohlfahrt, Arbeit und Gesundheitswesen. Zweiter Bürgermeister wurde Theodor Spitta, der das Justizressort und wie vor der Übernahme der Regierung durch die Nationalsozialisten auch wieder das Ressort für kirchliche Angelegenheiten übernahm. Viele ungelöste Probleme waren zu bewältigen. Es herrschten chaotische Zustände und katastrophale Lebensverhältnisse. Rund die Hälfte aller Häuser in Bremen war zerstört, und ein Teil war nur noch bedingt bewohnbar. Viele Menschen hatten nur ihr Leben und das Notwendigste retten können. Eine ausreichende Versorgung der obdachlos gewordenen und hungernden Bevölkerung, Einheimische und Flüchtlinge, mit Wohnraum, Lebensmitteln, Trinkwasser, Gas und Strom war nicht zu gewährleisten.

Durch Sofortmaßnahmen wurde mit Hilfe internationaler Geld- und Sachspenden versucht, die schlimmste Not zu lindern und die Grundversorgung zu organisieren. Im September 1945 trafen die ersten Lebensmittellieferungen der Besatzungsmächte und sogenannten Care-Pakete der humanitären Hilfsaktionen ein. Das half den Menschen auch, den extrem kalten Winter 1946/47 zu überstehen, als die Lebensmittelrationen ihren tiefsten Stand erreichten und die Kohlenkrise zu einer allgemeinen Energiekrise eskalierte. Weil es am Heizmaterial fehlte, konnte der Plan, an der Domsheide 1 eine Wärmehalle einzurichten, nicht umgesetzt werden. Kirchliche Einrichtungen schlossen sich mit freien Wohlfahrtsorganisationen zur Bremer Volkshilfe zusammen, um existentielle Not, vor allem der Heimatvertriebenen und der ausgebombten Bevölkerung, zu lindern und durch seelsorgerische Betreuung religiöse Orientierung zu bieten. Es wurde auch für Weihnachtsgaben und die Osthilfe gesammelt.[523]

Die institutionelle Neuordnung des Kirchenwesens überließen die Amerikaner den Kirchengemeinden. Bereits am Tag der Kapitulation hatte sich der Senior der Domdiakonie, Noltenius,

Abgrenzung der Kompetenzen, auch im Wohlfahrtswesen. Die öffentliche und private Sozial- und Wohlfahrtshilfe musste sich neu orientieren. Neben der politischen und wirtschaftlichen Wiederherstellung war der zügige Aufbau der Wohlfahrtseinrichtungen zur Bewältigung der vielfältigen fürsorgerischen Aufgaben eines der zentralen Anliegen des von der Besatzungsmacht eingesetzten Senats. Von der amerikanischen Militärregierung wurde Wilhelm Kaisen, den die Nationalsozialisten 1933 aus seinem Amt verdrängt hatten, am

Bremen bei Kriegsende – die beiden Domtürme überragen die verwüstete Stadt.

in seiner Funktion als stellvertretender Kirchenpräsident der BEK gemeinsam mit Pastor Dietsch an das Rathaus gewandt, um über die neue Situation zu beraten und gegebenenfalls die Finanzverwaltung zu übernehmen.[524] Zur Reorganisation der BEK erging am 15. Juni 1945 die Verfügung zur »Wiederherstellung der verfassungsmäßigen Zustände der BEK«. Die Kirchenverfassung vom 14. Juni 1920 bildete wieder die Rechtsgrundlage der Bremischen Evangelischen Kirche, womit die seit dem 24. Januar 1934 auf dem Gebiet des kirchlichen Verfassungsrechts ergangenen Verordnungen und Verfügungen für rechtswidrig erklärt wurden. Mit der Bekräftigung der Unabhängigkeit der Kirche vom Staat galt wieder die unbeschränkte Glaubens-, Gewissens- und Lehrfreiheit der selbständigen und selbstverwalteten Kirchengemeinden in Bremen.[525] Ein »Vorläufiger Kirchenausschuss« bereitete die Bildung der Körperschaften in den Gemeinden in der vor 1934 geltenden Form und den ersten Kirchentag in Bremen vor, der am 9. Oktober 1946 stattfand.[526] Mit der Wiederherstellung der Organe der Domgemeinde im Sinne der Verfassung vom 1. Januar 1927 wurden die Dombauherren beauftragt. Ende 1945 gab es wieder einen gewählten Kirchenvorstand, und ein durch Neuwahlen eingerichteter Kirchenkonvent wählte wieder die Prediger und die Bauherren.[527]

Am 7. Juli 1945 begann die Entnazifizierung in der amerikanischen Zone, die den Landeskirchen zunächst selbst überlassen wurde. Nach der Verschleppung des Verfahrens gegen die Prediger am Dom, von denen zwei engagierte Nationalsozialisten und Aktivisten der Deutschen Christen gewesen waren, griff die Militärregierung ein und forderte am 12. Juli 1946 gemäß der vom Vorläufigen Kirchenausschuss der BEK erlassenen Verordnung zur Überprüfung der Geistlichen und Kirchenbeamten im nationalsozialistischen Staat vom 28. Juni 1946 die sofortige Suspendierung der beiden Pastoren. Die Amtsenthebung wurde nach dem Bremer Gesetz zur Befreiung von Nationalsozialismus und Militarismus am 9. Mai 1947 in einem spruchkammerähnlichen Verfahren aufgehoben.[528] Um die Entnazifizierung der Diakonie kümmerten sich die Diakone seit August 1946 selbst. Einige Diakone erklärten ihren freiwilligen Rücktritt.[529]

Im Juni 1945 veranlasste Senior Noltenius die erste Wahl der Domdiakonie nach Kriegsende, nachdem sieben Jahre lang keine Neuwahlen mehr stattgefunden hatten. Etliche Diakone waren bereits länger als 12 Jahre im Amt. Einige waren aus dem Krieg nicht zurückgekehrt oder in Gefangenschaft geraten. Es wurden drei neue Diakone gewählt und im

Juli, zusammen mit den neugewählten Bauherren, im Rahmen eines Gottesdienstes eingeführt.[530] Der Senior begrüßte die Neugewählten in der Semestergesellschaft des folgenden Jahres mit den Worten: »Sie, meine Herren, treten heute in ein Kollegium ein, das eine glänzende Vergangenheit, eine düstere Gegenwart und eine ungewisse Zukunft hat, und insofern ein getreues Abbild unseres allgemeinen Zustandes überhaupt ist.«[531] Man war stolz darauf, sich den Machtansprüchen Weidemanns nicht gefügt, sich ihm widersetzt und zu seiner Absetzung beigetragen zu haben.[532] In der ersten regulären Versammlung am 5. November 1945 wurde beschlossen, das Seniorat zu wechseln. Für den 1943 angetretenen Noltenius wurde Ernst Schulze-Smidt zum neuen Senior gewählt.[533] Sechs unbelastete Mitglieder wurden als Vertreter der Diakonie im neu zu bildenden Kirchenvorstand bestimmt.[534] Seit Ende 1945 fanden die Diakonieversammlungen wieder regelmäßig mit anschließendem Essen statt.[535]

Oberste Priorität hatte die Erneuerung des Gemeindelebens. Es galt, die Gemeinschaft zu stärken und jene zurückzugewinnen, die sich wegen der politischen Verhältnisse vom Glauben und wegen der chaotischen Vorgänge vom Dom abgewandt hatten.[536] Drängende Aufgabe war auch die Wiederherstellung der Domgebäude, der Pastorenhäuser, des Witwenhauses, des Gemeindezentrums und der Gemeindeschwesternstation. Die Gottesdienste fanden in der unzerstörten Ostkrypta statt, wo die Diakone wieder ihren Kirchendienst versahen, um die zur Finanzierung der Gemeindearbeit dringend benötigten Mittel zu sammeln. Wegen der langen Wege, der Trümmerberge und der fehlenden Verkehrsmittel war es schwierig, von den Ausweichwohnsitzen in die Stadt zu gelangen, was die Erfüllung der gemeindlichen Aufgaben und den Besuch der Versammlungen erschwerte.

Im April 1946 kam es wegen der Verteilung der Kollekten zu Meinungsverschiedenheiten. Auf Beschluss der Bauherren wurde die Sammlung des Hauptgottesdienstes an jedem ersten Sonntag eines Monats dem St. Petri Waisenhaus gewidmet. Der größte Teil der Sammlungen floss in die Gemeindepflege, deren Beiträge zurückgegangen waren, weil Mitglieder dem Krieg zum Opfer gefallen, an andere Orte verzogen oder nicht ausfindig zu machen waren. Die Mitgliederlisten waren durch Kriegseinwirkungen verloren. Die Diakone beteiligten sich am Wiederaufbau der verlorenen Kartei und verfassten ein Rundschreiben, um die Gemeinde um Unterstützung zu bitten. Da es an fast allem und auch am Papier für den Druck mangelte, wandte sich die Diakonie in einem entsprechenden Aufruf in der Tageszeitung an die Bevölkerung. Der Artikel diente auch zur Kontaktaufnahme mit der Gemeinde, zur Werbung von Mitgliedern für die Domgemeindepflege und zur Sammlung von Sach- und Geldspenden. Mit den gesammelten Mitteln und einem Zuschuss aus der Domkirchenkasse wurden die Gemeindeschwesternstation unterhalten und Bedürftige unterstützt. Vom Evangelischen Hilfswerk zugeteilte sogenannte »Liebesgaben« (Lebensmittel, Kleidung, Schuhe etc.) von kirchlichen Organisationen in aller Welt und Gutscheine der Volkshilfe stellten eine wesentliche und notwendige Ergänzung der Versorgung dar. Die Frage nach den Zuständigkeiten wurde pragmatisch gelöst. Im engen Zusammenwirken mit den Gemeindeschwestern und den Dompredigern kümmerten sich die Diakone um Flüchtlinge, Ostvertriebene, Bombengeschädigte, Kriegsversehrte, Kriegswaisen, hilflose kranke, alte und in wirtschaftliche Not geratene Menschen. Drei, seit den Wintermonaten 1946 wieder vier, Gemeindeschwestern waren in gewohnter Weise in der Armen- und Krankenfürsorge tätig. Aufgrund der großen Not war die Belastung hoch. Fast 1500 Familien waren 1946 auf Hilfe angewiesen, und 1947 stieg die Zahl auf mehr als 4000. Da die Wohnungen der Schwestern im Gemeindehaus an der Straßburger Straße zerstört waren, lebten sie im Pfarrhaus an der Domsheide 2.[537]

Gemeinsam mit der Zentrale des Heimkehrerdienstes richtete die Diakonie zur Wiedereingliederung in das bürgerliche und kirchliche Leben einen Betreuungsdienst für Heimkehrer ein und organisierte erstmals im Dezember 1946 einen Heimkehrerabend.[538] Den Kriegsgefangenen wurden sogenannte Kilopäckchen gesandt. Seit Dezember 1947 fanden auch die Gemeindeabende mit musikalischen und szenischen

Darbietungen zugunsten der Gemeindepflege wieder statt. Solche Veranstaltungen wurden für sinnvoller gehalten als die von der BEK vorgeschlagenen persönlichen Haussammlungen. Bedürftige Konfirmanden erhielten Mittel aus dem James-Jens-Nachlass. Auf Antrag der Diakonie gewährte das Enklavewirtschaftsamt eine Beihilfe.[539]

Reorganisation des Gemeindelebens
Neuwahlen und Aufgabenverteilung der Domdiakonie

Im Februar 1948 wurde erstmals wieder eine Verteilung der Ämter vorgenommen, nachdem fast zehn Jahre lang unter den Domdiakonen kein Ämterwechsel mehr stattgefunden hatte. Die Rechnungsführung des Altenheimes Egestorff war während des Zweiten Weltkrieges und in den Nachkriegsjahren bei der St. Ansgariidiakonie verblieben. Neben der Gemeindepflege waren die Verwaltungen des St. Petri Waisenhauses, des St. Petri Witwenhauses, die Stellen des Archivars für die Wappen- und Bilderpflege und zur Überwachung der Sitten und Gebräuche sowie des Heimkehrerdienstes zu besetzen. Außerdem waren Vertreter für die Organe und Ausschüsse der Gemeinde zu bestimmen, für den Kirchenvorstand, dem auch acht Altdiakone angehörten, auch für die Wahlkommission, den Haushalts- und den Bauausschuss, und je ein aktiver und ein Altdiakon für den Bremer Kirchentag.[540] Als Mitglieder des wieder hergestellten Gemeindekonvents nahmen die Diakone Einfluss auf die Entscheidungen und die Pfarrwahlen.[541] Für die Gemeindepflege wurde eine neue Geschäftsordnung beschlossen. Die Planungen für das Witwenhaus sahen den Verkauf des Ruinengrundstücks an der Buchtstraße vor. Als Ersatz sollte eine Immobilie in Bremen-St. Magnus, Lesumer Heerstraße 26, erworben und zur Unterbringung von 25 Frauen hergerichtet werden.[542] Das Jugendheim Seebergen war wegen der Belegung mit Flüchtlingen nicht verfügbar.

Vier Monate später wurde mit der Neuordnung des Geldwesens durch die Währungsumstellung von der Reichsmark auf die Deutsche Mark am 20. Juni 1948 der entscheidende Schritt zum Übergang zur freien Marktwirtschaft als Voraussetzung für den wirtschaftlichen Wiederaufbau Europas im Rahmen des sogenannten Marshallplanes, eines wirtschaftlichen Hilfsprogramms (ERP European Recovery Program) zum Wiederaufbau Europas, getan. Negative Folge der Reform waren die Entwertungsverluste beim Kapitalvermögen und bei den Rücklagen, die auch den Dom trafen.[543] Der substanzlose Gemeindeschwesternfonds wurde zugunsten der Gemeindepflege aufgelöst. Beiträge und Spenden für die Gemeindearbeit waren rückläufig, die Beckensammlungen ebenfalls, und der Zuschuss aus der Domkirchenkasse wurde gesenkt. Gaben aus dem Ausland deckten den alltäglichen Bedarf vieler bedürftiger Familien. Die Prediger bemühten sich um eine stärkere Einbindung in die Gemeindearbeit, um die seelsorgerische Betreuung zu verbessern.[544]

Für die Kinder des St. Petri Waisenhauses konnte im Oktober 1948 bei der STEG (seit 1946 Gesellschaft zur Erfassung von Rüstungsgut; seit 1947 Staatliche Erfassungsgesellschaft für öffentliches Gut) Kleidung aus den Versorgungsgütern der Wehrmacht und der US-Armee erworben werden, und aus der Schweiz kamen Kleiderspenden.[545] Die Belegung des Waisenhauses war mit der Zuweisung sozial und sittlich gefährdeter Kinder durch das Jugendamt seit den 1930er Jahren auf rund 100 Jungen angestiegen.[546]

Eine zentrale, die Selbständigkeit der bremischen Kirche betreffende Frage beherrschte Ende 1948 die Versammlungen der Domdiakonie: Es wurde beraten, ob die Bremische Evangelische Kirche (BEK) der am 13. Juli 1948 verabschiedeten Grundordnung der Evangelischen Kirche Deutschlands (EKD)[547] zustimmen und ihr beitreten sollte. Die Entscheidung lag bei den selbständigen evangelischen Kirchengemeinden auf bremischem Staatsgebiet, die zur Vertretung ihrer gemeinsamen Interessen einen föderativen Zusammenschluss, die BEK, bildeten. Auf einem außerordentlichen Kirchentag stimmte die BEK 1952 der Grundordnung der EKD zu.[548] Die Eingliederung erfolgte mit der zur eindeutigen religiösen

Positionierung der BEK formulierten Präambel in Artikel 1 der Verfassung der EKD. Sie garantierte die Freiheit des Bekenntnisses, von streng lutherisch über reformiert bis freisinnig, die der Bremer Kirche eine eigenartige, von anderen Landeskirchen abweichende Struktur gibt.[549]

Seit 1949 – dem Jahr der Gründung der Bundesrepublik Deutschland mit Bremen als selbständigem Bundesland – fand die Wahl neuer Mitglieder der Domdiakonie wieder im November statt und die Begrüßung im Dezember. Zur Semestergesellschaft im Februar wurden zwei Bauherren, einige Vertreter der Altdiakonie, der Leiter des Domchores und auch wieder die Prediger eingeladen, auf deren Teilnahme man wegen des Eklats mit dem Dompastor Weidemann verzichtet hatte.[550]

Der Wiederaufbau machte Fortschritte: Anstelle des kriegszerstörten Gebäudes an der Straßburger Straße wurde ein Neubau errichtet, der allerdings nicht für Gemeindezwecke genutzt, sondern vermietet wurde.[551] Für den Dom wurde gesammelt, für neue Kirchenfenster und für zwei neue Domglocken, die im Februar und März 1951 geweiht wurden. Zur statischen Sicherung wurde das Domgewölbe mit Spritzbeton verdichtet (Torkretierung).[552]

Im Zusammenhang mit der Verkehrsplanung und baulichen Gestaltung der Dominsel wurde in einem Beirat über die Enteignung von Domgelände an der Domsheide und an der Violenstraße diskutiert. Dem eigens gebildeten Gremium gehörten neben den Bauherren der Senior der Diakonie, zwei Vertreter der Altdiakonie, zwei Prediger, zwei Konventsmitglieder, Architekten und Kunstsachverständige an. Gegenstand der Gespräche war auch der Bau eines neuen Gemeindezentrums auf der Dominsel.[553]

Nach jahrelangen Besprechungen konkretisierte sich Anfang der 1970er Jahre das Projekt einer Domrestaurierung.[554] Die Kriegsschäden und der zunehmende Auto- wie Luftverkehr erforderten eine Sicherung und Instandsetzung der Fundamente und des Mauerwerks. Das nahm der Bauherr Hans Henry Lamotte zum Anlass, eine umfassende Domerneuerung durch den Dombaumeister Friedrich Schumacher zu initiieren. Für die Zeit der Bauarbeiten wurde das Nordschiff zur weiteren Nutzung für die kultischen Handlungen abgeteilt. Die Bautätigkeit wurde 2 ½ Jahre lang für archäologische Untersuchungen unterbrochen, als man im Mittel- und Südschiff auf Gräber der Bremer Erzbischöfe mit wertvollen Beigaben, wie Bischofsstäbe und -ringe, Kelche und Patenen, stieß.[555] Mit Abschluss der erkenntnisreichen archäologischen Untersuchungen wurde der Dom ab 2. Mai 1977 wieder für die Öffentlichkeit freigegeben.

Die Diakonie beantragte beim Kirchenkonvent, auch den Bleikeller des Doms als bekannte historische Sehenswürdigkeit Bremens wieder Besuchern zugänglich zu machen und die Einnahmen wie in der Vergangenheit der Domgemeindepflege zufließen zu lassen. Die Mumien im Bleikeller wurden seit 1709 Fremden gezeigt.[556] Es entspann sich eine heftige Diskussion, wobei sich die Befürworter der seit Jahrhunderten geübten Gepflogenheit gegen Kritiker der als barbarisch und unchristlich empfundenen Ausstellung der mumifizierten Leichen durchsetzen konnten.[557] Die Hälfte der Einnahmen aus den Besichtigungen von Dom und Bleikeller flossen an die Gemeindepflege.[558] Am Ostersonntag 1981 feierte die Gemeinde mit einem Gottesdienst und einem anschließenden Empfang im großen Saal der »Glocke« die Wiedereröffnung des Doms.[559]

Gesetze und Vorschriften

für die Diakonie der

St. Petri Dom=Kirche in Bremen

»TUE GUTES IN DER ZEIT UND HELFE IN DER NOT«
Kontinuität und Wandel der Domdiakonie

Beschlossen am 10. November 1863

Zuletzt geändert: 12. Februar 1951

Rechtliche Grundlagen der Diakonietätigkeit

Im allgemeinen Aufschwung der sogenannten Wirtschaftswunderjahre der Bundesrepublik Deutschland besserten sich seit der Mitte der 1950er Jahre die Lebensverhältnisse. Die Normalisierung des Alltagslebens nach dem Übergang zur freiheitlichen Sozialen Marktwirtschaft erleichterte der St. Petri Domdiakonie die Verwaltung ihrer Ämter in der Gemeindepflege einschließlich der Gemeindeschwesternstation, beim St. Petri Waisenhaus, beim St. Petri Witwenhaus, bei der Egestorff Stiftung Altenheim sowie in der Kinder- und Jugendarbeit. In den Organen des Doms, dem Kirchenkonvent und im Kirchenvorstand, sowie beim Kirchentag der BEK nahmen die Domdiakone ihre Plätze wieder ein.

Dem Konvent als Verfassungsorgan der Domgemeinde gehörten 1952 die Diakone und die von der Altdiakonie benannten Mitglieder sowie die Bauherren, Domprediger und der leitende Kirchenmusiker als ständige Mitglieder an. Nichtständige Mitglieder waren jeweils für vier Jahre gewählte Gemeindemitglieder. Wahlberechtigt und wählbar waren jene, die sich in eine Wahlliste eingetragen hatten. Erstmals wurden 1952 zwei Frauen aus der Mitte des Kirchenkonvents in den Kirchenvorstand gewählt, sie konnten aber nicht Bauherren oder Diakone werden.[560] Seit 1995 gibt es auch Bauherrinnen am St. Petri Dom. (1995–2001 Dr. Marianne Jansen; 2001–2013 Edda Bosse). Der Konvent wählte die Bauherren, Domprediger und die Abgeordneten für den Kirchentag, dem wichtigsten Organ der BEK. Er stellte den Haushaltsplan fest und übernahm die Rechnungsprüfung, wählte den Haushaltsausschuss, einen Bau- sowie einen Rechts- und Verfassungsausschuss.

In den Kirchenvorstand, der sich ebenfalls aus ständigen und nichtständigen Mitgliedern zusammensetzte, wurden sieben Mitglieder der Diakonie entsandt. Aufgaben des Kirchenvorstandes waren die Vorbereitung der Verhandlungsgegenstände des Konvents und des Kirchentages sowie die Aufstellung des jährlich dem Konvent vorzulegenden Haushaltsplans. Das Bauherrenamt nahmen vier Gemeindemitglieder wahr, die für sechs Jahre vom Konvent gewählt wurden. Sie verwalteten das Kirchengut, die Kirchenbauten, Kirchenmusik und Domkanzlei. Die Leitung übernahm der jährlich wechselnde verwaltende Bauherr. Die vom Konvent gewählten Prediger wurden durch die BEK berufen und erhielten von dort ihr Gehalt. Aus ihrer Mitte wählten sie für drei Jahre den Pastor Primarius als Sprecher.[561]

In der Novembersitzung 1950 nahm die Diakonie der St. Petri Domgemeinde eine Änderung ihrer Gesetze vor. Die Versammlung wurde bei Anwesenheit von 9 statt 13 Mitgliedern für beschlussfähig erklärt (§ 49), weil aufgrund der Abwesenheit von Diakonen aus beruflichen Gründen selten eine Beschlussfähigkeit erreicht wurde.[562] Eine weitere Satzungsänderung (§ 52 Abs. 1) sah vor, dass der Senior für ein Jahr gewählt wurde, mit der Möglichkeit zweimal wiedergewählt zu werden. Die Abschlussberichte der von ihnen verwalteten Dienstzweige legten die Diakone in den ersten Nachkriegsjahren in der Oktoberversammlung vor. Mitte der 1950er Jahre fand

| 115

die Berichterstattung in der Sitzung am Gründonnerstag statt und dann in der Semestergesellschaft im Februar im kleinen Saal der »Glocke«.[563]

Am 12. Februar 1951 wurden die überarbeiteten Gesetze und Vorschriften für die Diakonie der St. Petri Domkirche in gedruckter Form herausgegeben. Mit Betonung der Sonderstellung als ältestes Organ und »Vorsteher« der Gemeinde wurde das sich von den anderen Gremien unterscheidende traditionelle System der Selbstergänzung beibehalten. Zwei neue Diakone wurden aus einer Liste von Kandidaten gewählt, die von einer Kommission aus den vier ältesten und vier jüngsten Mitgliedern der Diakonie vorbereitet und in der Novembersitzung vorgelegt wurde. In dieser Sitzung traten die beiden dienstältesten Diakone aus der Diakonie aus. Die Neuwahl erfolgte in der Dezemberversammlung. Der Senior teilte den Bauherren das Ergebnis der Wahl zur Bestätigung und Bekanntgabe Kirchenkonvent mit. Die Neugewählten gaben bald danach einen kleinen Empfang, zu dem sämtliche Altdiakone, die Bauherren, der Kirchenvorstand, die Prediger, der Domorganist und der Leiter des Domchores eingeladen wurden.

Nach zwölf Dienstjahren erfolgte der Wechsel von der aktiven Diakonie in die Altdiakonie. Die Sitten und Gebräuche wurden in einer Diakonieordnung niedergelegt. Eine Strafordnung regelte die Strafen an die Senioratskasse bei Verstößen gegen die eigenen Gesetze, unentschuldigtem Fehlen bei den Sitzungen oder Versäumnis des Kirchendienstes. Am Kirchendienst hatte sich seit den ersten nachzuweisenden Sammlungen und Lichtungen im Jahre 1644 nichts geändert. Der diensthabende (früher: rechnungsführende) Diakon hatte nach dem Ende des Gottesdienstes die Sammelbecken (früher: Klingelbeutel) zu leeren, den Inhalt zu zählen und das Ergebnis mit seiner Unterschrift in ein Buch (früher: Gotteskastenregister) einzutragen.[564]

Die aus Rücksicht auf die schwierigen Verhältnisse in den ersten Nachkriegsjahren gemachten Einschränkungen bei den geselligen Zusammenkünften wurden aufgegeben. Seit 1954 wurden die Kosten aus der mit der Gesellschaftskasse vereinten Senioratskasse bestritten, an die jeder einen monatlichen Beitrag leistete.[565] Generell wurde die geringe Teilnahme an den Versammlungen und Gesellschaften, insbesondere am Gründonnerstag, moniert und wiederholt ein engerer Kontakt zur Altdiakonie angemahnt.[566] Mehrfach erörterte man den Vorschlag einer Beteiligung der Frauen der Diakone bei den geselligen Treffen, wofür aber einige Mitglieder der Diakonie nicht zu begeistern waren.[567] Eine Ausnahme wurde beim Sommerausflug gemacht, in der Regel eine Dampferfahrt oder eine Besichtigung des Waisenhauses.[568]

Am 6. Juli 1972 wurde im Kirchenkonvent die neue Verfassung der Gemeinde der St. Petri Domkirche beschlossen. Die Verfassung enthielt Regelungen für die Wahl, Berufung und Obliegenheiten der Prediger. Ein weiterer Abschnitt widmete sich der Diakonie, der Wahl, den Aufgaben und Vertretungsbefugnissen, sowie der Altdiakonie. Das Kollegium der Altdiakonie bilden die ausgeschiedenen Diakone. Abschließende Bestimmungen galten der Vertretung im Kirchentag.[569]

Auf dieser rechtlichen Grundlage wurden am 7. Oktober 1974 die neuen Gesetze und Vorschriften für die Diakonie der St. Petri Domkirche in Bremen beschlossen. Die auch als Geschäftsordnung bezeichneten Gesetze leiten mit der Betonung der verfassungsmäßigen Unabhängigkeit der Diakonie innerhalb der Domkirche und ihrer überlieferten Rechte auf Selbstergänzung und Autonomie ein. Den Rechten und Pflichten in der Gemeinde, im Konvent, im Kirchenvorstand und bei der Beckensammlung im Gottesdienst folgen die Aufgaben der Diakonie: die Gemeindepflege und die Verwaltung des St. Petri Kinderheimes, des St. Petri Witwenhauses, des Domjugendheimes Seebergen und der Domkindergärten sowie die Teilnahme an der Verwaltung der Egestorff Stiftung Altenheim. Der Senior bzw. der ihn vertretende Subsenior vertritt die Diakonie nach außen. Sechs Diakone werden in den Kirchenvorstand entsandt. Fünf Diakone bilden gemeinsam mit einem Prediger den Verwaltungsrat des Kinderheims, mit Beteiligung eines vom Senat entsandten Vertreters der

Jugendhilfe. Geregelt waren ferner die Wahlen, die Versammlungen und das Seniorat. Eine gesonderte Ordnung fasste die Sitten und Gebräuche der Diakonie zusammen.[570]

Kollekten und andere Zuwendungen

Die Domdiakonie finanzierte ihr soziales Engagement in traditioneller Weise aus den Sammlungen und Spenden aus der Domgemeinde, ergänzt um Zuschüsse aus der Kirchenkasse der BEK für die soziale Aufbauarbeit. Gemeinsam mit den Diakonien der anderen Kirchengemeinden beantragte die Domdiakonie, einen bestimmten Teil der Kirchensteuer für das Sozialwerk der Kirchen zur Verfügung zu stellen. Es wurde vermutet, dass sich die Einnahmen aus Spenden und Kollekten nach einer Erhöhung der Kirchensteuer rückläufig entwickeln würden, da der Steuerzahler nicht bereit sein würde, einen größeren Betrag aus seinem Budget für die Wohlfahrtspflege zu leisten.[571] 1955 wurde auf dem Kirchentag der BEK beschlossen, dass Zuweisungen nur für die innere Gemeindearbeit, den Kern der kirchlichen Arbeit, zur Verfügung gestellt werden sollten.

Grundlegend für die ureigenen Aufgaben der Diakonie im Dienste der Gemeinde waren die Einnahmen aus den Kollekten. Die Kollektenhoheit leiteten die Diakone aus dem 1639 schriftlich fixierten Recht der Domgemeinde her, Almosen für die Armen zu sammeln, das nachweislich seit 1644 gewohnheitsmäßig von den Diakonen ausgeübt wurde. Die ausschließliche Entscheidungsbefugnis über die Verwendung der Kollekten, freiwilligen Spenden und Beiträge der Gemeindemitglieder lag bei der Diakonie. Eine Abweichung vom jährlich aufgestellten Kollektenplan bedurfte der Abstimmung mit den Diakonen. Die Einnahmen der Sammlungen bildeten den Grundstock des Etats der Diakonie für die Innere Gemeindearbeit. Sie umfasste die Domgemeindepflege mit der Schwesternstation und die betreuten sozialen Einrichtungen, das St. Petri Waisenhaus, das St. Petri Witwenhaus, das Jugendheim Seebergen und die Kinderbetreuungsstätten. Als die Spendenfreudigkeit der Domgemeinde nach der Währungsreform am 20. Juni 1948 sank, beschlossen die Diakone, die Kollekten nur für eigene Zwecke zu verwenden. Mit erhöhtem Spendenaufkommen im Zuge der verbesserten Lebensverhältnisse im Laufe der sogenannten Wirtschaftswunderjahre waren sie aber wieder bereit, einige Sammlungen z. B. der Verein für Innere Mission, der Norddeutschen Mission[572] oder der Seemannsmission zu widmen. Kollekteneinnahmen wurden auch bei besonderen Unglücksfällen gestiftet, wie bei der Sturmflutkatastrophe von 1962. Gute Sammelergebnisse wurden vor allem in den Weihnachtsgottesdiensten und beim Krippenspiel erzielt. Die seit 1957 dem evangelischen Hilfswerk »Brot für die Welt« überlassenen Weihnachtskollekten führten die Diakone nicht mehr ab, als die Zuweisungen der BEK gekürzt wurden und die Mittel den Etat der gemeindlichen Wohlfahrtspflege ausgleichen mussten. Zugunsten der Gemeinde war man auch nicht bereit, einem Aufruf der BEK zu einer Kollekte für die Weltmission zu folgen.[573] Nach Motetten und Orgelmusik an Donnerstagen floss das Geld in den Musikfonds.[574] Da die Einnahmen nicht ausreichten, musste 1976 auf die Turmbläser verzichtet werden. Sonderkollekten gab es in den 1970er Jahren für die Domrestaurierung. Die Domdiakonie stiftete 1980 einen der Leuchter für das Mittelschiff des Doms.[575]

Domgemeindepflege

Die Domgemeindepflege umfasste neben der Arbeit der Gemeindeschwestern die Unterstützung Notleidender in Bremen und der Patengemeinden, von bedürftigen Konfirmanden sowie die Jugendarbeit und den Heimkehrerdienst. Sie finanzierte sich aus Kollekten, Spenden, Beiträgen und Einnahmen der Gemeindeabende sowie Zuschüssen.[576] Mit der Zahl der Mitglieder der Domgemeindepflege waren die Beiträge stark zurückgegangen. Per Aufruf wurde versucht, die Konfirmanden für die Gemeindearbeit zu interessieren. Regelmäßig fand der Gemeindeabend statt, 1956 verbunden mit der Feier des 100-jährigen Bestehens des Domchores, und auch zu Weihnachten gab es eine Feier mit einer Bescherung. Nach wie vor wurden auch in den 1950er Jahren noch große Mengen Lebensmittel ausländischer Spender von der Volkshilfe über die Diakonie und Care-Pakete an die notleidende Bevölkerung weitergeleitet.[577]

1954 richtete die Gemeindepflege der Diakonie eine Beratung für Gemeindemitglieder in besonders schwierigen Lebenslagen ein.[578] Es wurden zwei Gemeindehelfer eingestellt. Da der Bau eines neuen Gemeindehauses – der Neubau auf dem Grundstück der Diakonie an der Straßburger Straße war vermietet – angesichts einer geplanten neuen Aufteilung der Kirchensprengel vorläufig zurückgestellt wurde, zogen die Gemeindeschwestern (Rot-Kreuz-Schwestern) im Mai 1954 mit der Schwesternstation wieder in das renovierte und von der Gemeindepflege verwaltete Haus an der Domsheide 2 ein. Dort fanden auch die monatlichen Besprechungen über die sozialpflegerische und seelsorgerische Gemeindearbeit mit den Pastoren statt.[579] Nach mehrjährigen Planungen war das Bauprojekt des Gemeindezentrums an der Sandstraße 16 im Jahre 1970 beendet. Neben der Schwesternstation mit Wohnungen und Sprechzimmern für vier Gemeindeschwestern gab es Wohnungen für die Gemeindehelfer, den Küster und den Hausmeister und einen Parkplatz an der Violenstraße.[580]

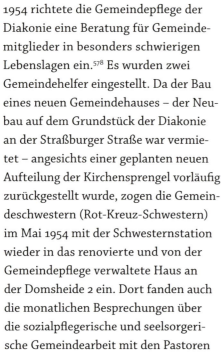

Blick von der Nordwestecke des Hauses Schütting der Bremer Handelskammer auf den St. Petri Dom und das 1966 erbaute Bürgerschaftsgebäude am Bremer Marktplatz.

Die Betreuung von zurückkehrenden Teilnehmern des Zweiten Weltkrieges, einschließlich der monatlichen Heimkehrerabende unter der Leitung eines Pastors, wurde 1953 in die Gemeindepflege integriert. Unter den letzten Heimkehrern aus russischer Gefangenschaft war 1954 einer der Altdiakone.[581] Als die zunehmende ideologische Absonderung der Ostzone von der Westzone 1948/1949 nach der Blockade Berlins zur deutschen Teilung und Gründung der Bundesrepublik Deutschland und der Deutschen Demokratischen Republik führte, beteiligte sich die Domdiakonie an der Bruderhilfe der Inneren Mission.[582] Im Rahmen dieses Hilfsprogramms wurden seit 1954 ein Teil der Firmenspenden zur Unterstützung einer Patengemeinde auf Rügen abgezweigt und seit 1956 regelmäßig zwei Patengemeinden, Gingst und Altefähr auf Rügen in der Deutschen Demokratischen Republik, mit Paketsendungen versorgt. Spenden finanzierten eine neue Orgel und eine Glocke, einen Personenwagen und danach verschiedene Industrieanlagen für diese Gemeinden.[583] Als der Mauerbau 1961 die Teilung Deutschlands manifestierte, konnte die Diakonie dank einer Welle der Hilfsbereitschaft der Domgemeinde Kleider- und andere Sachspenden an die Flüchtlingsseelsorge in Berlin senden. In Bremen unterstützte die Gemeindepflege die Übersiedler bei der Integration.[584] Zur Zeit des »Kalten Krieges« gingen Weihnachtspakete auch an Familien in anderen Orten der sogenannten Ostzone (DDR) und Lebensmittelpakete an Deutsche in Polen (Polenhilfe). Seit 1987 wurde auch eine Patengemeinde in Sieben-bürgen betreut.

Nach den Jahren des Wiederaufbaus und der Konsolidierung setzte in den 1960er Jahren eine Phase des gesellschaftlichen Umbruchs ein, die eine Anpassung an die gesellschaftlichen Veränderungen erforderte. Die Aufgaben der Domdiakonie wurden vielseitiger und vor allem in der Jugendarbeit anspruchsvoller. Im Jahre 1961 verabschiedete der Bundestag das neue Bundessozialhilfegesetz. Der Gesetzgeber distanzierte sich darin vom Primat der Erwerbsarbeit als gesellschaftlicher Verpflichtung und Bedingung für staatliche Unterstützung. Die Sozialhilfe sollte nach dem Subsidiaritätsprinzip jenen

Menschen, die sich nicht selbst helfen konnten und auch keine andere Hilfe erhielten, eine Lebensführung ermöglichen, die der Würde des Menschen entsprach.[585] 1967 wurde eine Neuordnung der Sprengelgebiete vorgenommen, der eine Neuordnung und Intensivierung der Gemeindepflege folgte, insbesondere in der Hilfe für Bedürftige und Kranke sowie in der Jugendarbeit. Zur St. Petri Domkirche gehörte die zahlen- und gebietsmäßig größte Sprengel- und Personalgemeinde der BEK. Bei einer Verkleinerung drohte eine Reduzierung der zugeteilten Kirchensteuern. In diesem Zusammenhang setzten die Bemühungen um die Gemeindebindung ein. Angesichts einer zunehmenden Entfremdung von der Kirche, die sich im Rückgang der Zahl der Gottesdienstbesucher bemerkbar machte, sollte sich eine 1967 gebildete Kommission um die »Erhöhung der Ausstrahlkraft des St. Petri Domes« kümmern.[586]

Grundsatzfragen bewegten die Diakonie bereits seit den 1950er Jahren: Man wollte die Diakonietätigkeit nicht auf die traditionelle Armenpflege beschränken, sondern sich den allgemeinen geistig-soziologischen Problemen der Domgemeinde, der evangelischen Kirche wie generell der abendländisch-christlichen Kirche stellen. Mit der Erkenntnis, dass religiöse Fragen nur in Verbindung mit politischen, wirtschaftlichen und sozialen Fragen zu beantworten seien, wurde ein geistig-soziologischer Arbeitskreis gebildet, der die Stellung der Diakonie in der Gesellschaft bestimmen und verorten und Öffentlichkeitsarbeit betreiben sollte. Die Themen wurden 1955 von den Mitgliedern der Domdiakonie in Begleitung ihrer Frauen auf einem Symposium im Kloster Loccum erörtert und in Vorträgen vertieft.[587] In den 1970er Jahren befasste sich ein Ausschuss mit der Erarbeitung von umfassenden Vorschlägen zur Intensivierung der Gemeindearbeit und zur Verbesserung der Kontakte zur Gemeinde.[588] Die Zahl der Gemeindemitglieder war von rund 55 000 im Jahre 1960 auf rund 46 000 in 1970 und auf rund 32 000 in 1975 gesunken, allein von 1974 bis 1975 um fast 8000. 1980 zählte der Dom knapp 26 000 Mitglieder.[589]

Ein vom 25. bis 28. September 1980 veranstalteter ökumenischer Stadtkirchentag mit Vorträgen, Ausstellungen, Musik, Theater, Kinder- und Familienfest in Bremen betonte das Gemeinsame der Konfessionen.[590] Zu den Aufgaben der St. Petri Domdiakonie gehörten insbesondere die Verwaltungen von Domgemeindepflege, Kinderheim, Kindergärten und -horten, des Freizeitheimes Seebergen und die Beteiligung an

den Domnachrichten, am Kirchenvorstand und Kirchentag. Die mit fünf Schwestern besetzte Gemeindeschwesternstation bildete ein wichtiges Bindeglied zur Gemeinde. Neben den karitativen und pflegerischen Aufgaben war sie auch Anlaufstelle für Nichtsesshafte, Arbeitslose, Strafentlassene, Drogenabhängige und andere Menschen in Notlagen.

St. Petri Waisenhaus

Die Zahl der im St. Petri Waisenhaus betreuten Kinder war in den 1950er Jahren rückläufig. Zum Teil erfolgte die Belegung durch das Jugendamt. Da die Pflegebeiträge die Kosten nicht ausglichen, gab es wirtschaftliche Probleme. Handwerker aus der Domgemeinde leisteten Naturalspenden in Form von unbezahlten Arbeiten zur Erhaltung des Hauses und seiner Einrichtungen. Mitte der 1950er Jahre wurde über eine Schließung nachgedacht, bevor durch die mit einer kleinen Broschüre betriebene Werbung über das Waisenhaus das Interesse von Spendern geweckt werden konnte.[591] Mit jährlichen Spendenaufrufen wandte sich die Diakonie direkt an Bremer Unternehmer und Privatpersonen. Ein Wohltätigkeitsfest sollte die schlechte finanzielle Lage verbessern helfen. 1956, nach der bürgerlich-demokratischen Revolution in der Volksrepublik Ungarn, sollten ungarische Flüchtlingskinder in das Waisenhaus aufgenommen werden. Wegen der starken Unterbelegung wurde mit dem Jugendamt die Einweisung von 50 Kindern aus schwierigen familiären Verhältnissen, die keine Waisen waren, vereinbart. Die gewandelte Aufgabenstellung veranlasste den Verwaltungsrat des Waisenhauses zu einer im Juli 1957 durchgeführten Umfrage zur Änderung der Bezeichnung in »St. Petri-Kinderheim – Stiftung St. Petri Waisenhaus von 1692, Bremen-Osterholz«, die einstimmig beschlossen wurde. Den Fehlbetrag zwischen den Kosten und dem vom Staat gezahlten Pflegesatz glich die Domdiakonie durch Sammlungen und die »Kälberverlosung« aus. Die jüngsten Diakone organisierten die Verlosung, aber ein Kalb gab es nicht zu gewinnen. Die Bezeichnung für die Lotterie stammt aus der Geschichte des Waisenhauses, als die Kälber verlost wurden, die von den abgabepflichtigen Meiern des Domes zu liefern waren.[592] Die Verlosung fand in den 1960er Jahren immer weniger Resonanz. In der Domdiakonie suchte man nach Mittel und Wegen, um sie zu beleben. Auf Vorschläge, wie etwa jenen, den Verkauf der Lose durch Plakate oder in den Domnachrichten anzukündigen und die 3000 Lose öffentlich auf dem Marktplatz oder nach den Gottesdiensten anzubieten, konnten sich die Diakone nicht einigen, aber aufgeben wollte man die Lotterie auch nicht. Man benötigte Mittel für eine Modernisierung des Waisenhauses und einen 1971/72 entstandenen Neubau.[593]

St. Petri Witwenhaus

Bei den Planungen zur Wiedererrichtung des im Zweiten Weltkrieg zerstörten Witwenhauses wurde alternativ über einen Neubau auf dem Gelände des Waisenhauses oder den Kauf eines alten Hauses aus dem Verkaufserlös des Ruinengrundstückes an der Buchtstraße diskutiert. Die Überlegungen konkretisierten sich mit Plänen für ein neues Witwenhaus mit Kleinwohnungen ohne Betreuung oder ein größeres Haus mit Betreuung. Vorgeschlagen wurde auch die Verbindung mit einem Kindergarten oder die Koppelung mit dem in finanzielle Schwierigkeiten geratenen Waisenhaus. Das Konto des Witwenhauses wies Überschüsse aus, die in weihnachtlichen Geldgeschenken an die versorgten Witwen ausgezahlt wurden.[594] 1954 fiel die Entscheidung für einen Neubau mit Kindergarten und Jugendräumen auf dem Grundstück der Domgemeinde am Osterdeich 70 a/71.[595] Am 28. Februar 1965 erfolgte die Einweihung der Kapelle, 1964 wurde das Richtfest des Witwenhauses gefeiert und 1967 bezogen 14 Witwen den Neubau am Osterdeich.[596]

Egestorff Stiftung Altenheim

Zwei Diakone der St. Petri Domdiakonie übernahmen am 1. Januar 1951, nach jahrelanger Unterbrechung, wieder die Verwaltung der Egestorff Stiftung Altenheim. Die vier von der St. Ansgariikirche und vom St. Petri Dom gestellten Verwalter des Altenheimes Egestorff hatten das Amt des Rechnungsführers turnusmäßig alle zwei Jahre wechselweise übernommen. Seit 1943 war die Ablösung der St. Ansgariidiakonie durch die Domdiakonie unterblieben. Die Gebäude der Stiftung dienten als Lazarett, bevor sie 1945 wieder ihrem ursprünglichen Bestimmungszweck gemäß als Altenheim genutzt wurden. Anfang der 1950er Jahre wurden rund 400 ältere Bewohner von 16 Diakonissen und 39 Hilfskräften gepflegt.[597] Seit einer Satzungsänderung im Jahre 1964 bestand der Vorstand aus 16 statt 12 Mitgliedern (drei vom Senat und drei von der Stadtbürgerschaft bestellten Mitgliedern, den Amtsvorstehern der Ämter Osterholz und Obernuland, jeweils zwei Mitgliedern der Diakonien vom Dom und von St. Ansgarii und vier vom Kirchenausschuss vorgeschlagenen Mitgliedern).[598]

Jugendarbeit und Jugendheim Seebergen

Seit 1951 stand der Domdiakonie auch das 1933 errichtete Jugendheim Seebergen wieder zur Verfügung, das seit Kriegsende als Unterkunft für Flüchtlinge gedient hatte. Nach Renovierungsarbeiten sollte es der Jugend- und Erwachsenenarbeit der Domgemeinde dienen. Im Laufe der folgenden Jahre wurde das Domfreizeitheim mit einem zinslosen Darlehen aus dem Diakoniefonds und öffentlichen Mitteln durch mehrere Um- und Ausbauten erweitert.[599] 1967 wurde statt eines geplanten Schwimmbades ein großer Gemeinschaftsraum angebaut. Ein zweiter Aufenthaltsraum und ein Sportplatz wurden 1968 aus Eintrittsgeldern des Bleikellers finanziert.[600] Die Auslastung verschlechterte sich allerdings, da die Pastoren mit den Jugendgruppen größere Reisen unternahmen. Eine stärkere Frequentierung wurde durch eine grundlegende Sanierung und Umgestaltung zur Freizeit- und Erholungsstätte (rd. 36 000 qm) erreicht, die im Mai 1976 eingeweiht wurde. Außer den Domjugendkreisen stand die Einrichtung künftig auch Jugendlichen anderer Kirchengemeinden zur Verfügung. Jährlich kamen rund 3000 Personen in Gruppen von 25 bis 30 Personen.[601]

Als das Jugendheim Seebergen der Domgemeinde nach der Belegung mit Flüchtlingen in den Nachkriegsjahren wieder zur Verfügung stand, wurde 1952 die Förderung der Jugendarbeit der Domgemeinde in den Vorschriften der St. Petri Domdiakonie festgeschrieben und ein Freundeskreis der »St. Petri Domjugend« gebildet. Die Satzung der als Verein eingetragenen Domjugend sah die Aufnahme junger Gemeindemitglieder nach der Konfirmation bis zum 23. Lebensjahr vor. Der Senior der Diakonie führte den Vorsitz im fünfköpfigen Vorstand und der Subsenior die Rechnung. Einer der Diakone übernahm die Verwaltung des Jugendheimes Seebergen. Als fünftes Mitglied gehörte ein Prediger dem Vorstand an. Für die Verwaltung galten die beschlossenen Richtlinien. Bericht und Rechnungsablage erfolgten vor der Diakonieversammlung, die dem Kirchenvorstand und Kirchenkonvent Mitteilung machte. Es wurden Mittel aus dem Bundesjugendplan beantragt. Die praktische Arbeit mit den Jugendlichen übernahmen Jugendhelfer. Die Treffen der Domjugend fanden im großen Saal der »Glocke« statt, solange das neue Gemeindezentrum nicht realisiert war.[602] Am 6. November 1964 wurde ein Domjugendfest veranstaltet.[603]

Obwohl versucht worden war, mit der Bereitstellung eines größeren Etats aus dem Fonds der Gemeindepflege und mit der Berufung eines Jugendpfarrers neue Wege zu beschreiten, galt der Versuch, die Domjugend in herkömmlicher Form wiederzubeleben, als gescheitert. Als im Zuge der Jugendbewegung der 1960er Jahre unterschiedliche ideologische Strömungen in eine massive Gesellschaftskritik an politisch-gesellschaftlichen Werten mündeten, traf die Domjugendgruppen das vernichtende Urteil, nicht zeitgemäß, zu autoritär und nicht gruppendynamisch geführt zu sein. Bei Demonstrationen, nicht zuletzt bei den Bremer Schüler- und Straßenbahnunruhen (1968), zum Ausdruck gebrachte Forderungen der 68er-Bewegung nach mehr Demokratie regten zu einem Nachdenken über die Inhalte der Jugendarbeit an.[604]

Zur Zeit der Dombauarbeiten wurden im März 1977 das volkstümliche, wegen Lärm und Schmutz als lästig empfundene Domtreppenfegen der 30-jährigen Junggesellen und das Domklinkenputzen der gleichaltrigen Junggesellinnen untersagt. Am 23./24. September 1977 besetzten Kernkraftgegner den Dom, um gegen die polizeiliche Räumung des Anti-Atom-Dorfes Grohne an der Oberweser zu demonstrieren. Der Vorfall wurde wegen Hausfriedensbruchs, Störung der Religionsausübung und Körperverletzung geahndet.[605]

Kindergärten

Zur halb- oder ganztägigen Betreuung von Kindern der Gemeindemitglieder unterhielt die Domgemeinde verschiedene pädagogische Einrichtungen: Seit Kriegsende bis 1952 hatte es wieder einen Kinderhort gegeben, nachdem eine 1937/38 eingerichtete Kinderbewahranstalt mit Kindergarten während des Krieges aufgegeben wurde.[606] Seit 1966 ermöglichte eine Kinderbetreuung im Kapitelhaus den Eltern den ungestörten Besuch der Hauptgottesdienste am Dom. Im Gebäude an der Domsheide 2 richtete die Diakonie nach dem Umzug der Gemeindeschwesternstation an die Sandstraße 1972 einen Kinderhort ein, der vier Jahre später aufgelöst wurde. In den Räumen an der Domsheide wurde am 1. Oktober 1980 ein Kinderspielkreis geschaffen.[607] Gemeinsam mit der Liebfrauendiakonie unterhielt die Domdiakonie einen Kindergarten an der Kolpingstraße 10.[608] Zur Intensivierung der Zusammenarbeit hatte 1956 ein erstes Treffen mit der Diakonie der Gemeinde Unser Lieben Frauen stattgefunden, auf dem eine jährliche Zusammenkunft am Reformationstag (31. Oktober) vereinbart wurde. In der Rolle des Gastgebers wechselten sich die Diakonien ab.[609] Da das von der Stadtgemeinde für den Kindergarten gemietete Gebäude in die städtebaulichen Planungen im Schnoorviertel einbezogen wurde, zogen die Kinder 1967 in ein Bremer Haus an der Bleicherstraße 18 um.[610] Die Einrichtung wurde zu einer Kindertagesstätte erweitert. Bei zunehmender Berufstätigkeit beider Eltern bestand eine starke Nachfrage nach Plätzen.[611]

Archiv und Wappensammlung

Der Archivar suchte nach dem Ende des Zweiten Weltkrieges nach den alten Unterlagen der Diakonie und nach den Wappentafeln. Im alten Diakonieschrank fanden sich nur noch Reste des Bestandes. Seit der Beschlagnahme der »Glocke« durch die amerikanische Besatzung war er als Küchenschrank benutzt und der Inhalt vermutlich zum Feueranzünden verwendet worden. Ein weiterer Schrank mit Archivalien sollte sich im Bestand des Bremer Staatsarchives befinden.[612] 1952 wurden ein Teil des Archivs und 17 von 19 Wappentafeln in der Bischofskammer im Domturm gefunden. Da die Räume der »Glocke« weiterhin von der amerikanischen Armeeverwaltung genutzt wurden, sollte das Archiv seinen Platz in einem Stahlschrank im Dombüro finden. Für die Anbringung der Wappentafeln fand sich kein adäquater Ort und die Umräumaktion wurde offensichtlich nicht durchgeführt.[613]

Jedenfalls wurden die Akten 1959 ein zweites Mal wiederentdeckt. Bei der Entrümpelung der Domtürme fand man eine große Menge alter Dokumente. Das Material wurde im Keller des Hauses Sandstraße 16 untergebracht und 1977 mit der Katalogisierung begonnen, die viele Jahre beanspruchte.[614] Unter den Archivalien befanden sich unter anderem Verzeichnisse der Diakone ab 1692, das Eichhornsche Rechtsgutachten von 1830, Gesetze und Instruktionen, Satzungen, Gemeindeordnungen, Protokolle, Jahresberichte, Korrespondenz und weitere Dokumente.[615] Der Fund umfasste außerdem Fotomaterial und eine Architektenmappe mit Entwürfen zur Domrestaurierung um 1900 sowie etliche Objekte, die für ein geplantes Dommuseum[616] bestimmt wurden.[617]

Überlegungen, wo die Wappentafeln aufgehängt werden sollten, bildeten seit den 1950er Jahren einen wiederkehrenden Beratungspunkt der Diakonieversammlungen. 1967 bot sich das bis dahin den Katholiken überlassene Kapitelhaus an, das frei wurde, als diese die Johanniskirche wieder nutzen konnten. Während der Domrestaurierung in den 1970er Jahren wurde über eine Platzierung in der Domkirche nachgedacht. Beide Anregungen wurden schließlich realisiert und die älteren Tafeln mit den Wappen der Diakone in einer Seitenkapelle des Südschiffs des Doms, die jüngeren im Kapitelhaus und einige weitere im Treppenhaus Sandstraße 10 aufgehängt. Die Reihe der Tafeln mit den Wappen bzw. mit den Namenszügen der Diakone wird bis zum heutigen Tag fortgeführt. Wie das Archiv dokumentieren die Tafeln die Geschichte der St. Petri Domdiakonie und sind damit wesentliche Zeugnisse der Vergangenheit des Doms.

Domnachrichten

Das von der Domgemeinde herausgegebene Gemeindeblatt, die vierteljährlichen Domnachrichten, erschien seit 1949 wieder regelmäßig gedruckt mit Beiträgen der Pastoren und aus dem Gemeindeleben, mit Informationen aus den einzelnen Verwaltungen der Diakonie sowie Berichten aus dem Musikleben und Ankündigungen. Die Nachrichtenblätter wurden im Laufe der Zeit mehrfach unter Mitwirkung der Domdiakone und der Prediger neu gestaltet.[618] 1956 wurde ein neuer, von Pastor Walter Dietsch und dem Senior der Domdiakonie Hans Henry Lamotte verfaßter »Domführer« mit Informationen rund um den Dom und seine Geschichte herausgegeben und nach Abschluss der Domrestaurierung unter Berücksichtigung der Funde und baulichen Veränderungen 1977 in überarbeiteter Fassung editiert.[619]

Zum 325-jährigen Bestehen der Domdiakonie, anknüpfend an die Wiedereröffnung des Domes 1638, erschien am 11. November 1963 gedruckt und gebunden die von Richard Rüthnick verfaßte und von Kurd Schulz überarbeitete und ergänzte Chronik »Die Diakonie der St. Petri Domkirche zu Bremen«.[620] Dompastor Walter Dietsch präsentierte das Werk mit kryptischen Worten: »Daß in kritischen Epochen die Diakonie die einzige Formation in unserer Gemeinde war, die intakt blieb und die eine ganz seltsame Resistenz gegen Entgleisungen des Zeitgeschehens besaß …«.[621]

Wie geht es weiter?

Wie einst der Klingelbeutel der St. Petri Domgemeinde wurden und werden die Gedanken der karitativen Nächstenliebe und verantwortungsvollen Fürsorge in der St. Petri Domdiakonie weitergetragen. Über die weitere Entwicklung, die Ereignisse, Erfahrungen, Herausforderungen und Aufgaben des diakonischen Ehrenamtes berichten die folgenden Beiträge: die Seniorate am »Runden Tisch« und die aktiven Diakone aus den »Ausgewählten Verwaltungen«.[622]

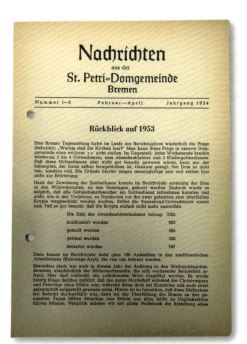
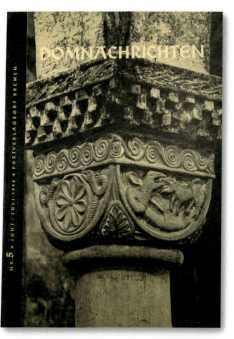

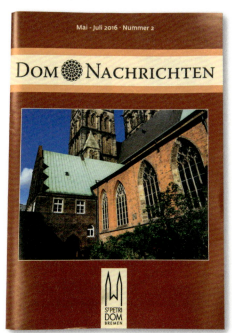

Runder Tisch der Seniorate am 17. Juni 2016
Jost Westphal, Cornelius Neumann-Redlin

Bildleiste v. l. n. r.:
Jost Westphal
Dr. Detlev G. Gross
Fritz Grobien
Hans-Joachim Zernikow

Seit Gründung der Diakonie prägen die Seniorate durch ihre zweijährige Amtszeit wesentlich die Themen und Inhalte der Diakonie. Im Rahmen eines »Runden Tisches der Seniorate« aus den vergangenen 40 Jahren bis heute soll erkennbar werden, wie sich Themen verändert haben, wo Kontinuität bestanden hat, welche Werte geblieben sind und was heute anders ist als früher.

Mit diesem Gespräch wird zugleich die Rolle der Altdiakonie gewürdigt. Diese trifft sich nicht nur regelmäßig zu internen Sitzungen. Sie nimmt darüber hinaus ihre Rolle im Konvent der Gemeinde war. Zudem bildet sie einen unschätzbaren Reichtum an Sachverstand und Erfahrung, der in vielfältigen Gesprächen, aber auch anlässlich des Zusammentreffens bei den regelmäßigen Versammlungen (etwa am Gründonnerstag) von den Mitgliedern der aktiven Diakonie gerne in Anspruch genommen wird.

Altdiakon Jost Westphal leitete die Diskussion mit dem Ziel, die konkreten persönlichen Erfahrungen der ehemaligen Senioren und auch des aktuell amtierenden Seniors, Cornelius Neumann-Redlin, auszutauschen. Dieser fasst seine Eindrücke aus dem Gespräch zusammen und bindet dabei Zitate der Anwesenden ein.

Im Rahmen dieses Buches ist die Aufgabe der Diakone am St. Petri Dom ausführlich beschrieben worden. Dieses Grundverständnis wurde auch im Rahmen des Gesprächs betont:

»Ich war immer der Ansicht, dass wir Diakone in den Dom genommen werden, um Arbeit zu übernehmen aufgrund unserer wirtschaftlichen oder vielleicht auch finanziellen Kenntnisse; nicht, weil wir unbedingt bibelfest sind, sondern weil wir bestimmte wirtschaftliche Abläufe gut verstehen. Somit ist das auch der Schwerpunkt unserer Arbeit gewesen, nämlich sich um die verschiedenen Verwaltungen zu kümmern.«

Die Diakonie wurde über alle Jahrzehnte hinweg immer als ein Kreis von Freunden angesehen, in dem und mit dem die gemeinsame Arbeit auch Spaß machte:

»Das ist ein Freundschaftskreis, denn wenn die Diakonie kein Freundschaftskreis mehr ist, dann wird es schwierig, die Personen zu rekrutieren und zu interessieren für den Kreis, den wir haben wollen. Das sollte man nicht vergessen. Deswegen und nur deswegen habe ich auch immer sehr kritisch und skeptisch auf den Druck reagiert, auch Frauen in den Diakoniekreis aufzunehmen, weil es einfach den Charakter des Kreises ändert. Das hat gar nichts mit dem Geschlecht zu tun, man muss nur wissen, was das bedeutet.«

»Mir hat die Arbeit der Diakonie Spaß gemacht, ich habe das nicht als Belastung empfunden.«

»Die Sache mit dem Freundeskreis ist richtig, sie ist deshalb so wichtig, weil die Arbeit, die geleistet werden muss, doch sehr umfangreich und intensiv ist, und die kann man einfach nur mit Freude leisten, wenn man von sympathischen und wohlwollenden Leuten umgeben ist. Mit einer Opposition in diesem Kreise kann man so etwas gar nicht durchführen.«

Dabei wurde jedoch nie verkannt, dass auch und gerade »unter Freunden« mitunter harte Diskussionen in der Sache ausgetragen werden konnten und mussten:

»Es gab natürlich erhebliche Diskussionen durch die bestehenden Meinungsverschiedenheiten. Im Interesse der Sache war dies auch gut, um etwas Vernünftiges zu erzielen.«

»Auch im Freundeskreis der Diakonie kam es immer wieder zu Kontroversen. Das Positive ist, dass kontrovers diskutiert werden kann, ohne den Freundeskreis zu zerstören.«

»Das war nicht nur Friede, Freude, Eierkuchen, sondern es gab auch handfeste Diskussionen und Schriftwechsel, wo man sich sehr klar mit den Kollegen auseinandersetzte und einander auch deutlich die Meinung sagte. Im Nachhinein und ein bisschen älter geworden schmunzelt man vielleicht darüber, aber das waren schon wichtige Diskussionen.«

Der Senior wurde im Kreis der Diakone als »einer unter Gleichen« gesehen, der letztlich eine koordinierende Funktion hat:

»Lasst uns ganz ehrlich sein, wir lassen das Seniorat immer hochleben, das ist auch gut so, aber de facto sind die aktiven Diakone 24 selbständige Persönlichkeiten. Das wollen wir auch, deswegen wählen wir sie; die brauchen wir auch, damit es funktioniert. Ich denke, insgesamt ist das gut so.«

»Eine Diskussionskultur war mir wichtig, um in unseren Versammlungen ein möglichst breites Meinungsbild zu erhalten und nicht irgendwo Entscheidungen ausschließlich über das Seniorat herbeizuführen.«

Zugleich war eine wesentliche Erkenntnis des Gesprächs, dass sich jeder Senior der Verantwortung sehr bewusst war, die er angesichts der jahrhundertealten Tradition mit diesem Amt übernahm:

»Es war durchaus eine Ehre, dass man aus dem Kreis der Diakone für würdig und fähig befunden wurde, dieses Amt zu übernehmen, welches nicht unbedingt ein leichtes Amt ist. Nach dem Motto »Halb zog es ihn, halb sank er hin« bin ich dann für zwei Jahre Senior gewesen.«

»Senior bin ich geworden aus einem einzigen kühlen Grunde, weil ich mich nie weigerte, irgendwelche Reden zu halten.«

»Was das Amt des Seniors betrifft, so habe ich es als Ehre und Auszeichnung empfunden. Ich habe mich nicht um das Amt gedrängt, ich bin gefragt worden. Dann habe ich allerdings gesagt, die Verantwortung übernehme ich und werde dieses Amt durchführen. Es hat mir dann viel Spaß gemacht.«

Kontinuität war durch jeden Senior sicherzustellen. Viele Senioren brachten eigene Impulse in die Arbeit der aktiven Diakonie:

»Ich hatte mir dann für meine Amtszeit vorgenommen, dass auf jeder Diakonieversammlung nicht nur wir als Diakone idealerweise vollzählig waren, sondern auch immer ein Prediger, ein Bauherr und ein Musiker eingeladen waren, um diese Runde damit ein bisschen interessanter zu gestalten.«

Jede Zeit verlangte nach Entscheidungen. Die Herausforderungen waren unterschiedlich. Mit der Zeit begannen knapper werdende Kassen viele Diskussionen zu beeinflussen. Am Beispiel der Gemeindeschwestern wurde dies besonders deutlich:

»Das Thema zu meiner Zeit als Diakon war damals, die Gemeindeschwestern abzuschaffen. Dies war ein sehr bedauerlicher und einschneidender Vorgang, und ich denke, wir spüren das heute auch noch. Dies passierte eben aus wirtschaftlichen Zwängen heraus, nicht weil man die Arbeit nicht wollte, son-

Bildleiste v. l. n. r.:
Christian Winther
Oliver Schmidt
Cornelius Neumann-Redlin
Ralf H. Borttscheller
Andreas Schönduve
Volker Schütte

»Jeder, der seine Aufgabe übernimmt, denkt darüber nach, wo will man Schwerpunkte setzen und wo will man vielleicht auch Veränderungen vornehmen.«

»Was ich eingeführt habe, war, dass wir ab und zu mal auch unsere üblichen Treffen in den Verwaltungen durchführten, ob das Seebergen war, das Witwenhaus oder auch das Kinderheim. Das kam immer ganz gut an. Mein Gedanke war, dass wir auch in diesen Institutionen die Gemeinschaft der Diakonie präsentieren und zeigen konnten. Vor allem die Mitarbeiter fragten, und es folgten immer gute Diskussionen.«

»Was für mich besonders beeindruckend war, war meine Zeit als Rechnungsführer der Domgemeindepflege, als die Domgemeinde noch vier Gemeindeschwestern hatte. Jeden ersten Dienstag im Monat fand ein Treffen mit den Gemeindeschwestern und Pastoren statt, wobei viele Dinge besprochen wurden, die Gemeindemitglieder betrafen, insbesondere Pflegebedürftige und Alte. Es war unglaublich, welche Informationen die Gemeindeschwestern in den Dom »hineingetragen« haben. Es ist ein großer Verlust für die Gemeinde, dass wir über diese Schwestern nicht mehr verfügen, sie waren ein ganz wichtiger Teil der Gemeindearbeit.«

dern weil es wirtschaftlich nicht mehr ging. Das hat mich sehr geprägt.«

»Zu meiner Zeit als Senior spielten knapper werdende Kassen noch keine große Rolle. Ich habe später mitbekommen, dass dies ein Thema wurde. Das hat einen auch bedrückt und man hat sich seine Gedanken gemacht, denn gerade die Schwesternstation hat Spaß gemacht, weil auch die Schwestern sich freuten, dass sie so eingebunden waren und man sich um sie gekümmert hat seitens der Diakonie.«

Weitere Themen prägten die Seniorate über Amtszeiten hinweg:

»Ein wichtiges Thema war das Witwenhaus, das in Bedrängnis geraten war. Daraus mussten wir lernen, Konsequenzen zu ziehen, und somit habe ich mich damals ein bisschen um das Thema Kontrolle (Vier- oder Sechs-Augen-Prinzip bei bestimmten Abläufen) gekümmert, im Rahmen der wirtschaftlichen Verantwortung, die wir als Diakone für die verschiedenen Verwaltungen hatten, die teilweise sehr umfangreich waren, etwa die Kindergärten und auch andere Stiftungen, die keine kleinen Betriebe sind.«

»Das ganz große Thema während meiner Amtszeit war das Thema Witwenhaus, die Neuausrichtung der Verwaltung Witwenhaus in eine aufsuchende Altenarbeit und sicherlich auch die Kooperation zwischen Alten Eichen und St. Petri, die auch während meines Seniorats zum Abschluss gebracht wurde.«

»Meine prägende Erinnerung war einerseits noch der in der Domsheide existierende Kindergarten, den ich dann noch mit abgewickelt habe, und zum anderen die Baukommission und die Restaurierung des Doms unter der Ägide von Herrn Lamotte.«

Prägendes Thema des Gesprächs war die Entwicklung des Ehrenamts über die Jahrzehnte und dessen Bedeutung für die Gemeinde und die Gesellschaft:

»Das Ehrenamt wird sich sicherlich verändern, und auch während meiner Zeit hat es sich verändert, und ich meine, in die richtige Richtung. Denke ich an meine Senioratszeit, dann ist ein Thema sicherlich gewesen, eine Art Demokratisierung des Wissens zu erreichen. Früher war es gar nicht so ganz einfach, festzustellen, wer hat wie viel Geld, Jahresabschlüsse gab es nicht, und wenn, dann waren sie schwer verständlich. Das ist ein wichtiges Thema. Ein weiteres Thema, welches immer wichtiger wird, aber auch zu meiner Zeit begonnen hat, ist die Professionalisierung des Ehrenamtes. Damals gab es noch ein Honoratiorentum, und manche meinten, das Amt als Diakon kraft Persönlichkeit erledigen zu können und alles andere ihrer Chefsekretärin zu übertragen. Das ist ein Modell, welches heute nicht mehr möglich ist. Die Anforderungen an die Professionalität der Arbeit

wachsen ständig, deswegen ist die Diakonie auch eine wichtige Einrichtung. Da hat sich sicherlich vieles verändert. Es hat vielleicht auch der Umfang der Arbeit zugenommen, das ist jedenfalls mein Eindruck. Man kann die Dinge nicht mehr relativ leicht mit linker Hand erledigen, sondern muss sich wirklich einbringen. Das ist gar nicht so einfach, aber die Grundlagen für den Erfolg der Diakonie sind geblieben.«

»Für mich war das Ehrenamt eine Horizonterweiterung. Als Jurist ist man geneigt, zu denken, man kann alles. Bismarck soll gesagt haben: »Juristen können notfalls auch einen Panzerkreuzer kommandieren.« Da musste ich aber gewaltig umlernen in der Diakonie. Da gab es so viele Dinge, die ich überhaupt nicht konnte, und ich habe sehr viel gelernt, auch durch die Reden. Auch habe ich einen ganz anderen Zugang zur Kirche und zum Glauben bekommen. Das rechne ich der Diakonie ganz hoch an.«

»Die Bremer Altstadtdiakone sind etwas Einmaliges. Die Tätigkeit in der Diakonie gibt jungen Männern die Möglichkeit, ihre Fähigkeiten einzubringen und neue zu erlangen. Bei Freiwilligkeit der Personen verlieren, die wir haben wollen und die wir brauchen.«

schiedlichen Zeiten auch unter unterschiedlichen Finanzvoraussetzungen immer die gleichen geblieben.

Wir beschäftigen uns als Diakone heute wie auch früher mit den drei großen Themen, die ich mit Altenarbeit, Kinder- und Jugendarbeit

Bildleiste v. l. n. r.:
Johann Bosse
Jan Freysoldt
Hans-Gehrt von Aderkas
Jürgen Albrecht
Cornelius Neumann-Redlin
Dr. Klaus Eissing

»Ich denke, wir sind ja dankbar, dass sich so viele Menschen (über 450) am Dom ehrenhalber zur Verfügung stellen. Das gelingt anderen Gemeinden in ganz Deutschland kaum. Da sind wir wirklich ganz vorne. Das ist aber auch dem Umstand geschuldet, dass wir letztlich versuchen, auch diese Art und dieses Miteinander und diese Freundschaft zu pflegen. Ich denke, da ist ein Geist dahinter. Ich sage nicht unbedingt, das muss festgehalten werden, das wird man dann zu jeder Zeit entscheiden müssen. Aber ich finde, wenn wir hier über die Senioratsfunktion sprechen, ist es ganz wichtig, dass man das immer mit berücksichtigt und im Hinterkopf behält, denn sonst würden wir unter Umständen diese

mir selbst hat die 12-jährige Diakoniezeit das Interesse an kirchlichen Fragen geweckt. Die Sachkompetenz und die Erfahrungen, die hier zusammengetragen werden, finden sich sonst kaum.«

Hinsichtlich der Zukunft der Diakonie herrschte Zuversicht:

»Ich glaube sehr, sehr eindeutig an die Zukunft der Diakonie, und ich will das auch kurz erklären.

Die Themen, das habe ich im Verlauf des Gesprächs festgestellt, sind im Grunde genommen über all die Jahre in völlig unter-

und mit der Musik am Dom umschreiben möchte. Wir haben heute in der Altenarbeit nicht nur die Senioren-Adventsfeier, die eine durchgehende Konstante ist, sondern glücklicherweise eine aufsuchende Altenarbeit. Diese liegt uns sehr am Herzen, weil wir heute wissen, dass es seinerzeit tatsächlich ein Fehler war, die Gemeindeschwestern aufzugeben. Ich glaube, dass dieser Kontakt in die Gemeinde hinein heute mehr fehlt denn je.

Wir versuchen heute etwa mit der aufsuchenden Altenarbeit, da anzusetzen und zu schauen, wie wir diesen Kontakt weiter ausbauen, zumal wir alle wissen, dass 1638 eine der ganz wesentlichen Aufgaben unserer Vor-

gänger war, sich in den einzelnen Stadtteilen um die Armen auf der Straße zu kümmern. Das war damals die Ursprungsaufgabe der Diakonie.

Bei der Kinder- und Jugendarbeit geht es um die Arbeit des Jugenddiakons, aber auch

Ein weiterer Punkt sind knapper werdende Kassen. Ich habe gemerkt, je weiter wir in die Vergangenheit zurückgegangen sind, desto weniger war das ein Thema. Wir müssen gucken, wie wir mit immer knapper werdenden Kassen umgehen. Wir müssen sehen, dass wir mit knapper werdenden Kassen immer noch

um die Kindergärten. Zwar haben wir heute keinen Kindergarten in der Domsheide mehr, aber dafür Kindergärten am Sielwall, in der Bleicherstraße und im Schnoor, in denen wir uns ja genau um die gleichen Fragen kümmern wie früher.

Und wir kümmern uns heute um die Frage, wie wir die Mädchenkantorei begleiten, wie wir die hervorragende Arbeit, die dort geleistet wird, auch finanziell so unterstützen, dass dieses Projekt, das am Dom entstanden und das aus meiner Sicht ein ganz großer Leuchtturm auch hier in der Innenstadt ist, weitergeführt wird.

die Aufgaben bedienen, die uns als Dom insgesamt wichtig sind. Und wenn ich sage »als Dom insgesamt wichtig sind«, dann möchte ich betonen: Es gibt und es gab wohl auch immer gelegentlich Gegensätze zwischen Predigern, Bauherren und der Diakonie. Mein Credo ist jedoch: Letztlich wollen wir alle das Gleiche – jeder mit seinen Mitteln, jeder mit seinem Engagement –, nämlich die wesentlichen Aufgaben am Dom so zu erhalten, dass diese Gemeinde weiterlebt und möglichst nicht dauerhaft unter die Zahl von 10 000 Gemeindemitgliedern rutscht.«

Namen der Herren Diaconen an St Petri Dom Kirche erwählt

| Gerhard Meyer | Ant. Dan. Albers | Heinrich Toel | Herm. Runge | Friedr. Schröder | J. H. L. Freytag | Casp. Georg Schrage |
| 1808 | 1809 | 1809 | 1809 | 1809 | 1810 | 1810 |

Engelke Sanders 1811 · Friedr. Seemann 1812 · Friedr. Oetling 1812 · Herm. Bruns 1812 · Everhard Delius 1813 · Casp. Herm. Meynen 1813 · Gerh. Christ. Garlichs 1814

Arn. Gottfr. Schröder 1815 · Joh. Heinr. Christ. Franke 1815 · Joh. Gerh. Horn 1816 · Joh. Georg Dransfeld 1816 · Carl Christ. Struver 1817 · Arn. Heinr. Runge 1817 · Daniel Eggers 1817

J. H. E. Hagendorff 1817 · L. P. Berninghausen 1818 · Heb. Heinr. Bolte 1818 · Hinr. Ger. Strohm 1819 · H. F. Schellhass 1819 · G. H. Thiermann 1819 · J. C. Brandorf 1819

Namen der Herrn Diaconen an St. Petri Dom-Kirche erwählt

J. CH. LULMANN. 1819	F. W. KEUTGEN. 1819	F. E. L. WILLMANNS. 1819	ANDR. PLUMP. 1819	IUSTUS MOHR. 1819	FRID. HUCHTING. 1820	IOS. CH. MÜLLER. 1820
FRID. RUNGE. 1821	C. W. HÜBNER. 1821	F. A. GUDEWILL. 1822	I. HELFR. ADAMI. 1822	D. H. WATJEN. 1823	I. HERM. WALTE. 1823	I. H. O. KREEPKEN. 1824
HERM. HEYE. 1824	IOH. FRID. IASPER. 1824	L. F. KALKMANN. 1824	G. F. W. SCHRADER. 1825	G. W. F. von LENGERKE. 1825	F. GRAVENHORST. 1826	I. MAR. WOLDE. 1827
G. W. SPITTA. 1827	P. HEIN. KÖPKE. 1827	I. FRIED. ADAMI. 1828	I. F. PLUMP. 1828	I. H. SCHULTZE. 1829	I. G. LOHMANN. 1829	HAGEVEKOHT. 1830

»AUSGEWÄHLTE
VERWALTUNGEN«

St. Petri Waisenhaus
Bernd Schmitt, Oliver Gampper

Die Stiftung St. Petri Waisenhaus von 1692 in Bremen wurde am 10. November 1692 (Luthers Geburtstag) gegründet, nachdem Karl XII., König der Schweden, Gothen und Wenden, am 4. November 1691 die Erlaubnis erteilt hatte, beim königlichen Dom zu Bremen ein Waisenhaus für lutherische Kinder einzurichten. Die Kinder – es wurden zunächst acht Jungen und fünf Mädchen aufgenommen – trugen blau-gelbe Kleidung in den Nationalfarben der Schweden. Der erste Standort des Waisenhauses befand sich in einem alten Gebäude am Domshof, bis 1785 ein Neubau an der Ecke Sandstraße bezogen wurde.

Die Stiftung, die sich in den mehr als 300 Jahren ihres Bestehens stetig weiter entwickelt hat, ist heute mit ihrem sehr breiten Angebot zur Unterstützung von Kindern und Jugendlichen in Bremen nicht mehr wegzudenken. Sie war bis 2011 direkt operativ in den Bereichen stationärer, teilstationärer und ambulanter Jugendhilfe sowie in der offenen Jugendarbeit und der Kindertagesbetreuung tätig. Die Angebote der Stiftung befanden sich vorwiegend im Bremer Osten. Der Hauptsitz war das Gelände an der Sudwalder Straße.

Im Rahmen eines Organisationsentwicklungsprozesses wurde die Stiftung 2012 in eine Förderstiftung umgewandelt. Die Stiftung ist heute Gesellschafter der St. Petri Kinder- und Jugendhilfe gGmbH und der Jugendhilfe und Soziale Arbeit gGmbH, sowie zusammen mit der Stiftung Alten Eichen von 1596 Gesellschafter der Diakonischen Jugendhilfe Bremen gGmbH. Über die Diakonische Jugendhilfe Bremen gGmbH ist die Stiftung mittelbar auch Mitgesellschafter der weiteren operativen Gesellschaften Alten Eichen-Perspektiven für Kinder und Jugendliche gGmbH, Diakonische Kindertageseinrichtungen in Bremen gGmbH und auch von der Pflegekinder in Bremen gGmbH.

Der Stiftungszweck ist die »Erfüllung von Aufgaben der Jugendhilfe, insbesondere der Unterbringung, Betreuung, Unterstützung und Pflege von Kindern, Jugendlichen und verhaltensauffälligen jungen Menschen, die nicht in Gemeinschaft mit ihren Eltern aufwachsen können oder bei denen eine ausreichende familiäre Betreuung nicht gewährleistet ist oder die Hilfe zur Eingliederung in die Gemeinschaft oder Hilfen in besonderen Lebenslagen benötigen«.

Die Stiftung unterstützt und fördert die Angebote der diakonischen Kinder- und Jugendhilfeeinrichtungen in ganz erheblichem Maß. Zu den Hilfen zählen rund 280 stationäre Wohnangebote, 100 teilstationäre Plätze sowie rund 400 ambulante Hilfen. In der Jugendförderung werden täglich mehrere hundert junge Menschen erreicht. In den Kindertageseinrichtungen werden derzeit 240 Kinder betreut. Diese Leistung wird mit aktuell mehr als 500 hochengagierten Mitarbeiterinnen und Mitarbeitern absolviert.

Die Angebote befinden sich in Osterholz, Tenever, Hemelingen, Vahr, Blockdiek, Horn, Borgfeld, Schwachhausen, Neustadt, Huchting, Findorff, Walle, Gröpelingen, Oslebshausen, Lüssum, Vegesack, St. Magnus und im Landkreis Osterholz und in Brinkum.

Zu den von der Stiftung geförderten Hilfen zählen u. a. Kinder- und Jugendwohngruppen, Heilpädagogische Tagesgruppen, Erziehungsstellen, sozialpädagogische Familienhilfen, Erziehungsbeistandschaften, Jugendhäuser, Elterntrainings, Freizeitpädagogische Angebote, Heilpädagogisch-therapeutische Unterstützungsangebote, Krippen und Kindergärten sowie ein Kreativ- und Therapiezentrum.

St. Petri-Kinderheim – Stiftung St. Petri Waisenhaus von 1692 in Bremen-Osterholz, Sudwalder Straße.

Kinderhäuser
Moritz Hoffmann, Dr. Frieder Grashoff, Henning Saacke

Warum hat der Dom Kindergärten?
Wer an einem schneereichen Morgen im Februar am Weserdeich 20 dick eingemummelte Vierjährige mit Bollerwagen und Eierbecher um den Hals seltsame Spiele spielen sieht, der weiß: Es ist Kohlfahrt im Kinderhaus der Domgemeinde am Sielwall. Sobald die Kinder ihre Wanderung beendet haben, setzen sie sich an eine lange Tafel und genießen »Braunen Kohl mit allem Zubehör« aus der kinderhauseigenen Küche. Unter den Kohlfahrern werden fünf evangelische, zwei katholische, ein muslimisches und im Übrigen konfessionslose Kinder mit sehr unterschiedlichen familiären Hintergründen, nicht wenige mit Migrationshintergrund, teilgenommen haben. Das Angebot qualitativ hochwertiger Kinderbetreuung ohne Ansehen der Person, ohne Betrachtung der wirtschaftlichen Leistungsfähigkeit der Eltern und auch unabhängig von der Religionszugehörigkeit ist ureigene Gemeindearbeit. Präsenz im Sprengel zeigt der Dom besonders deutlich über seine drei Kinderhäuser.

Die Domgemeinde unterhält ihre Kindertagesstätten auch, um bei allen Eltern und allen Kindern etwaige Berührungsängste vor der Kirche und insbesondere der Domgemeinde abzubauen und sich positiv besetzt als Angebot zu präsentieren.

Welche Kindergärten gibt es am Dom?

Kindergarten Bleicherstraße
Am 13. Januar 1966 hat der Kirchenausschuss den Erwerb des freistehenden Altbremer Hauses Bleicherstraße 18 aus der vorletzten Jahrhundertwende zum Zwecke der Errichtung eines Kinderhauses genehmigt. Hohe Decken, Wintergarten, Holzdielen und Parkett verleihen dem Haus seinen besonderen Charme. Seit 1967 werden dort 60 Kinder betreut, und zwar von im Schnitt 12 weiblichen und männlichen Mitarbeitern. Im Hause befindet sich auch die zentrale Küche für alle drei Kinderhäuser, in der täglich frisch für die Kinder gekocht wird.

Das Kinderhaus Bleicherstraße hat sich dem Profil »Musik – Bewegung – Religion« verschrieben: Musikalische Früherziehung und Turnen werden hier ebenso angeboten wie Tanzen, Chorsingen und Übungen zur Feinmotorik. Wertevermittlung, Toleranz und gegenseitige Achtung spielen ebenso eine große Rolle wie das gemeinsame Feiern von Festen. Die regionale Verwurzelung zeigt sich spätestens darin, dass das Kinderhaus Bleicherstraße 100 %-Werder-Partner in deren Projekt »Lebenslang aktiv« ist.

Kindergarten Sielwall
Das Kinderhaus Sielwall wurde am 2. Dezember 1992 eingeweiht. Dort werden heute 40 Kinder von im Schnitt acht weiblichen und männlichen Mitarbeitern betreut. Daneben gibt es hier Ehrenamtliche, die den Kindern zu festen Zeiten vorlesen.

Im Kinderhaus Sielwall wird seit 1998 (auch) spanisch gesprochen. Die Kinder lernen spielerisch bilinguale Kompetenz und ihnen wird ganz nebenbei auch spanische Kultur und spanische Tradition vermittelt. Hervorzuheben sind auch die schönen Räumlichkeiten des Kinderhauses in einem Altbremer Reihenhaus am Sielwall. Die Gruppen sind, der Größe der Räume entsprechend, kleiner als in anderen Kindertagesstätten. Das und die liebevolle Betreuung der Erzieher sorgen für eine sehr familiäre Atmosphäre.

Kinderkrippe Schnoormäuse
In der Kinderkrippe im Schnoor, bei den »Schnoormäusen«, werden zwölf Kinder im Alter bis zu drei Jahren von sieben weiblichen und männlichen Mitarbeitern betreut. Hier wird gewickelt, altersgerecht gespielt und Mittagsschlaf gehalten – und immer ist ein Mitarbeiter mit einem Blick beim Kind. Frühkindliche Entwicklung wird hier begleitet und gefördert, aber immer nur im Dialog mit den Eltern. Und natürlich gehen auch die Kleinsten jeden Tag an die frische Luft – zu jeder Jahreszeit.

Was tut die Diakonie?
Die Diakonie hat vielfältige Aufgaben. Zu den wichtigsten Aufgaben gehört sicher das Rechnungswesen und die Verwaltung der Konten, die Begleitung des Haushaltsplans, Verwendungs-

kontrolle und die Mittelbeschaffung, wenn für eine Ausgabe kein Platz im Budget ist. Darüber hinaus obliegt der Diakonie das Mahnwesen für die Beitreibung der Elternbeiträge.

Ein Meilenstein in der jüngeren Vergangenheit der Kinderhäuser ist die im Jahre 2008 vereinbarte Zentralanstellung. Sämtliche Mitarbeiter der Kinderhäuser sind inzwischen nicht mehr bei der Domgemeinde angestellt, sondern bei der Bremischen Evangelischen Kirche. Zu den Aufgaben der Diakonie gehört es dabei heute, die Interessen der Kinderhäuser bei der Personalgestellung durch die BEK durchzusetzen.

Die Diakonie muss strategische Entscheidungen treffen und umsetzen, auch wenn sie unpopulär sind. So musste im Jahre 2007 der Kinderspielkreis in der Marterburg als Folge drastisch gesunkener Anmeldezahlen aufgegeben werden, während im Jahre 2013 die Schnoormäuse als reine Krippe für den Dom übernommen werden konnte.

Die – im Viertel nicht immer leichte – Öffentlichkeitsarbeit wird von der Diakonie betrieben. So kann es durchaus sein, dass Eltern vor dem Kinderhaus demonstrieren, wenn eine Mitarbeiterin versetzt werden muss. Nicht nur einmal ist es vorgekommen, dass sich Interessengemeinschaften unter Eltern für bestimmte Ziele gebildet haben. Dann muss die Diakonie mit Feingefühl Wogen glätten und Lösungen präsentieren.

Sie ist auch dafür da, Nachbarn bei als übermäßig empfundenem »Kinderlärm« zu besänftigen. Es ist aber auch ihre Aufgabe, von positiven Entwicklungen zu berichten und beispielsweise nach der umfassenden baulichen Sanierung des Kinderhauses Sielwall dafür zu sorgen, dass hochkarätige Gäste zur Einweihung erscheinen, damit der Bericht im Stadtteilkurier positiv ausfällt. Ein gutes Verhältnis zum Leiter des Landesverbandes evangelischer Tageseinrichtungen muss ebenso gepflegt werden wie der Austausch mit den anderen Gemeinden in Bremen über ihre Kinderhäuser.

Die Diakonie ist der stete Tropfen, den es braucht, damit erforderliche oder wünschenswerte Baumaßnahmen von der BEK durchgeführt werden. Das Ergebnis ist bisher immer sehr ordentlich gewesen: Zwar mag über die Ästhetik der Feuertreppe an der Fassade des Altbremer Hauses am Sielwall gestritten werden – notwendig ist sie gleichwohl. Alte Bausubstanz ist permanent pflegebedürftig, aber die gesetzlichen Anforderungen steigen ebenfalls. So ist ein stilles Örtchen (»unisex«) in einem Verschlag unter der Treppe im Keller nicht mehr historisch-schön, sondern unzumutbar. Und dass die Handtuchhalter in den Kinderbädern heute einen gesetzlich vorgeschriebenen Mindestabstand voneinander einhalten müssen, führt dann schon mal zu ernsthaften Platzproblemen.

Schließlich stellt die Diakonie die Schnittstelle zu den anderen Organen am Dom, allen voran zu den Bauherren, dar. Sie bindet die Prediger ein, wo es sinnvoll erscheint, und begleitet im Frühjahr eines jeden Jahres die Vergabe der begrenzten Kindergartenplätze. Natürlich ist sie bei Bedarf Ansprechpartner für die Eltern und deren Vertretungen.

Insbesondere aber ist die Diakonie Ansprechpartner für die Leitungen der Kinderhäuser und die Bezirkskoordinatorin des Landesverbandes der BEK für alle erdenklichen Fragen rund um die Kinderhäuser. Dafür werden alle zwei bis drei Monate Dienstbesprechungen abgehalten, in denen sich die Leiterinnen, die Bezirkskoordinatorin und die Diakone über gute und schlechte Nachrichten, über anstehende Aufgaben und neue Ideen, über erforderliche Ersatzbeschaffungen und die Entwicklung einzelner Mitarbeiter austauschen.

Es sind anspruchsvolle und oft, aber nicht immer nur schöne Aufgaben, die die Diakone bei den Kindergärten zu erfüllen haben. Mehr als fürstlich belohnt werden sie aber mit der fröhlichen Grundstimmung, die es so nur in der Arbeit mit Kindern gibt. Das überträgt sich auch auf die Zusammenarbeit der Diakone selbst: wer die Kindergärten betreuen darf, empfindet das als großes Privileg und trägt dazu bei, dass es so bleibt.

St. Petri Witwenhaus – Aufsuchende Altenarbeit
Oliver Janssen

Die Stiftung St. Petri Witwenhaus steht in der christlichen Fürsorgetradition der St. Petri Domgemeinde. Sie ist eine

Sandsteintafel von 1536 am St. Petri Witwenhaus in Bremen.

Pauperibus domus hec asscripta est atque dicata Qui debent hac iam perpetuoque frui. Anno domini 1536

Den Armen ist dies Haus zugeschrieben und gewidmet, die jetzt und für alle Zeit den Genuss davon haben sollen. Im Jahre des Herrn 1536

der ältesten, heute noch bestehenden Stiftungen in Bremen. Nachweisen lässt sich die Wohlfahrtseinrichtung anhand einer auf das Jahr 1536 datierten Sandsteintafel als Armenhaus zur Aufnahme bedürftiger Menschen – das ist der früheste Beleg für die Existenz.

Die lateinische Inschrift weist das St. Petri Armenhaus – seit dem 17. Jahrhundert St. Petri Witwenhaus – als nachreformatorische Gründung aus. Die Wurzeln des Armenhauses reichen jedoch bis weit in die katholische Zeit zurück. Seit der Reformation nahm die Stiftung des St. Petri Domes eine Sonderstellung in Bremen ein, blieb aber in Zeiten konfessioneller und politischer Auseinandersetzungen und unter fremden Landeshoheiten – zunächst unter der Herrschaft Schwedens (seit 1646), dann Dänemarks (seit 1707/13), gefolgt vom Königreich Hannover (seit 1715/19) und schließlich der Franzosen (1810–1813) – als selbstständige Einrichtung erhalten. Die organisatorische und rechtliche Zuständigkeit und damit auch die Rechnungsführung des St. Petri Armenhauses/St. Petri Witwenhauses lag in den Händen des Structurarius, das war seit 1646 ein Beamter der jeweiligen Landesherrschaft.

Die 1638 gegründete St. Petri Domdiakonie war an der Verwaltung des Hauses nicht direkt beteiligt. Das änderte sich nach der Übertragung des Doms und seiner Besitztümer an die Stadt Bremen im Jahre 1803. Im Zuge langjähriger Streitigkeiten wurde den Domdiakonen angesichts einer drohenden Enteignung während der sogenannten Franzosenzeit (1810–1813) im Jahre 1810 die Verwaltung der Einrichtung übertragen. Ihre Aufgaben umfassten vor allem die Verwaltung der finanziellen Mittel, Haus- und Grundstücksangelegenheiten sowie die Verteilung von Geld- und Brotleistungen an die Witwen und die Sammlung für die Stiftung.

1901 wurde dem St. Petri Witwenhaus der öffentlich-rechtliche Status einer Stiftung bestätigt. Nach dem Ersten Weltkrieg (1914–1918) vernichtete die Inflation die solide finanzielle Basis der wohltätigen Einrichtung. Mittel aus anderen Stiftungen und Spenden Bremer Bürger sorgten für einen Ausgleich zur Erhaltung des Witwenhauses. Im Zweiten Weltkrieg wurde das Gebäude in der Buchtstraße in der Bombennacht des 6. Oktober 1944 völlig zerstört. Um die Tradition des Witwenhauses fortzusetzen und um auch künftig einen Beitrag zur städtischen Wohlfahrt zu leisten, bemühte sich die St. Petri Domgemeinde um die Wiedereinrichtung. Der Grundstücksverkauf in der Buchtstraße, Spenden opferbereiter Bürger sowie die Unterstützung der Domgemeinde ermöglichten 1961 einen Neubau mit 14 Wohnungen am Osterdeich 70 a/71. Im Herbst 2010 wurde das Gebäude verkauft und wird seither von der Egestorff Stiftung genutzt.

Die Stiftung St. Petri Witwenhaus existiert heute, wie seit Jahrhunderten, getragen vom Gemeinsinn und angewiesen auf das Engagement und die Zuwendungen Bremer Bürger. Im Sinne des Stiftungszweckes nahm die Diakonie der Domgemeinde in Absprache mit der Bremischen Evangelischen Kirche eine Neuausrichtung der christlichen Sozialtätigkeit vor, die den Schwerpunkt auf die ehrenamtliche generationsübergreifende aktivierende Stadtteilarbeit auf Basis der nachbarschaftlichen Hilfe von Menschen für Menschen legt. Die Grundidee zeigt den aus der jahrhundertelangen Vergangenheit übernommenen Anspruch sowie die Verantwortung der Diakonie für die auch in ferner Zukunft engagiert fortwirkende Institution Stiftung St. Petri Witwenhaus.

Egestorff Stiftung Altenheim
Franz Kasten

Die Egestorff Stiftung Altenheim ist eine Altenheimstiftung, die auf dem heutigen Gelände in Osterholz 1912 als

»Ruhesitz für würdige, bedürftige alte Männer und Frauen« errichtet wurde. Die Gründung und Errichtung gehen auf die testamentarische Verfügung von Johann Heinrich Egestorff zurück, der 1905 verstarb und den Landbesitz und ein Barvermögen von rund 300 000 Mark zweckgebunden der Stadt Bremen vermachte. Allein das Barvermögen reichte nicht aus, den Stiftergedanken in die Tat umzusetzen. Durch den Verkauf des kirchlichen Altenheimes (ehemals Armenhaus) in der Großenstraße und die Zusammenlegung der beiden Stiftungen war genügend Masse zum Bau eines einem Beginenkloster ähnlichen Gebäudes vorhanden, der in seiner Grundform bis heute besteht.

»Egestorff – Im Alter zuhause« ist seit 2010 das Logo und die Devise der Stiftung, zu der das Altenheim als Teil des Ganzen gehört. Die Stiftung hat das Ziel, dass sich Menschen, unabhängig von Alter, Glaubensrichtung und Gesundheitszustand wohl und geborgen in Egestorff fühlen.

Auf dem 28 Hektar großen Parkareal in Osterholz gibt es neben rund 200 barrierefreien Wohnungen auch drei Pflegeheime mit rund 250 Pflegeplätzen, die von 300 Pflegekräften betreut werden. Zusätzlich bewirtschaftet Egestorff seit 2010 das Witwenhaus am Osterdeich mit 12 Wohneinheiten.

Zu den Besonderheiten der Stiftung gehört neben dem wunderschönen Grundstück eine eigene Kirchengemeinde mit Kirche und einer halben Pfarrstelle. Die Selbständigkeit der Stiftungsbewohner wird durch den stiftungseigenen Seniorentreff »Seniorenwerkstatt« für Bewohner und Externe mit kulturellen Projekten wie Malen, Musizieren, Werken, Milieustudien wie Gefängnisbesichtigung, Schulbesuche, Projektgruppen, Bundestagsbesichtigung und gesellige Veranstaltungen gefördert.

Die Stiftung wird von zwei Vorstehern (Geschäftsführern) im täglichen Betrieb geführt. Die Vorsteher berichten alle zwei Monate an den Vorstand, der sich aus vier ehrenamtlichen Diakonen zusammensetzt – zwei Diakonen der St. Petri Domgemeinde und zwei Diakonen der St. Ansgarii Kirchengemeinde.

Festsaal und Rosenhof der Egestorff Stiftung Altenheim.

Domgemeindepflege – Ein Dienst am Menschen
Cornelius Neumann-Redlin

Die wichtigste Aufgabe der Domgemeindepflege ist die Verwaltung der »inneren Gemeindearbeit«. Diese kommt vorrangig Kindern und Jugendlichen zugute, widmet sich den Seniorinnen und Senioren der Gemeinde und unterstützt die Arbeit der Mädchenkantorei. Damit wird die Domgemeindepflege ihrer Aufgabe zum Dienst am Menschen gerecht.

Die Domgemeindepflege finanziert sich vorwiegend durch Spenden. Konkret übernimmt sie die finanzielle Abwicklung von Gemeindefahrten für Senioren, Konfirmanden und Jugendgruppen. Außerdem leistet sie finanzielle Unterstützung, wenn die Pastorinnen und Pastoren oder die Jugenddiakone Arbeitsmaterialien für ihre Aktivitäten benötigen oder gemeindliche Veranstaltungen planen.

Jedes Jahr am 1. Advent richtet die Domgemeindepflege eine vorweihnachtliche Feier mit Texten und Musik für die Seniorinnen und Senioren der Gemeinde aus, die sich großer Beliebtheit erfreut und mit einem gemeinsamen Kaffeetrinken im Kapitelsaal des Doms und im Kleinen Saal der Glocke ausklingt.

Das Geld der Domgemeindepflege wird von drei Diakonen des St. Petri Doms treuhänderisch verwaltet. Die Aufgaben der Domgemeindepflege, die selbst so alt ist wie die Diakonie, haben sich im Laufe der Jahrhunderte gewandelt: Stand früher die »aktive Pflege« der Gemeindemitglieder, vor allem der Armen und Pflegebedürftigen, im Mittel-

Seniorenadventsfeier im St. Petri Dom, ausgerichtet von der Domgemeindepflege.

punkt, so ist dies heute die Beschaffung und Bereitstellung finanzieller Mittel, die für die innere Gemeindearbeit notwendig sind.

Karl Carstens

Das prominenteste Mitglied der Domdiakonie war der gebürtige Bremer Karl Carstens, von 1979 bis 1984 fünfter Bundespräsident der Bundesrepublik Deutschland. Nach dem 2. Weltkrieg war er als Rechtsanwalt in Bremen tätig und wurde 1945 in die Diakonie des St. Petri Doms gewählt. Er war in der Domgemeindepflege aktiv.

In seinen 1993 herausgegebenen »Erinnerungen und Erfahrungen« schreibt er dazu folgendes: »Es war ein Kreis von Männern, die besonders ihre karitativen Aufgaben der Domgemeindepflege, der Betreuung des Waisenhauses und des Witwenhauses ernst nahmen und einen großen Teil ihrer Zeit dafür opferten. Es war zugleich ein Freundeskreis, in dem sich viele lebenslange Verbindungen bildeten. Manche Stunde, bei abendlichen Essen, habe ich in ihrer Mitte verbracht.«

1949 übersiedelte Carstens nach Bonn, wo er zunächst als Rechtsberater des Bremer Senats und Bevollmächtigter der Freien Hansestadt Bremen beim Bund tätig war. Damit schied er faktisch aus der Mitarbeit in der aktiven Diakonie aus.

Sein Leben lang blieb er der Diakonie verbunden. In seinen Erinnerungen schreibt er: »1957, nach zwölfjähriger Zugehörigkeit, wurde ich in die Altdiakonie überführt, der ich bis heute angehöre.«

In vielen Briefwechseln mit dem jeweiligen Senior der Diakonie zeigte er Interesse am Geschehen am Dom. Als er 1979, nach der Wahl zum Bundespräsidenten, seitens der Diakonie eingeladen wurde, Ehrengast der Seniorenadventsfeier im Dezember zu sein, schrieb er an den Senior: »Ich bitte Sie um Verständnis, daß ich die vielen auf mich zuströmenden Terminwünsche nicht alle erfüllen kann. Vielleicht ergibt sich zu einem späteren Zeitpunkt eine Gelegenheit, die St. Petri-Domgemeinde, der ich mich eng verbunden fühle, zu besuchen.«

Cornelius Neumann-Redlin

DR. KARL CARSTENS   Bonn, den 26. August 1954

Herrn
Carl König
Diakonie der St. Petri Domgemeinde

B r e m e n
= = = = = =
Dombüro

Lieber Herr König !

Für Ihr liebenswürdiges Schreiben vom 19. August 1954, mit dem Sie mir namens der aktiven Diakonie die Glückwünsche zu meinem Übertritt in den Auswärtigen Dienst des Bundes übermittelten, danke ich Ihnen herzlich. Ich habe es sehr bedauert, daß ich schon in den letzten Jahren nicht regelmäßig an den Veranstaltungen der Diakonie habe teilnehmen können. In Zukunft wird die Entfernung meines Dienstsitzes von Bremen noch größer sein als bisher. Trotzdem hoffe ich, auch in Zukunft die Möglichkeit zu haben, die Veranstaltungen der Diakonie gelegentlich zu besuchen. Ich bitte Sie, allen aktiven Mitgliedern der Diakonie meine herzlichen Grüße und Wünsche zu übermitteln. Die Mitarbeit in diesem Gremium hat mir stets ganz besonders große Freude gemacht und die menschlichen Bindungen, die sich dabei ergeben haben, bilden einen unverlierbaren Teil meiner Verbundenheit mit Bremen.

Wenn einzelne Herren der Diakonie in Zukunft einmal in Straßburg zu tun haben, so würde ich mich über einen Besuch ganz besonders freuen.

Mit herzlichen Grüßen bin ich

stets Ihr

Carstens

»Geh´ zur Schul´ und lerne was«
Die Domschulen und das Athenaeum
Dr. Lydia Niehoff

Die lutherische Lateinschule am Dom in Bremen bestand von 1642 bis 1817. Seit 1681 war der Gelehrtenschule ein hochschulähnliches Institut angegliedert, das seit 1684 als Athenaeum bezeichnet wurde.[1] Daneben gab es die deutsche Domschule, die Frei- und Armenschule und Nebenschulen sowie sogenannte Klipp- oder Heckschulen. Da die lutherischen Schulen der Verwaltung der jeweiligen Herrschaft des Erzbistums bzw. Herzogtums Bremen unterstanden, spiegelt sich in der Schulgeschichte die politisch-religiöse Geschichte der dänischen, dann schwedischen und hannoverschen Domenklave bis zur Vereinigung mit dem Stadtgebiet im Jahre 1803 mit allen Gegensätzen und Auseinandersetzungen zwischen der lutherischen und reformierten Bevölkerung.

Ob eine im Mittelalter bestehende (katholische) Domschule zur Ausbildung von Klerikern zur Zeit der Reformation in Bremen mit der ersten Schließung des Doms 1532 aufgehoben und gegebenenfalls zur Zeit der Einführung des evangelischen Gottesdienstes am Dom 1547 wiederbelebt und nach der zweiten Schließung des Doms 1561 wegen der Religionsstreitigkeiten aufgegeben wurde, ließ sich nicht eindeutig nachvollziehen. In den Streitschriften kurz nach der Wiedereröffnung des Doms hieß es, sie sei »ohne Zutun des Rates« vom Domkapitel weitergeführt worden.[3] Im Kirchenfond des Doms standen, wie für die Armenversorgung, Mittel für die Schule und ein Konvikt zur Verfügung.[3]

Im Zuge der Formierung der Domgemeinde wurde vier Jahre nach der Wiedereröffnung des Domes für den

lutherischen Gottesdienst durch Erzbischof Friedrich aus dänischem Hause im Jahre 1638 mitten im Dreißigjährigen Krieg die lutherische Lateinschule am Dom errichtet (oder wiederbelebt). Das war ein Werk des Domkapitels, das am 22. Dezember 1642 als Stifter der lateinischen »Thumb Schuell« auftrat. Die Domherren überließen der Schule unter anderem Einkünfte des Strukturfonds aus nicht besetzten Vikarien.[4] Verwalter war der Domkapitelherr Johann von Hassel.[5] Zu den Initiatoren der Schule werden neben den beiden Predigern Johann Fürsen und Caspar Schacht auch einige engagierte Mitglieder der lutherischen Gemeinde, vermutlich die ersten Diakone, gehört haben. Aufgrund der unterschiedlichen Religionsauffassung wollte man den lutherischen Nachwuchs nicht in den städtischen reformierten Schulen ausbilden lassen. Zur höheren Schulbildung sollen die Lutheraner der oberen Bevölkerungsschichten ihre Kinder, das heißt die Jungen, vorher zum Athenaeum in Verden oder in Stade geschickt haben.[6]

Die Räume der lateinischen Domschule befanden sich im ersten Stockwerk des Kapitelhauses an der Domsheide, einem mittelalterlichen dreiflügeligen Bau, der an der Südseite des Doms einen Hof mit Kreuzgang umschloss. Das Gebäude hatte den Domkapitelherren als Wohnsitz gedient, bevor sie in eigene Kurien am Domshof umzogen.[7] Möglicherweise waren die Räume bereits von der katholischen Lateinschule genutzt worden. Im Untergeschoss gab es ein Konviktorium zur Unterbringung von 12 Internatsschülern.[8] Im östlichen Flügel des Kapitelhauses befand sich die deutsche Domschule. Die Zahl der Schüler beider Lehranstalten ist nicht bekannt.[9]

1643 ernannte das Domkapitel einen Rektor[10] und einen Konrektor, denen eine Predigerstelle in Aussicht gestellt wurde. Als studierte Theologen hatten sie außer dem Unterricht auch Kirchenpflichten zur Entlastung der Prediger

Die Domkirche mit dem Kapitelhaus. In den Räumen des ehemaligen Domstiftes an der Domsheide wurde 1681 das Athenaeum eingerichtet, das den dreischiffigen Kapitelsaal im südöstlichen Gebäude mit dem Staffelgiebel als Aula nutzte, 1759.

zu übernehmen. Der Rektor hielt den Frühgottesdienst und die Katechismuspredigten und der Konrektor die Betstunden.[11] Ihre Gehälter stammten aus den Einkünften der Vikarien; das waren Abgaben in Geld und Naturalien. Vikare übten in katholischer Zeit die einfachen Kirchendienste aus und waren vermutlich auch für die Domschule tätig gewesen. Einen Nebenverdienst erzielten die Lehrer mit dem Schulgeld, mit Privatstunden und mit der Aufnahme von Schülern in ihren Haushaltungen. Wohnung und Feuerung wurden den Lehrern gestellt.[12]

Der Rat protestierte beim Domkapitel gegen die Etablierung der lutherischen Schule. Seiner Ansicht nach wurde damit gegen den im Vertrag von 1639 fixierten Status Quo verstoßen. Man habe den Lutheranern die Ausübung ihrer Religion nur unter der Prämisse gestattet, dass der bestehende Zustand unverändert erhalten bliebe, der offensichtlich keine (lateinische) Schule einschloss. Neben religiös-politischen Gründen war es die Konkurrenz zur städtischen Lateinschule, die der Rat nicht zulassen wollte. Diese Schule war im Jahre 1528 im ehemaligen Katharinenkloster gegründet und seit dem Wechsel des Bekenntnisses als calvinistisch geprägte reformierte universitätsmäßige Einrichtung, das Gymnasium illustre, weitergeführt worden. Das Gymnasium erlebte im 17. Jahrhundert seine Blütezeit.[13] Luthers Auftrag und der Kirchenordnung von 1534 entsprechend waren darüber hinaus Kirchspielschulen an allen vier altstädtischen Kirchen geschaffen worden, um die Kinder »goedtliken, christliken und eerliken«[14] (göttlich, christlich und ehrlich) zu erziehen. Ihnen wurden grundlegende Kenntnisse des Lesens, Schreibens, Rechnens und der evangelischen Lehre vermittelt. In den Gottesdiensten und bei Beerdigungen hatten sie lateinische und deutsche Psalmen und Hymnen zu singen.[15] Das Elementarwissen wurde auch im Hausunterricht oder in privaten sogenannten Klipp- und Heckschulen gelehrt, die oft ohne obrigkeitliche Genehmigung und Kontrolle betrieben wurden. Nach der Erstellung eines Gutachtens des Geistlichen Ministeriums (Venerandum Ministerium) über die Schulen beschränkte der Bremer Rat seit 1638 die Zahl dieser Schulen. Genehmigungen zur Gründung wurden nur reformierten Stadtbewohnern erteilt, was die Einrichtung eigener lutherischer Schulen nach der Wiedereröffnung des Domes forciert haben wird.[16] Die religiös-politischen Auseinandersetzungen durchdrangen auch das Schulwesen, wie ein Streit um das Singen bei Beerdigungen zeigte. Das Domkapitel behauptete am 20. Juli 1644 gegenüber den reformierten Kirchspielen das alleinige Recht, die Schüler der »Lateinischen Thumbs Schola« und der deutschen Domschule bei Begräbnissen der Domgemeinde singen zu lassen.[17] Der Rat verbot seinerseits den Kindern reformierter Bürger den Besuch der Domschule.[18]

Zu jener Zeit war die Existenz der Domschulen aufgrund der politischen Veränderungen bereits generell in Frage gestellt. Schwedische Truppen waren 1643 gegen den mit Dänemark verbündeten Kaiser gezogen und besetzten 1644 das Erzbistum Bremen. Es herrschten ungesicherte Verhältnisse, und die Unterhaltung der Schulen war ungeklärt, bis der Dombezirk mit dem Westfälischen Frieden 1648 als Teil des zum Herzogtum säkularisierten Erzstifts Bremen an die Schweden kam. Regierungssitz und damit auch Sitz der Schulverwaltung war Stade.[19] Die Schweden hatten sich zwar für die Erhaltung der Schule entschieden, doch waren die Mittel nach der Einziehung von Domgütern stark eingeschränkt, da die schwedischen Besitzer als Nachfolger der Domkapitelherren den Verpflichtungen oft nicht nachkamen.[20] Die Lehrer mussten auf ihr Gehalt oder Teile des Entgelts verzichten, bis die Schulverwaltung organisiert und vom schwedischen Residenten in Bremen übernommen wurde.[21] Am 5. Februar 1649 erließ die königliche Regierung in Stockholm eine Resolution zur Organisation der neuen Besitzungen und am 20. Juli 1652 die entsprechenden Instruktionen. Domschule und Personal sollten aus den ehemaligen Strukturgütern unterhalten werden.[22] 1651 wurde in Stade ein Konsistorium geschaffen, das die erzbischöflichen Offiziale und Archidiakone ersetzte und die Fürsorge für Kirche und Schule zur Verbreitung der reinen Lehre übernahm. Das

Konsistorium prüfte in theologischer, wissenschaftlicher und charakterlicher Hinsicht die vom Superintendenten und vom Pastor Primarius am Dom vorgeschlagenen Bewerber für das Lehramt. Sie übten gemeinsam mit den Diakonen auch die direkte Aufsicht über die Schulen in Bremen aus.[23] Vor der schriftlichen Beglaubigung und Bestallung hatten die neu eingestellten Lehrer den Huldigungseid auf den schwedischen König zu leisten, was sie zu schwedischen Untertanen machte.[24]

Im Friedensjahr 1648 wurde eine gedruckte Schulordnung mit Verhaltensvorschriften für Lehrer und Schüler und Vorgaben für die Struktur des Unterrichts herausgegeben. Die Kleidung sollte schlicht sein und das Auftreten gesittet. Keiner sollte einen Degen tragen und keiner in der Weser oder in anderen Gewässern schwimmen. Zu Unterrichtsbeginn um 7.00 Uhr und -ende um 16.00 Uhr wurden ein Choral gesungen und ein Gebet gesprochen.[25] In der Infimusklasse lernten Kinder ab etwa dem fünften Lebensjahr Lesen und Schreiben und wurden außer in Religion auch schon in Latein unterrichtet. Von der Sexta bis zur Quarta wurden vor allem die lateinische Sprache und Religion gelehrt, ab der Tertia auch Griechisch und Arithmetik. In der Prima blieb der Schüler, bis der Rektor ihm das Abschlusszeugnis ausstellte, das die Reife für den Besuch einer Universität bescheinigte. Im Privatunterricht wurden auch Hebräisch, Geometrie, Astronomie und andere mathematische Wissenschaften vermittelt. Am Sonnabend nach dem Vespergottesdienst fand eine Prüfung über die Predigt statt.[26] Im Dom war der Lektor, eine Empore an der Seite der Kanzel, der Platz der Domschüler.[27]

Nach Abschluss des Stader Vertrags von 1654 sorgte der schwedische Strukturarius Johann von Hassel für die Instandsetzung der Schulgebäude und Klassenräume. Die Gehälter der Lehrer und der Unterhalt des Konvikts (Communität) wurden wie zur Zeit des dänischen Erzbischofs durch die Einkünfte der ehemaligen Vikarien aufgebracht.[28] Nach dem Habenhauser Frieden 1666 trat eine Vernachlässigung der Schulgebäude ein. Angesichts sinkender Schülerzahlen diskutierte man eine Reform der Unterrichtspläne.[29] Ein Intermezzo ohne Folgen für die Domschule war die sogenannte Celler Zeit. Ein kaiserlicher Beamter übernahm die Verwaltung, als Schweden 1675 als Verbündeter Frankreichs zum Reichsfeind erklärt und das Herzogtum Bremen bis 1679 von kaiserlichen Truppen besetzt wurde.[30]

Zwei Jahre später, im Jahre 1681, wurde der lateinischen Domschule eine höhere akademische Oberstufe, das Athenaeum, angegliedert und es wurde ein Scholarchat aus jeweils dem höchsten geistlichen und weltlichen Beamten eingerichtet.[31] Den Namen Athenaeum trug nicht die gesamte lateinische Domschule, sondern nur die als »Publikum« bezeichnete Akademikerklasse des Gymnasiums. Als Publizisten bezeichnete Studenten hielten im Auditorium der großen Kapitelstube wissenschaftliche Vorträge und übten dabei die Sicherheit im Auftreten und Gewandtheit im Sprechen bei öffentlichen Anlässen. Weil der große Raum kalt und zugig war, traf man sich in den Wintermonaten und bei einer geringeren Zahl von Zuhörern in der kleineren mit einem Ofen versehenen Kapitelstube. Der Rat erhob am 18. Mai 1681 bei der königlichen Regierung in Stade erfolglos Einspruch gegen das Athenaeum als Konkurrenz zum städtischen Gymnasium Illustre.

Umfangreiche Reformen zur Verbesserung der Organisation und der Lehrmethoden der lateinischen Domschule verbanden sich mit der Gründung des Athenaeums: Tertia und Sekunda wurden zusammengezogen, ebenso Sexta und Quinta. Das Infimat wurde abgeschafft und die Kinder zur Vorbildung in die deutsche Domschule geschickt. Geometrie, Optik, Physik, Mathematik, Geschichte und syrische Sprachen ergänzten den Stundenplan der Prima. Da es den Primanern anstößig erschien, gemeinsam mit den kleinen Kindern die Schule zu betreten, wurde eine Kapitalstube, wo früher auch Wäsche getrocknet worden war, als Klassenraum hergerichtet, mit einem eigenen, von der deutschen Domschule getrennten Eingang. Kirchenmusik und Gesang sollten verbessert werden. Der Kantor hatte sich beklagt, dass die Stadtkinder wegen des von ihnen genossenen dicken Bremer Biers den Discantum nicht singen konnten.[32] Das pädagogische Konzept war erfolgreich. Die Schülerzahl erreichte fast 100. Allerdings besuchten zahlreiche Lutheraner das reformierte Pädagogeum, mehr als Reformierte das Athenaeum. Einer der Gründe war, dass Lehrer des städtischen Gymnasiums private juristische und medizinische Vorlesungen anboten. Es gab auch doppelte Einschreibungen, doch war das gegenseitige Verhältnis zwischen den Lehrern und zwischen den Schülern der beiden Lehranstalten alles andere als einvernehmlich.[33] 1684/85 wurden die Finanzen des Kirchen- und Schulhaushaltes neu geordnet. Die Communität wurde als Freitisch unter der Aufsicht des Scholarchats und Verwaltung der Struktur wieder eingerichtet und mit weiteren Einkünften ausgestattet, unter anderem aus dem Recht der Kuhweide auf der Pauliner Marsch. Erstmals gab es einen gedruckten Lehrplan.[34]

Als 1712 die Dänen das Herzogtum Bremen mit der Domenklave besetzten, blieben die Einkünfte für die Gehaltszahlungen an die Prediger und Lehrer aus. Die Diakonie stellte, wie zu Beginn der Schwedenzeit, einen Teil der Kollekten zur Verfügung. 1715 verkauften die Dänen den Besitz an den Kurfürsten Georg I. von Braunschweig-Lüneburg, seit 1714 in Personalunion König von England, der ihn mit dem Stockholmer Frieden 1719 endgültig von den Schweden erwarb. Im Zuge der Übernahme der Verwaltung des Herzogtums Bremen durch die hannoversche Regierung in Stade wurde in den 1720er Jahren der Strukturfond geordnet. Künftig überwies die hannoversche Rentkammer die Lehrergehälter.[35] Inzwischen hatte sich die Schülerzahl der Lateinschule auf 50 halbiert, und auch die des reformierten Gymnasiums sank um die Hälfte, betrug aber immerhin noch 200.[36] Während des gesamten 18. Jahrhunderts beherrschte die Konkurrenz der Bildungseinrichtungen das Verhältnis der nunmehr hannoverschen Domschule zum städtischen Gymnasium.[37]

Durch die Modernisierung des Bildungssystems hoffte die hannoversche Regierung das Ansehen der lateinischen Domschule mit dem Athenaeum zu heben. Seit 1738 wurden von der Universität Göttingen ausgehende neuhumanistische Denkweisen eingeführt.[38] Absolventen, die das philosophische Seminar in Göttingen besucht hatten und den dort gelehrten modernen pädagogischen Ansatz vertraten, wurden bei der Einstellung bevorzugt. An der Organisation des Schulalltags mit sechs- bis siebenstündigem Unterricht änderte sich nichts.[39] Klassische Studien und Latein als Hauptfach blieben Schwerpunkte der Lehre, sollten aber anschaulicher vermittelt werden. Die Schülerzahlen sanken weiter, weil sich das Bildungsinteresse an französischen Gesellschaftsidealen orientierte und sich den Naturwissenschaften zuwandte. Diesem Trend entsprachen in Bremen die bürgerlichen Bildungsvereine wie die Gesellschaft »Museum«.[40]

Für eine im Sinne der Aufklärung realitätsbezogene Revision der Wissensvermittlung sorgte der oberste

Die Gebäude von Athenaeum und Domschule an der Domsheide in Bremen.

hannoversche Regierungsvertreter in Bremen, Oberhauptmann Adolf Freiherr Knigge (1752–1796) als Scholarch nach einer Lehrerumfrage und Sammlung von Verbesserungsvorschlägen zur Bildungs- und Erziehungskonzeption im Jahre 1794.[41] Weil im Handelsboom nach der Unabhängigkeitserklärung der Vereinigten Staaten (1776) die Schüler ausblieben oder vorzeitig die Schule verließen, wurde ein separater Zweig der Tertia zur adäquaten Ausbildung von zukünftigen Kaufleuten eingerichtet. Auf diese Weise wurde die Trennung der Lateinschule am Dom in eine auf das Studium vorbereitende Gelehrtenschule und eine kaufmännisch orientierte Bürgerschule vollzogen. Neue Sprachen und realbezogene Fächer wie Geschichte,

| 143

Geographie und Naturwissenschaften wurden in den Lehrplan aufgenommen, kaufmännisches Rechnen und Buchhaltung in Lehrgängen unterrichtet. Die öffentlichen Vorlesungen der Studenten wurden dagegen eingestellt und die Communität in Geldstipendien umgewandelt. Künftig wurde ein nach Klassen gestaffeltes Schulgeld erhoben.[42]

1796 erschien die neue gedruckte Schulordnung in deutscher Sprache.[43] Der Unterricht der oberen Klassen fand von 8 bis 12 Uhr und von 14 bis 17 Uhr statt. Die Schulstunden der unteren Klassen endeten vormittags um 11 Uhr. In der anschließenden vierten Stunde besuchten die Kinder den Katechismus- oder den Schreib- und Rechenunterricht beim deutschen Domschulmeister. Mittwoch- und Sonnabendnachmittag, auch die Buß- und Bettage, waren frei. Die Ferien wurden von neun Wochen auf zwei Wochen im Sommer und zu Freimarkt begrenzt. Die Ordnung enthielt auch Vorschriften zur Kleidung, zum Benehmen, zur guten Sitte, zum Gehorsam und zur Frömmigkeit.[44]

Durch den Reichsdeputationshauptschluss kam der Dombezirk 1803 an die Stadt Bremen. Der Kampf der Diakone und Prediger um den Bestand und die rechtliche Bestätigung der offiziell nicht anerkannten Domgemeinde mündete in den sogenannten Nicolaischen Kirchenstreit.[45] Die Schule betreffende Streitpunkte waren die Verwaltung des Strukturgutes, aus dem auch die Lehrer besoldet wurden, und die Schulaufsicht über die lutherische lateinische Domschule mit dem Athenaeum sowie die deutsche Domschule mit der Nebenschule an der Sandstraße, einschließlich der Besetzung der Lehrerstellen.[46] Neben diesen Schulen gab es als sogenannte niedere lutherische Schulen die Armen-Freischule an der Buchtstraße und Neben- oder Freischulen bei der St. Stephanikirche, in der Neustadt und in der Vorstadt, die aus den Armenmitteln des Strukturfonds und aus den Kollekten der Diakonie finanziert wurden. Erwähnt wird auch eine Klippschule am Dom. Lutherische Kinder besuchten auch andere Klippschulen und reformierte Kirchspielschulen. Bei einer Visitation der städtischen Schuldeputation wurden 1799 50 private niedere Schulen gezählt, davon waren 38 Klippschulen. Für die Lehrer dieser Schulen war das pro Kind erhobene Schulgeld die einzige Einnahmequelle, während die Lehrer der Kirchspielschulen außerdem ein allerdings geringes festes Gehalt bezogen. Für die Kinder armer lutherischer Eltern leisteten die Diakone eine Unterstützung aus der Armen- oder Schulkasse.[47]

Nach der Übernahme der Domenklave durch die Stadt Bremen verringerte sich der Einfluss der Prediger und Diakone auf das Schulwesen. Die in ein Lyzeum umgewandelte Domschule wurde der Aufsicht des städtischen Scholarchats unterstellt, das der jüngste Bürgermeister, seit Herbst 1803 Johann Smidt, und ein Ratsherr besetzten. Die Trennung der Lehre für den »gebildeten bürgerlichen Stand« und für künftige Gelehrte blieb bestehen. In der untersten von fünf Klassen, der Quinta, wurde der Elementarunterricht in deutscher und lateinischer Sprache erteilt. In den folgenden beiden Klassen, der Quarta und Tertia, erfolgte eine Ausweitung auf Wissenschaften und fremde Sprachen, insbesondere Englisch und Französisch, zur Vorbereitung angehender Kaufleute auf das Geschäftsleben. Den Schülern, die sich weiterbilden oder studieren wollten, wurden in der Secunda auch die alten Sprachen wie Griechisch gelehrt. Die Prima besuchten jene, die sich den Wissenschaften widmen wollten, zur Vorbereitung auf das Universitätsstudium. Das Schulsystem war flexibel und ermöglichte in Abstimmung mit den Lehrern die Zusammenstellung eines individuellen Lehrplans nach den Wünschen der Eltern oder Vorgesetzten.[48] Ob aus pädagogischer Weitsicht, Experimentierfreude oder um die Attraktivität der Schule zu steigern – »insgesamt war die Domschule (Lyceum) zeitgenössischen Entwicklungen im höchsten Maße aufgeschlossen.«[49]

In der »Instruktion für den Administrator« aus dem Jahre 1810 waren die Aufgaben des zuständigen Diakons festgelegt: Bei Neuanmeldungen hatte er die Familienverhältnisse und finanzielle Lage zu prüfen. Es sollte kein Kind nichtlutherischer Eltern aufgenommen werden und keines unter acht Jahren, da diese den freien Unterricht des Armeninstituts genossen. Die Schüler waren in ein Registerbuch eingetragen. Alle drei Monate hatte der Diakon gemeinsam mit einem Dompastor die Freischulen zu besuchen und nach einer Prüfung die Konfirmanden festzustellen. Zwischen Ostern und Johannis waren an jeder Schule vom Pastor in Gegenwart des abgehenden, des fungierenden und des folgenden Administrators Examen durchzuführen. Die Entlohnung der Schullehrer aller Freischulen und Versorgung der Schule an der Buchtstraße mit Torf und Schreibfedern etc. erfolgte ebenfalls durch den verwaltenden Diakon aus der Armen- und Schulkasse. Die Einnahmen stammten unter anderem aus Zinsen und Mieten, Klingelbeutelgeldern, Vermächtnissen, Schenkungen. Aus diesem Etat wurden das Schulgeld, die Bücher, die Abgaben an das Armeninstitut, an das Armenhaus und an das Krankenhaus und eine Sondergabe an die Armen (»Hermanns-Tag«) bezahlt.[50]

Bei der Eingliederung der Stadt Bremen in das französische Kaiserreich Ende 1810 wurde eine Bestandaufnahme vorgenommen, mit dem Ergebnis, die beiden höheren Schulen, das reformierte und das lutherische Gymnasium, zu vereinigen, was am 1. Januar 1813 erfolgte. Die konfessionelle Bindung war damit aufgehoben. Es entstand eine Anstalt mit einer Elementar-, einer Kaufmanns- und einer Gelehrtenschule. Die geplante Gründung einer Universität scheiterte mit dem Ende der Franzosenzeit 1813.[51] Bemühungen, das Schulwesen dem kirchlichen Einfluss zu entziehen und unter staatliche Verwaltung und Kontrolle zu stellen, wurden nach der Restitution des bremischen Staatswesens im November 1813 fortgesetzt und mündeten in die Gründung der Hauptschule am 1. November 1817. Das war eine Vorschule mit einer Elementarstufe und, darauf aufbauend, einer Handels- und einer Gelehrtenschule.[52] Das Lyceum des Doms ging darin auf. Damit endete die Geschichte der lateinischen Domschule mit dem Athenaeum.[53] Die deutsche Domschule und die Neben- und Klippschulen der Domgemeinde bestanden weiter.

1819 widmete sich eine Deputation aus Rat und Bürgerschaft der Verbesserung der niederen Schulen, mit Ausnahme der Kirchspielschulen. Zu den niederen Schulen zählten reformierte und lutherische Armen- und Freischulen sowie Neben- und Klipp- oder Heckschulen für Jungen und Mädchen im Alter von 4 bis 14 Jahren. Unterrichtet wurden außer Buchstabieren, Lesen, Schreiben, Rechnen und Religion auch nützliche Kenntnisse und Handarbeiten. Die Kinder der Bedürftigen besuchten die Schulen unentgeltlich. Alle anderen zahlten ein monatliches Schulgeld an die Schulverwaltung des Armeninstituts. Beim Dom gab es die eigentliche Domschule, die von der Sandstraße an die Domsheide verlegt worden war, mit 75 Jungen und Mädchen. Die in zwei Räumen eingerichtete Armen- und Freischule an der Buchtstraße besuchten 150 Kinder im Alter von acht bis 16 Jahren. Der Lehrer dieser Schule wurde vom Senat angestellt, aber aus dem von der Diakonie verwalteten Schulfond bezahlt, und erhielt freie Wohnung und Feuerung. Ihm assistierte sein Sohn als Hilfslehrer. In den Klippschulen wurden nach einer 1791 vom Armeninstitut eingeführten Altersbegrenzung Kinder von vier bis acht Jahren unterrichtet. Die daraufhin von der Domdiakonie beantragte Anlage weiterer Freischulen wurde vom Senat genehmigt und eine lutherische Nebenschule beim Stephanitor eingerichtet, deren Lehrer allein vom Schulgeld lebte. Insgesamt gab es sieben vom Senat zugelassene lutherische Lehrer, jeweils zwei in der Altstadt, Neustadt und im Stephanikirchspiel und einen bei St. Michaelis, die insgesamt fast 1000 Kinder unterrichteten. Die drei reformierten Freischulen zählten zusammen rund 250 Schüler. Der Vorschlag, getrennte Schulen oder Klassen für Jungen und Mädchen bzw. für verschiedene Bevölkerungsschichten (Stände) zu schaffen, ließ sich angesichts der hohen Schülerzahlen nicht realisieren. Ein weiterer Vorschlag, die Aufhebung der Konfessionsunterschiede, scheiterte an der Ablehnung seitens des Doms. Die Diakonie argumentierte mit der Eigenfinanzierung der lutherischen Schulen aus den Klingelbeutelgeldern, den Zinsen der Armenkasse, Mieterträgen und außerordentlichen Zuwendungen. Bei der Neuaufnahme

| 145

von Kindern prüften die Diakone die Vermögensverhältnisse, um gegebenenfalls einen Teil oder den gesamten Betrag des Schulgeldes aus der Armen- und Schulkasse zu leisten. Aus den Mitteln wurden auch die Kosten für Bücher und anderes Unterrichtsmaterial bestritten.[54]

Im Zuge der Schulreform erfolgte 1823 eine Aufteilung der Stadt in fünf Schulpflegedistrikte zur Aufsicht über die sogenannten niederen Schulen; das waren die Elementarschulen. 1844 wurde die allgemeine Schulpflicht eingeführt.[55] Während der Jahre der 1848er-Revolution entwickelte eine neu geschaffene Schuldeputation Pläne zur durchgreifenden Reform des Schulwesens. Diese wurden 1849/50 mit der Einrichtung von acht bekenntnisfreien Volksschulen, das waren schuldgeldfreie Schulen, umgesetzt. Künftig wurden ältere Jungen und Mädchen getrennt unterrichtet. Damit ging die Zahl der Klippschulen zurück. 1855 vereinbarte der Bremer Staat einen Vertrag mit den fünf Kirchengemeinden, in dem sich diese verpflichteten, die eigenen Schulen in Volksschulen umzuwandeln und mit staatlicher Unterstützung zu unterhalten. Die Bestimmungen zur Regelung des Schulwesens wurden 1866 in der »Ordnung der stadtbremischen Volksschulen auf Grund der kirchlichen Gemeindeverfassung« zusammengefasst. Ein Gemeindeschulverein wurde gebildet, dem sich 1866 auch der Dom anschloss. Zwei Domdiakone beteiligten sich in der Vereinigung der Schulen beider Konfessionen jeweils zwei Jahre lang an der Aufnahme von Schülern, an den Visitationen, an der Besetzung der Lehrerstellen und anderen Aufgaben. Der Überschuss der Schulkasse war der von Senat und Bürgerschaft gewählten Verwaltung der Freischulen abzuliefern. Die Rechnungsablage erfolgte Ende Februar vor dem Schulkonvent der Domdiakonie.[56]

Die Domschule an der Domsheide, 1836.

Mitteilung über die ▶ geplante Übernahme der Domschule durch den bremischen Staat, 1874.

Wegen baulicher und gesundheitlicher Mängel geriet die nunmehr als Volksschule geführte Domschule unter Druck. In einer Beurteilung der Schulaufsicht des Senats wurden die Zustände vom Gesundheitsrat und Scholarchat als die schlechtesten in Bremen bezeichnet. Die Räume der sechszügigen Schule mit 10 Klassen und weiterer Grundschulklassen seien zu klein und erhielten im Schatten des Doms zu wenig Licht. Mit bis zu 100 Schülern in den unteren und rund 50 Schülern in den oberen waren die Klassen stark überfüllt.[57] Weil eine anforderungsgerechte Ausstattung der Schule aufgrund der hohen Kosten nicht opportun erschien, auch keine Pflicht und angesichts der konfessionellen Annäherung keine Veranlassung zur Unterhaltung getrennter Schulen gesehen wurde, entschied der Kirchenkonvent des Doms in seiner Sitzung am 2. Dezember 1872, die Abtretung der Schule an den bremischen Staat einzuleiten.[58] Mit einer unentgeltlichen Überlassung von Schulgrundstück und -gebäude erklärten sich die Bauherren der St. Petri Domgemeinde allerdings nicht einverstanden. Man einigte sich auf einen finanziellen Kompromiss. Am 22. März 1880 erfolgte die Übertragung der St. Petri-Gemeindeschule an den Bremer Staat.[59] Die Ära der Schulen am Dom war damit zu Ende.[60]

1 | Pratje, Johann Hinrich: Versuch einer Geschichte der Schule und des Athenäi bey dem Königlichen Dom zu Bremen, 3 Bde., Stade 1771–1774 (im Folgenden: Pratje, Johann Hinrich 1771–1774); Rotermund, Heinrich Wilhelm: Geschichte der Domkirche St. Petri in Bremen 1829, S. 280 (im Folgenden: Rotermund, Heinrich Wilhelm 1829).

2 | Reichsarchiv Kopenhagen, Tyske Kancelli, Udenrigske Afdeling, Bremen Stift, Akter og dokumenter verdrorende en strid mellem aerkebiskop Frederik (III) og staden Bremen 1638–1639, hier: 19. Januar 1639.

3 | StA Stade Rep 5 b Nr. 3966; StA Stade Rep 5 b Nr. 3968; StA Stade Rep 5 s 145 Bde. 1-3; Wegener, Ursula: Die lutherische Lateinschule und das Athenaeum am Dom in Bremen in ihrer politischen und kulturellen Bedeutung, in: Veröffentlichungen aus dem Staatsarchiv Bremen, Heft 16, Bremen 1941, S. 31 (im Folgenden: Wegener, Ursula 1941).

4 | StAB 2-T.5.a.3.u.

5 | StA Stade Rep 5 s 145 Bde. 1-3.

6 | Die genauen Vorgänge lassen sich aus Mangel an Archivunterlagen nicht nachvollziehen, schrieb die Autorin der quellenfundierten und umfassendsten Geschichte der Lateinschule am Dom, Ursula Wegener (Wegener, Ursula 1941, S. 31). Die Autorin hat eine Recherche relevanter Quellen, vor allem im Staatsarchiv Bremen und im Niedersächsischen Landesarchiv Hannover, vorgenommen. Weitere Archivalien zur Domschule und der weiteren lutherischen Schulen des Doms bis 1715/19 befinden sich im Staatsarchiv Stade und ein kleiner Bestand im Reichsarchiv Stockholm, die der hannoverschen Zeit zum Teil und der bremischen Zeit ab 1803 im Staatsarchiv Bremen, sowie einige Unterlagen des 19. Jahrhundert, insbesondere zur Auflösung der Schulen, im Domarchiv Bremen.

7 | StAB 2-T.5.a.3.e.

8 | Wegener, Ursula 1941, S. 57.

9 | Wegener, Ursula 1941, S. 34ff.

10 | Der erste Rektor, der Hamburger Johann Hülsemann, war mit der Stieftochter des zweiten Dompredigers Schacht verheiratet.

11 | Pratje, Johann Hinrich 1771–1774, S. 1ff; Wegener, Ursula 1941, S. 40f. Einen Domkantor gab es seit 1642.

12 | Kohl, Johann Georg: Alte und neue Zeit, Episoden aus der Kulturgeschichte der freien Reichs-Stadt Bremen, Bremen 1871, S. 195ff; Pratje, Johann Hinrich: Altes und Neues aus den Herzogthümern Bremen und Verden, Stade 1769–1781, Bd. X, S. 343; Wegener, Ursula 1941Wegener 39f.

13 | Elsmann, Thomas: Neuhumanismus im höheren bremischen Bildungswesen (1800–1850), in: Wittheit zu Bremen (Hrsg.): Klassizismus in Bremen, Formen bürgerlicher Kultur (Jahrbuch der Wittheit zu Bremen 1993/94), Bremen 1994, S. 223 (im Folgenden: Elsmann, Thomas 1994). Siehe dort auch die Reformbestrebungen am Gymnasium Illustre und Paedagogeum im 18. Jahrhundert. Entholt, Hermann: Geschichte des Bremer Gymnasiums bis zur Mitte des 16. Jahrhunderts, Bremen 1899; Entholt Hermann: Das bremische Gymnasium von 1765 bis 1817, in: Bremisches Jahrbuch, Bd. 22, Bremen 1909, S. 9-120 (im Folgenden: Entholt, Hermann 1909).

14 | Bremische Kirchenordnung von 1534, Kapitel 6 »Van scholen«, in: Iken, J(ohann) F(riedrich)(Bearb.): Die Bremische Kirchenordnung von 1534, in: Bremisches Jahrbuch, II. Serie, Bd. 2, Bremen 1891, S. XLVff und Abdruck der Kirchenordnung von 1534, S. 90ff (im Folgenden: Iken, J(ohann) F(riedrich) 1891).

15 | Iken, J(ohann) F(riedrich) 1891, S. XLVff, S. 90ff.

16 | Wegener, Ursula 1941, S. 36.

17 | StAB 2-T.3.ad.a.11.Nr.2.38, Bd. 1 Domschule und Athenaeum 1643–1680.

18 | Klinsmann, W.: Die Geschichte der Herzogtümer Bremen und Verden in den Jahren 1648–1653, Historische Kommission als Festgabe vom Stader Geschichts- und Heimatverein, Stader Archiv 17, 1927, S. 98; Pratje, Johann Hinrich 1774, Bd. 3, S. 20.

19 | Bippen, Wilhelm von: Geschichte der Stadt Bremen, Bd. 2, Halle/S./Bremen 1898, S. 383, 392f (im Folgenden: Bippen, Wilhelm von 1898, Bd. 2).

20 | StAB T.3.a.2.; Klinsmann, W. Die Geschichte der Herzogtümer Bremen und Verden in den Jahren 1648–1653, Historische Kommission als Festgabe vom Stader Geschichts- und Heimatverein, Stader Archiv 17, 1927, S. 98; Wegener, Ursula 1941, S. 52ff.

21 | Wegener, Ursula 1941, S. 57.

22 | StAB 2-T. 5.a.3.q.1.; StA Stade Rep 5 a Nr. 1018; StA Stade Rep 5 s 145 Bde. 1-3.

23 | StA Stade Rep 5 s 135 Bd. 4; Wegener, Ursula 1941, S. 32f.

24 | StAB T.5.a.3.n.; Wegener, Ursula 1941, S. 55f.

25 | Schulordnung 1648 in: StAB 2-T.5.a.3.e.; Wegener, Ursula 1941, S. 32f, 45.

26 | Wegener, Ursula 1941, S. 36.

27 | Mit einem Dank für die Auskunft an den Domarchivar Herrn Dr. Hans-Christoph Hoffmann.

28 | StA Stade Rep 5 s 145 Bde. 1-3; Rotermund, Heinrich Wilhelm 1829, S. 112; Wegener, Ursula 1941, S. 60.

29 | StAB 2-T.5.a.3.u.; StA Stade Rep 5 s 137 Bd. 1; Wegener, Ursula 1941, S. 63ff.

30 | StAB 2-T.5.a.3.u.; Bippen, Wilhelm von: Geschichte der Stadt Bremen, Bd. 3, Halle/S./Bremen 1904, S. 182ff (im Folgenden: Bippen, Wilhelm von 1904, Bd. 3); Wegener, Ursula 1941, S. 70ff.

31 | Wegener, Ursula 1941, S. 80ff.

32 | Wegener, Ursula 1941, S. 86ff.

33 | StAB 2-T.5.3.a.; Pratje, Johann Hinrich 1772, Bd. 2, S. 22, und ihm folgend Rotermund, Heinrich Wilhelm 1829, S. 275ff; Wegener, Ursula 1941, S. 86ff ;

34 | DAB J.f.Nr.1; DAB J.f.Nr.3; StAB 2-T.5.a.3.e.; StA Stade Rep 5 a Fach 313 Nr. 76; Wegener, Ursula 1941, S. 105.

35 | StAB.2-T.5.a.3.m.; Wegener, Ursula 1941, S. 114f.

36 | StAB T.5.a.3.q.1., 2. und 2.b.; Entholt, Hermann 1909, S. 38f.

37 | DAB J.f.6.

38 | DAB J.f.3.; Elsmann, Thomas 1994, S. 224 Wegener, Ursula 1941, S. 131. Samuel Christian Lappenberg (1720–1788) hatte nach dem Besuch der Domschule und des Athenaeums die neue Lehrmethode bei Johann Matthias Gesner studiert, bevor er Subrektor der Domschule wurde.

39 | StAB-T.5.a.3.c.; Wegener, Ursula 1941, S. 31f.

40 | DAB J.f.3.; StAB 2-T.5.a.3.c.; Niehoff, Lydia: 550 Jahre Tradition der Unabhängigkeit, Chronik der Handelskammer Bremen 2001, S. 92f.

41 | DAB J.f.1 Fragebogen mit Antworten von Hermann Schlichthorst (1766–1820), einem Schüler der Domschule, Theologen und seit 1798 Konrektor der Domschule. Er ist der Verfasser der vierbändigen »Beyträge zur Erläuterung der ältern und neuern Geschichte der Herzogthümer Bremen und Verden« (1796–1806). Wegener, Ursula 1941, S. 117f.

42 | StAB 2-T.5.a.4.a.; Bippen, Wilhelm von 1904, Bd. 3, S. 257; Entholt, Hermann 1909, S. 56f; Wegener, Ursula 1941, S. 137ff.

43 | StAB 2-T.5.a.3.e.

44 | StAB 2-T.5.a.3.c. und o.; StAB 2-T.5.a.3.p.1.; StAB 2.T.5.a.3.r,; Bippen, Wilhelm von 1898, Bd. 2, S. 203ff Wegener, Ursula 1941, S. 119f, 146ff.

45 | Johann David Nicolai (1742–1862), war Rektor, Pastor und Primarius am Bremer Dom.

46 | Wegener, Ursula 1941, S. 155ff.

47 | DAB J.d.Nr.1-13; StAB 2-T.3.b.8.a.-c.; StAB 2-T.3.b.10.a. und o.

48 | Sanders, Wilhelm Conrad: Kurze und allgemeine Nachricht von der Einrichtung und den Gegenständen des öffentlichen Unterrichts auf dem Lyceum, Bremen 1806, in: DAB J.f.1 (mit einem Stundenplan).

49 | Elsmann, Thomas 1994 , S. 224.

50 | DAB A.8.d.Nr.1.

51 | Bippen, Wilhelm von 1904, Bd. 3, S. 317, Rotermund, Heinrich Wilhelm 1829, S. 168f. Zur Schulgeschichte in Bremen zur Franzosenzeit siehe ausführlich Entholt, Hermann 1909, S. 75ff.

52 | Bippen, Wilhelm von 1904, Bd. 3, S. 365, 391; Elsmann, Thomas 1994 , S. 224; Entholt, Hermann: Die Bremische Hauptschule von 1817 bis 1858, in: Bremisches Jahrbuch, Bd. 23, Bremen 1911, S 1-130.

53 | Bekannte Schüler der Domschule waren Luneberg Mushard (1672–1708), der Verfasser einer genealogischen Sammlung adliger Geschlechter im Herzogtum Bremen und Verden und seit 1696 Konrektor des Athenaeums, der Theologe und Historiker Samuel Christian Lappenberg (1720–1788) und der Arzt und Astronom. Heinrich Wilhelm Olbers (1723–1840).

54 | Deputationsbericht 1819ff, in: DAB J.g.1.

55 | StAB 2-T.3.b.3.a.Bd.2.

56 | DAB J.g.1; Schwebel, Karl H.: Die Bremische Evangelische Kirche 1800–1918, in: Bremische Kirchengeschichte im 19. und 20. Jahrhundert (Hrsg.: Röpcke, Andreas), Bremen 1994, S. 135f.

57 | Bericht vom 13. Januar 1872, in: DAB J.g.1.

58 | DAB J.g.1.

59 | Mitteilungen des Senats vom 4. August 1876, in: DAB J.g.1; Rüthnick, Richard/Schulz, Kurt: Die Diakonie der St. Petri Domkirche, 325 Jahre ihrer Geschichte, Bremen 1963, S. 86.

60 | Zur weiteren Entwicklung des bremischen Schulwesens im Überblick siehe Schwarzwälder, Herbert: Das Große Bremer Lexikon, Bremen 2002, S. 642f.

Stundenplan der Domschule, 1879/80.

Mädchenkantorei am Bremer Dom

Alexander von Plato, Markus Kaiser

Seit ihrer Gründung im September 2012 konnte sich die Mädchenkantorei am Bremer Dom (MKBD) als Nachfolgeinstitution der Domsingschule über stetigen Zuwachs an ambitionierten und singbegeisterten Sängerinnen erfreuen, so dass statt anfänglich 20 nun wenige Jahre später 150 Mädchen in den fünf Chorgruppen singen.

Die Mädchen erwartet eine hervorragende musikalische Aus- und Weiterbildung, die durch professionelle und altersgerechte Probenarbeit gewährleistet wird. Von Beginn an erhält jede Sängerin neben der chorischen Stimmbildung auch zusätzliche Einzelstimmbildung. Die jungen Sängerinnen sind regelmäßig mit ihren anspruchsvollen Gottesdienst- und Konzertprogrammen im Dom zu hören. Weiterhin stehen Chorfahrten und Konzertreisen ins In- und Ausland auf dem Programm.

Um den eigenen hohen Anspruch weiter auszubauen, stellt sich die Mädchenkantorei kontinuierlich neuen Herausforderungen. So konnten der Mädchenchor der Sing-Akademie zu Berlin, der Bremer Domchor, der Knabenchor an Unser Lieben Frauen, das Jugendsinfonieorchester Bremen-Nord sowie der Frauenchor Good Weibs für spannende Begegnungskonzerte gewonnen werden, die den Dom mit jeweils bis zu 1000 Zuhörern füllten und zwei CD-Aufnahmen entstehen ließen.

Ein weiterer großer und richtungsweisender Meilenstein wurde im Juni 2017 erreicht: die Mädchenkantorei hat bei der Landesausscheidung zum deutschen Chorwettbewerb des Deutschen Musikrates gewonnen und somit in der Bremer Chorszene ein klares Zeichen gesetzt und den hohen Anspruch unter Beweis gestellt. Im Dezember 2017 führt sie die Kooperation mit dem Knabenchor fort, wenn eine gemeinsame Aufführung von J. S. Bachs Weihnachtsoratorium im Dom zu Gehör gebracht wird.

Die Mädchenkantorei am Bremer Dom wird vom Chorleiter Markus Kaiser geleitet. Unterstützt wird er von einem Team aus vier diplomierten Gesangspädagoginnen, einer examinierten Korrepetitorin und einer ehrenamtlichen Bürokraft. In allen anderen Belangen wird die MKBD in gutem Einvernehmen mit den Bauherren durch die Diakonie und den leitenden Kirchenmusiker sowie Landeskirchenmusikdirektor Dr. Tobias Gravenhorst betreut.

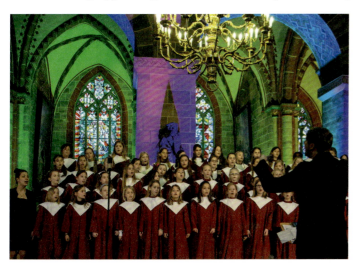

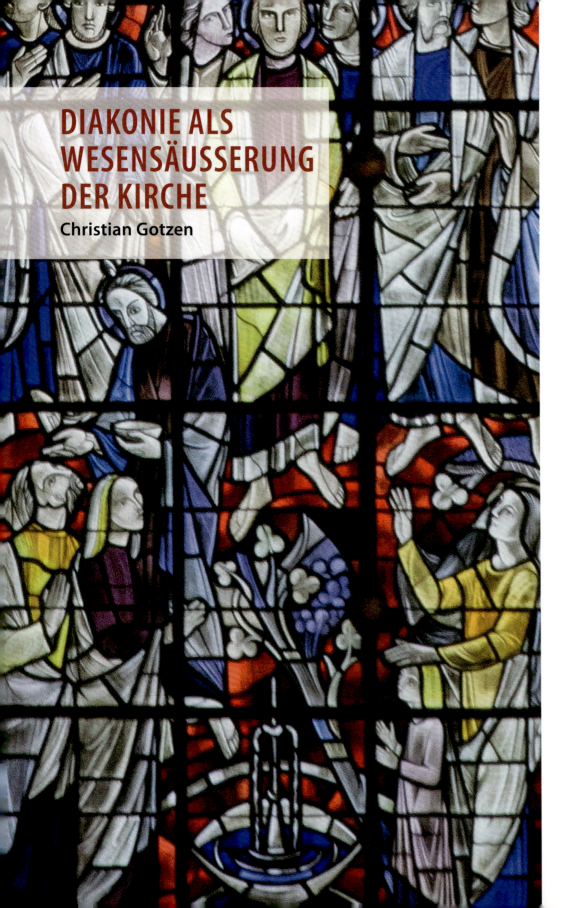

DIAKONIE ALS WESENSÄUSSERUNG DER KIRCHE

Christian Gotzen

Zu den Ursprüngen der Diakonie der St. Petri Domgemeinde gehört vermutlich eine gottesdienstliche Kollekte. Wenige Wochen, nachdem am 23. September 1638 auf Anordnung des dänischen Erzbischofs Friedrich im St. Petri Dom erstmals seit 1561 wieder ein lutherischer Gottesdienst stattgefunden hatte, sollen bereits vier Gemeindemitglieder mit dem Klingelbeutel durch den voll besetzten Dom gegangen sein; Bestimmungszweck dieser Kollekte am 11. November 1638: die Armenfürsorge in der Stadt.[1]

Ob dies den Tatsachen entspricht oder fromme Legende ist, sei dahingestellt. In jedem Fall belegt diese Überlieferung, dass zum Selbstverständnis der Domgemeinde von Anfang an diakonisches Handeln zum Wohl der Stadt gehört. Insofern verwundert es auch nicht, dass die beiden ältesten, heute noch existierenden Stiftungen der Domgemeinde ein Witwenhaus (gegründet bereits um 1536) und ein Waisenhaus (1692) unterhielten. Auf diese Weise fügte sich die noch junge Domgemeinde durch ihre Diakonie schon bald in das bestehende Netzwerk kirchlicher Armenfürsorge ein.

Suchet der Stadt Bestes und betet für sie!
(Jeremia 29,7)

Bemerkenswert ist diese diakonische Ausrichtung vor dem Hintergrund, dass die Domkirche in jener Zeit– politisch wie konfessionell – ein »Fremdkörper in der Stadt«[2] war, und zwar aus mehreren Gründen: Rein äußerlich war der Dom spätestens seit dem Einsturz des Südturms im Januar 1638 in ruinösem Zustand. Die Domdüne blieb bis zum Reichsdeputationshauptschluss 1803 exterritoriales Gebiet unter dänischer, schwedischer und schließlich kur-hannoverscher Verwaltung. Und in einer seit ihrem Anschluss an die Dordrechter Synode 1618 auch de iure zum reformierten Bekenntnis gehörenden Stadt war die lutherische Domgemeinde ohnehin über zwei Jahrhunderte allenfalls geduldet; erst der Senatsbeschluss vom 15. Dezember 1830, der den jahrelangen Streit um die Eigentumsrechte der Domkirchengüter beendete, bewirkte die rechtliche Gleichstellung der Domdiakonie mit den anderen Altstadtdiakonien.³

Rein sachlich war dies hingegen längst der Fall. Das diakonische Gesicht der St. Petri Domgemeinde unterschied sich substantiell nicht von den reformierten Stadtgemeinden ringsum und beruhte auf denselben reformatorischen Prinzipien. Diese hatten die biblisch begründete Ämterlehre der Alten Kirche nach dem Vorbild der Jerusalemer Urgemeinde (vgl. u. a. Apg 2,45; 6,1ff; 1 Kor 12,5.28) neu ans Licht geholt. Demnach gehört zu den grundlegenden Aufgaben der Kirche neben Verkündigung, Seelsorge, Unterricht und Mission von Anfang an »aktive« Diakonie in Form tätiger Nächstenliebe an den Schwachen und Hilfsbedürftigen. Insbesondere die Versorgung der Witwen und Waisen gilt hierbei – unter Bezugnahme auf entsprechende alttestamentliche Weisungen (vgl. Ex 22,21 u. ö.) – als prägendes Merkmal der jüdisch-christlichen Gemeindeaufbautradition. So wird in Apg 6,1ff die Berufung der ersten sieben Armenpfleger mit dem Versorgungsnotstand der Witwen in der Gemeinde begründet. Außerdem wird an dieser Stelle das Verhältnis von Verkündigung und Diakonie durch eine klare Aufgabenteilung zwischen Predigern und Diakonen bestimmt, auch wenn hier von institutionell definierten Ämtern wohl noch keine Rede ist.⁴

Dies wird in der Unterscheidung von Bischöfen und Diakonen in Phil 1,1 erstmals erkennbar und dann in den Pastoralbriefen (1.2 Tim, Tit) zu einer regelrechten Ämterlehre ausgeformt. Während Apg 6,3 die Qualifikation der sieben Armenpfleger ganz allgemein dahingehend tituliert, dass sie »einen guten Ruf haben und voll heiligen Geistes und Wahrheit sind«, nennt 1 Tim 3,8-13 für das Amt des Diakons bereits ein ausführliches Anforderungsprofil, das u. a. alkoholische Enthaltsamkeit, allgemein untadelige Lebensführung, insbesondere Monogamie und intaktes Familienleben vorsieht, aber auch die Eigenverantwortlichkeit der Amtsausübung betont: »Welche ihren Dienst gut versehen, die erwerben sich selbst ein gutes Ansehen und große Zuversicht im Glauben an Jesus Christus.« (V.13)

Erst allmählich werden in der Alten Kirche neben den erwarteten Eigenschaften auch die eigentlichen Aufgaben des Diakons näher definiert. Dazu gehört die Assistenz des Bischofs bzw. Priesters in Kultus, Armenpflege und Verwaltung der Gemeinde, aber auch die Mitwirkung beim Taufunterricht, bei der Austeilung des Abendmahls und gelegentlich der Predigtdienst.⁵

Die Reformatoren erneuerten das Amtsverständnis der Diakone dahingehend, dass sie für die Verwaltung des Kirchenguts (Luther) bzw. für die Almosenverwaltung sowie die Armen- und Krankenpflege (Calvin) zuständig waren. In Straßburg hält Martin Bucer das Amt des Diakons für unentbehrlich, weil es zum Wesen der Kirche gehöre, »dass Christen zur Erhaltung der Dürftigen in ihren Versammlungen ... zusammentragen und opfern«⁶. Der Züricher Reformator Huldrych Zwingli hingegen erstrebt ein gesamtverantwortliches »Gemeinwesen, das Armen- Schul- und Kirchenwesen gleicherweise in christlicher Verantwortung zusammenfasst«⁷.

Ein Christenmensch lebt in Christo durch den Glauben, im Nächsten durch die Liebe.
(Martin Luther)⁸

In Bremen beginnt die Geschichte der Altstadtdiakonien bereits im Jahr 1525 mit den sechs »Vorständern der Gotteskiste« an Unser Lieben Frauen. Die von Johann Timann in Anlehnung an das Hamburger Vorbild Johann Bugenhagens verfasste Bremer Kirchenordnung von 1534 enthält bereits wegweisende Bestimmungen zur Ordnung des Armenwesens durch die von den Gemeinden zu ernennenden Diakone.⁹ Hieran konnte über hundert Jahre später auch die neu entstehende Diakonie der St. Petri Domgemeinde anknüpfen. Der mit König Christian IV. von Dänemark ausgehandelte »Stader Vergleich« von 1639 hatte zudem zwischen Reformierten und Lutherischen einen Kompromiss erreicht, der auch die jeweilige Zuständigkeit für die Versorgung der Armen halbwegs auskömmlich regelte¹⁰ und eine partielle Zusammenarbeit der Domdiakone mit den reformierten Diakonen ermöglichte.¹¹

Verteilung von Gaben an die Armen. Darstellung im Trinitatisfenster des Hochchores im Bremer Dom.

Schon in dieser Zeit zeichnet sich die weitreichende Bedeutung des diakonischen Profils der Kirchen für die Wohlfahrtspflege der Stadt deutlich ab. Von herausragender Bedeutung für die lutherischen Bürger ist zweifellos die gegen anfängliche Widerstände des Rates durchgesetzte Gründung des 1692 eröffneten St. Petri Waisenhauses[12]. Die Domdiakonie verwaltet jedoch nicht nur die eigenen Kollekten, »Hochzeitsbüchsen«, Spenden und Vermächtnisse[13], sondern organisiert u. a. einen »Freitisch für arme Schüler an der wiedereröffneten lateinischen Domschule«[14] (Athenäum, 1642) und wirkt bei der Gründung und beim Unterhalt des kommunalen Armenhauses im Stephaniviertel im Jahr 1696 mit.[15]

Auch in der Folgezeit hindert das ambivalente Verhältnis zum Rat die Domdiakone nicht daran, das städtische Wohlfahrtswesen aktiv mitzugestalten, insbesondere im Schulwesen[16], bei der Krankenversorgung[17] und bei der Neugestaltung des bremischen Armeninstituts[18] zum Ende des 18. Jahrhundert. Waren die Lutheraner 1638 noch eine kleine Minderheit, so wuchs ihr Anteil an der Stadtbevölkerung zu Beginn des 19. Jahrhundert rasch auf mehr als die Hälfte an. Das erhöhte die Arbeitsbelastung der Domdiakone im Bereich der Armenfürsorge zunächst erheblich[19], zugleich aber ließ die infolge der Säkularisierung fortschreitende Verstaatlichung der Wohlfahrtspflege und des Schulwesens »die Frage auftauchen, ob der eigene Stand überhaupt noch zeitgemäß und existenzberechtigt sei.«[20] Auch die institutionelle Organisation diakonischer Aufgaben durch neu gegründete kirchliche Vereine wie die Innere Mission (1849) und deren Einrichtungen (z. B. das Bremer Diakonissenhaus 1868) führte zu einem vorübergehenden Bedeutungsverlust der bremischen Gemeindediakonien.

Diaconia semper reformanda

In dieser Phase wird exemplarisch deutlich, dass sich nicht nur Kirche im Allgemeinen, sondern auch Diakonie im Besonderen als stets reformfähig erweisen müssen, um mit gesellschaftlichen Wandlungsprozessen Schritt halten zu können. So hatte die Domdiakonie 1881 ihre Armenkasse an die stadtbremische Armen- und Krankenpflege übertragen[21], führte jedoch die gemeindeeigene »Armenkrankenpflege« seit 1894 unter dem Namen »Gemeindepflege« weiter.[22] Außerdem wurde ab 1879 eine eigene Gemeindeschwesternstation aufgebaut, um die gemeindliche Hauskrankenpflege weiterhin zu gewährleisten.[23] Solche und weitere Reformen ermöglichten den Fortbestand diakonischer Stiftungen und wurden beispielgebend auch für die jüngsten Umwandlungsprozesse einzelner Verwaltungen der Domdiakonie.[24]

Zunächst allerdings lässt sich im 20. Jahrhundert weithin ein Stadium zunehmender Professionalisierung diakonischer Aufgaben durch kirchliche Ämter und Werke beobachten. Zahlreiche ursprünglich gemeindegebundene Tätigkeitsbereiche werden ausgelagert und an Einrichtungen übertragen, die sich auf bestimmte diakonische Teilbereiche spezialisiert haben (z. B. Wohnungslosenhilfe, Lebensberatung, Hauskrankenpflege). Darüber hinaus führt deren rechtliche und inhaltliche Gleichstellung mit anderen Akteuren des sozialen Sektors (z. B. im Paritätischen Wohlfahrtsverband) zu Konkurrenzsituationen und hat nicht selten eine innere Säkularisierung zur Folge, unter der das christliche Profil verkümmert oder verloren zu gehen droht.

Sogar ein ganzer kirchlicher Berufsstand verschwindet auf diese Weise nahezu von der Bildfläche: Infolge der Einführung der Pflegeversicherung 1997 sind die Gemeindeschwestern gehalten, ihre Tätigkeiten auf die »anrechenbaren Leistungen« zu fokussieren. Beispielsweise haben sie für den Hausbesuch anlässlich einer Insulinspritze nur noch sieben Minuten – und damit keine Zeit mehr für das ebenso wichtige seelsorgerliche Gespräch mit dem besuchten Gemeindeglied. Da diese Arbeitsbedingungen dem ursprünglichen Berufsbild nicht mehr entsprechen und auch wirtschaftlich bald nicht mehr tragbar sind, müssen sich die meisten Gemeinden schweren Herzens von ihren Gemeindeschwestern trennen. Auch die 1879 gegründete Domschwesternstation wird 2001 nach einem letzten Rettungsversuch aufgegeben. Das diakonische

Profil der Gemeinden erleidet durch diesen Rückzug zweifelsohne einen schmerzlichen Präsenz- und Prestigeverlust.

Alle Mitgliedschaftsuntersuchungen der EKD seit 1972 zeigen freilich, dass die säkulare Gesellschaft gerade in den diakonischen Wirkungsfeldern die wesentliche Relevanz kirchlicher Aktivität erkennt. So erwarten sowohl Evangelische als auch Konfessionslose in hohem Maße soziales Engagement von der evangelischen Kirche. Auf die Frage »Inwiefern sollte sich die evangelische Kirche Ihrer Meinung nach in den folgenden Bereichen engagieren?« antworten 83 % der Evangelischen sowie 60% der Konfessionslosen: »Die evangelische Kirche sollte Arme, Kranke und Bedürftige betreuen.« Ähnlich hoch (83 % bzw. 57%) ist die Zustimmung bei der Antwortmöglichkeit »Die evangelische Kirche sollte sich um Menschen in sozialen Notlagen kümmern.«[25]

Ohne Kirche kann Diakonie nicht sein und ohne Diakonie kann Kirche nicht sein.[26]

Dementsprechend entwickelt sich seit einigen Jahren ein neues Verständnis von »diakonischer Kirche«[27]. Bereits in der Grundordnung der EKD werden die diakonisch-missionarischen Dienste als unverzichtbare »Wesens- und Lebensäußerung der Kirche« bezeichnet (Art. 15). Die 11. Synode der EKD hat auf ihrer 4. Tagung 2011 in Magdeburg diesen Anspruch untermauert: »Diakonie ist Lebens- und Wesensäußerung der evangelischen Kirche. Auf dieser Grundlage leisten alle Frauen und Männer, die beruflich in Kirche und Diakonie tätig sind, den aus dem Glauben erwachsenen Dienst am Mitmenschen.«[28]

Neben dieser professionellen Zuordnung steht jedoch zunehmend gleichberechtigt die Rückbindung diakonischen Handelns an die Gemeinde selbst. Die partiell durchaus sinnvolle Auslagerung, Delegierung bzw. Professionalisierung diakonischer Wirkungsfelder an Ämter, Werke und Einrichtungen soll die Gemeinde nicht ihrer grundsätzlichen Zuständigkeit für diakonische Aufgaben in der Parochie entheben: »Die Gemeinde als ganze ist zur Diakonie berufen. Alle ihre Glieder haben in dem Maße, in dem sie zum Handeln in der Lage sind, teil an dieser Berufung.«[29] Für alle beruflich oder ehrenamtlich mit Diakonie befassten Amtsträger, also auch für die aktiven Diakone der St. Petri Domgemeinde, bedeutet dies, »nicht allein und nicht einmal an erster Stelle … im Namen der Gemeinde die eigentliche Arbeit zu verrichten oder verrichten zu lassen, sie sollen vielmehr in allererster Linie der Gemeinde dazu verhelfen, selbst ihrer Berufung zur Diakonie nachzukommen.«[30]

Diese zunehmende Neubesinnung auf das diakonische Profil der Kirche äußert sich z. B. in der Formulierung des Leitthemas der XI. Session des Kirchentags der Bremischen Evangelischen Kirche (2007–2012): »Armut und Reichtum in Bremen – gemeinsam für eine soziale Stadt«. Darin heißt es: »Der Kirchentag verpflichtet sich, die Frage sozialer Gerechtigkeit … intensiv zu bearbeiten und bittet alle Gemeinden, gesamtkirchlichen Ämter und Werke sowie die diakonischen Einrichtungen in der Bremischen Evangelischen Kirche, sich mit ihren unterschiedlichen Blickwinkeln in diesen Prozess einzubringen.«[31]

Die Blickwinkel der St. Petri Domgemeinde sind in diesem Sinne die Wirkungsfelder ihrer diakonischen Verwaltungen, u. a. im Bereich der Kinder- und Jugendhilfe, der Kindertageseinrichtungen, der Altenarbeit und der Obdachlosenhilfe. Hierbei zeigt sich die bereits erwähnte Notwendigkeit, gesellschaftliche Veränderungsprozesse auf Augenhöhe zu begleiten und die eigenen Ressourcen daraufhin auszurichten.

Zwei aktuelle Beispiele solcher Transformation seien im folgenden genannt. Erstens: Die Neubestimmung des Stiftungszwecks der Stiftung »Witwenhaus« durch das Projekt »Aufsuchende Altenarbeit«. Grundsätzlich ist dabei festzustellen: »Die Diakonie wird stärker als bisher gefordert sein, ein Hilfe- und Begleitungsnetzwerk von und für ältere Menschen im Quartier zu entwickeln. Sie sollte sich dafür einsetzen, dass

Menschen – ob hauptberuflich oder im bürgerschaftlichen Engagement – für die verantwortungsvolle Gemeinwesenarbeit qualifiziert werden.«[32]

Die »Aufsuchende Altenarbeit« in der Domgemeinde geschieht vor dem Hintergrund zunehmender Alleinstellung und Vereinsamung älterer Gemeindeglieder. Eine Gruppe Ehrenamtlicher – für diesen Dienst von einer ausgebildeten Fachkraft vorbereitet und in regelmäßigen Zusammenkünften fortgebildet – unternimmt seit 2013 unter dem Namen »Viertelfreunde« im Gemeindegebiet auf Anfrage Hausbesuche und bietet kleine Hilfestellungen (vorlesen, spazieren gehen etc.) an. Auf diese Weise wird dem ursprünglichen Stiftungszweck unter veränderten gesellschaftlichen Bedingungen eine neue Bestimmung verliehen. Zwar kann der Verlust der Gemeindeschwestern nur ansatzweise kompensiert werden; gleichwohl ist davon auszugehen, dass durch die »Aufsuchende Altenarbeit« das diakonische Gesicht der Gemeinde vor Ort wieder stärker wahrgenommen wird.

Apostelgeschichte in der Lutherbibel (Luther, Martin: Die gantze H. Schrift Alten und Neuen Testaments, Lüneburg 1672).

Armut fordert die Diakonie in besonderer Weise zur Parteinahme heraus.[33]

Ein zweites Beispiel ist die kirchliche Begegnungsstätte »Bremer Treff«, die 1989 auf Initiative von Domprediger Immanuel Müller als gemeinsames ökumenisches Projekt der Domgemeinde mit anderen Trägergemeinden auf vereinsrechtlicher Basis ins Leben gerufen wurde. Ausgangspunkt war hier zunächst die Erkenntnis, dass die einzelne Gemeinde angesichts zunehmender Armutserscheinungen im Stadtzentrum nicht mehr in der Lage war, den komplexen Anforderungen diakonischer Betreuung in Not geratener Menschen in angemessener Weise gerecht zu werden. Zweck der Vereinsgründung war es demnach, »durch Einrichtung eines offenen Hauses zu Menschen, die aus sozialen, seelischen, gesundheitlichen, wirtschaftlichen und politischen Gründen in krisenhafte Situationen geraten sind, Kontakte zu knüpfen, sie zu stärken, sie zu Partnern zu machen und ihnen das Bewusstsein zu geben, dass Gottes Schöpfung und Liebe jedem gilt und niemand ausgegrenzt wird.«[34] Der Bremer Treff versteht sich bei aller Eigenständigkeit gleichwohl als diakonisches Instrument seiner Trägergemeinden und ist auf ihre Unterstützung existentiell angewiesen. Die Domgemeinde hat die langjährige Verbindung u. a. dadurch gestärkt, dass der Bremer Treff seit 2005 zu den Verwaltungen der Domdiakonie zählt und regelmäßig ein aktiver Diakon in den Vereinsvorstand entsandt wird. Darüber hinaus wird die Atmosphäre der Einrichtung ganz wesentlich durch die Mitarbeit Ehrenamtlicher aus den Gemeinden geprägt.

Die genannten Beispiele zeigen, dass das diakonische Profil der evangelischen Kirche mit den jeweiligen gesellschaftlichen Entwicklungen Schritt halten muss, um veränderten Anforderungen gerecht werden zu können. Solche Transformationsprozesse erfordern hohe Aufmerksamkeit und die Bereitschaft zur Weiterentwicklung diakonischer Arbeitsfelder in den Gemeinden. Denn wie die Mitgliedschaftsuntersuchungen der EKD belegen (s.o.), hängt die Glaubwürdigkeit kirchlichen

Handelns in besonderem Maße von der diakonischen Präsenz der Gemeinden in ihren sozialen Kontexten ab. Angesichts der aktuellen Herausforderung durch ein rasant wachsendes Armutsrisiko gerade auch in unserer Stadt könnte in innovativen übergemeindlichen Kooperationsprojekten wie der »Aufsuchenden Seelsorge an Menschen, die in Armut leben«[35] ein künftiger Schwerpunkt diakonischer Arbeit liegen.

Jesus Christus sagt: Was ihr getan habt einem von diesen meinen geringsten Brüdern, das habt ihr mir getan.
(Matthäus 25,40)

Die oben skizzierte Geschichte der Domdiakonie lässt erkennen, dass es im Laufe der Jahrhunderte trotz stetig sich verändernder Rahmenbedingungen immer wieder gelungen ist, den diakonischen Auftrag des Evangeliums von Jesus Christus, insbesondere in Gestalt der Armenfürsorge, segensreich mit Leben zu füllen. Aber auch heute gilt: »Die Bekämpfung prekärer Lebensstile und des Armutsrisikos in Deutschland wird ... immer wieder zu einem zentralen Thema der gesellschaftlichen Debatte«[36], ganz sicher auch in dem Sinne, dass Kirche und Diakonie sich weiter daran beteiligen werden. In Anbetracht einer ansonsten weithin ökonomisierten und fast ausschließlich zweckrationalen Argumentationsweise wird es dabei im Sinne des christlichen Menschenbildes darauf ankommen, zeitgemäße Perspektiven für eine Kultur der Nächstenliebe und der Barmherzigkeit zu entwickeln.

Hierzu kann die Erfahrung und Kompetenz gemeindlicher Diakonie maßgeblich beitragen. Denn »freiwilliges Engagement hat in Kirche und Diakonie eine lange Tradition, durch die wertvolle Grundlagen für die Weiterentwicklung bürgerschaftlichen Engagements gelegt worden sind«[37]. Der St. Petri Domgemeinde ist zu wünschen, dass die ehrenamtlichen Verwaltungen ihrer Diakonie diesen Prozess gesellschaftlicher Teilhabe auch im Blick auf künftige diakonische Herausforderungen aktiv mitgestalten.[38]

[1] Dietsch, Walter: Der Dom St. Petri zu Bremen. Geschichte und Kunst, Bremen 1978, S. 292.
[2] Rüthnick, Richard / Schulz, Kurd: Die Diakonie in der St. Petri Domkirche zu Bremen. 325 Jahre ihrer Geschichte, Bremen (1938) 1963, S. 14.
[3] Vgl. hierzu die ausführlichen Darstellungen bei Rüthnick, S. 45–76, und bei Dietsch, S. 298ff.
[4] Vgl. Art. Diakon, RGG III, Sp.160.
[5] Ebd.
[6] Art. Diakonie I, TRE 8, S. 631.
[7] A.a.O. S. 632.
[8] Luther, Martin: Von der babylonischen Gefangenschaft der Kirche, WA 7,38.
[9] Schwarzwälder, Herbert: Geschichte der Freien Hansestadt Bremen, Bd.1, Hamburg 1985, S. 207ff.
[10] Vgl. hierzu Rüthnick, S. 25ff.
[11] Rüthnick, S. 31.
[12] Vgl. hierzu Rüthnick, S. 32–36; Dietsch, S. 294ff.
[13] Rüthnick, S. 30.
[14] Rüthnick, S. 31.
[15] Rüthnick, S. 37.
[16] Rüthnick, S. 38ff. und 84ff.
[17] Rüthnick, S. 36f.
[18] Rüthnick, S. 43; Dietsch, S. 302.
[19] Rüthnick, S. 77ff.
[20] Rüthnick, S. 77.
[21] Rüthnick, S. 82.
[22] Rüthnick, S. 83.
[23] Dietsch, S. 303.
[24] Vgl. hierzu die Beiträge zum St. Petri Waisenhaus und St. Petri Witwenhaus in diesem Buch.
[25] EKD (Hg.): Engagement und Indifferenz. Kirchenmitgliedschaft als soziale Praxis. V. EKD-Erhebung über Kirchenmitgliedschaft, Hannover 2014, 2014, S. 93.
[26] Zitat aus der Präambel des Diakonischen Werks Mecklenburg-Vorpommern.
[27] Vgl. EKD-Texte 58 (1996): Der evangelische Diakonat als geordnetes Amt der Kirche
[28] EKD: Kirchengesetz über die Grundsätze zur Regelung der Arbeitsverhältnisse der Mitarbeiterinnen und Mitarbeiter in der Diakonie §1, Abs.1, Magdeburg 2011
[29] Art. Diakonie II, TRE 8, S.649.
[30] Ebd.
[31] Jahresbericht vom Schriftführer des Kirchenausschusses der Bremischen Evangelischen Kirche beim Kirchentag am 7. und 8. Mai 2008, S. 1.
[32] Becker, Uwe (Hg.): Perspektiven der Diakonie im gesellschaftlichen Wandel. Eine Expertise im Auftrag der Diakonischen Konferenz des Diakonischen Werks der Evangelischen Kirche in Deutschland, Neukirchen-Vluyn 2011, S. 42.
[33] Becker, S. 45.
[34] §3 Abs. 1 der Satzung des Vereins Bremer Treff e.V. in der Fassung vom 17.10.2016.
[35] So der Name eines aus dem landeskirchlichen Fonds »Armut und Reichtum« finanzierten diakonischen Projekts, das von den Gemeinden Unser Lieben Frauen, St. Ansgarii und der St. Petri Domgemeinde unterstützt und begleitet wird.
[36] Becker, S. 42.
[37] Becker, S. 100.
[38] Vgl. Becker, S. 100:»Auf diese Weise könnte eine von Haupt- und Ehrenamtlichen gemeinsam geprägte, diakonische Kultur der Teilhabe, Mitgestaltung und Partizipation entstehen.«

DIE BEDEUTUNG DER DIAKONIE INNERHALB DER DOMGREMIEN
Volker Schütte

Die St. Petri Domgemeinde ist heute die größte Gemeinde in Bremen und eine der mitgliederstärksten evangelischen Gemeinden in Deutschland. Seit dem 19. Jahrhundert verwaltet sich die Gemeinde durch eine Reihe von Gremien, den Kirchenkonvent, den Kirchenvorstand, die Bauherren und die Diakonie, als ältestes und eines der bedeutendsten, selbst. Zur Zeit der Gründung der Diakonie am St. Petri Dom war ihre Aufgabe ausschließlich die Almosenverwaltung, Armenpflege und die allgemeine karitative Arbeit. Wer die ersten Diakone in ihr Amt gewählt oder bestimmt hat, ist nicht überliefert. Es kann davon ausgegangen werden, dass sie aus dem Kreis der Gemeindemitglieder gewählt wurden, vermutlich unter Mitwirkung der beiden seit 1638 am wiedereröffneten Dom tätigen Prediger. Begleitend zum Predigerkollegium erfüllten die Diakone ihre Aufgaben ehrenamtlich. Wichtigste Aufgabe der Diakonie war, finanzielle Mittel zur Verrichtung ihrer wohltätigen Arbeit zu sammeln. Die Verwaltung des Kirchenvermögen des Doms für den Bau und die Erhaltung der Domkirche und anderer Bauten sowie für die Bedürfnisse des Kultus (fabrica ecclesiae) war eine Aufgabe von Beamten (Structurarii) der jeweiligen Herrschaft des Dombezirks, zur Zeit des Erzbischofs im Auftrag des dänischen Königshauses, dann der schwedischen Regierung und schließlich des Hauses Hannover. In kritischen Zeiten galt die Sorge der Diakonie, neben der Sammlung der Mittel zur Versorgung der Armen, auch der Vergütung der Prediger. Die Stellung der Diakonie wuchs mit zunehmender Selbständigkeit und Übernahme von Verwaltungsaufgaben. Weil sie wichtige Entscheidungen mittrugen und förderten, sahen sich die Diakone im eigenen Selbstverständnis als Vorsteher der Gemeinde. Zeichen der wachsenden Bedeutung der Diakonie ist die Gründung des St. Petri Waisenhauses im Jahr 1692, unter Aufbringung erheblicher finanzieller Mittel durch die Sammlungen in der Gemeinde und gegen den starken Widerstand des Rates der Stadt Bremen. Diese Institution ist bis zum heutigen Tage eine der bedeutendsten Verwaltungen der Diakonie.

Neben diesen wesentlichen Ereignissen der Diakoniegeschichte ist das Jahr 1803 für die Diakonie und zur Sicherung der

Gemeindefreiheit für die gesamte St. Petri Domgemeinde von entscheidender Bedeutung. Nach dem Frieden von Lunéville im Jahre 1802 und der damit folgenden Neuordnung Deutschlands verlor der St. Petri Dom seine staatsrechtliche Sonderstellung in Bremen, indem er aus dem hannoverschen Staatsbesitz an die Stadt Bremen übertragen wurde. Der Bremer Senat, der eine reformierte Kirchenpolitik betrieb, versuchte den lutherischen Dom und seine Einrichtungen, wie z. B. das Waisenhaus, sowie die wirtschaftlich bedeutenden Güter des Doms unter seine Kontrolle zu bekommen. Das waren unter anderem die Strukturgüter, zu denen umfangreicher Grundbesitz innerhalb und außerhalb der Stadtgrenzen zählte. In diesem für die Selbständigkeit der Domgemeinde existen-

tiellen Streit standen auf der einen Seite der Rat der Stadt Bremen, allen voran der Senator und spätere Bürgermeister Johann Smidt, und auf der anderen Seite die Diakone der St. Petri Gemeinde, die den lutherischen Dom verteidigten und den Übergang der Strukturgüter an die Stadt verhindern wollten. Auch die Prediger, hier sei der damals wohl wortgewaltigste unter ihnen, Johann David Nicolai (Prediger am Dom von 1781 bis 1826, Primarius seit 1810), genannt, kämpften für die Selbständigkeit der Gemeinde, aber die Diakonie darf wohl als stärkste und wirkungsvollste Vertretung der Gemeinde angesehen werden. Rund sieben Jahre vergingen im Streit zwischen dem Senat und der Domdiakonie ohne Annäherung und Einigung, bis der Rat der Stadt Bremen, kurz bevor Napoleon Bremen ins französische Kaiserreich eingliederte, die Strukturgüter des Doms zu Kirchengütern erklärte, um sie damit vor dem Zugriff der Franzosen zu schützen. Zwar wurden sie nicht eindeutig dem Dom zugesprochen, aber künftig von vier Bauherren verwaltet, von denen drei ehemalige Domdiakone waren (Lameyer, Bredenkamp, Rethberg). Ihre Ernennung durch den Bremer Senat erfolgte am 26. Dezember 1810. Ab dem Jahr 1812 waren alle vier Bauherren ehemalige Diakone der St. Petri Gemeinde, was bis zum heutigen Tage in der Regel der Fall ist. Auch wenn die Diakonie des Doms bei dieser unter äußerem Zwang erreichten Einigung nicht alle ihre Forderungen gegen den Senat durchsetzen konnte, so bleibt festzuhalten, dass die Diakonie in diesen Jahren des Kampfes für die Eigenständigkeit des Doms in Bremen ihre führende Rolle in der Gemeinde bewiesen hat.

Das Bauherrenamt wurde als ein weiteres, neues Gremium in der St. Petri Domgemeinde geschaffen. Den Bauherren obliegt seither die Verwaltung des Strukturvermögens, heute Gemeindevermögen oder Kirchengut, während die aktive Diakonie weiterhin für die Kollekten, die Verwaltung der Gemeindepflege sowie der Stiftungen, insbesondere des

◀ Kollektenbecken im Dom.

Novembergesellschaft im Kapitelsaal, 2016.

Blick in den zur Adventszeit gut besuchten Bremer Dom.

Waisenhauses und des Witwenhauses, zuständig ist. Seit nunmehr über 200 Jahre haben die Bauherren und die aktive Diakonie die St. Petri Gemeinde in dieser Weise gemeinsam verwaltet.

Neben diese beiden Gremien der Selbstverwaltung trat der Kirchenkonvent, heute das höchste Organ in der Gemeinde. Der Kirchenkonvent, früher auch »Bürgerkonvent« der Domgemeinde genannt, hervorgegangen aus einem Wahlkollegium zur Wahl der Prediger, mag vielleicht schon früher in ähnlicher Form bestanden haben und an der Wahl der Diakone beteiligt gewesen sein. Eine genauere Beschreibung der Aufgaben des Konvents findet sich erstmals in einem im Oktober 1817 von der Gemeinde verabschiedeten Entwurf zu einem sogenannten »Grundgesetz« der Gemeinde, welches in einem Ausschuss unter Pastor Nicolai erarbeitet worden war. Dieser Ausschuss bestand aus acht weiteren Mitgliedern, welche alle dem Kreis der Domdiakonie entstammten. In dem Entwurf sind dem Konvent insbesondere die Wahl der Pastoren, der Musiker und Lehrer, einschließlich der Festsetzung der Gehälter und Pensionen zugewiesen, und auch die Wahl der Bauherren und der Diakone, wobei die Diakonie selbst den Wahlaufsatz lieferte. Darüber hinaus sollte dem Konvent die Entscheidung über die Veräußerung von Kirchengütern und Bauvorhaben obliegen, die über eine bestimmte Summe hinausgingen.

Auch dem Predigerkollegium, den Bauherren und der Diakonie wurden in diesem »Grundgesetz« bestimmte Aufgaben und ein Regelwerk für die Wahlen vorgegeben. Dieser dem Bremer Senat vorgelegte Entwurf einer Verfassung bzw. Geschäftsordnung der Domgemeinde wurde 1826 verworfen und abgelehnt. Ein Blick in unsere heute gültige Verfassung zeigt aber deutlich die Handschrift und den Ursprung des Entwurfs von 1817. Die in diesem »Grundgesetz« fixierten grundsätzlichen Strukturen und die Aufgabenverteilung haben sich also letztlich durchsetzen können und bestimmen seit 200 Jahren das gemeinsame Wirken von Konvent, Diakonie und Bauherren in der Verwaltung der Domgemeinde. Sie bilden einen Grundstein der erfolgreichen Selbstverwaltung der St. Petri Gemeinde. Die Zahl der Konventsmitglieder und die Zusammensetzung des Gremiums wurden 1817 nicht genannt. Heute gehören dem Konvent maximal 96 Gemeindemitglieder an, von denen 36 Altdiakone und aktive Diakone sein müssen, außerdem vier Bauherren sowie das Predigerkollegium. Damit ist der Einfluss der Diakonie auch in diesem Gremium gesichert.

Als weiteres Gremium der Selbstverwaltung ist der Kirchenvorstand zu nennen, der in der ersten formellen und genehmigten schriftlichen Verfassung der Gemeinde im Jahr 1830 erstmals erwähnt wurde und seither an der Leitung der Gemeinde beteiligt ist. Die Diakonie gab damit einen Teil ihrer Aufgaben und damit auch ihres Einflusses ab. Der Vorstand, der sich aus Mitgliedern des Konvents zusammensetzt, besteht heute aus maximal 28 Mitgliedern, wovon sechs direkt aus der Diakonie kommen. Der Kirchenvorstand besteht als beratendes und begleitendes Gremium neben dem Konvent und dem Bauherrenkollegium.

Betrachtet man heute, nach fast 400 Jahren der Wiederöffnung des Doms und über 200 Jahren Selbstverwaltung der St. Petri Gemeinde die fünf Gremien der Verwaltung, so bleibt festzuhalten, dass – mit Ausnahme des Predigerkollegiums – die Diakonie alle anderen drei Gremien mitgegründet und verfasst und einen gewissen Einfluss behalten hat. Dies mag ein entscheidender Grund für die vorwiegend harmonische und effektive Verwaltung der Gemeinde durch diese Gremien sein. Alle bedeutenden Entscheidungen hinsichtlich der Verfassung der Gemeinde, ihrer theologischen Ausrichtung, der baulichen Veränderungen, der Verwaltung ihrer bedeutenden Stiftungen und der Verwendung der freien Mittel sind bis zum heutigen Tag immer in mitbestimmender Weise stark durch die Diakonie geprägt. Jedes der genannten Gremien steht für sich – alle aber werden durch die Diakonie verbunden, oder besser gesagt: eingebunden. So ist es der Diakonie in all den Jahren gelungen, als entscheidende Kraft die St. Petri Gemeinde mit zu führen – vielfach im Hintergrund agierend, aber in manchen Jahren auch aktiv im Vordergrund, so wie in den Jahren 1803 bis 1830 und ab August 1939 bis 1945, als sich die Diakonie der Gleichschaltung aller kirchlichen Körperschaften widersetzte. Während der Jahre des Dritten Reiches blieb die Diakonie als einziges unabhängiges Verwaltungsgremium des Doms erhalten und unterstrich damit erneut ihre bedeutende Stellung für die Gemeinde.

Gelingt es der Diakonie, sich weiterhin von innen heraus mit engagierten und kompetenten Mitgliedern immer wieder zu erneuern, so wird die Zukunft der St. Petri Gemeinde auch in den nächsten Jahrzehnten und Jahrhunderten gesichert sein.

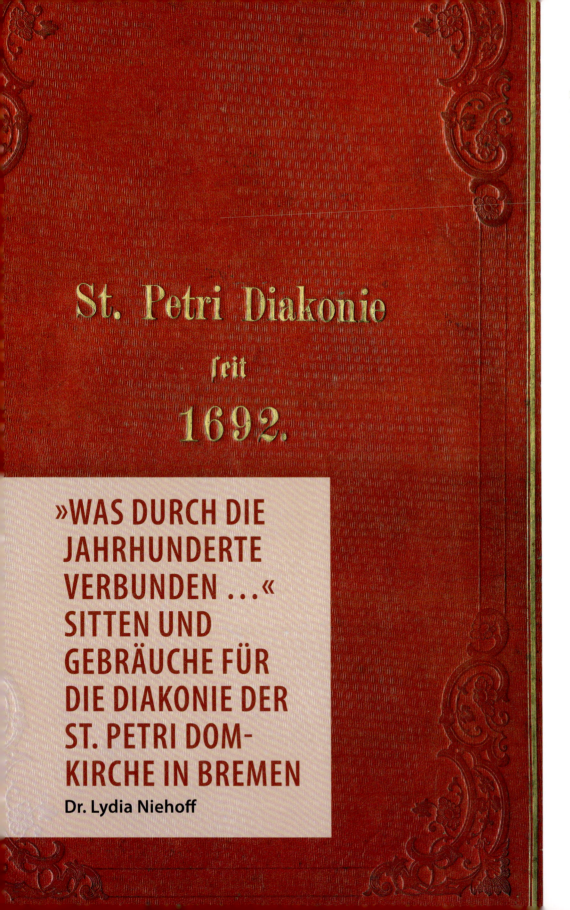

»WAS DURCH DIE JAHRHUNDERTE VERBUNDEN …«
SITTEN UND GEBRÄUCHE FÜR DIE DIAKONIE DER ST. PETRI DOMKIRCHE IN BREMEN

Dr. Lydia Niehoff

»Was durch die Jahrhunderte verbunden
fragt nicht nach 24 Stunden.
Zwar auf des grünen Mittwochs Fluren
verloren wir des Vorbilds Spuren,
doch ihre Leuchtkraft führt zum Glück
uns stets zum rechten Weg zurück.
Für die Aktiven trägt dies vor
mit bestem Gruß der Senior.«[1]

Diese Verse eines Seniors der Diakonie an der St. Petri Domkirche brachten die alljährlich von den Diakonen aufgeworfene Frage nach dem Tag der Veranstaltung der Gründonnerstagsgesellschaft auf den Punkt: bezeichnenderweise und traditionell am Donnerstag vor Ostern oder nach Abstimmung familiengerecht am vorhergehenden Mittwoch?

Die Gründonnerstagsgesellschaft gehört in die Reihe der monatlichen Treffen der Diakonie der St. Petri Domgemeinde, das waren und sind Arbeitssitzungen mit anschließendem gemeinsamen Essen und Beisammensein. Einige Eigentümlichkeiten machen die Zusammenkunft am Gründonnerstag zu einem besonderen Ereignis im Jahresverlauf der Domdiakonie. Sie verweisen auf einen vorreformatorischen Ursprung. Der Gründonnerstag hat eine urchristliche Tradition.[2] Kirchengeschichtlich war es der Tag in der Karwoche vor Ostern, an dem Jesus Christus mit seinen zwölf Aposteln das letzte Abendmahl, verbunden mit der Einsetzung der Eucharistie und der Einsetzung des Priestertums, beging. Die Feier der Vesper am Abend des Gründonnerstags leitete die drei Ostertage, vom Tag der Kreuzigung am Karfreitag bis zur Auferstehung am Ostersonntag, ein. Es war ein Ablasstag, an dem die Gemeindemitglieder nach der Absolution von Sünden und Kirchenstrafen wieder zum Abendmahl zugelassen wurden. Aus dürrem wurde grünes Holz, so versinnbildete der Evangelist Lukas den Vorgang der Erneuerung (Lukas 23,31). Mit diesem Tag verbanden sich die Weihe der Öle und die Fußwaschung, die das kirchliche Amt des Dienens symbolisierte, wie das Sammeln von Almosen. Der Gründonnerstag war einer von vier zentralen Tagen des Kirchenjahres, an dem die Verteilung von Gaben an die Armen in und vor den Kirchen stattfand. Dem Dom hatten die ihm feudalrechtlich verpflichteten Meierhöfe an einem Tag wie diesem die dazu bestimmten, genau verzeichneten Lebensmittel zu liefern, und es wurde Rechenschaft über das Kirchenvermögen abgelegt. Der für die Wohltätigkeit grundlegende Gedanke der Solidarität wurde nach altchristlicher Tradition mit einem Brudermahl nach dem Gottesdienst verbunden. In manchen Kathedralkirchen wurde die Feier um einen Tag auf den Mittwoch vorverlegt, um den Priestern entfernter Pfarrgemeinden die Teilnahme an den Feierlichkeiten zu ermöglichen.[3]

Gemeinsames Essen und Trinken hatte friedensstiftenden und gemeinschaftsfördernden Charakter. Die gemeinsame Mahlzeit hatte eine den Vorgang bestätigende Funktion, sei es bei der Wahl und Aufnahme von Mitgliedern oder nach der Rechnungsablage, und war oft auch mit der Sammlung von Spenden verbunden. Mit dem soziokulturellen Werte- und Normensystem entwickelte jede Gemeinschaft spezifische Regeln, Symbole und Rituale für ihre den gesellschaftlichen Vorgang bestätigenden Feste, die in ihrem Grundkonsens stets die Einheit und Zusammengehörigkeit betonten. Manche Regularien verloren im Laufe der Jahrhunderte ihren Sinnzusammenhang mit der altkirchlichen Tradition und wirkten schließlich wie nostalgische Zitate einer vergangenen Zeit, wie manche Aufgaben der Schaffer (Gastgeber), bestimmte Kleider- und Speisevorschriften und das sogenannte Gesundheitentrinken als Friedensgruß und zur Stärkung des Verbundenheitsgefühls.

Die Überlieferung der Sitten und Bräuche der Diakonie am St. Petri Dom scheint in älterer Zeit in mündlicher Form erfolgt zu sein, zumindest fanden sich keine frühen Belege. Vermutlich verband sich die in den Quellen seit 1644 nachzuweisende regelmäßige Lichtung der sogenannten Gotteskästen, wie bei den anderen altstädtischen Diakonien, bereits mit einer den Vorgang der Rechnungslegung bestätigenden Mahlzeit. Die letztmalig 1656 erlassenen Luxusordnungen mit Kleider- und Speisenvorschriften von klassifizierender Gültigkeit für die hierarchisch gegliederte Gesellschaft wurden danach durch jeweils zeitgemäße individualisierte, aber inhaltlich kongruente Bestimmungen bezüglich der Kleidung, des Menüs, der Festlegung von Beginn und Ende einer Gesellschaft und der Strafen ersetzt. Auf diese Weise scheint auch die Verpflichtung der Diakone zur Armenfürsorge mit den historischen Ritualen des bürgerlichen Ehrenamtes verbunden worden zu sein, ohne einen nachzuweisenden schriftlichen Niederschlag zu finden. Im 18. Jahrhundert sollen sich die fungierenden (amtierenden) und die abgegangenen Diakone jeden Monat getroffen haben, um die Interessen des Doms, der sie zusammengeführt hatte, und nebenbei sich selbst zu pflegen, wie es in den älteren Dokumenten heißt.[4] Die Gemeinschaftsidee und der Wille zur Erfüllung des religiös-karitativen Zwecks prägten das Selbstverständnis der Domdiakonie.

Eine schriftliche Fixierung der Statuten der Diakonie an der St. Petri Domkirche liegt erstmals für 1820 vor, nachdem zur Franzosenzeit (1810–1813) und in den ersten Jahren danach die Diakonietätigkeit geruht hatte.[5] Dieser Umstand und die starken Anfechtungen der Domgemeinde im sogenannten Nicolaischen Kirchenstreit werden den Anlass zur Verfassung des Regelwerkes für die bereits seit langem bestehende Vereinigung gegeben haben. Johann Smidt stellte in dem Zusammenhang den »esprit de corps« unter den amtierenden und ausgeschiedenen Diakonen fest.[6] Der aktiven Diakonie oblagen die laufenden Geschäfte zur Verwaltung der Stiftungen, Anstalten und Institute, der Kirchendienst und die Vertretung durch das Seniorat nach außen. Bei wichtigen Entscheidungen in der Gemeinde oder über deren Vermögen und in den zu jener Zeit geführten existenzbedrohenden Auseinander-setzungen zogen sie die Altdiakonie hinzu und trafen sich wöchentlich im Waisenhaus.[7]

Ein am 8. Februar 1820 in der Diakonieversammlung gefasster Beschluss zur Fortführung der Zusammenkünfte[8] mündete in die »Regeln für den monatlichen Gesellschafts-Zirkel der

Dom-Diaconie«.⁹ Der »zur Beförderung alles Guten« gebildete Gesellschaftszirkel (Art. 1) erstreckte sich auf – gemeinschaftliche Quartalsgesellschaften (Januar, April, Juli, Oktober) und – getrennte Monatsgesellschaften.

Für die vier Quartalsgesellschaften waren die Monate Januar, April, Juli und Oktober reserviert. Das entsprach den spätestens seit dem Ende des 17. Jahrhunderts gegebenen Terminen für die Sammlung und Verteilung von Gaben an die Bedürftigen. Im 19. Jahrhundert dienten die Quartalsgesellschaften der Aufrechterhaltung der Verbindung zu den abgegangenen Diakonen, um deren Erfahrungen zu nutzen und Meinungen zu hören (Art. 10). Der Senior hatte als Amtsältester das passende Lokal auszuwählen und am vorhergehenden Mittwoch per Circular einzuladen. In diesem Rundschreiben hatte jedes Mitglied seine verbindliche Teilnahme oder Absage zu erklären. Wer zugesagt hatte, trug anteilig zu den Kosten bei. Das Essen wurde um eine Woche verschoben, wenn sich keine 20 Teilnehmer angemeldet hatten oder am selben Tag eine Session am Armenhaus tagte (Art 3). Das gesellige Beisammensein nach der Sitzung im Armeninstitut entfiel seit 1853, da man von der Tätigkeit zu erschöpft war.¹⁰

Die Monatsgesellschaften in den Monaten, in denen man sich nicht zu den Quartalsgesellschaften traf, sollten jeweils am ersten Dienstag nach den monatlichen Bettagen stattfinden (Art. 2). Diese Gesellschaften wurden nach einer vorgegebenen Reihenfolge von den Diakonen gegeben. Der jeweilige Gastgeber hatte am Sonntag zuvor einzuladen und konnte auch abgegangene Diakone dazu bitten (Art. 4). Zweck der Gesellschaften war, bei einem freundschaftlichen Abendessen »das Gute zu befördern«. Beginn der Zusammenkünfte im November, Dezember, Februar und März war 17.30 Uhr; im Mai, Juni, August und September 18 Uhr. Wer zu spät kam, zahlte eine Strafe (Art. 5). Nach der Besprechung wurde bis zum Essen um 21.30 Uhr Karten gespielt. Die Gewinne flossen in die Diakoniekasse. Wer nach der Ankündigung eine Viertelstunde zuvor nicht pünktlich zum Essen erschien, zahlte ebenfalls eine Strafe (Art. 6). Der Senior verwaltete die Strafgelder. Außerdem gab es einen Fonds nicht gehaltener Gründonnerstagsgesellschaften (Art. 8). Dieser war entstanden, weil die Gesellschaften während der Franzosenzeit (1810-1813) und danach bis 1818 ausgesetzt worden waren und jeder neu gewählte Diakon, der sie hätte ausrichten müssen, 25 Reichstaler in die Kasse zu zahlen hatte (Art. 9).¹¹ Drei Jahre später, am 13. Februar 1821, wurde beschlossen, statt der kostspieligen Gründonnerstagsgesellschaft eine gewöhnliche Monatsgesellschaft zu veranstalten. Der Gastgeber, das war der jeweilige neugewählte Diakon, hatte künftig mindestens 5 Reichstaler als Beitrag (Eintrittsgeld, Einstand) an die Diakoniekasse zu leisten.¹² Die Gründonnerstagsgesellschaft war demzufolge eine Art Introduktionsmahlzeit zur Einführung neuer Mitglieder, was der historischen Bedeutung der Gründonnerstagsfeier entsprach. Vermutlich trifft die Adaption früherer, sogar vorreformatorischer Modalitäten auch auf die »Kälberverlosung« im 1692 gegründeten St. Petri Waisenhaus zu, die sich nachweislich seit dem 18. Jahrhundert mit dem Treffen vor Ostern verband. Zu diesem Frühjahrstermin hatten die dem Dom verpflichteten Meier bis zur Ablösung der Feudalabgaben¹³ im 19. Jahrhundert den Zehnten sowie Jungtiere und Eier zu entrichten.¹⁴

Die Monatsgesellschaften waren einfach gehaltene gesellige Zirkel von solidaritätsstiftendem Charakter mit direktem Bezug zum sozialen Engagement. Den Mahlzeiten gingen die Besprechungen zur Abstimmung der Dienste und Angelegenheiten der Domdiakonie voraus (Art. 11). Das anschließende »freundschaftliche Abend-Essen« sollte, bei Androhung einer Strafe, nicht zu einem üppigen Festmahl, einer »Schmauserei«, ausarten (Art. 7). Ein »bürgerlich sittliches« Abendessen mit einem Vorgericht, wenn möglich Fisch, zwei Braten (davon ein Kalbsbraten), Gemüse nach der Jahreszeit und einem Nachtisch, dazu Rot- und Weißwein sowie Portwein, sollte genügen. Etliche Speisen und Getränke, wie Pasteten, geräucherter Lachs, Austern, Torten und feine Weine wie Rheinwein, Madeira und Tokaier wurden ausdrücklich ausgeschlossen. Beim Kartenspiel vor dem Essen konnten Kaffee, Tee und Wein genossen werden.¹⁵

In einer Sitzung im St. Petri Waisenhaus (vermutlich im Jahre 1820 oder kurz danach) beschloss die Diakonie mit der Aufhebung der früheren »Geschäfts-Eintheilung« die Einführung der Vorschriften der »Dienst-Zweige der St. Petri Domdiaconie für ein Collegium von 24«. Diese handschriftlich verfassten Statuten enthielten neben den Bestimmungen über die Funktionen in der Kirche (Sammeln, Beckenstehen etc.) auch Vorschriften für die Mitwirkung beim Armeninstitut, die Verwaltung des St. Petri Waisenhauses, die Aufsicht über die Schulen und die Wahlgesetze sowie die »Regeln für den monatlichen Gesellschaft-Circel der Dom-Diaconie« einschließlich der Bestimmungen für die Quartals-

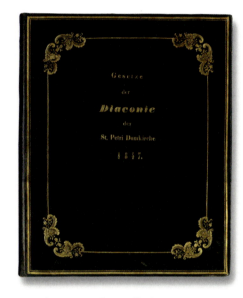

gesellschaften. Die Kosten der Quartalsgesellschaften, einer Besprechung und einem Mittagessen mit der Altdiakonie am Dienstag nach dem Bettag, trug nunmehr die Gesellschaft, mit Ausnahme der Getränke Kaffee, Tee und Wein. Als Hauptzweck aller geselligen Zusammenkünfte wurde die »Beförderung alles Guten und der Collegialischen Gesellschaft« betont.[16]

1830 wurden die Vorschriften für den »Gesellschaftlichen Zirkel« in die »Gesetze und Instruktionen der Diaconie der St. Petri-Dom-Kirche in Bremen« aufgenommen. Die Monatsgesellschaften sollten wie üblich am ersten Dienstag nach dem Bettag, das heißt im März, April und September ab 18.00 Uhr und im November, Dezember und Februar ab 17.30 Uhr mit den Diakonieversammlungen beginnen. Strafen und Vorschriften zur Speisenfolge entsprachen denen von 1820.[17]

Im April sollte die Gesellschaft am Gründonnerstag stattfinden. Sie wurde also bereits einige Jahre nach ihrer Abschaffung wieder in gewöhnlicher Form gehalten. Das Wiederaufleben herkömmlicher Gewohnheiten zeugt von der Kontinuität traditioneller Überlieferungen und der Bedeutung und Dauerhaftigkeit von Sitten und Bräuchen einer Gemeinschaft. Bewährte (und beliebte) Gewohnheiten haben als ritualisierte Grundkomponenten den Wandel der Zeit überdauert. Zu den drei anderen Quartalsgesellschaften, nunmehr am ersten Mittwoch nach dem Bettag, luden der Senior der aktiven und das zuletzt eingetretene Mitglied der Altdiakonie auf Kosten der Teilnehmer.[18]

1847 fanden diese Vorschriften für den »Gesellschaftlichen Zirkel« nahezu unverändert Eingang in die erstmals gedruckten »Gesetze der Diaconie der St. Petri Domkirche«. Den Bestimmungen von 1830 wurde hinzugefügt, dass die Dezembergesellschaft acht Tage nach dem Kirchenwahlkonvent stattfinden sollte. Der Beginn der Veranstaltungen in den Wintermonaten wurde um eine halbe Stunde auf 18.00 Uhr verschoben, im Frühjahr und September auf 18.30 Uhr. Es blieb bei den Vorschriften für das einfache Mahl. Die Quartalsgesellschaften sollten die freundschaftliche und kollegiale Verbindung mit den Vorgängern in der Diakonie fördern und erhalten. Man traf sich bereits um 15 Uhr zu einem Mittagessen.[19] Nach einem historischen Küchenzettel von 1852 gab es Tee, Kaffee, Zuckerwasser und Zigarren zur Besprechung und am Spieltisch. Die Vorspeise des gemeinsamen Essens bestand aus Lammkoteletts, Brochetten von Austern, geräuchertem Lachs, jungem Spargel, Erbsen und Wurzeln sowie Spinat. Als Hauptgericht gab es Lamm und junge Hühner mit Salat und Kompott und als Nachspeise Weingelee und Mandelkranz. Zum Abschluß wurden Käse, Butter und Obst gereicht, auch Mandeln und Rosinen.[20]

Mit der Verabschiedung der »Gesetze und Vorschriften für die Diakonie der St. Petri Dom-Kirche in Bremen« am 10. November 1863 wurde die Vertretung der Gemeinde den Bauherren und dem Kirchenvorstand übertragen. Der Kirchenkonvent war allein berechtigt, über Angelegenheiten der Gemeinde zu beraten und zu beschließen.[21] Ihre Sitten und Gebräuche legte sie in einer gesonderten Diakonieordnung nieder.[22] Am Gründonnerstag, dem 5. April 1860, war beschlossen worden, dieses Treffen künftig von zwei Gastgebern ausrichten zu lassen, die statt ihres Privathauses auch ein anderes Lokal wählen konnten, was bereits vorher gelegentlich vorgekommen war. Die Zusammenkünfte fanden oft in den Versammlungshäusern »Museum«[23] oder »Union« statt.[24] Man trank zum Willkommen, auf die Domgemeinde, den Dom und die verbundenen Anstalten, die Bauherren, den Kaiser, die neuen Mitglieder und den Nachfolger. Im Jahr der Reichsgründung 1871 gab es ein 10-Gänge-Menü mit Lamm und Butt. Austern und Spargel fehlten auch bei den folgenden Mahlzeiten nicht. Nahezu obligatorisch wurde die Mulligatawny-Suppe. Mit der zusätzlich oder ersatzweise servierten Frühlingssuppe und mit frischem Spinat wurde in gewisser Weise die Speisentradition des grünen Donnerstag aufgegriffen (oder fortgeführt).[25]

Der Gedanke der Solidarität und Freundschaft, bekräftigt durch die regelmäßigen Treffen mit einem geselligen Aspekt, blieb grundlegend für die diakonische Tätigkeit, auch als der sinnstiftende karitative Zweck zur Versorgung von Menschen in sozialen Notlagen mit der Übernahme in die staatliche Wohlfahrtsfürsorge in Bremen (1876) und mit der Einführung der Sozialversicherung (1881) an Bedeutung verlor. Die konkrete Hilfe für alte, kranke und junge Menschen stand weiterhin als Leitmotiv des gemeindlichen Engagements im Zentrum des gemeinschaftlichen Handelns im Dienst am Nächsten.

In den »Gesetzen und Vorschriften für die Diaconie der St. Petri Dom-Kirche in Bremen« von 1882 waren die Bestimmungen für den »Gesellschaftlichen Zirkel« inkludiert. Neu war die Verlegung der Monatsgesellschaften auf den ersten Montag eines Monats, im September und Dezember auf den Montag nach der Kirchenvorstandssitzung. Zweck der Monatsgesellschaften war die Förderung des kollegialen Verhältnisses unter den Mitgliedern. Um das Gute zu fördern, sollte man sich nach der Diakonieversammlung in freundschaftlicher Unterhaltung zum Wohl der anvertrauten Dienstzweige und Angelegenheiten austauschen. Die Menüvorschriften und die Mahnung, das freundschaftliche Essen nicht zu einer »kostbaren Schmauserei« zu machen, wurden aufrecht erhalten.

Im März oder April fand die Gesellschaft am Gründonnerstag statt. Sie begann um 15.30 Uhr, während man sich zu allen anderen Zusammenkünften erst um 19.00 Uhr (seit 28. März 1907 um 19.30 Uhr) traf. Die Gründonnerstagsgesellschaft durfte üppiger sein als alle anderen Essen.[26] Es gab mit leichten Variationen in der Menüfolge und -zusammenstellung: Schildkrötensuppe, Lamm, Forellen, Rehkoteletts, Waldschnepfen und wie fast immer Austern, Spargel und Spinat, dazu deutsche und französische Weine.[27]

Seit einem nicht bekannten Zeitpunkt (nach 1882) wurden die Quartalstreffen der fungierenden und abgegangenen Diakone getrennt veranstaltet. An das »harmonische Band zwischen Gegenwart und Vergangenheit« erinnerte ein gegenseitiges Hoch der aktiven und der Altdiakone um Punkt 22.00 Uhr auf der Gründonnerstagsgesellschaft. Das entsprach einer traditionellen Trinksitte, dem »Gesundheitstrinken«, als Zeichen der Gemeinschaft und Freundschaft. Von den anderen Veranstaltungen der Diakonie unterschied sich das Treffen am Gründonnerstag um die Wende zum 20. Jahrhundert nicht nur durch das sehr erlesene Menü und die guten Weine, sondern auch durch die dem besonders festlichen Charakter

Die große Silberschale der St. Petri Domdiakonie, gestiftet von Johann H. Adami im Jahre 1905, wird bei der Gründonnerstagsgesellschaft, der Semestergesellschaft und der Novembergesellschaft mit Blumen geschmückt auf dem Tisch des Seniors der Diakonie platziert.

wo die einzelnen Verwaltungszweige ihre Rechnung ablegten. Die Prediger und die Organisten wurden dazu eingeladen, die Bauherren und Altdiakone aufgefordert, das heißt, sie hatten anteilig die Kosten zu tragen. Diese Semestergesellschaft hatte kein Pendant mehr. Daneben gab es weitere große Gesellschaften der Diakonie mit besonderen Funktionen: die November-, die Dezember- und die Gründonnerstagsgesellschaft. Die Abschiedsgesellschaft im November richteten die nach 12-jähriger Tätigkeit ausscheidenden Diakone aus. Es sprachen der älteste der ausscheidenden Diakone auf das Seniorat, der Senior auf die Gastgeber, der Subsenior auf die Altdiakonie und der jüngere der ausscheidenden Diakone auf die Bauherren. Im Dezember erfolgte die Einführung der neugewählten Diakone durch den Senior. Nach ihrer Wahl händigte der Senior den Neugewählten die Verfassung der St. Petri Domkirche, die Schlüssel zu den Kirchenbecken und die Satzung der Diakonie aus. Mit der verbindlichen Anerkennung der Statuten durch die eigenhändige Unterschrift war der Beitrag an die Senioratskasse[30] (Eintrittsgeld) zu entrichten. An einem vorhergehenden Vormittag wurde der neue Diakon von den Diakonen, den Altdiakonen, den Bauherren und den Predigern begrüßt. Nach den Vorschriften von 1936 hatten die neugewählten Diakone dem Wappen- und Bilderwart bis zur Februargesellschaft ein Foto und ein Wappen einzureichen.

entsprechende Gesellschaftskleidung (Frack, schwarze Weste, schwarze Fliege).[28] Seit 1909 gab es statt der Quartalsgesellschaften nur noch zwei Semestergesellschaften im Jahr, und zwar im Januar und im Juli.[29] Als Semestergesellschaft wurde spätestens seit 1936 die Februargesellschaft der aktiven Diakonie bezeichnet,

In der Dezembergesellschaft sprach jeder Neugewählte auf einen mit einem Verwaltungsamt betrauten Diakon. Der Angesprochene hatte die Pflicht, durch eine Rede zu antworten und gleichzeitig auf eine andere, von ihm auszuwählende Verwaltung zu sprechen. Es folgten Reden auf die jeder Angesprochene spontan zu antworten hatte. In einer Rede, auch ohne Vorbereitung, Gedanken zusammenfassend zu formulieren, galt als wichtige Übung für das Diakonenamt und andere (Ehren-) Ämter.[31] Die Redefreiheit endete auf Veranlassung des Seniors. Die Gründonnerstagsgesellschaft wurde nachmittags von zwei Gastgebern gegeben, die sich nicht an die strengen Speise-

Speisekarten der Gründonnerstagsgesellschaft.

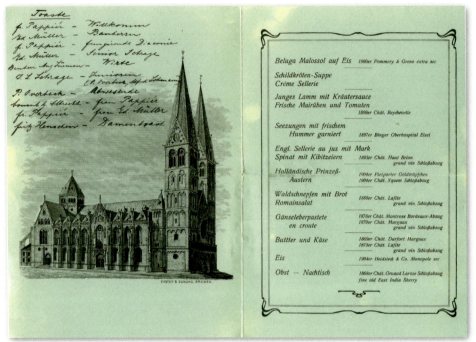

Speisekarte zur Gründonnerstagsgesellschaft am 20. März 1913 mit der handschriftlich angeführten Reihe der Toaste und einer Abbildung des renovierten St. Petri Doms. Neben Hummer, Austern und Gänseleberpastete sah das Menue »Buttter« mit drei »t« vor.

vorschriften der Monatsgesellschaften halten mussten. Einer der Gastgeber sprach auf das Seniorat, der Senior antwortete und sprach auf die Altdiakonie. Zur selben Zeit sprach in der Gründonnerstagsgesellschaft der Altdiakonie der Gastgeber auf die aktive Diakonie und brachte zeitgleich einen Trinkspruch aus. Die Gesellschaft endete pünktlich um Punkt 24.00 Uhr. Entsprechend traditioneller Fastenregeln wurde tunlichst vermieden, die Veranstaltung auf den Karfreitag auszudehnen.[32] Die vier dienstjüngsten Diakone hatten gemeinsam mit den Verwaltern des Waisenhauses die »Kälberverlosung« vorzunehmen.

Die regelmäßigen Monatsversammlungen wurden in gewohnter Weise beibehalten. Sie begannen um 19.15 Uhr und sollten vor Mitternacht enden. Daran erinnerte eine Viertelstunde zuvor der Diakoniediener. Den Frack mit schwarzer Weste und schwarzer Binde trugen die Diakone zu jener Zeit nicht mehr, sondern einen dunklen, möglichst schwarzen Anzug, mit weißem Hemd. Das Essen sollte aus einem einfachen 3-Gänge-Menü mit Wein und Bier, aber keinen hochprozentigen Alkoholika, als Getränken bestehen. Diese Beschränkungen galten nicht für die Gründonnerstags- und die Abschiedsgesellschaft. Im Programm der jährlichen gesellschaftlichen Veranstaltungen war erstmals ein Sommerausflug mit den Bauherren, den Predigern und der Altdiakonie im Juni oder Juli vorgesehen, der in zwangloser Atmosphäre stattfinden sollte. In der Oktobersitzung wurde die Jahresplanung vorgenommen.[33]

Nach dem Zweiten Weltkrieg wurde die Diakonieordnung für die »Sitten und Gebräuche« am 12. Februar 1951, gemäß den Gesetzen und Vorschriften für die Diakonie der St. Petri Domkirche, in sprachlich kaum veränderter Form neu editiert.[34] Die Diakonie gedachte, ihre Aktivitäten in gewohnter Weise fortzusetzen: »Die ordentlichen Diakonie-Versammlungen dienen der Erledigung von Verwaltungsaufgaben, die anschließenden Gesellschaften der Pflege und freundschaftlichen Aussprache über diese Dinge.« Die Versammlungen konnten in den Privathäusern der Diakone oder in öffentlichen Lokalen ausgerichtet werden.[35] Nachdem zunächst das notdürftig wieder hergestellte Essighaus an der Langenstraße[36] als Versammlungsstätte diente, waren nach dem Wiederaufbau des Hauses Schütting der Handelskammer Bremen seit 1951 die beiden hinteren Zimmer im Club zu Bremen im Kellergeschoss des Hauses reserviert.[37] Beginn der Diakonieversammlung war 18.30 Uhr, der anschließenden Diakoniegesellschaft 20.00 Uhr. Die Einladungen wurden vom Diakoniediener verteilt, der die Herren der Diakonie stets in der dritten Person ansprach.[38]

In der Novemberversammlung 1954 bekräftigten die Diakone, was 1952 entschieden worden war: Die Kosten der Gesellschaften sollten aus der Senioratskasse bestritten werden, an die jeder einen Monatsbeitrag zu entrichten hatte. Die Höhe des Beitrages wurde für jeweils ein Jahr in der Oktoberversammlung beschlossen. Diese Absprache sollte gelten, bis ein anderslautender Beschluss bestimmte, dass nach altem Brauch die einladenden Diakone die Kosten wieder selbst tragen sollten. Eine nunmehr gesonderte Strafordnung regelte die Beiträge an die Senioratskasse für unentschuldigtes Fehlen und Zuspätkommen bei den Sitzungen und für Verstöße gegen die Sitten und Gebräuche (insbesondere bei den Speisen und Getränken). 1955 wurde beschlossen, aber auch künftig nicht konsequent eingehalten, die oft auf den vorhergehenden Mittwoch verlegte Gründonnerstagsgesellschaft unbedingt am Gründonnerstag stattfinden zu lassen.³⁹ Die »Kälberverlosung« wurde wieder aufgenommen.⁴⁰

Im Zusammenhang mit der Neufassung der Gesetze und Vorschriften für die St. Petri Diakonie von 1974 erfolgte eine Überarbeitung der »Sitten und Gebräuche«, die in der Diakonieversammlung am 7. Februar 1977 verabschiedet wurde. Die überkommenen Gewohnheiten zur Förderung der Gemeinschaft im Dienste »des Guten« für die Domgemeinde wurden grundsätzlich bewahrt – und so auch manche Eigentümlichkeit: Wenn im »gesellschaftlichen Zirkel« die barocke Anrede an das »Hochzuverehrende Seniorat« gerichtet wird, denkt man unweigerlich an altehrwürdige Herren mit Allongeperücke und Talar, und die eigenwillige, schon fast atonal klingende Melodie des »Hoch soll er leben« auf den in der Rede jeweils Angesprochenen klingt wie das Echo längst verklungener Gesänge im mittelalterlichen Domgewölbe. Eine zeitgemäße Anpassung der Statuten erfolgt nach praktischen Erwägungen zur Erfüllung der sozialen Aufgaben. Die monatlichen Arbeitssitzungen mit anschließendem gemeinsamen Essen, die nach der Diakonieordnung des Jahres 1977 auf den jeweils ersten Montag der Monate September bis April begrenzt waren, finden heute elf Mal pro Jahr statt, wobei ein Monat in den Sommermonaten freibleibt. Die häufigen Treffen ermöglichen einen permanenten intensiven Wissens- und Erfahrungsaustausch.⁴¹

Strafordnung der St. Petri Domdiakonie.

Am 10. Oktober 2005 trat mit Beschluss der Diakonieversammlung die Neufassung der Sitten und Gebräuche der St. Petri Domdiakonie in Kraft. Nach alter Tradition werden vier große Gesellschaften gehalten, die aber keine Quartalsgesellschaften mehr sind: Die Februar- oder Semestergesellschaft, die

November- und die Dezembergesellschaften der abgehenden und neu aufgenommenen Diakone und die Gründonnerstagsgesellschaft. Zur Semestergesellschaft werden die Prediger und leitenden Kirchenmusiker eingeladen; die Bauherren, Altdiakone und gewählten Mitglieder des Kirchenvorstandes werden zur Teilnahme aufgefordert. Gäste der Gründonnerstagsgesellschaft sind die Prediger des Gottesdienstes und der verwaltende Bauherr.[42]

Der Senior bestimmt die Redeordnung und wacht heute, in Ermangelung eines Diakoniedieners, selbst über die Einhaltung. Der damalige Senior (Dr. Detlev G. Gross) führte 1998 das Tischgebet wieder ein. Bei der Themenwahl der Reden entscheidet man nach privaten Neigungen. Von einem Diakon wird berichtet, das er stets den Kalenderspruch des Tages zum Motto seiner Ausführungen machte, ein anderer verband seine Rede mit einer Hommage an einen bekannten Lyriker und Musiker, ein dritter sprach über seine berufliche Tätigkeit, ein vierter schließlich ausschließlich über seinen Dienst als Diakon, ein fünfter über die Probleme, die sich bei der Ausübung des Diakonenamtes ergaben. Das Gefühl der Verantwortung prägte und prägt den Charakter der heute eher sachbezogenen Reden. Die Rechnungslegung beschränkte sich früher auf ein kurzes Resümee: »Die finanziellen Verhältnisse sind geordnet.« Zahlen wurden nicht genannt. Heute herrscht mehr Transparenz in den freundschaftlich-kollegialen Arbeitssitzungen.

Manschettenknöpfe der St. Petri Domdiakonie.

In der Semestergesellschaft hält der Senior nach der Vorspeise eine Rede auf die ehren- und hauptamtliche Arbeit am Dom und ein aktiver Diakon spricht auf die gewählten Mitglieder des Kirchenvorstands. Nach der Hauptspeise folgen die Rede des Subseniors auf die Prediger, die leitenden Kirchenmusiker, die Bauherren und die Altdiakonie sowie die Rede des verwaltenden Bauherrn. In der Novembergesellschaft spricht der ausscheidende Diakon auf die aktive Diakonie und das Seniorat und der Senior nach der Vorspeise auf den ausscheidenden Diakon, der Subsenior auf die Bauherren und die Altdiakonie und nach dem Dessert der Archivar. Zum Schluss erfolgt die Bekanntgabe der neuen Diakone. Die heute meistens im Kapitelsaal veranstalteten Novembergesellschaften fanden seit den 1950er Jahren im Club zu Bremen oder in den Festräumen des Hauses Schütting statt.[43]

Zu den Dezembergesellschaften traf man sich nach Möglichkeit in Privathäusern der Diakone. Nach dem Essen wurde die Dame des Hauses mit Gesang und Blumen geehrt. Ursprünglich wurden Damenreden gehalten. Die Dame des Gastgebers hörte das mehr oder weniger launige Lob auf die Damenwelt nur durch die einen Spaltbreit geöffnete Tür. Heute entscheidet der Senior bei der Anwesenheit von Damen, ob eine Damenrede gehalten werden soll. Das gilt auch für die Festlegung der Redebeiträge bei der sogenannten Redeschlacht in der Dezembergesellschaft. Nach dem Willkommen durch den Gastgeber und dem Tischgebet begrüßt der Senior in seiner Rede die neu gewählten Diakone. Anschließend sprechen die neu gewählten Diakone jeweils auf eine Verwaltung, deren Verwalter antwortet und seinerseits auf eine von ihm ausgewählte Verwaltung spricht, deren Verwalter wiederum spontan antwortet etc. etc. – bis der Senior die Redefreiheit beendet.[44]

In der Gründonnerstagsgesellschaft, die von der aktiven Diakonie zusammen mit der Altdiakonie abgehalten wird, spricht der Gastgeber auf das Seniorat, worauf der Senior antwortet und eine Rede auf die Altdiakonie hält, deren Senior auf die aktive Diakonie spricht. Der gegenseitige Trinkspruch, der Hochruf der aktiven auf die Altdiakonie und umgekehrt, konnte unisono erklingen, solange sich beide Gruppen in benachbarten Räumen des Club zu Bremen trafen und es nicht einem Redner gelang, als Erster den Ruf anzustimmen. Früher gab es am Gründonnerstag ein Lachsgericht, heute gibt es Lammbraten (und ganz früher gab es manchmal beides und noch mehr, wie historische Speisekarten verraten). Dazu gehört ein Bordeauxwein, denn »ein Leben ohne Bordeaux ist möglich, aber sinnlos«, wie mancher Bremer behauptet. Noch heute erzählen Diakone von der Blindverkostung eines bekannten Bremer Weinimporteurs und Domdiakons. Es wurde um Ruhe gebeten, die Reden verstummten, die Spannung wuchs – bis endlich in die Stille hinein das ebenso fach- wie farbkundige Urteil des Weinkenners erklang: »Meine Herren, es ist ein Roter.«[45] Der gesellige Aspekt ist nicht Selbstzweck der Vereinigung, spielt aber als freundschaftliches Element in Verbindung mit der Fürsorge für die Gemeinde eine wichtige Rolle, oder wie ein Diakon es formulierte: »Der Bremer hat trotz aller Schätzung des Geselligen doch höher als Reden und Festefeiern stets die Taten gewertet.«[46]

---

[1] Dr. Albrecht Schackow bei der Altdiakonie des Domes im Restaurant Glocke, Bremen am 19. April 1952, in: DAB 360-11.13.

[2] Die Bezeichnung soll sich vom lateinischen vividis = grün herleiten. Eine andere Deutung bringt den Tag mit der ersten Frühlingsaussaat in Verbindung und mit dem Brauch, grünes Gemüse (z. B. Grünkohl) zu essen, was im Einklang mit den Fastenvorschriften der Karwoche stand. Historisch ist das Osterfest mit zahlreichen zum Teil heidnischen Fruchtbarkeitsriten verbunden. Die Ableitung der Bezeichnung von Grein = Klage wird als widersinnig für einen kirchlichen Freudentag, an dem die Büßer wieder in die Gemeinschaft aufgenommen wurden, angesehen.

[3] Grimm, Jakob/Grimm, Wilhelm: Deutsches Wörterbuch, Bd. 4, Leipzig 1878 (Gründonnerstag).

[4] Nach einer älteren Handschrift, vermutlich des 19. Jahrhunderts, in: DAB A.8.a.Nr.7.

[5] Laut Rosenkranz hatte die Diakonie bis 1830 keine Ordnung (Rosenkranz, F.: Geschichte der St. Petri Domdiakonie (masch.schr. Manuskript), Bremen um 1960, S. 27 (im Folgenden: Rosenkranz, F. (1960). Vermutlich lagen ihm die im Domarchiv verwahrten früheren Gesetze, Regeln und Dienstanweisungen ab 1820 nicht vor.

[6] Rosenkranz, F. (1960), S. 25.

[7] Rosenkranz, F. (1960), S. 24f.

[8] Der Verfasser Richard Rüthnick des Werkes »Die Chronik der »Diakonie der St. Petri Domkirche zu Bremen« zitiert diesen Auszug aus einem nicht mehr vorliegenden Protokollbuch nach einer ebenfalls verschollenen handschriftlichen Geschichte der St. Petri Diakonie von Dr. Carl Traub (Rüthnick, Richard/Schulz, Kurt: Die Diakonie der St. Petri Domkirche, 325 Jahre ihrer Geschichte, Bremen 1963, S. 20f (im Folgenden: Rüthnick, Richard/Schulz, Kurt 1963).

[9] DAB »Regeln für den monatlichen Gesellschafts-Zirkel der Dom-Diakonie«, 1820.

[10] Rüthnick, Richard/Schulz, Kurt 1963, S. 77.

[11] DAB »Dienst-Zweige der St. Petri-Diaconie für ein Collegium von 24«.

[12] DAB A.8.b.Nr. 3; siehe auch Rüthnick, Richard/Schulz, Kurt 1963, S. 20f.

[13] Unter Karl dem Großen wurde den unterworfenen Sachsen die Zehntpflicht auferlegt. Der Zehnte war eine zunächst kirchliche Abgabe in Höhe des zehnten Teils der Ernte (Kornzehnt) und jedes zehnten neugeborenen Nutztieres (Schmal-, Fleisch- oder Blutzehnt).

[14] DAB A.8.a.Nr.7. Archivmaterial über die Gründung der Gründonnerstagsgesellschaft ließ sich nicht nachweisen (Jul. Th. Pavenstedt nach Recherchen im Preuß. Staatsarchiv, Hannover 1935, in: DAB A.8.a.Nr.7. Aktuelle Recherchen im Staatsarchiv Bremen und im Staatsarchiv Stade blieben ebenfalls ohne Ergebnis.

[15] DAB A.8.b.Nr. 3. Siehe zu den geselligen Aktivitäten Rüthnick, Richard/Schulz, Kurt 1963, S. 19ff und ihnen folgend Dietsch, Walter: Der Dom St. Petri zu Bremen, Geschichte und Kunst, Bremen 1978 (im Folgenden: Dietsch, Walter 1978)293; zu den »Liebesmahlen« der Diakonien auch Veeck, Otto: Geschichte der reformierten Kirche Bremens, Bremen 1909, S. 254ff.

[16] DAB A.8.a.Nr.7 »Dienst-Zweige der St. Petri-Diaconie für ein Collegium von 24«. Siehe auch DAB 3 b 4 b Gesetze der Diakonie von St. Petri, 1822.

[17] StAB 2-T.3.b.3.a.Bd.1.

[18] DAB Gesetze und Instruktionen der Diaconie der St. Petri-Dom-Kirche in Bremen, 1830, mit einer Unterschriftenliste der derzeitigen Diakone.

[19] DAB »Gesetze der Diaconie der St. Petri Domkirche«, 1847.

[20] DAB A.8.a.Nr.7, 1852, mit einer Namensliste.

[21] DAB »Gesetze und Vorschriften für die Diakonie der St. Petri Dom-Kirche in Bremen«, 1863; StAB 2.T.3.b.3.a.Bd.2.

[22] Die Diakonieordnung liegt nicht vor.

[23] Das »Museum« war das Vereinshaus der Gesellschaft Museum am Schüsselkorb/Ecke Domshof, ein beliebter Aufenthaltsort des gebildeten Bürgertums (Lührs, Wilhelm: Der Domshof, Geschichte eines Bremer Platzes, Bremen 1979, S. 135f, 180ff).

[24] Das waren Gesellschaftshäuser bürgerlicher Vereine nach dem Vorbild englischer Clubs.

[25] Einen Dank an Herrn Johann Bosse für die Überlassung der Menükarten 1871 bis 1914.

[26] DAB Gesetzen und Vorschriften für die Diakonie der St. Petri Dom-Kirche in Bremen«, 1882.

[27] Menükarten 1871 bis 1914.

[28] Ob die Diakone der St. Petri-Domkirche eine Amtstracht besaßen, die das kirchliche Ehrenamt äußerlich erkennbar machte, ist nicht bekannt. Die Diakone der Liebfrauen- und der Stephanigemeinde trugen bei der Ausübung ihrer Dienste ein langes schwarzes Talar mit weißer Halskrause und Bäffchen sowie Allongeperücke (Petri, Franziskus: Unser Lieben Frauen Diakonie, Vierhundert Jahre evangelische Liebestätigkeit in Bremen, Bremen 1925, S. 159; Prüser, Friedrich: Achthundert Jahre St. Stephanikirche, Bremen 1940, S. 386).

[29] DAB A.8.b.5, 1909.

[30] DAB A.8.c. Nr.13.4. und 5.

[31] Rüthnick, Richard/Schulz, Kurt 1963, S. 22.

[32] Rüthnick, Richard/Schulz, Kurt 1963, S. 22f.

[33] DAB Sitten und Gebräuche 1936, in: DAB A.8.c.Nr.5; Rüthnick, Richard/Schulz, Kurt 1963, S. 97.

[34] Hans Henry Lamotte als Senior der Diakonie der St. Petri Domgemeinde an die Mitglieder der verwaltenden Diakonie am 13. Dezember 1955, in: DAB 360-11.15.

[35] DAB 360-11.6.

[36] Als Versammlungsorte dienten dann auch der Kaisersaal im Ratskeller, das Logenhaus an der Kurfürstenallee, das Gästehaus des Senats, die St.-Petri-Stuben an der Böttcherstraße und die Glocke.

[37] DAB 360-11.12ff. Mit einem Dank für den Hinweis an Domarchivar Dr. Hans-Christoph Hoffmann.

[38] Interview mit Altdiakon Jürgen Albrecht, Altdiakon Dr. Detlev G. Gross und Senior der aktiven Diakonie Cornelius Neumann-Redlin am 13. Oktober 2016.

[39] DAB 360-11.11; DAB 360-11.15.

[40] DAB Diakonie Protokolle.

[41] Interview mit Altdiakon Jürgen Albrecht, Altdiakon Dr. Detlev G. Gross und Senior der aktiven Diakonie Cornelius Neumann-Redlin am 13. Oktober 2016.

[42] Sitten und Gebräuche vom 10. Oktober 2005.

[43] Interview mit Altdiakon Jürgen Albrecht, Altdiakon Dr. Detlev G. Gross und Senior der aktiven Diakonie Cornelius Neumann-Redlin am 13. Oktober 2016.

[44] Interview mit Altdiakon Jürgen Albrecht, Altdiakon Dr. Detlev G. Gross und Senior der aktiven Diakonie Cornelius Neumann-Redlin am 13. Oktober 2016.

[45] Interview mit Altdiakon Jürgen Albrecht, Altdiakon Dr. Detlev G. Gross und Senior der aktiven Diakonie Cornelius Neumann-Redlin am 13. Oktober 2016.

[46] In den Unterlagen zu den Statuten 1818 bis 1864, in: DAB A..8.b.zw. Nr.3.

NOVEMBERGESELLSCHAFT

2016

»WIE DER VATER, SO DER SOHN«
DIAKONENFAMILIEN DER ST. PETRI DOMGEMEINDE – EINE HISTORISCHE SKIZZE

Dr. Peter Ulrich

Die Geschichte der Domdiakonie ist eine »Erfolgsstory«, wie der Kirchenhistoriker Dietmar von Reeken die allgemeine diakonische Entwicklung im 19. Jahrhundert kennzeichnet. Seit ihrer anzunehmenden Entstehung im Jahr 1638 ist die Geschichte der Diakonie der St. Petri Domgemeinde ebenfalls eine Erfolgsstory. Denn bis heute stellt die Diakonie der Gemeinde Laien mit vielfältigen Gaben, Kenntnissen und Beziehungen zur Seite, die unter wechselnden Bedingungen verantwortungsvoll diakonische Aufgaben wahrnehmen.

Wer waren diese Diakone? Aus welchen Familien stammten sie? Welche Berufe übten sie aus? Wie setzte sich die Diakonie in den fast 400 Jahren ihres Bestehens zusammen? Dem geht der folgende Beitrag nach. Er versteht sich dabei bewusst als eine biographische Skizze. Zugleich möchte er das Interesse und die Freude an alten Bremer Namen wecken. Denn auch die Domgemeinde verdankt wie die anderen Gemeinden der Bremischen Evangelischen Kirche ihr Aussehen und Wirken gerade einem engagierten Bürgertum. Und wie der Vater der Gemeinde diente, so vielfach auch der Sohn.

I. 1644

Bis 1692 amtierten vier Diakone, bis 1754 acht, bis 1817 zwölf und bis 1819 sechzehn, als die Zahl endgültig auf vierundzwanzig festgelegt wurde, wie es die Verfassung heute noch vorsieht. Die Namen der ersten Diakone von 1638 bis 1644 sind unbekannt. Wir wissen also nicht, wer diejenigen Diakone waren, die am 11. November 1638 der Überlieferung nach das erste Mal die Klingelbeutel im Domgottesdienst durch die Reihen gaben. Wir dürfen sie wenigstens zu einem Teil unter den damals hinzugezogenen lutherischen Kaufleuten der ansonsten reformierten Stadt suchen, möglicherweise auch unter den Mitgliedern der St. Jacobi Brüderschaft.

Vielleicht zählte zu ihnen der Lutheraner Otto Uhthoff aus »Ranckhausen« (Rödinghausen)? Er wird wohl mit der späteren Diakonenfamilie Uhthoff verwandt gewesen sein –

so ähnelt sein Wappen dem ihrigen. Otto Uhthoff leistete 1619 den Bremer Bürgereid und wurde 1632 in die Bruderschaft St. Jacobi aufgenommen. Ebenfalls könnte Hinrich von Middoch zu diesem Kreis dazu gehört haben. Er war aus dem lutherischen Jever gebürtig und leiste 1626 den Bürgereid und fungierte selber als Bürgereidbürge bei dem Diakon Hans Hilkcken. Dies aber bleiben Vermutungen.

Erst ab 1644 beginnt die Liste der Domdiakone mit bisher über 700 Namen. Stellen wir von den ersten Diakonen hier Tyes Dober, Hans Hilcken, Claus Woldt, Arend von Bobart, Brüning Nagel, Cord Schermer und Lüder Rose näher vor. Wer waren diese Männer, die in ihrer Mehrzahl den Kramer- und Kaufmannsberuf ausübten? Was brachte sie dazu, das aufwendige Ehrenamt am Dom anzunehmen, das zugleich in Konkurrenz zum Ehrenamt der reformierten Diakone stand und sicher mit mancherlei Konflikten verbunden war? Wie verbanden sie Glauben und Diakonie miteinander? Nun, das alles wissen wir nicht, weil es dafür keine Quellen gibt. Die Persönlichkeit der ersten Diakone verbirgt sich hinter nackten Jahreszahlen und zufälligen Quellenangaben. Dennoch können wir einiges über die Netzwerke aussagen, in welchen sie verankert waren. So war

Tyes Dober, Kaufmann und Bergenfahrer. Er wanderte aus Gronsdorf in Pommern zu und leistete am 1. September 1633 den Bürgereid. Dober wohnte im Stephaniviertel, wo er 1642 bis 1668 im Heuerschillingsregister erwähnt wird, und gehörte seit 1645 der heute noch bestehenden St. Jacobi Brüderschaft an.

Hans Hilcken, Kaufmann, leistete am 25. Juli 1642 den Bremer Bürgereid. Seine Bürgen waren Hinrich Middoch oder von Middoch und Johann Adeling. Hans Hilcken stammte aus Hildesheim und war damit herkunftsmäßig Lutheraner. Er ist von 1642 bis 1656 im Stephaniquartier nachweisbar. 1644 erscheint er im Heuerschillingsregister des St. Martinikirchspiels als Kaufmann und wurde 1660 in das Kollegium der Elterleute gewählt. Hans Hilcken besaß mit Hinrich Middoch einen Bürgen, der zur kaufmännischen Oberschicht der Stadt zählte.

Claus Woldt leistete wie Hilcken 1642 den Bürgereid. Er war aus Heide in Dithmarschen gebürtig. Seine Bürgen waren die Kaufleute Borchert und David Zuckerbecker. Claus Woldt ist in den Jahren von 1642 bis 1656 als Kaufmann im Ansgariiquartier nachgewiesen. 1644 erlitt ein von ihm mit einer Ladung Getreide nach Christiania in Norwegen bestimmtes Schiff eine Havarie, das er in Amsterdam mit 1300 Reichstaler hatte versichern lassen. Die Ladung konnte nur in verdorbenem Zustand geborgen werden. 1650 verkaufte er an Magnus Brummer Gerste für 250 Reichstaler. Demnach wird Claus Woldt sich vornehmlich im Getreidegeschäft betätigt haben. Claus Woldt dürfte wohl mit Niklas Wold identisch sein, der in Bremen am 30. Januar 1649 Isabella Balleer heiratete, die Tochter des aus alter Bremer Patrizierfamilie stammenden Eltermanns Heinrich Balleer, der selber wiederum ein Schwiegersohn des Bürgermeisters Heinrich Krefting war.

Arend von Bobart, der dritte 1650 genannte Domdiakon, ebenfalls Kaufmann, gehörte zur bekannten Bremer Rats- und Kaufmannsfamilie von Bobart. Sein Vater war der Bremer Bürger Elert von Bobart. Die Familie von Bobart hatte wie andere Bremer Geschlechter familiäre Beziehungen nach Danzig, wo verschiedene von Bobarts im Rat saßen. Arend von Bobart hatte 1637 den Bremer Bürgereid geleistet. Er ist für das Jahr 1642 im St. Martiniquartier nachgewiesen, für die Jahre von 1644 bis 1668 im Unser Lieben Frauen. 1637 hatte er Margarete Nagel geheiratet, die Witwe des Kaufmanns Heinrich Köper.

Brüning Nagel, ein Bruder der Margarete Nagel, verwitwete Köper und verheiratete von Bobart, ist als Kramer im Unser Lieben Frauen-Quartier von 1638 bis 1668 nachweisbar. Sein Vater war der Kramer und Schossherr Gisbert Nagel, sein Bruder der Bremer Jurist Dr. Johann Nagel. Brüning Nagel hatte bereits 1620 den Bürgereid geleistet.

Cord Schermer leistete den Bürgereid am 4. Juni 1638, also kurz vor der Wiedereröffnung des Doms. Er stammte aus der lutherischen Grafschaft Schaumburg. Im Gegensatz zu den fünf anderen Diakonen ist er nicht in den Heuerschillings- und Schossregistern jener Zeit verzeich-

Wappentafel der St. Petri Domdiakonie.

net und wird deshalb nicht dem Kaufmanns- oder dem Kramerstand zuzurechnen sein. Wahrscheinlich war Cord Schermer mit dem von 1643 bis 1654 amtierenden Rektor der Domschule, Samuel Schermer, verwandt, der dann von 1654 bis 1664 in Geversdorf/Oste als Pfarrer und Probst amtierte. Dessen Sohn Adam Schermer, 1650 in Bremen geboren, versah später das Pfarramt an der St. Marienkirche in Minden.

Lüder Rose, der aus Bremen-Oslebshausen kam, leistete 1634 den Bremer Bürgereid. Seine Zeugen waren der lutherische Eltermann Johann Eden und Johann Olrichs. Das Heuerschillingsregister des St. Ansgariikirchspiels von 1644 bezeichnet Rose als »Bergenfahrer«, wie auch sein gleichnamiger Sohn, der spätere Domdiakon Lüder Rose, Bergenfahrer war, der übrigens 1679 in das Kollegium der Elterleute gewählt wurde. Die Bergenfahrer mussten über ein größeres Vermögen verfügen, wollten sie im norwegischen Bergen einen Staven sowie ein Kontor führen. Lüder Rose ist für die Jahre von 1642 bis 1668 im St. Ansgariiquartier nachzuweisen.

Von den ersten Diakonen gehörten Dober, Hilcken, Woldt, von Bobart, Schermer, Nagel und Rose mehrheitlich der wirtschaftlichen Oberschicht der Stadt an. Unter ihnen befanden sich fünf Neuzugezogene, während von Bobart und Nagel bereits Söhne Bremer Bürger waren. Diese sieben Diakone waren dem zweiten Stand der in vier Stände unterteilten Bremer Bevölkerung zuzurechnen, der die Gelehrten – so sie keine Promotion vorweisen –, die Kaufleute und Elterleute, die Kramer und die Brauer umfasste. Der erste Stand hingegen umfasste die Bürgermeister, die Ratsherren sowie die Doktoren und Licentiaten, der dritte Stand die Angehörigen der Zünfte und Ämter, also die Handwerker, sowie Kleinkaufleute und Höker, und zum vierten Stand schließlich gehörten das Schiffsvolk, die Fuhrleute, die Arbeiter und die Dienstboten.

Die Kluft zwischen dem ersten und dem zweiten Stand war allerdings nicht tief, was an zahlreichen Ordnungen und Einzelbestimmungen wie Kleiderordnungen zu belegen ist. Beide Stände bildeten zusammen die kaufmännische und seit dem 17. Jahrhundert ebenfalls die akademische Oberschicht der Stadt. Viele Vertreter der ersten beiden Stände übernahmen in ihren Kirchengemeinden und anderswo zahlreiche Ehrenämter, was der Stadt und dem christlichen Glauben sehr zu Gute kam. Die Ehrenämter wurden dabei vielfach als Eintritt in die Gesellschaft und somit als Gewährleistung für sozialen Aufstieg verstanden.

Nach einem Hinweis von Detlev G. Gross fällt die Nähe zwischen den großenteils im späten Mittelalter gegründeten Bruderschaften und den seit der Reformation bestehenden Altstadtdiakonien in Bremen auf. So gehörten nach heutigem Kenntnisstand von 1645 bis 1706 zwanzig Domdiakone der St. Jacobi Bruderschaft an. Diese waren Tyes Dober, Claus Woldt, Lüder Rose, Friedrich Wortmann, Arend Mehne, Arend Meyer, Arend Wolpmann, Johann Verdenhalven, Dirich Tietjen, Hans Hilken jun., Albert Specketer, Dirich Wolpmann, Friedrich Sinning, Berend Haase, Johann Friedrich Kannengiesser, Christian Bruns, Albert Meyer, Johann Andreas Uhthoff, Hinrich Mehne und Curt Neddermann.

Auch der oben genannte Otto Uhthoff, der am 4. November 1619 den Bremer Bürgereid geleistet hatte und der sich unter den unbekannten Domdiakonen bis 1644 befunden haben mag, gehörte der St. Jacobi Bruderschaft an. Für die St. Annen-Bruderschaft sowie für die St. Jacobi maioris Bruderschaft ist für diesen Zeitraum bisher kein Domdiakon nachweisbar.

II. Das 17. und 18. Jahrhundert

Werfen wir nun einen Blick auf die weiteren Domdiakone des 17. Jahrhunderts, so bestätigt sich das eben gewonnene Bild. Auch die folgenden Diakone ergänzten sich weitgehend aus dem Kreis neu hinzugezogener und potenter Kaufleute, die sich zugleich in wirtschaftlichen Gremien engagierten. Die Diakone weisen somit vom Anbeginn der Diakonie an einen durchaus gehobenen gesellschaftlichen Status auf. Bezeichnete man die Domgemeinde des 17. und 18. Jahrhundert gerne als eine »Gemeinde der kleinen Leute«, so galt das nicht für die Diakonie, die neben den Dompredigern und den weltlichen Vertretern die wachsende Gemeinde leitete. So gehörte um 1750 bereits knapp die Hälfte der bremischen Bevölkerung zur Domgemeinde, und um 1800 hatte diese die anderen Gemeinden zusammen zahlenmäßig überflügelt. Es wird deutlich, welch großes Arbeitsfeld sich der Domdiakonie bot und welchen kirchlichen und politischen Einfluss – wenn auch nicht verfasst – sie damit in der Stadt hatte.

Auch in den folgenden Jahrzehnten nahm die Domdiakonie zugewanderte Bürger auf, was sich alleine schon aus ihrer zahlenmäßigen Größe ergab. Aus ihrem Kreis seien hier nur genannt die Kaufleute Friedrich Wortmann, Heinrich Rouwe, Schweder Schomacker, Jacob Wehland, Johann Rouwe Thomsen, Hans von Jerusalem, Johann Verdenhalven, Wilken Biermann, Carsten Krevet, Johann Friedrich Kannengiesser, Christian Bruns, Johann Jobst Vogel, Jobst Henrich Balcke, Jost Hinrich Kolle, Johann Andreas Uhthoff, Dethard Schwers, Herbert Blankenhagen, Friedrich Lameyer, die Brüder Arend und Johann Caspar Thorspecken, Hermann Büsching, Johann Lukas Borgstede und Helmerich Ibbecken. Johann Ruete, Hermann Dwerhagen, Egge Heeren, Wilken Bührmann, Johann Hinrich Pagenstecher und Hermann Thorbecke.

Bereits für das 17. und 18. Jahrhundert können wir verschiedene Familien benennen, die über lange Jahrzehnte im Mannesstamm Diakone stellten. Hierzu gehören die Familien Rouwe, beginnend 1653 mit Heinrich Rouwe bis zu Johann Rouwe 1755 (fünf Diakone), die Familie Mehne, beginnend 1658 mit Arend Mehne bis Arnold Hinrich Mehne 1754 (drei Diakone), die Familie Uhthoff, beginnend 1695 mit Johann Andreas Uhthoff bis zu Johann Andreas Uhthoff III. 1776 (sechs Diakone), die Familie Thorspecken, beginnend 1703 mit den Brüdern Arend und Johann Caspar Thorspecken bis zu Conrad Julius Thorspecken 1869 (sechs Diakone), die Familie Lameyer, beginnend 1703 mit Friedrich Lameyer bis Bernhard Lameyer 1843 (sechs Diakone) und schließlich die Familie Runge, beginnend 1728 mit Henrich Runge bis Hermann Runge 1872 (acht Diakone).

Unter den Familien der Diakone bildeten sich bereits in den ersten beiden Jahrhunderten feste Heiratskreise heraus, die durch das lutherische Bekenntnis in der reformierten Stadt bedingt waren. Viele lutherische Domdiakone heirateten lutherische Töchter von lutherischen Domdiakonen. Ihre Söhne übernahmen zum Teil ebenfalls das Amt eines Domdiakons und heirateten wiederum Töchter von Domdiakonen. So können wir oft über Generationen hinweg durch die weiblichen Linien das Diakonenamt verfolgen, in wenigen Fällen sogar vom 17. Jahrhundert bis in unsere Gegenwart. Hier sei der ehemalige Bauherr und Altdiakon Heinz Bömers (1926–2013) genannt, dessen Diakonenvorfahren über die Familien Bömers, Ulrichs und Grovermann bis zur Familie Rouwe im 17. Jahrhundert zurückgehen.

III. Ein Beispiel für das 17. und 18. Jahrhundert: Die Familie Uhthoff

Es kann hier nicht der Ort sein, die vielfältigen verwandtschaftlichen Beziehungen der Diakone untereinander wiederzugeben. So sei für das 17. und 18. Jahrhundert als Beispiel die Familie Uhthoff genannt, die mit dem Kaufmann Johann Andreas Uhthoff, geboren 1650 in Hannover, seit 1677 in Bremen ansässig und seit 1695 Domdiakon, beginnt. Er gehörte 1686 mit zu den Gründern der englischen Kompagnie und starb in Bremen 1721. Uhthoff war in zweiter Ehe mit Anna Sanders verheiratet, einer Tochter des Domdiakons Henrich Sanders. Dieser zweiten Ehe entstammten 13 Kinder, von denen der Sohn Heinrich Uhthoff mit der Diakonentochter Catharina Charlotte Vogel verheiratet war, der Sohn Ludolph Uhthoff mit der Diakonentochter Margarethe Elisabeth Ibbecken und der Sohn Johannes Andreas Uhthoff mit deren Schwester Anna Rebecka Ibbecken. Durch die Schwiegertöchter waren die Uhthoffs mit den Diakonenfamilien Thorspecken, Carstens und Heeren verwandt. In dritter Generation verband sich die Familie Uhthoff u. a. mit der Diakonenfamilie Stegmann und über sie mit dem Bremer Astronomen und Arzt Wilhelm Olbers, der in der Sandstraße ein Wohnhaus mit Sternwarte besaß.

IV. Das 19. Jahrhundert

1802 gelangte mit dem Senator Dr. Gottlieb Friedrich Carl Horn seit Arend Wolpmann (1676) wieder ein Lutheraner in den Rat der Stadt Bremen. 1810 setzte der Senat vier Bauherren ein, nachdem er durch den Reichsdeputationshauptschluss die Aufsicht über die nunmehr bremisch gewordene Gemeinde erhalten hatte:

1) den Senator Dr. Gottlieb Friedrich Carl Horn – ein Vertrauter Johann Smidts –, der nicht der Domdiakonie entstammte,

ferner drei Altdiakone, nämlich

2) den Senator Johann Matthias Lameyer,
3) den Eltermann Conrad Justus Bredenkamp und
4) den Kaufmann Johann Abraham Retberg.

Die drei Altdiakone wiesen allesamt Diakonengeschichte auf: Lameyer war mit Johanna Thorspecken verheiratet und gehörte damit väterlicher- wie mütterlicherseits zur Domdiakonie, Bredenkamp war mit der Diakonentochter Margarethe Henriette Schröder verheiratet, und Retberg, obschon mit der Nichtbremerin Katharine Bierbaum verheiratet, war durch seine Mutter mit früheren Diakonen verwandt.

Traten bis zum Ende des 18. Jahrhundert und zum Anfang des 19. Jahrhunderts die alten Familien im Mannesstamm zurück wie z. B. die Rouwes, die Mehnes oder die Uhthoffs, so tauchten nun neue Namen in der Domdiakonie auf. Sie belegen den wirtschaftlichen Aufschwung Bremens nach 1815. Auch sie waren vielfach durch weibliche Linien mit alten Familien verwandt.

Zu den neuen großen Domdiakonenfamilien, die in der ersten Hälfte 19. Jahrhunderts erschienen und im Mannesstamm wenigstens vier Diakone stellten, gehörten

die **Familie Brauer,** beginnend 1800 mit Friedrich Henrich Brauer bis Friedrich Henrich Brauer 1870 (fünf Diakone),
die **Familie Delius,** beginnend 1813 mit Everhard Delius bis Günther Delius 1960 (fünf Diakone),
die **Familie Eggers,** beginnend mit Daniel Eggers 1817 bis Johann Eggers 1920 (vier Diakone),
die **Familie Plump,** beginnend 1819 mit Andreas Plump bis Wolfgang Plump 1972 (neun Diakone),
die **Familie Adami,** beginnend 1822 mit Johann Helferich Adami bis Johann Helferich Adami 1884 (fünf Diakone),
die **Familie Wätjen,** beginnend 1823 mit Diedrich Heinrich Wätjen bis Alexander Wilhelm Wätjen 1905 (sechs Diakone),
die **Familie Heye,** beginnend 1824 mit Hermann Heye bis Bernhard Heye 1931 (acht Diakone),
die **Familie Lürman,** beginnend 1829 mit Johann Stephan Lürman bis Kurt Lürman 1920 (sechs Diakone),
die **Familie Schütte,** beginnend 1833 mit Albrecht Nicolaus Schütte bis Johann Gustav Schütte 1912 (vier Diakone),
die **Familie Gruner,** beginnend 1841 mit Carl August Gruner bis Fritz Gruner 1921 (vier Diakone),
die **Familie Hirschfeld,** beginnend 1842 mit Julius Hirschfeld bis Edwin Hirschfeld 1936 (vier Diakone),
die **Familie Overbeck,** beginnend 1842 mit Johann Heinrich Overbeck bis Wilhelm Overbeck 1903 (fünf Diakone),
die **Familie Fritze,** beginnend mit Constantin Alexander Fritze 1843 bis Carl August Fritze 1897 (fünf Diakone) und
die **Familie Schünemann,** beginnend 1845 mit Gustav Bernhard Schünemann bis in unsere Gegenwart (fünf Diakone).

Zu den Domdiakonenfamilien, die in der zweiten Hälfte des 19. Jahrhunderts erstmalig in Erscheinung traten und wenigstens vier Diakone stellten, gehörten folgende Familien:

die **Familie Hegeler,** beginnend 1852 mit Hinrich Conrad Hegeler bis zu dem 2004 gewählten Diakon Gerwin Hegeler (sieben Diakone),

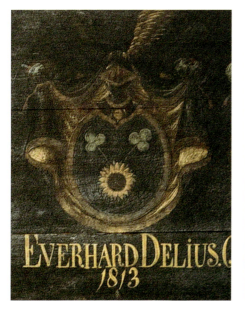
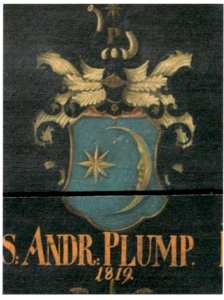

Spitta, Gevekoth, Köncke, Barkhausen, Tewes, Hurm, Gerdes, Faber, Bechtel, Dubbers, Möller, Henschen, Pappier, Achelis und Pavenstedt genannt.

V. Ein Beispiel für das 19. Jahrhundert: Die Familie Brauer

Eine beispielhafte Diakonenfamilie für das 19. Jahrhunderts war die Familie Brauer, deren Nachkommen teilweise noch heute in unserer Stadt leben. Die repräsentativen Wohnhäuser dieser Familie befanden sich dort am Markt, wo heute das Haus der Bürgerschaft

die **Familie Albrecht,** beginnend mit 1863 mit George Albrecht bis Jürgen Albrecht 1967 (sechs Diakone),
die **Familie Nielsen,** beginnend mit 1868 mit Anton Julius Nielsen bis Philipp Walter Nielsen 1898 (sechs Diakone),
die **Familie Kulenkampff,** beginnend 1876 mit Caspar Gottlieb Kulenkampff jun. bis Wolfgang Kulenkampff 1970 (fünf Diakone),
die **Familie Meyer**(-Piening), beginnend 1873 mit Carl Eduard Meyer bis Hans Harald Meyer-Piening 1996 (sechs Diakone),
die **Familie Hoffmann,** beginnend mit Theodor G. Hoffmann 1871 bis Moritz Hoffmann 2005 (fünf Diakone),
die **Familie Leisewitz,** beginnend 1888 mit Franz Theodor Leisewitz bis Carl Lambert Leisewitz 1979 (vier Diakone).

steht. Mit Friedrich Henrich Brauer, dessen Mutter zur Domdiakonenfamilie Carstens gehörte, gelangte die Familie 1800 in die Bremer Domdiakonie. Er heiratete 1802 Margarethe Elisabeth Uhthoff, Tochter des genannten Helmerich Uhthoff. Friedrich Henrich Brauer führte das vom Vater Carl Ludwig Brauer gegründete Handelshaus »C. L. Brauer & Sohn« erfolgreich weiter, welches zudem über Jahrzehnte mehrere Segelschiffe besaß. Seine Söhne August Wilhelm Ludolf und Friedrich Henrich wurden 1835 bzw. 1847 in die Diakonie gewählt, die Söhne von August Wilhelm Ludolf, nämlich Gustav Benjamin sowie Friederich Henrich, 1865 bzw. 1870. Gustav Benjamins Schwiegersohn Alfred Hoffmann wurde 1882 Domdiakon, dessen Schwiegersohn Ernst C. Kellner 1903 und dessen Schwiegersohn Edgar Niemann 1945.

Wie im 17. und 18. Jahrhundert stellten im 19. Jahrhundert viele Bremer Familien auch nur drei oder zwei Diakone. Oft zog der Vater den Sohn oder der Onkel den Neffen nach sich. Auch an den Namen dieser Diakone können wir die wirtschaftliche Entfaltung Bremens im 19. Jahrhundert, ablesen. Hier seien die Familien Toel, Schrage, Wolde, Schellhass, Thiermann, Mosle, Brandorff, Huchting, Walte, von Lengerke,

August Wilhelm Ludolf Brauer, Vertreter der dritten Generation der Brauers in Bremen, machte eine beispielhafte gesellschaftliche Bremer Karriere. Nach der Wahl zum Domdiakon 1835 wurde er 1836 zum Schaffer im Haus Seefahrt gewählt. In den vierziger Jahren betätigte er sich in verschiedenen Deputationen, und 1841 wurde er Vizekonsul des Königreichs Hannover in Bremen, 1847 dessen Konsul und 1855 dessen

Generalkonsul. Zu dem letzten König von Hannover, dem blinden Georg V., hatte er ein sehr gutes persönliches Verhältnis. So wurde z. B. nach dem für Hannover verlorenen Krieg von 1866 der Privatschmuck der Königin Marie auf einem Brauer-Schiff nach England gebracht. Die geschäftlichen Erfolge Brauers ermöglichten ihm den Kauf des Gutes in Tenever. Brauer betätigte sich neben anderen Einrichtungen der Stadt z. B. auch im Künstlerverein.

VI. Das 20. Jahrhundert

Am Ende des 19. und zu Beginn des 20. Jahrhunderts erschienen wiederum neue Namen, die mit Bremens jüngerer Domgeschichte verbunden sind, so 1890 Heinrich Bömers, 1892 Carl Adalbert Gruner, 1896 Bernhard Carl Heye, 1905 Henry Lamotte, 1906 Hermann Marwede, 1906 Franz Schütte jun., 1910 Carl Eduard Meyer, 1910 George C. Muhle und 1911 Carl August Merkel.

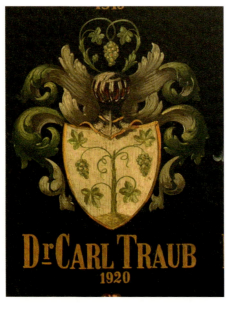

Der Syndikus der Handelskammer Dr. Carl Gluud war der letzte Domdiakon, der 1913 vor dem Beginn des Ersten Weltkriegs in die Diakonie aufgenommen wurde, Wilhelm Rempel, Georg Waldthausen, Max Hoffmann, Heinrich Hegeler, Eduard Kulenkampff und Dr. Otto Meyer waren die ersten Diakone, die nach dem verlorenen Krieg 1919 in den kleiner gewordenen Kreis der aktiven Diakonie aufgenommen wurden.

Bekannte Kaufleute und Juristen – die meisten von ihnen spielten in der Bremer Vor- und Nachkriegsgeschichte eine wichtige Rolle – wurden in den zwanziger und dreißiger Jahren aufgenommen – so 1920 Heinrich Bömers jun., 1920 Carl Traub, 1923 Max Bulling, 1923 Herbert v. Düring, 1924 Walther Schünemann, 1925 Alfred Meyer, 1925 Walter Heine, 1926 Erich Hegeler, 1927 Fritz Albrecht, 1927 Georg Schotte, 1928 Paul Meentzen, 1930 Friedrich Lahusen, 1930 George Hirschfeld, 1931 Bernhard Heye, 1931 Henrich Wuppesahl, 1932 Fritz Rosenkranz, 1932 Walter Bartels, 1933 C. August Bunnemann, 1933 Max Halle, 1934 Hans Ipsen, 1935 Ernst Schulze-Smidt, 1934 Gert Ohlrogge, 1935 Albrecht Schackow, 1937 Fritz Hasenkamp, 1938 Max Adler und 1938 Carl Wilhelm König.

Einige von ihnen haben später die Domgeschichte als Bauherren mitgeprägt, so George Albrecht, Carl Traub, Herbert v. Düring, Georg Schotte, Walther Schünemann, Max Halle, Fritz Rosenkranz, Albrecht Schackow und Walter Bartels. Die Mehrzahl die Genannten gehörte in männlicher Linie keiner Diakonenfamilie an; einige waren Schwiegersöhne von Altdiakonen. Man kann feststellen, dass die Domdiakonie im 20. Jahrhundert zunehmend Mitglieder aufnahm, die ihr – nicht wie in früheren Zeiten – bereits durch eigene familiäre Traditionen verbunden waren. Der Aspekt der Verwandtschaft trat nun langsam zurück, wenngleich mehrere der genannten Diakone Söhne und Verwandte nach sich zogen, so z. B. die Familien Lamotte, Rempel, Heine, Meentzen, Bunnemann, Bulling, Meyer, Muhle, Leisewitz, Ohlrogge, Hasenkamp, Adler, König, Schulze-Smidt oder Hegeler.

Nach dem Zweiten Weltkrieg musste sich die Domdiakonie wiederum erneuern. Zunehmend wurden nun Akademiker aufgenommen, wenn der Beruf des Kaufmanns auch weiterhin dominierte. Bereits 1945 wählte die Domdiakonie, nachdem Max Adler und Carl Wilhelm König als letzte Diakone 1938 aufgenommen worden waren, drei neue Diakone, nämlich Carl Heinz Jansen, Ludwig Helmken und Edgar Niemann. Letzterer konnte sich, wie oben dargestellt, innerhalb der Domdiakonie über die Familien Kellner, Hoffmann, Brauer, Carstens und Uhthoff bis ins 17. Jahrhundert zurückverfolgen. Zu den vier 1946 aufgenommenen Diakonen gehörte der spätere Bundespräsident Dr. Karl Carstens, der der Domgemeinde zeitlebens verbunden blieb.

Nach dem zweiten Weltkrieg trat die familiäre Herkunft der Diakone über die väterliche oder mütterliche Linie nun immer mehr zurück. Neben dem althergebrachten familiären Charakter der Domdiakonie bestimmte sie zunehmend ein freundschaftlicher Geist. Doch auch heute gibt es aktive Diakone, deren Vorfahren das Diakonenamt am Dom ausgeübt haben.

VII. Die Domdiakonie und ihre Familiennetzwerke: eine Bremensie besonderer Art

Für eine bürgerliche Familie ist es eine große Leistung, sich über drei oder vier Generationen wirtschaftlich und gesellschaftlich zu halten. Anders als beim Adel, der sein Vermögen durch Grundbesitz oft über Jahrhunderte bewahrt, hängt das Vermögen bürgerlicher Familien unmittelbar mit dem wirtschaftlichen Erfolg und Misserfolg der eigenen Firma zusammen. So bestand das bedeutende Handelshaus D. H. Wätjen & Co. vier Generationen – eine hervorragende Leistung dieser weltbekannten Familie. Viele früher sehr erfolgreiche Diakonenfamilien bewahrten sich allerdings nur über zwei oder drei Generationen Wohlstand und wirtschaftlichen Erfolg. Sind sie häufig im Mannesstamm ausgestorben, so leben sie dagegen über weibliche Linien noch heute fort – gleichsam anonym.

Die Diakonie ist das älteste Ehrenamt am Dom. Es wurde bis in das 20. Jahrhundert hinein weitgehend familiär bestimmt. Auch die Domgemeinde verdankt den alten Bremer Familien sehr viel. Denn es waren nicht nur die Diakone alleine, die ihren Dienst taten, sondern zugleich wurden ihre Familien dadurch an Kirche und Diakonie beteiligt.

An der Geschichte der Domdiakonenfamilien können wir beispielhaft ablesen, wie der Glaube früher durch die Familie weitergegeben wurde. Das ist in unserer Zeit anders geworden, in welcher die Familie einen anderen Stellenwert erhalten hat. Zudem erlaubt die Mobilität unserer Gesellschaft zuweilen dem Sohn nicht, wie der Vater dieses schöne Ehrenamt über zwölf Jahre hinweg wahrzunehmen.

»WER AUF DAS WORT MERKT,
DER FINDET GLÜCK«

»Das Gebot der Nächstenliebe bedeutet nicht eine gesetzliche Beschränkung der Verantwortung auf den räumlich, bürgerlich, beruflich, familiär Nächsten, der mir begegnet. Der Nächste kann gerade im Fernsten und der Fernste im Nächsten sein.«

Die Worte Dietrich Bonhoeffers aus seiner Ethik 1942 mahnen uns, Diakonie zu leben. Das bedeutet, anhaltend in Wort und Tat nach Gott zu fragen. Das bedeutet weiter, wenn nötig, neue Wege einzuschlagen – um Gottes und des Nächsten willen. Denn des Schöpfers Liebe bindet sich nicht unbedingt an unser Wollen.

Die vorliegende Geschichte der St. Petri Domdiakonie schreitet einen weiten Weg ab. Sie erzählt von Menschen, die der Gemeinde ihr Bestes gaben und geben, nämlich Zeit, Liebe und Mut. Sie berichtet von hellen und dunklen Zeiten. Sie erinnert an Gemeindemitglieder, die auf Hilfe angewiesen waren und sind. Sie bezeugt manchen Neuanfang. Denn die Kirche muss immer wieder reformiert werden. So schreiben die Reformatoren unserer lutherischen St. Petri Domgemeinde bis heute ins Stammbuch: »Ecclesia semper reformanda«.

Es ist ein Glück, dass sich immer wieder Menschen bereitfinden, dabei mitzuwirken. Glück im biblischen Sinne kann bedeuten, von sich selber um des Anderen willen abzusehen. Glück im biblischen Sinne heißt, Gott an der Seite glauben zu dürfen.

Der kluge Salomo lädt zu dankbaren und freudigem Tun ein, wenn er in der Übersetzung Martin Luthers sagt: »Wer auf das Wort merkt, der findet Glück.« (Sprüche Salomos 16,20)

Dr. Peter Ulrich

LISTE DER DIAKONE AM ST. PETRI DOM 1644 BIS 2016

#	Name, Vorname	Jahr
1	Gerdinck, Dirich	1644
2	Dober, Tyes	1645
3	Schriever, Harmen	1645
4	Sanders, Abell	1646
5	Lange, Johan	1647
6	Schmidt, Johan	1647
7	Rose, Lüder	1649
8	Hilcken, Hans	1650
9	Woldt, Claus	1650
10	Bobart, Arend von	1650
11	Nagel, Brüning	1651
12	Schermer, Cord	1651
13	Wortmann, Friedrich	1653
14	Rouwe, Hinrich	1653
15	Kruse, Johan	1653
16	Meyer Gerdts, Johan	1653
17	Janssen, Götje	1657
18	Nölken, Dirich	1657
19	Ruete, Johann	1658
20	Mehne, Arend	1658
21	Meyer, Arend	1661
22	Aschwede, Heinrich von	1661
23	Schomaker, Schweder	1662
24	Goding, Gerd	1662
25	Wolpmann, Arend	1665
26	Wehland, Jakob	1665
27	Meyer Tile, Johann	1666
28	Jerusalem, Hans von	1666
29	Verdenhalven, Johann	1669
30	Koch, Hinrich	1669
31	Tietjen, Dirich	1669
32	Broiel, Hermann	1669
33	Hilcken, Hans	1673
34	Lülmann, Lüder	1673
35	Wilckens, Cord	1673
36	Rose, Lüder	1673
37	Specketer, Albert	1677
38	Rouwe Thomsen, Johann	1677
39	Wolpmann, Dirich	1678
40	Schriever, Johann Hinr.	1678
41	Bührmann, Wilken	1681
42	Sinning, Friedrich	1681
43	Krefft, Carsten	1682
44	Haase, Berend	1682
45	Kannengiesser, Joh. Friedr.	1685
46	Harde, Henrich	1685
47	Sanders, Henrich	1685
48	Bruns, Christian	1685
49	Brockmann, Berend	1686
50	Rouwe, Johann (jun.)	1689
51	Dwerhagen, Hermann	1689
52	Ruete, Theis	1690
53	de Goede, Hinrich	1690
54	Balcke, Jobst Hinrich	1692
55	Schröder, Hinrich	1692
56	Vogel, Johann Jobst	1693
57	Meyer, Albert	1693
58	Kolle, Joost Hinrich	1694
59	Wilckens, Hinrich, Hans Sohn	1695
60	Uthhoff, Joh. And. (sen.)	1696
61	Schweers, Dethert	1697
62	Moyer (Meyer), Gerdt	1698
63	Plesken, Meinhard	1699
64	Frieling, Erdwin	1699
65	Heeren, Egge	1700
66	Schmidt, Gerdt	1701
67	Blankenhagen, Harbord	1702
68	Lameyer, Friedrich verm.	1702
69	Mooyer (Meyer), Hermann verm.	1703
70	Thorspecken, Arend	1703
71	Thorspecken, Joh. Caspar	1703
72	Büsching, Hermann	1704
73	Mehne, Hinrich	1705
74	Meyer, Johann, Arends Sohn	1706
75	Neddermann, Cord	1707
76	Ebeling, Caspar	1708
77	Bode, Conrad	1709
78	Nessenius, Michael	1709
79	Lilienthal, Lüdeke	1710
80	Borgstede, Joh. Luc.	1711
81	Köncke, Harder	1712
82	Ibbecken, Helmerich	1712
83	Schumann, Friedrich	1713
84	Tietjen, Johan	1714
85	Wehland, Jacob	1715
86	Woerdemann, Joh. Jürgen	1716
87	Luessmann, Dierich	1717
88	Biermann, Daniel	1718
89	Hameken, Johan	1719
90	Haase, Hinrich	1720
91	Rosentreder, Johan verm.	1720
92	Melzner, Johan	1721
93	Wesling, Conrad	1722
94	Borchers, Melchior J.	1723
95	Bloede, Thomas	1724
96	Pundt, Herman	1725
97	Heeren, Erhard	1726
98	Sanders, Herman Rud.	1727
99	Runge, Hinrich	1728
100	Lameyer, Joh. Rudolf	1729
102	Dwerhagen, Georg verm.	1729
103	Reusch, Barthold verm.	1729
104	Rouwe, Joh. Matthias	1730
105	Rauch, Joh. Gerhard	1731
106	Müller, Joh. Baptista	1732
107	Thorspecken, Christian	1733
108	Uthoff, Hinrich	1734
109	Rinteln, Joh. Engelbert von verm.	1735
110	Watermeyer, Herm. Rudolf	1735
111	Uhthoff, Ludolf	1736
112	Koordes, Hinrich	1737
113	Woerdemann, Hermann	1738

114	Zimmermann, Hieronymus F.	1739	151	Thorspecken, Jacob	1766	188	Carstens, Hinrich	1795
115	Broeckelmann, Johan Wilh.	1740	152	Lameyer, Johann Rudolph	1767	189	Renner, Johann Georg	1796
116	Pagenstecher, Joh. Hinrich	1741	153	Brune, Christian	1768	190	Schröder, Carl Friedrich	1797
117	Uhthoff, Joh. Andreas	1742	154	Bley, Johan	1769	191	Dunte, Friedrich Ernst	1798
118	Hildebrandt, David	1743	155	Uhthoff, Helmerich	1770	192	Reymann, Joh. Christoph	1799
119	Büscher, Wilhelm	1744	156	Schlingemann, Joh. Henr.	1771	193	Köncke, Joh. Hermann	1799
120	Borgstede, Herbord Hinr.	verm. 1744	157	Rulffs, Johann	1772	194	Schröder, Hinrich	1800
121	Tietjen, Daniel	1745	158	Winkelmann, Joh. Diedrich	1773	195	Kuhlmann, Wilh. Christ.	1801
122	Bollandt, Berend	1746	159	Albers, Joh. Christoph	1774	196	Brauer, Friedrich Henr.	1802
123	Mindermann, Conr. Chr.	1747	160	Grovermann, Bartholomäus	1774	197	Gevekoht, Zacharias	1803
124	Bergst, Adolph Johann	1748	161	Droop, Henrich	1775	198	Hahn, Henrich Hermann	1803
125	Brütten, Samuel Bolkenius	1749	162	Uhthoff, Johann Andreas	1776	199	Thorspecken, Jacob	1803
126	Hübbe, Martin	1750	163	Retberg, Joh. Abraham (jun.)	1776	200	Wienken, Joh. Conrad	1804
127	Rosentreder, Conrad	1751	164	Lengerke, Joh. Hinr. von	1777	201	Miesegaes, Christian Diedrich	1805
128	Wolff, Berend Philip	1752	165	Stägemann, Gerh. Hinr.	1778	202	Müller, Joh. Wilhelm	1806
129	Luerssen, Nicolaus	1753	166	Gleim, Joh. Chr. Gottlieb	1779	203	Frantz, Georg Carl	1807
130	Mehne, Arnold Hinr.	1754	167	Schröder, Gottfried Joachim	1780	204	Meyer, Gerhard	1808
131	Rouwe, Johan	1755	168	Runge, Henrich	1781	205	Albers, Anton Daniel	1809
132	Runge, Herman	1755	169	Harten, Balthasar Rud. von	1781	206	Toel, Heinrich	1809
133	Borgstede, Joh. Conrad	vor 1759	170	Lohmann, Arnold	1782	207	Runge, Hermann	1809
134	Brülle, Joh. Hinrich	vor 1759	171	Thorbecke, Mathias	1783	208	Schröder, Friedrich	1809
135	Lameyer, Joh. Friedrich	vor 1759	172	Strormann, Henrich	1783	209	Freytag, Joh. Heinrich Ludwig	1810
136	Wehrkamp, Wilhelm	vor 1759	173	Grovermann, Joh. Arnold	1784	210	Schrage, Caspar Georg	1810
137	Wienken, Johan	vor 1759	174	Carstens, Friedrich	1784	211	Sanders, Engelke	1811
138	Meyer, Frans	vor 1759	175	Lameyer, Joh. Matthias	1785	212	Seemann, Friedrich	1812
139	Baumann, Carl Ludwig	vor 1759	176	Doehler, Chr. Siegmund	1786	213	Oetling, Friedrich	1812
140	Ulrichs, Christian Eberhard	vor 1759	177	Duckwitz, Andreas	1787	214	Bruns, Hermann	1812
141	Alemann, Bernhard Erich	vor 1759	178	Bröckelmann, Joh. Gerh.	1788	215	Delius, Everhard	1813
142	Reuss, Friedrich Henrich	vor 1759	179	Schröder, Joh. Gottfried	1789	216	Meynen, Caspar Herm.	1813
143	Schröder, Johan	1759	180	Pagenstecher, Joh. Rudolph	1790	217	Böse, Nicolaus Henr.	1813
144	Kurlbaum, Friedrich Wilh.	1759	181	Schröder, Peter Daniel	1790	218	Garlichs, Gerhard Christian	1814
145	Schröder, Friedrich	1760	182	Runge, Joh. Abraham	1791	219	Schröder, Arnold Gottfried	1815
146	Krohne, Philip Christoph	1761	183	Bredenkamp, Conr. Justus	1792	220	Franke, Joh. Heinrich Christian	1815
147	Schultze, Georg Christoph	1762	184	Meyer, Joh. Matthias	1792	221	Horn, Johann Gerhard	1816
148	Thorbecke, Herman	1763	185	Polemann, Wilh. Gottfried	1793	222	Dransfeld, Johann Georg	1816
149	Ficke, Barthold	1764	186	Christiani, Carl Heinr. Valentin	1793	223	Strüver, Carl Chr.	1817
150	Schröder, Henrich	1765	187	Isern, Johann	1794			

224	Runge, Arnold Hinrich	1817
225	Eggers, Daniel	1817
226	Hagendorff, Joh. Heinrich Elias	1817
227	Berninghausen, Johann Peter	1817
228	Bolte, Hermann Heinrich	1818
229	Strohm, Hinrich Gerh.	1819
230	Schellhass, Heysing Fr.	1819
231	Thiermann, Chr. Heinrich	1819
232	Brandorff, Joh. Carl	1819
233	Lülmann, Joh. Christian	1819
234	Keutgen, Friedr. Wilhelm	1819
235	Wilmanns, Fr. Ernst Ludwig	1819
236	Plump, Andreas	1819
237	Mohr, Justus	1819
238	Huchting, Friedrich	1820
239	Müller, Josias Chr.	1820
240	Runge, Friedrich	1821
241	Hübner, Carl Wilhelm	1821
242	Corssen, Friedrich	1822
243	Gudewill, Friedrich August	1822
244	Adami, Johann Helferich	1822
245	Wätjen, Diedrich Heinr.	1823
246	Walte, Joh. Hermann	1823
247	Kreepken, Joh. Heinrich Otto	1824
248	Heye, Hermann	1824
249	Jasper, Joh. Friedrich	1824
250	Kalkmann, Ludwig Friedr.	1824
251	Schrader, Georg Friedrich Wilh.	1825
252	Lengerke, Georg Wilhelm von	1825
253	Gravenhorst, Franz Chr.	1826
254	Wolde, Joh. Martin	1826
255	Spitta, Carl Wilhelm	1827
256	Koepke, Peter Heinrich	1827
257	Adami, Joh. Friedrich	1828
258	Plump, Joh. Friedrich	1828
259	Schultze, Joh. Hermann	1829
260	Lohmann, Joh. Georg	1829
261	Gevekoht, Heinrich Albr.	1830
262	Lürman, Joh. Stephan	1830
263	Walte, Henrich	1830
264	Haas, Wilhelm (jun.)	1830
265	Beneke, Carl Ludwig	1830
266	Mosle, Georg Rudolf	1831
267	Hagedorn, Eduard	1831
268	Schröder, Gottfried H.	1832
269	Meyer, August Ferdinand	1832
270	Schütte, Albrecht Nic.	1833
271	Beste, Gottlieb Heinr.	1833
272	Plump, Carl Ferdinand	1834
273	Lameyer, Bernhard Eduard	1834
274	Lehmkuhl, Joh. Friedrich	1835
275	Arens, Joh. Friedrich	1835
276	Gabain, Ernst Ferdinand	1835
277	Brauer, Aug. Wilh. Ludolf	1836
278	Schrage, Joh. Ludwig	1836
279	Albers, Diedrich	1836
280	Weinhagen, Hermann Friedr.	1837
281	Schröder, Hermann Hinr.	1837
282	Fischer, Hermann von	1837
283	Köncke, Joh. Diedrich	1838
284	Delius, Louis	1838
285	Meyer, Eduard	1839
286	Barkhausen, Wilh. Ferd.	1839
287	Tewes, Carl	1839
288	Schröder, Henrich Friedr.	1840
289	Mummy, Christoph Ludolf H.	1840
290	Miesegaes, Timoleon	1841
291	Köncke, Joh. Diedrich (jun.)	1841
292	Gruner, Carl August	1841
293	Westhoff, Friedr. Heinr.	1842
294	Plump, August Theodor	1842
295	Overbeck, Joh. Heinrich	1842
296	Hirschfeld, Julius	1843
297	Wätjen, Christian Heinrich	1843
298	Stucken, Gustav Edmund	1844
299	Franke, Georg Julius	1844
300	Fritze, Constantin Alex.	1844
301	Thiermann, Joh. Ludwig	1845
302	Lürman, Joh. Theodor	1845
303	Schünemann, Gust. Bernh.	1846
304	Bröckelmann, Joh. Wilh.	1846
305	Komemann, Ludwig	1847
306	Delius, Everhard Carl	1847
307	Wortmann, Alexander	1847
308	Grave, Friedrich	1848
309	Brauer, Friedrich Henrich	1848
310	Vietsch, Hermann	1848
311	Oetling, Friedrich (jun.)	1849
312	Huchting, Aug. Friedrich	1849
313	Hurm, Joh. Friedrich Gust.	1850
314	Philippi, Adolf Friedrich	1850
315	Wolff, Joh. Friedrich Ed.	1851
316	Gerdes, Hermann Skröder	1851
317	Thiermann, Joh. Phil. Nic.	1851
318	Bechtel, Cornelius	1851
319	Lange, Gerhard	1852
320	Heye, Hermann (jun.)	1852
321	Dransfeld, Georg	1853
322	Hegeler, Hinrich Conrad	1853
323	Wieting, Emil	1854
324	Brandorff, Johannes C. (jun.)	1854
325	Spitta, Carl Wilhelm	1855
326	Faber, August	1855
327	Heye, Bernhard	1855
328	Toel, Friedrich	1856
329	Schmidt, Christian	1856
330	Adami, Joh. Anton	1856
331	Gudewill, Friedr. Wilh.	1857
332	Garrels, Heinrich	1857

333	Wenderoth, Ernst Wilh.	1857	372	Overbeck, Georg Friedr.	1869	408	Caesar, Clemens Alb. (jun.)	1881
334	Claussen, Georg Heinr.	1858	373	Thorspecken, Conrad Jul.	1869	409	Eggers, Hermann	1881
335	Eggers, Johann	1858	374	Brauer, Friedrich Henr.	1870	410	Möller, Fritz	1881
336	Adam, Nic. Fr. Wilhelm	1858	375	Grosse, Georg Friedrich	1870	411	Colshorn, Hermann	1882
337	Bechtel, Carl Heinrich	1858	376	Barkhausen, Oscar Ferd.	1870	412	Gruner, Everhard	1882
338	Consbruch, Theodor	1858	377	Möller, George	1871	413	Hoffmann, Alfred	1882
339	Knippenberg, Bernhard	1859	378	Hoffmann, Theodor G.	1871	414	Menke, Heinrich	1883
340	Fritze, Wilhelm Aug.	1859	379	Schrage, Joh. Ludwig	1871	415	Wätjen, Georg Wilh.	1883
341	Mosle, Alexander Georg	1859	380	Weinlig, Friedrich Carl Joh.	1872	416	Konitzky, Carl Louis	1884
342	Albers, Joh. Abraham	1859	381	Runge, Joh. Hermann	1872	417	Adami, Johann Helferich	1884
343	Schmidt, Nicolaus	1860	382	Bähr, Friedrich	1872	418	Reck, Friedrich	1884
344	Visser, Theodor	1860	383	Meyer, Carl Eduard	1873	419	Sparkuhle, Friedrich	1885
345	Heye, Gottl. Friedrich	1861	384	Schröder, Gustav Adolf	1873	420	Reiners, Hermann	1885
346	Lohmann, Johann	1861	385	Plump, Hermann H.	1873	421	Spitta, Carl Wilh. Heinr.	1886
347	Gevekoht, Heinrich Alb.	1862	386	Duckwitz, August	1874	422	Hurm, Robert	1886
348	Strube, Leopold	1862	387	Lürman, Friedrich Theod.	1874	423	Heye, Dr. C. Hermann	1886
349	Beneke, Carl	1862	388	Franke, Joh. August	1874	424	Thyen, Georg O.	1886
350	Koop, Adolph	1863	389	Hildebrand, Herm. Chr. Ferd.	1875	425	Nielsen, Friedrich Carl F.	1887
351	Nielsen, Joh. Wilhelm	1863	390	Henschen, Fritz	1875	426	Reiners, Adolf Wilh. Jos.	1887
352	Albrecht, George Alex.	1864	391	Weyhausen, Ernst Gustav	1875	427	Schünemann, Joh. Albrecht	1887
353	Plump, Johannes L. J.	1864	392	Upmann, Hermann F.	1876	428	Garrels, Heinrich Georg	1887
354	Fritze, Jul. Theodor	1864	393	Kulenkampff, Caspar Gottl.	1876	429	Leisewitz, Franz Theodor	1888
355	Schmidt, Carl Friedrich	1865	394	Remy, Werner	1876	430	Boisselier, Dr. Carl	1888
356	Schütte, Franz Ernst	1865	395	Konitzky, Wilhelm	1877	431	Graue, Hermann Heinrich	1889
357	Dubbers, Joh. Friedrich	1865	396	Wolde, Heinr. August	1877	432	Lürman, Dr. Fr. Aug. Theodor	1889
358	Brauer, Gustav B.	1866	397	Stisser, Phil. Wilh. Heinr.	1877	433	Rocholl, Theod. Friedr.	1890
359	Arens, Heinrich Ludwig	1866	398	Hegeler, Hermann Diedr.	1878	434	Bömers, Heinrich Ferd. Emil	1890
360	Reiners, Gustav	1866	399	Schröder, Julius	1878	435	Albrecht, Carl George (jun.)	1890
361	Toel, Johannes	1867	400	Nielsen, Heinrich Ad.	1878	436	Müller, Eduard (jun.)	1891
362	Ichon, Wilhelm	1867	401	Deetjen, Peter Heinrich August	1878	437	Nielsen, Joh. Wilhelm (jun.)	1891
363	Delius, Friedrich Wilh.	1867	402	Ruhl, Johann Peter	1879	438	Wortmann, Gustav	1892
364	Tewes, Rudolf	1867	403	Arens, Hermann Wilh.	1879	439	Lohmann, Georg Wilhelm	1892
365	Schellhass, Dr. Carl Jul.	1868	404	Schünemann, Carl Eduard	1879	440	Gruner, Carl A.	1892
366	Meyer, August Ferd.	1868	405	Gerdes, Hermann Skröder (jun.)	1880	441	Lürman, August A. L.	1893
367	Meyer, Louis Eduard	1868	406	Kulenkampff, Heinr. Wilh.	1880	442	Braesecke, Richard Oswald	1893
368	Gansland, Rottger	1868	407	Schmidt, Helwig	1880	443	Plump, Carl F.	1893
369	Nielsen, Anton Julius	1868				444	Pappiér, Friedrich Wilh. C.	1893
370	Melchers, Carl Theodor	1868				445	Achelis, Dr. Joh. Ed. Chr.	1894
371	Wätjen, Diedrich Heinr.	1869						

446	Müller, Paul Eduard	1894	484	Hassenkamp, Max Theod.	1908	523	Gündell, Dr. Helmuth von	1929
447	Wätjen, Chr. Heinr. Emil	1894	485	Frese, Hermann Roland	1909	524	Brenscheidt, Dr. Alfred	1929
448	Hegeler, Clemens Paul	1895	486	Schmöle, August	1909	525	Lahusen, Friedrich	1930
449	Fritze, Arnold	1895	487	Muhle, George C.	1910	526	Hirschfeld, George	1930
450	Albrecht, Ludwig	1895	488	Meyer, Carl Eduard (jun.)	1910	527	Kulenkampff, Dr. Wolfgang	1931
451	Overbeck, Alexander	1895	489	Schepp, Hans	1911	528	Heye, Bernhard C.	1931
452	Müller, Alfred Henry	1896	490	Merkel, Carl August	1911	529	Wuppesahl, Henrich	1931
453	Heye, Bernhard Carl	1896	491	Noltenius, Conrad	1912	530	Rosenkranz, Dr. Fritz	1932
454	Fritze, Dr. Carl August	1897	492	Schütte, Joh. Gustav	1912	531	Bartels, Walter	1932
455	Gröning, Dr. Albert Heinrich	1897	493	Matthes, Detmar	1913	532	Bunnemann, C. August	1933
			494	Gluud, Dr. Carl Hans	1913	533	Pavenstedt, Julius T.	1933
456	Biermann, Friedrich. Carl	1897	495	Rempel, Wilhelm	1919	534	Halle, Max F.	1933
457	Rösing, Johannes F.	1898	496	Waldthausen, Georg	1919	535	Wischmann, Joh. Fried.	1934
458	Heye, Carl Richard	1898	497	Hoffmann, Max	1919	536	Ipsen, Hans	1934
459	Nielsen, Philipp Walter	1898	498	Hegeler, Heinrich	1919	537	Hornig, Carl Heinrich	1934
460	Marwede, Carl S. J.	1899	499	Kulenkampff, Dr. Eduard	1919	538	Ohlrogge, Gert	1934
461	Pavenstedt, Edmund	1899	500	Meyer, Dr. Otto	1919	539	Schlemmermeyer, Dr. Leo	1935
462	Hirschfeld, Jul. Eduard	1899	501	Traub, Dr. Carl	1920	540	Schulze-Smidt, Dr. Ernst	1935
463	Strauch, Georg A.	1899	502	Eggers, Johann	1920	541	Ueltzen, Hans Georg	1935
464	Cleve, Urban von	1900	503	Lürman, Dr. Kurt	1920	542	Schackow, Dr. Albrecht	1935
465	Lentz, Peter	1900	504	Bömers, Heinrich	1920	543	Hirschfeld, Dr. Edwin	1936
466	Danziger, Dr. Dan. Bernh.	1900	505	Gruner, Fritz	1921	544	Noltenius, Dr. Jules Eberhard	1936
467	Overbeck, Ludwig Paul	1900	506	Albrecht, George	1921			
468	Lohmann, Alfred	1901	507	Graue, Georg	1922	545	Hasenkamp, Dr. Fritz	1937
469	Ulrichs, Hans	1901	508	Rocholl, C. Theodor	1922	546	Lüders, Karl Heinz	1937
470	Duckwitz, Arnold	1902	509	Jung-Poppe, Hans	1923	547	Adler, Max	1938
471	Meyer, Eduard	1902	510	Bulling, Dr. Max	1923	548	König, Carl Wilhelm	1938
472	Overbeck, Wilhelm	1903	511	Düring, Herbert von	1923	549	Jansen, Carl Heinz	1945
473	Kellner, Ernst Conr.	1903	512	Biermann, Fritz	1924	550	Niemann, Edgar	1945
474	Hoffmann, Moritz	1903	513	Schünemann, Walter	1924	551	Helmken, Ludwig	1945
475	Henschen, Dr. Wilh. August	1904	514	Meyer, Alfred	1925	552	Ewig, Carl Friedrich	1946
476	Meyer, Paul	1904	515	Heine, Walter	1925	553	Koch, Heinz Peter	1946
477	Wätjen, Wilhelm	1905	516	Graue, Hans	1926	554	Hehmsoth, Raimund	1946
478	Lamotte, Henry	1905	517	Hegeler, Erich	1926	555	Carstens, Dr. Karl	1946
479	Marwede, Hermann	1906	518	Schotte, Dr. Georg	1927	556	Rusche, Dr. Hans-Jürgen	1947
480	Schütte, Franz (jun.)	1906	519	Albrecht, Fritz	1927	557	Schwartze, Herbert	1947
481	Achelis, Franz	1907	520	Reck, Joh. Wilhelm	1928	558	Offermann, Hans	1948
482	Tewes, Eduard	1907	521	Meentzen, Paul	1928	559	Müller, Wolfgang	1949
483	Schellhass, Dr. Aug. Wilh.	1908	522	Leisewitz, Lutz	1929	560	Kannengiesser, Helmut	1949

561	Lindemann, Jürgen	1949	600	Hegeler, Clemens Peter	1965	639	Schrörs, Dr. Wolfgang	1982
562	Müller, Heinrich E. A.	1950	601	Wandel, Dieter	1966	640	Friedrichs, Dr. Hans-Georg	1983
563	Rempel, Rudolf	1950	602	Schulze-Smidt, Jan	1966	641	Braun, Peter	1983
564	Lamotte, Hans Henry	1950	603	Bartels, Werner	1966	642	Werther, Rolf	1984
565	Stucken, Willy	1950	604	Bulling, Dr. Urban	1967	643	Lamotte, Otto	1984
566	Lindewirth, Dr. Hans Peter	1951	605	Albrecht, Jürgen	1967	644	Hof, Michael von	1985
567	Ehlers, Günther	1951	606	Adler, Dieter R.	1968	645	Ziegler, Klaus	1985
568	Vater, Carl Max	1951	607	Koch, Ralf	1968	646	Emigholz, Harald	1986
569	Lampe, Dr. Herbert	1952	608	Meier, Wilhelm Friedrich	1969	647	Faber, Georg	1986
570	Schepp, Hans	1952	609	Tegtmeyer, Kurt	1969	648	Eibach, Dr. Hermann	1987
571	Biermann, Friedrich Carl	1952	610	Hasenkamp, Dr. Holger	1969	649	Grobien, Fritz A.	1987
572	Meyer, Kurt	1952	611	Kulenkampff, Wolfgang	1970	650	Schlenz, Dr. Michael	1987
573	Merkel, Carl Otto	1953	612	Schotte, Hans-Georg	1970	651	Witt, Christoph	1988
574	Edzard, Friedrich	1953	613	Winther, Christian	1970	652	Kraft, Manfred	1988
575	Heine, Günther	1954	614	Rosenbusch, Klaus	1971	653	Gross, Dr. Detlev G.	1989
576	Schünemann, Carl Fritz	1954	615	Jürgens, Horst	1971	654	Linnemann, Joachim	1989
577	Meentzen, Carl W. R.	1954	616	Zill, Karsten	1972	655	Mecke, Hannes C.	1990
578	Pappièr, Roland R.	1955	617	Plump, Wolfgang	1972	656	Fricke, Kai Peter	1991
579	Bömers, Heinz	1955	618	Asendorf, Axel	1973	657	Hasenkamp, Hubertus	1991
580	Waldthausen, Herbert	1956	619	Borttscheller, Ralf H.	1973	658	Hillmann, Kay-Christian	1992
581	Plump, Karl	1956	620	Bunnemann, C. Andreas	1973	659	Niemann, Jörn	1992
582	Hörstel, Dr. Reinhard	1956	621	Stromburg, Axel	1974	660	Aderkas, Hans Gehrt von	1993
583	Petri, Bernhard	1957	622	Zernikow, Hajo	1974	661	Bellmann, Nils	1993
584	Dettmers, Jürgen	1957	623	Wandel, Stephan H. A.	1975	662	Dubbers-Albrecht, Eduard	1994
585	Meyer-Piening, Alfred	1959	624	Bahnson, Dr. Karsten	1975	663	Gottwald, Dr. Bernd Christoph	1994
586	Grobien, Fritz A.	1959	625	Lampe, Hans-Dieter	1975			
587	Budde, Hans	1960	626	Freysoldt, Jan	1976	664	Schmitz-Wätjen, Dr. Wolfgang	1995
588	Delius, Günther	1960	627	Gerke, Horst	1976			
589	Köhler, Dr. Günter	1961	628	Kap-Herr, Thilo Frhr. von	1977	665	Schütte, Volker	1995
590	Scherz, Ekkehard	1961	629	Eissing, Dr. Klaus	1977	666	Meyer-Piening, Hans Harald	1996
591	Jantzen, Michael	1962	630	Hehmsoth, Wolfgang	1978			
592	Schottelius, Volkmar	1962	631	Schale, Reinhard	1978	667	Wandel, Thilo	1996
593	Witt, Jürgen	1962	632	Bosse, Johann Christian	1979	668	Lürßen, Christian	1997
594	Abegg, Georg	1963	633	Leisewitz, Lambert	1979	669	Stubbe, Thomas	1997
595	Michaelsen, Hermann	1963	634	Kannengiesser, Conrad	1980	670	Bogena, Dr. Jan	1998
596	Steffen, Dr. Bernhard	1963	635	Kathmann, Hans-Hermann	1980	671	Rundstedt, Stephan von	1998
597	Leisewitz, Lambert	1964	636	Keller, Ulrich	1981	672	Edzard, Albrecht	1999
598	König, Carl-Heinz	1964	637	Muhle, George C.	1981	673	Schmidt, Oliver	1999
599	Nolting-Hauff, Dr. Rudolf	1965	638	Winther, Jobst	1982	674	Haugwitz, Wilhelm von	1999

675	Lohmann, Jürgen	2000
676	Jürgens, Joachim	2000
677	Haas, Tobias	2001
678	Paul, Clemens H. J.	2001
679	Lahusen, Nikolaus	2001
680	Schönduve, Andreas	2002
681	Stankewitz, Tom Ole	2002
682	Kleine, Walter	2003
683	Westphal, Jost	2003
684	Hegeler, Gerwin	2004
685	Clewing, Henrich	2004
686	Lenderoth, Christophe	2004
687	Gampper, Oliver	2005
688	Hoffmann, Moritz	2005
689	Vollers, Christian	2005
690	Ehlers, Arne	2006
691	Neumann-Redlin, Cornelius	2006
692	Kasten, Franz	2007
693	Grashoff, Dr. Frieder	2007
694	Saacke, Henning	2008
695	Grevesmühl, Dr. Götz	2008
696	Berger, Dr. Sebastian	2009
697	Muhle, George	2009
698	Janssen, Oliver	2010
699	Runge, Julius C.	2010
700	Prescher, Moritz Jan	2011
701	Pawelek, Dr. Till	2011
702	Bosse, Hermann	2012
703	Nitzsche, Dr. Florian	2013
704	Plato, Alexander von	2013
705	Martini, Bernhard	2014
706	Hansen, Dr. Christian	2014
707	Collan, Robert Oskar	2015
708	Klosterkemper, Dr. Christoph B.	2015
709	Stahlknecht, York Friedrich	2015
710	Edzard, Felix	2016
711	Busse, Mark-Bernhard von	2016

Anmerkung: Es fehlen die in den Quellen nicht nachzuweisenden Diakone von 1638 bis 1643. Angegeben ist je nach Quellenlage das Jahr der ersten Nennung, der Wahl bzw. des Dienstantritts.

Quellen: Wappenbuch der Diakonie;
DAB 3 b 4 a; DAB 3 b 4 b;
DAB A.8.c.Nr.1-13;
DAB Wahlen zur Diakonie 1786–1945 (1947);
Liste der Diakone 2015–2016;
Rotermund, Heinrich Wilhelm, S. 217-224;
Rüthnick, Richard/Schultz, Kurd, S. 105-112.

ANHANG

ANMERKUNGEN

1 | Rotermund, Heinrich Wilhelm: Geschichte der Domkirche St. Petri zu Bremen und des damit verbundenen Waisenhauses und der ehemaligen Domschule, von ihrem Ursprunge und mancherlei Schicksalen bis zum Jahre 1828, Bremen 1829, S. 215ff (im Folgenden: Rotermund, Heinrich Wilhelm 1829), S. 97; Schwarzwälder, Herbert: Bremen 1638. Im Jahr der Gründung der Domdiakonie, in: Vereinigung für Bremische Kirchengeschichte (Hrsg.): 1200 Jahre St. Petri-Dom in Bremen, Hospitium Ecclesiae, Forschungen zur Bremischen Kirchengeschichte, Bd. 17, Bremen 1989, S. 113ff (im Folgenden: Schwarzwälder, Herbert 1989); Schwarzwälder, Herbert: Geschichte der Freien Hansestadt Bremen, Bd. 1, Bremen 1995, S. 337f (im Folgenden: Schwarzwälder, Herbert 1995, Bd. 1); Veeck, Otto: Geschichte der reformierten Kirche Bremens, Bremen 1909, S. 148, 196f (im Folgenden: Veeck, Otto 1909).
Eine Beschreibung des für den ersten Gottesdienst im Jahre 1638 renovierten Doms bei Hoffmann, Hans-Christoph: Der Bremer Dom im 17. und 18. Jahrhundert (Hrsg.: St. Petri Domgemeinde zu Bremen und Landschaftsverband der ehemaligen Herzogtümer Bremen und Verden, Stade), Stade 2015, S. 217f (im Folgenden: Hoffmann, Hans-Christoph 2015).

2 | Friedrich von Dänemark (18.03.1609-09.02.1670) war der 49. und letzte Bremer Erzbischof. Er trat 1648 als Friedrich III., König von Dänemark und Norwegen, die Nachfolge seines Vaters Christian IV. an und erbte 1667 die Bremen benachbarte Grafschaft Oldenburg (Rotermund, Heinrich Wilhelm 1829, S. 63, 93).

3 | StAB 2-T.3.a.2.Bd.2; StAB ad T.3.a.1.Nr.1(7); Dietsch, Walter 1978, S. 204ff; Hoffmann, Hans-Christoph 2015, S. 43.

4 | StAB 2-T.3.a.2. Bd.2; StAB ad T.3.a.1.Nr.1 (7); Reichsarchiv Kopenhagen (RAK), Tyske Kancelli, Udenrigske Afdeling, Bremen Stift, Akter og dokumenter verdrorende en strid mellem aerkebiskop Frederik (III) og staden Bremen 1638–1639, ohne Datierung. (im Folgenden: RAK Bremen Stift 1638–1639).

5 | Vier Elterleute standen der Kaufmannskorporation vor, vertraten sie nach außen und unterzeichneten die Verträge gemeinsam. Jeweils zwei Elterleute wurden im zweijährigen Rhythmus durch zwei mit Stimmenmehrheit gewählte neue ersetzt. Die ausgeschiedenen Elterleute bildeten zusammen mit den vier amtierenden ein Gremium, das als »Elterleute des Kaufmanns« bezeichnet wurde.

6 | StAB 2-T.3.a.2 Bd.2.

7 | Johann Fürsen (23.02.1606–11.09.1673) war gebürtiger Hamburger. Er hatte an den Universitäten in Rostock, Greifswald und Wittenberg studiert und war seit 1633 lutherischer Pfarrer in Altkloster, einem Nonnenkloster, in Buxtehude. Nachdem er 1638 vor den Kaiserlichen aus seinem Amt geflohen war, stellte ihn Erzbischof Friedrich 1638 als lutherischen Domprediger in Bremen ein. Fürsen gilt als Wiederbegründer der lateinischen Domschule. Es handelte sich vermutlich um eine Umgründung zur lutherischen Lateinschule. Nach dem Übergang des Erzstiftes Bremen an Schweden und der Säkularisierung der Kirchengüter wurde er 1655 aus seinem Amt verdrängt, da er als Parteigänger der Dänen und des Domkapitels galt und dem Superintendenten Dr. Daniel Lüdemann seinen Platz einräumen sollte. Er ging nach Hamburg (Reinecke, Karl: Christoph Fürsen, in: Die Gräber im Bremer St. Petri Dom, Blätter der »Maus«, Gesellschaft für Familienforschung, Heft 33, Bremen 2008, S. 49-55 (im Folgenden Reinecke, Karl 2008) und insbesondere die detaillierte und vertiefende Darstellung der Umstände um den Weggang Fürsens aus Bremen bei Reinecke, Karl: Die vergebliche Auflehnung des Dompredigers Johann Fürsen gegen Schwedens obrigkeitliche Kirchenpolitik (1646–1655), in: Vereinigung für Bremische Kirchengeschichte (Hrsg.): Hospitium Ecclesiae, Forschungen zur Bremischen Kirchengeschichte, Bd. 26, Bremen 2016, S. 93-138 (im Folgenden: Reinecke, Karl 2016); siehe auch Hoffmann, Hans-Christoph 2015, S. 113ff; Rotermund, Heinrich Wilhelm 1829, S. 117).

8 | StAB 2-T.ad.3.a.11.Nr.2.1; Hoffmann, Hans-Christoph 2015, S. 43; Rotermund, Heinrich Wilhelm 1829, S. 97f; Rüthnick, Richard/Schulz, Kurt: Die Diakonie der St. Petri Domkirche, 325 Jahre ihrer Geschichte, Bremen 1963, S. 9 (im Folgenden: Rüthnick, Richard/Schulz, Kurt 1963).

9 | StAB 2-T.3.a.2.Bd.3; RAK Bremen Stift 1638-1639, hier: 19. Januar 1639.

10 | Zum historischen Stadtbild Bremens und den Lebensverhältnissen um 1638 siehe die Ausführungen von Herbert Schwarzwälder in seinem Vortrag zur 350-Jahr-Feier am 11. November 1988, abgedruckt in: Hospitium Ecclesiae Bd. 17, Bremen 1989, S. 113-123.

11 | Dieser historische Hinweis auf die Anfänge der Diakonie am St. Petri Dom zieht sich durch die Literatur und findet sich vielfach in den seit dem 19. Jahrhundert vorliegenden Archivalien der Diakonie, lässt sich aber nach bisherigem Forschungsstand in den zeitgenössischen Quellen ebenso wenig wie die ersten Diakone nachweisen, die bei dieser Gelegenheit die Sammlung vorgenommen haben sollen. Die Angaben entstammen der älteren Sekundärliteratur zur Domgeschichte, zuerst nachgewiesen bei Rotermund, Heinrich Wilhelm 1829, S. 215). Eine Quelle wurde von Rotermund und ihm folgenden Autoren nicht zitiert. »Das ist der Anfang der Dom-Diakonie …« schrieb Rüthnick (Rüthnick, Richard/Schulz, Kurd 1963, S. 15) und Dietsch schloss sich an (Dietsch, Walter: Der Dom St. Petri zu Bremen, Geschichte und Kunst, Bremen 1978, S. 291 (im Folgenden: Dietsch, Walter 1978)). Recherchen in den einschlägigen zeitgenössischen Akten des Reichsarchivs Kopenhagen und in den Archiven in Bremen, Stade und Kopenhagen sowie in den sich zeitlich anschließenden Aktenbeständen des Reichsarchivs Stockholm und des Niedersächsischen Hauptstaatsarchivs Hannover führten zu keinem das Datum von 1638 verifizierenden Ergebnis.

12 | StAB 2-T.ad.a.11.Nr.2.5 Bd.1; siehe dazu auch StAB 2-T.3.b.12.

13 | StA Stade Rep 5 b Nr. 3961; Staats- und Universitätsbibliothek (SuUB) Bremen: Brem.b.1358 (d.i. Koster, Peter: Kurtze Nachricht von der Stadt Bremen, Bremen o.J. (um 1685), zit. nach Koster, Peter: Chronik der Kaiserlichen Freien Reichs- und Hansestadt Bremen 1600–1700, bearb. und hrsg. von Hartmut Müller, Bremen 2004, S. 72 (im Folgenden: Koster, Peter (um 1685) 2004); Storck, A(dam): Ansichten der Freien Hansestadt Bremen und ihrer Umgebung, Frankfurt 1822, S. 242 (im Folgenden: Storck, A(dam) 1822).

14 | Koster, Peter (um 1685) 2004, S. 74; Rüthnick, Richard/Schulz, Kurt 1963, S. 14.

15 | RAK Bremen Stift 1638–1639, hier: 23. April 1638 und 5. Oktober 1638.

16 | Lat.: fabrica = Werkstatt.

17 | BUB IV Nr. 209. Der bürgerliche Baumeister Johann Hemeling war um 1400 einer der Protagonisten der politischen Freiheitsbestrebungen der Stadt Bremen gegen die geistliche Stadtherrschaft, den Erzbischof und das Domkapitel gewesen. Seit 1382 war er Ratsherr und seit 1405 bis um 1410 Bürgermeister.

18 | Einer der beiden Bauherren (buwemester) sollte ein Ratsherr aus dem jeweiligen Kirchspiel sein; der zweite war meistens ein Kaufmann. Es war ein lebenslängliches Amt. Zu den Aufgaben der Bauherren gehörten neben der Gemeindevertretung die Vermögensverwaltung mit der Verwaltung des Grund- und Hausbesitzes, der Bau und die Ausbesserung der kirchlichen Gebäude, die Gehaltszahlungen an die Prediger und Kirchenbediensteten, die Vermietung von Kirchenstühlen und Begräbnisplätzen, die Verwaltung der Stiftungen sowie die Anlage und Aufnahme von Kapitalien. Er erhob den 4. Pfennig, eine Art Kirchensteuer, und wählte gemeinsam mit den Kirchenvorstehern die Prediger (Dietsch, Walter 1978, S. 152; Prange, Ruth: Die bremische Kaufmannschaft des 16. und 17. Jahrhunderts in sozialgeschichtlicher Betrachtung, in: Veröffentlichungen aus dem Staatsarchiv der Freien Hansestadt Bremen, Bd. 31, Bremen 1963, S. 172f (im Folgenden: Prange, Ruth 1963); Prüser, Friedrich 1940, S. 341ff).

19 | Wiek, Peter: Die bürgerliche Verwaltung der Domfabrik im Mittelalter, in: Bremisches Jahrbuch, Bd. 46, Bremen 1949, S. 121ff.
In den vier altstädtischen Kirchspielen übernahmen die Bauherren in nachreformatorischer Zeit die Vertretung der Kirchengemeinde in nichtgeistlichen Angelegenheiten. Am Dom bestellten die jeweiligen Landesherrschaften Schweden bzw. Hannover einen Beamten als Verwalter. Das Amt des bürgerlichen Bauherren gab es am Dom erst wieder ab 1810.

20 | StAB 2-T.3.a.2.Bd.2; StA Stade Rep 5 s 137 Bd.1; RAK Bremen Stift 1638–1639.
Es war die letzte Huldigungspredigt für den letzten bremischen Erzbischof. Im Haus Schütting der Bremer Kaufmannschaft fand anlässlich der Huldigung ebenfalls ein Gastmahl statt, deren Abrechnung der Eltermann und Syndicus Burchard Lösekanne vornahm (HKHB AA IV B III 6,1). Schwarzwälder, Herbert 1995, Bd. 1, S. 335ff.

21 | StAB 2-T.3.a.2. Bd.2; RAK Bemen Stift 1638–1639, hier: 23. April 1638.

22 | Schwarzwälder, Herbert 1995, Bd. 1, S. 336f.

23 | StAB 2-T.3.a.2. Bd.2; StA Stade Rep 5 b Nr. 3962; StA Stade Rep 5 b Nr. 3963; RAK Bremen Stift 1638-1619.

24 | Siehe zu den Kriegsereignissen im Allgemeinen: Johannes Burkhardt: Der Dreißigjährige Krieg,

Frankfurt/M. 1992, und zu den Auswirkungen im norddeutschen Raum und auf Bremen insbesondere Fiedler, Beate-Christine: Der Bremer Dom in der Frühen Neuzeit – das territoriale Umfeld, in: Hoffmann, Hans-Christoph: Der Bremer Dom im 17. und 18. Jahrhundert (St. Petri Domgemeinde zu Bremen und Landschaftsverband der ehemaligen Herzogtümer Bremen und Verden, Stade), Bremen 2015, in: Hoffmann, Hans-Christoph 2015, S. 17-22 (im Folgenden: Fiedler, Beate-Christine 2015); Nistal, Matthias: Die Zeit der Reformation und Gegenreformation und die Anfänge des Dreißigjährigen Krieges (1511–1632), in: Dannenberg, Hans-Eckard/Schulze, Heinz-Joachim im Auftrag des Landschaftsverbandes der ehem. Herzogtümer Bremen und Verden, Bd. III: Neuzeit, Stade 2008, S. 100ff (im Folgenden: Nistal, Matthias 2008); Schwarzwälder, Herbert 1995, Bd. 1, S. 318ff .

25 | Friedrich von Dänemark war als Zwölfjähriger zum Koadjutor des Bremer Erzbischofs Johann Friedrichs bestellt worden (Schwarzwälder, Herbert 1995, Bd. 1, S. 320). Böhme, Klaus-Richard: Bremisch-Verdische Staatsfinanzen 1645–1676, Die schwedische Krone als deutsche Landesherrin, Uppsala 1967, S. 15ff (im Folgenden: Böhme, Klaus-Richard 1967); Fiedler, Beate-Christine: Die Verwaltung der Herzogtümer Bremen und Verden in der Schwedenzeit 1652–1712, in: Veröffentlichungen aus dem Stadtarchiv Stade, Bd. 7, Stade 1987, S. 19 (im Folgenden: Fiedler, Beate-Christine 1987). Seit 1648 bis 1670 war er König Friedrich III. von Dänemark.

26 | Johann Friedrich von Holstein-Gottorf (31.08.1579 - 03.09.1634; Erzbischof 1596–1634); Onkel des schwedischen Königs Gustav II. Adolf.

27 | Der Kaiser Ferdinand II. favorisierte seinen Sohn Erzherzog Leopold Wilhelm (Böhme, Klaus-Richard 1967, S. 15; Schwarzwälder, Herbert 1995, Bd. 1, S. 334).

28 | Fiedler, Beate-Christine 1987, S. 20f; Fiedler, Beate-Christine: Bremen und Verden als schwedische Provinz (1633/45–1712), in: Dannenberg, Hans-Eckard/Schulze, Heinz-Joachim (Hrsg. im Auftrag des Landschaftsverbandes der ehemaligen Herzogtümer Bremen und Verden): Geschichte des Landes zwischen Elbe und Weser, Bd. 3 (Neuzeit), Stade 2008, S. 173ff (im Folgenden: Fiedler, Beate-Christine 2008); Nistal, Matthias 2008, S. 103ff; Schwarzwälder, Herbert 1995, Bd. 1, S. 334.

29 | RAK Bremen Stift 1638–1639. Die Zeitrechnung erfolgte offensichtlich nach dem Julianischen Kalender, wonach der 23. September 1638 auf einen Sonntag fällt. Nach dem 1582 eingeführten, aber noch nicht allgemein gebräuchlichen Gregorianischen Kalender wäre das ein Donnerstag gewesen.

30 | Die Kanzel steht noch heute im Bremer Dom. Siehe dazu Hoffmann, Hans-Christoph 2015, S. 319f.

31 | Caspar Schacht aus Neukloster war ein Schwager Fürsens (Rotermund, Heinrich Wilhelm 1829, S. 97). Hoffmann, Hans-Christoph 2015, S. 113ff; Schwarzwälder, Herbert 1989, S. 337.

32 | StAB 2-T.ad.3.a.11.Nr.2.13; StA Stade Rep 5 b Nr. 3964;. StA Stade Rep 5 s 44 Bd.1; Reinecke, Karl 2008, S. 52, Anmerkung 4; Rotermund, Heinrich Wilhelm 1829, S. 94ff; Schwarzwälder, Herbert 1995, Bd. 1, S. 336ff.

33 | Rotermund, Heinrich Wilhelm 1829, S. 97.

34 | Bippen, Wilhelm von: Die Ausbildung der bürgerlichen Armenpflege in Bremen, in: Bremisches Jahrbuch, Bd. 11, Bremen 1880, S. 144 (im Folgenden: Bippen, Wilhelm von 1880).

35 | Die Geschichte des Doms und des (Erz-)Bistums Bremen führte mit 44 Bischöfen und Erzbischöfen seit dem ersten Bischof Willehad zur Zeit Karls des Großen in die Zeit der Reformation. Die historische Entwicklung in der Zeit der römisch-katholischen Kirche bis zur Reformation soll hier nicht Gegenstand der Betrachtung sein.

36 | Ein Gemeindeausschuss von je 26 Vertretern der vier altstädtischen Kirchspiele nahm 1532 die im Zuge der Verfassungskrise eingeräumte Mitwirkung am Stadtregiment wahr.

37 | Der niederländische Theologe Albert Rizäus Hardenberg (1510–1574) kam nach dem Schmalkaldischen Krieg (1546/47) der Protestanten gegen die katholische Liga nach Bremen. Auf Vorschlag des Seniors des Domkapitels, Graf Christoph von Oldenburg, wählte ihn das inzwischen mehrheitlich lutherische Kapitel gegen den Willen des Erzbischofs zum ersten lutherischen Prediger am Dom und öffnete die Kathedrale 15 Jahre nach der Schließung für den lutherischen Gottesdienst. Wegen seiner von der Augsburger Konfession abweichenden Abendmahlslehre wurde Hardenberg 1561 ins Exil geschickt, war Prediger in Ostfriesland und bis zu seinem Tod 1574 in Emden (Rotermund, Heinrich Wilhelm: Lexikon aller Gelehrten seit der Reformation in Bremen, Bd. 1, Bremen 1818, S. 157 (im Folgenden: Rotermund, Heinrich Wilhelm 1818); Bippen, Wilhelm von: Geschichte der Stadt Bremen, Bd. 2, Bremen 1898, S. 120ff (im Folgenden: Bippen, Wilhelm von 1898, Bd. 2).

38 | Aus den vorliegenden zeitgenössischen Quellen lässt sich diese Vermutung nicht verifizieren.

39 | Zu den Auseinandersetzungen am Übergang zum Calvinismus siehe unter anderem Seven, Friedrich: Die Bremer Kirchenordnung von 1534 – ihre reformatorische Bedeutung und kirchenrechtliche Tragweite, in: Vereinigung für Bremische Kirchengeschichte (Hrsg.): Hospitium Ecclesiae, Forschungen zur Bremischen Kirchengeschichte, Bd. 21, 1998 und die weitere Entwicklung bei Iken, J(ohann) F(riedrich): Die Entwicklung der bremischen Kirchenverfassung im 16. und 17. Jahrhundert, in: Bremisches Jahrbuch, Bd. 15, Bremen 1889, S. 15ff (im Folgenden: Iken, J(ohann) F(riedrich) 1889).

40 | Schwarzwälder, Herbert 1995, Bd. 1, S. 219ff. Auf der Synode zu Dordrecht im Jahre 1618 bekannten sich die Bremer offen zum Calvinismus.

41 | Vorwort zu den Gesetzen und Instruktionen der Diakonie der St. Petri Domkirche 1830; Verfassung der Domgemeinde 1830; Hoffmann, Hans-Christoph 2015, S. 217.

42 | StAB 2-T.3.a.2. Bd.2; Bippen, Wilhelm von 1898, Bd. 2, S. 147ff; Dietsch, Walter 1978, S. 176ff; Nistal, Matthias 2008, S. 41ff; Schwarzwälder, Herbert 1995, Bd. 1, S. 233ff. Siehe zu den Hardenbergischen Streitigkeiten im Einzelnen Rotermund, Heinrich Wilhelm 1829, S. 80ff.

43 | Schwarzwälder, Herbert 1995, Bd. 1, S. 256f.

44 | 1581 und mit dem »Consensus Bremensis« 1595 wurden die Trennung vom orthodoxen Luthertum und der kirchenrechtlichen Übergang zur reformierten Lehre vollzogen und durch die Teilnahme an der Synode von Dordrecht (Generalsynode der reformierten Kirchen vom 13. November 1618 bis 29. Mai 1619) bekräftigt.

45 | StAB 2-ad T.3.a.1.Nr.1(7); RAK Bremen Stift 1638–1639, hier: 30. November 1638; Rotermund, Heinrich Wilhelm 1829, S. 93.

46 | Der Domarchivar Herr Dr. Hans-Christoph Hoffmann gab diese gedankliche Anregung bei den gemeinsamen Überlegungen zu den Anfängen der Domdiakonie.

47 | Rotermund, Heinrich Wilhelm 1829, S. 91f; Schwarzwälder, Herbert 1989, S. 113ff.

48 | Schwarzwälder, Herbert: Die Kirchspiele Bremens im Mittelalter: die Großpfarre des Doms und ihr Zerfall, in: Niedersächsisches Jahrbuch für Landesgeschichte, Bd. 32, 1960, S. 147-191.

49 | Presuhn, Sabine: Seelenheil und Armensorge, Stiftungen Bremer Familien im 14. Jahrhundert, in: Bremisches Jahrbuch, Bd. 72, Bremen 1993, S. 34ff; Prüser, Friedrich: Bremische Stiftskirchen des Mittelalters in Wirtschaft und Kultur, in: Bremisches Jahrbuch, Bd. 37, Bremen 1938, S. 51; Prüser, Friedrich: Bremisches Stiftungswesen alter und neuer Zeit, in: Club zu Bremen (Hrsg.): Jahrbuch 1956/58, Bremen 1958, S. 15.

50 | Die Einteilung der bisher einzigen Gemeinde der Marienkirche in drei Kirchspiele Unser Lieben Frauen, Ansgarii und Martini erfolgte 1229 (Bremisches Urkundenbuch (BUB) I, Nr. 148 (um 1228) und Nr. 150 (1229).

51 | Hägermann, Dieter/Weidinger, Ulrich in Zusammenarbeit mit Elmshäuser, Konrad: Bremische Kirchengeschichte im Mittelalter, Bremen 2012, 291ff (im Folgenden: Hägermann, Dieter/Weidinger, Ulrich/ Elmshäuser, Konrad 2012).

52 | StAB 2-T.3.a.2. Bd.2; StA Stade Rep 5 b Nr. 3963; Rotermund, Heinrich Wilhelm 1829, S. 96ff. Siehe zur Anstellung eines evangelischen Predigers in der Domkirche sowie zum Streit des Erzbischofs Friedrich mit dem Rat 1638 bis 1649 den umfangreichen Schriftwechsel im Reichsarchiv Kopenhagen (RAK) Tyske Kancelli, Udenrigske Afdeling, Bremen Stift, Akter og dokumenter verdrorende en strid mellem aerekebiskop Frederik (III) og staden Bremen 1638–1639, hier: 23. April 1638 und 30. Oktober 1638.

53 | Bergenfahrer betrieben den privilegierten Handel mit dem derzeit dänischen Bergen. Einer der ersten bekannten Domdiakone war der Bergenfahrer Lüder Rose.

54 | Rotermund, Heinrich Wilhelm 1829, S. 107. Die dänischen Könige waren 1380 bis 1814 in Personalunion auch Könige von Norwegen.

55 | HKHB AA IV B III 6,1.

56 | StAB 2-T.3.a.2. Bd.2.

57 | Schwarzwälder, Herbert 1995, Bd. 1, S. 322ff . Die Besiedlung des innerhalb des Festungswerkes erschlossenen Gebietes der Neustadt verlief langsam. Als Kirche diente seit 1635 zunächst ein Wohnhaus, dann seit 1681/82 die neuerbaute St. Pauli-Kirche, der eine Schule angegliedert war. Die Vorstädter hatten mit St. Remberti und St. Michaelis ihre eigenen Pfarrkirchen.

58 | Erwähnung nach den Unterlagen des Domarchivs bei Hoffmann, Hans-Christoph 2015, S. 40.

59 | Otte, Hans: Die konfessionspolitischen Folgen des Westfälischen Friedens für die Stadt Bremen, in: Vereinigung für Bremische Kirchengeschichte (Hrsg.): Hospitium Ecclesiae, Forschungen zur Bremischen Kirchengeschichte, Bd. 22, Bremen 2003, S. 20 (im Folgenden: Otte, Hans 2003); Schwarzwälder, Herbert 1995, Bd. 1, S. 328.
60 | Schiller, Friedrich: Geschichte des Dreißigjährigen Krieges, Frankfurt/Leipzig 1792. Die Schrecken des Krieges beschrieb Hans Jakob Christoffel von Grimmelshausen (1625–1676) in seinem Roman »Der abenteuerliche Simplicissimus« von 1669, Halle 1880.
61 | Petri, Franziskus: Unser Lieben Frauen Diakonie, Vierhundert Jahre evangelische Liebestätigkeit in Bremen, Bremen 1925, S. 77 (im Folgenden: Petri, Franziskus 1925); Prüser, Friedrich 1940, S. 374; Rüthnick, Richard/Schulz, Kurt 1963, S. 31; Schwarzwälder, Herbert 1995, Bd. 1, S. 340f.
62 | Schwarzwälder, Herbert 1995, Bd. 1, S. 399, 407f.
63 | Registrierter Personenkreis der in einem Kirchspiel wohnenden und versorgten Armen.
64 | Petri, Franziskus 1925, S. S. 66ff; Veeck, Otto 1909, S. 215.
65 | Siehe dazu im Einzelnen Petri, Franziskus 1925, S. 74ff.
66 | RAK Bremen Stift 1638-1639.
67 | StAB 2-T.3.a.2.Bd.2; Bippen, Wilhelm von 1898, Bd. 2, S. 775ff; Iken, J(ohann) F(riedrich) 1889, S. 1ff; Küthmann, Alfred: Der Nicolaische Kirchenstreit die Rechte der Domgemeinde betreffend zwischen dem Bremischen Rate und den Diakonen des Doms, in: Bremisches Jahrbuch, Bd. 11, Bremen 1880, S. 61f (im Folgenden Küthmann, Alfred 1880); Rüthnick, Richard/Schulz, Kurt 1963, S. 25ff; Veeck, Otto 1909, S. 197ff;
68 | StAB 2-T.3.a.2. Bd.2.
69 | Hochzeiten wurden gegen Zahlung einer hohen Gebühr seit Anfang des 18. Jahrhunderts zugelassen (Dietsch, Walter 1978, S. 308).
70 | StAB 1-O-1639, Okt. 4; Abdruck der Urkunde in: StAB 2-ad T.3.a.1.Nr.1 (7); Dietsch, Walter 1978, S. 206; Rotermund, Heinrich Wilhelm 1829, S. 94ff; Rüthnick, Richard/Schulz, Kurt 1963, S. 25ff; Schwarzwälder, Herbert 1989, S. 113ff; Schwarzwälder, Herbert 1995, Bd. 1, S. 338; Schwebel, Karl H.: Die Bremische Evangelische Kirche 1800–1918, in: Bremische Kirchengeschichte im 19. und 20. Jahrhundert, Hrsg.: Andreas Röpcke, Bremen 1994, S. 23 (im Folgenden: Schwebel, Karl H. 1994).
71 | StAB 1-0-1639, Okt. 4 (Originalurkunde). Vertrag von 1639 als Druck in: ad T.3.a.1.Nr.1 (7); ungenaue Transkriptionen angeführt im Rechtsgutachten von Eichhorn, S. 10f; Rotermund, Heinrich Wilhelm 1829, S. 109; Rüthnick, Richard/Schulz, Kurt 1963, S. 25ff. Mit einem Dank an Frau Marion Alpert im Staatsarchiv Bremen für die Unterstützung bei der inhaltlichen Bewertung von Original und Abschriften.
72 | HKHB AA IV B III 6,1; HKHB AA IV B IV 1,1; Hoffmann, Hans-Christoph 2015, S. 43ff.
73 | Iken, J(ohann) F(riedrich): Die erste Epoche der bremischen Reformation, in: Bremisches Jahrbuch, Bd. 8, Bremen 1876, S. 43 (im Folgenden: Iken, J(ohann) F(riedrich) 1876).
74 | Rotermund, Heinrich Wilhelm 1829, S. 109.

75 | In der älteren Literatur (zunächst Rotermund, Heinrich Wilhelm 1829, S. 215) wird der 11. November 1638 – das soll ein Sonntag gewesen sein – angegeben, in den Sitten und Gebräuchen der Diakonie der St. Petri Domkirche der 17. November 1638.
Am Dom rechnete man nach dem Julianischen Kalender, wie die auch in den Quellen belegte Angabe der Wiedereröffnung des Doms am Sonntag, den 23. September 1638, erweist. Nach dieser Zeitrechnung war der 11. November 1638 ein Donnerstag, das war der Martinstag, der 17. November 1638 ein Mittwoch. Der 1582 eingeführte Gregorianische Kalender hatte sich noch nicht überall durchgesetzt. Auch danach fallen beide Daten nicht auf einen Sonntag.
76 | StAB 1-0-1639, Okt. 4 (Originalurkunde).
77 | Rosenkranz, F. (1960), S. 22.
78 | Rosenkranz, F. (1960), S. 22. Diese Bezeichnung ist nicht zeitgenössisch und aktenkundig.
79 | Dietsch, Walter 1978, S. 291; Rotermund, Heinrich Wilhelm 1829, S. 215; Rüthnick, Richard/Schulz, Kurt 1963, S. S. 15f. Die Autoren zitieren keine Quellen. Vom Wirken der Diakonie in der Anfangszeit des 17. Jahrhunderts sind kaum Überlieferungen vorhanden (Rüthnick, Richard/Schulz, Kurt 1963, S. 30).
80 | StAB 2-T.6.r.1.a. (1611).
81 | StA Stade Rep 5 a Fach 308 Nr. 88; StA Stade Rep 5 s 145 Bd. 1; StAB 2-T.6.r.1.a.
82 | StAB 2.ad.T.3.a.11.Nr.2.4.; StA Stade Rep 5 a Fach 308 Nr. 88; Niehoff, Lydia: Das St. Petri Witwenhaus von 1536 in Bremen, in: Bremisches Jahrbuch, Bd. 91, Bremen 2012, S. 67-85.
83 | StAB 2-T.6.r.1.a. Das Armenhaus wurde wegen der dort lebenden Predigerwitwen seit der zweiten Hälfte des 17. Jahrhunderts auch als »Armen Witwenhaus« bezeichnet.
84 | StAB 2-ad.T.3.b.9.a.
85 | StAB 2.ad.T.3.a.11.Nr.2.4.; StA Stade Rep 5 b Nr. 4122; Sta Stade Rep 5 b Nr. 4127. Nach einem anderen Register erhielten 16 Arme in dem sogenannten Gottes- oder Gasthaus, dem Armenhaus, an der Buchtstraße und von sechs in Gottesbuden lebende Personen Almosen in Form von Geld, Lebensmitteln und Heizmaterial (Bericht des Bremer Strukturarius Johann von Hassel von 1676, S. 110, in: StA Stade Rep 5 a Fach 306 Nr.1. StAB 2-T.3.b.9.a).
86 | 1 Reichstaler á 72 Grote; 1 Stübchen Bier = 3,77 Liter (1 Tonne Bier = 45 Stübchen = rd. 170 Liter); 1 Stübchen Wein = 3,22 Liter; 1 Scheffel rd. 71 Liter.
87 | Im 17. Jahrhundert waren in Bremen verschiedene Münzen im Umlauf, u. a.: 1 Bremer Mark = 32 Grote; 1 Taler = 55 Grote; 1 Reichstaler = 49 Grote bzw. 72 Grote (seit 1621).
88 | Seit 1561 besaß die Stiftung der Seefahrtsgesellschaft »Arme Seefahrt« eine eigene Immobilie, das »Haus Seefahrt«, an der Hutfilterstraße, neben dem Ilsabeen-Witwenhaus. Die Stiftung lässt sich seit 1545 mit dem »Pergamenten Brief« dokumentieren, ist aber vermutlich älter (Archiv Haus Seefahrt; StAB 2-T.6.m.).
89 | StA Stade Rep 5 s 117 Bd. 1.
90 | Weinkauf war bei Vertragsabschluss zu leisten.
91 | StA Stade Rep 5 a Fach 308 Nr. 88.

92 | StAB 2-ad.T.3.a.11.Nr.2.5.Bd.1; StA Stade Rep 5 a Fach 316 Nr. 1a; StA Stade Rep 5 b Nr. 4132; StA Stade Rep 5 s 136 Bd. 1; Hoffmann, Hans-Christoph 2015, S. 68f.
Das Domkapitel kam seinen Zahlungsverpflichtungen aus der Clüverschen Armenstiftung zur Zeit der dänischen Herrschaft auch beim Ilsabeen-Witwenhaus nicht nach (StAB 2-ad.T.3.b.9.a).
93 | StAB 2-T.3.ad.a.11.Nr.2.5 Bd.1.
94 | Rüthnick, Richard/Schulz, Kurd 1963 im Anhang.
95 | StAB 2-T.3.ad.a.11.Nr.2.5 Bd.1. Die vorliegende handschriftliche Kopie des Registers wurde vermutlich in der zweiten Hälfte des 17. Jahrhunderts angefertigt.
96 | StAB 2-T.3.b.12. Es handelt sich um eine frühe undatierte Abschrift, vermutlich des ausgehenden 17. Jahrhunderts. Siehe dazu das »Gottes Kasten Register« in: StAB 2-T.3.ad.a.11.Nr.2.5 Bd.1.
97 | StAB 2-T.3.ad.a.11.Nr.2.4. und 2.5.; StA Stade Rep 5 a Fach 306.
98 | Petri, Franziskus 1925, S. 90; Veeck, Otto 1909, S. 216.
99 | Das Gebäude wurde zwei Jahre später bei der Explosion des Pulverturms am Stephanitorszwinger zerstört.
100 | Petri, Franziskus 1925, S. 94f.
101 | Die Stadt Bremen weigerte sich seit 1638 mit dem Anspruch, als Reichsstadt anerkannt zu werden, Landessteuern zu zahlen und nahm seit 1641/42 nicht mehr an den Landtagen, sondern an den Reichstagen teil (Fiedler, Beate-Christine 2015, S. 21).
102 | Zum Lebenslauf Hans Christoph von Königsmarcks siehe Böhme, Klaus-Richard 1967, S. 33.
103 | StA Stade Rep 5 s 116; Böhme, Klaus-Richard 1967, S. 25ff; Fiedler, Beate-Christine 1987, S. 20, 48; Rotermund, Heinrich Wilhelm 1829, S. 62f, 110. Zu den Kriegsereignissen im Erzstift Bremen und im Stift Verden siehe Kobbe, Peter von 1824, S. 244ff. Zu den politischen Hintergründen des schwedisch-dänischen Konflikts siehe Fiedler, Beate-Christine 2008, S. 178ff; in einer Zusammenfassung auch Fiedler, Beate-Christine 2015, S. 20f sowie Schwarzwälder, Herbert 1995, Bd. 1, S. 342.
104 | Zur Einrichtung der ersten vorläufigen Verwaltung siehe Fiedler, Beate-Christine 2008, S. 189ff.
105 | StAB 2-T.3.ad.a.11.Nr.2.1.; Schwarzwälder, Herbert 1995, Bd. 1, S. 318ff.
106 | Küthmann, Alfred 1880, S. 63; Petri, Franziskus 1925, S. 47. Ob es sich bei den Sammlungen am Dom um allsonntägliche oder um Quartalskollekten handelte, die seit der Zeit um 1600 an den vier städtischen Kirchen üblich und zu Haupteinnahmequellen wurden, lässt sich anhand der Quellen nicht feststellen.
107 | Prüser, Friedrich 1940, S. 379.
108 | StAB 2-T.3.ad.a.11.Nr.2.5 Bd.1.
109 | MAUS Bürgerbuch 1632-1647.
110 | MAUS Bürgerbuch 1632-1647.
111 | HKHB AA IV B III 7,2.
112 | Die Luxusordnungen setzten standesspezifische Maßstäbe für den Aufwand an Kleidung und den Konsum bei Festlichkeiten (StAB 2-D.20.g.2 (1546, 1587, 1606, 1624, 1634, 1656). Siehe auch Prange, Ruth 196, S.108ff).
113 | StAB 2-ad.T.3.a.11.Nr.2.5.Bd.1.
114 | Reinecke, Karl 2016, S. 96.
115 | StAB 2-T.3.ad.a.11.Nr.2.5 Bd.1.

116 | Artikel X § 8 des Westfälischen Friedens von 1648. Gemäß Artikel VII des Westfälischen Friedens durfte, wenn Lutheraner unter die Herrschaft einer reformierten Obrigkeit kamen, die Kirchenverfassung nicht geändert und der Kirche kein Gut entzogen werden.

117 | Bippen, Wilhelm von 1898, Bd. 2, S. 395ff; Schwarzwälder, Herbert 1995, Bd. 1, S. 349ff; Fiedler, Beate-Christine 1987, S. 43; Kobbe, Peter von 1824, S. 278f.; Prüser, Friedrich 1940, S. 238; Müller, Hartmut: Das Linzer Diplom, in: Bremisches Jahrbuch, Bd. 74/75, Bremen 1995/96, S. 15-28.

118 | HKHB AA IV B III 7,1; Rotermund, Heinrich Wilhelm 1829, S. 112.

119 | Fiedler, Beate-Christine Stade 1987, S. 43; Fiedler, Beate-Christine 2008, S. 185.

120 | StA Stade Rep 5 s 116; StA Stade Rep 5 s 117 Bd. 1 Fiedler, Beate-Christine 1987, S. 44ff; Fiedler, Beate-Christine 2008, S. 187f mit ausgewählten Donationen.

121 | StAB 2-ad.T.3.b.9.a.; StA Stade Rep 5 s 117 Bd. 1; Klagen in StA Stade Rep. 5 b Nr. 3963.

122 | StA Stade Rep. 5 b Nr. 3963.

123 | StA Stade Rep. 5 b Nr. 3963.

124 | Arnold von Bobart war seit 1633 Syndikus und Sekretär des Rates. Den Bürgereid schwor als »weylandt Ehr(enwerten) von Bobarten eines gewesen Bürgers Sohn« (MAUS Bürgerbuch 1632–1647). Sein Vater war der Jurist Arnold von Bobart, der am 23. Dezember 1616 in den Rat gewählt wurde, am 19. April 1632 resignierte und nach Emden ging (Schwarzwälder, Harry: Ratsherren, Senatoren, Bürgermeister, Präsidenten der Wittheit und des Senats der Freien Hansestadt Bremen 1433–1849, Bremen 2002 (unveröffentliches Manuskript)). Siehe auch Rotermund, Heinrich Wilhelm 1829, S. 85; Prange, Ruth 1963, S. 98, 102). Der Sohn Arendt von Bobart starb am 14. August 1653. Als Buchhalter der St. Petri Domdiakonie für das Jahr 1651 folgte ihm sein Schwager Brüning Nagel.

125 | Die Einnahmen aus der Vermietung von Kirchenstühlen konnten erst nach der Domöffnung wieder erhoben werden. Sie flossen seit 1639 wieder in die Strukturkasse. Zu den Kirchenstühlen siehe Hoffmann, Hans-Christoph 2015, S. 22.

126 | StAB 2.T.3.ad.a.11.Nr.2.1; StAB 2-T.3.ad.a.11.Nr.2.5 Bd. 1; StAB 2-ad.T.3.b.9.a; StA Stade Rep. 5 b Nr. 3963.

127 | Heinrich von Berth war der letzte erzbischöfliche Stadtvogt.

128 | StA Stade Rep 5 s 135 Bd. 4. Die Nichtanerkennung durch die schwedischen Regierung und das Bemühen um staatsrechtliche Abgrenzung sind als Gründe dafür anzunehmen, dass die Diakone in dem umfassenden, den Dom in Bremen betreffenden Aktenbestand des Stockholmer Reichsarchivs kaum in Erscheinung traten.

129 | StAB 2-T.3.ad.a.11.Nr.2.5. Bd. 1; Fiedler, Beate-Christine 1987, S. 47. Siehe ausführlich Reinecke, Karl 2016, S. 108ff.

130 | Rotermund, Heinrich Wilhelm 1818, Bd. 2, S. 3f (von Mandersloh, Andreas). Mandersloh kaufte 1648 den sogenannten Baumeisterhof (Domshof 14).

131 | Storck, A(dam) 1822, S. 253.

132 | Bericht des Bremer Strukturarius Johann von Hassel von 1676, S. 166, in: StA Stade Rep 5 a Fach 306 Nr. 1. Siehe auch StAB 2-T.3.ad.a.11.Nr.2.5.Bd. 1 und 2; StA Stade Rep 5 s 44 Bd. 1; StA Stade Rep 5 s 136 Bd.1; StA Stade Rep 5 s 138 Bd.1.

133 | Rotermund, Heinrich Wilhelm 1818, Bd. 1, S. 112 (von Hassel, Johann).

134 | Siehe die Aufstellungen in StAB 2-T.3.ad.a.11.Nr.2.5 Bd.1; StA Stade Rep 5 a Fach 306 Nr. 12; StA Stade Rep 5 a Fach 306 Nr. 1; Otte, Hans 2003, S. 25f; Rotermund, Heinrich Wilhelm 1829, S. 112.

135 | Damit waren auch die Zahlungsverpflichtungen gegenüber dem Ilsabeen-Witwenhaus abgesichert (StAB 2-ad.T.3.b.9.a.). Fiedler, Beate-Christine 1987, S. 19ff, insbesondere S. 117ff.

136 | Fiedler, Beate-Christine 1987, S. 52f, 190f; Pratje, Johann Hinrich: Altes und Neues, Bd. 4, Stade 1771, S. 1ff (im Folgenden: Pratje, Johann Hinrich 1771).

137 | 1651 wurde das erzbischöfliche Archiv, das wie das Archiv des Domkapitels unter der Aufsicht der Domherren bestand, nach Stade überführt.

138 | Bekenntnisschrift der lutherischen Reichsstände, die am 25. Juni 1530 dem Kaiser überreicht wurde. Den Anhängern wurde im Reichstagsabschied von 1555 vom Kaiser der Augsburger Religionsfriede gewährt.

139 | Siehe die Residenten in chronologischer Reihenfolge bei Hoffmann, Hans-Christoph 2015, S. 52.

140 | Zu den Verwaltungsaufgaben siehe Fiedler, Beate-Christine 2015, S. 37.

141 | Zum Etat siehe Böhme, Klaus-Richard 1967, S. 69.

142 | Rotermund, Heinrich Wilhelm 1829, S. 115.

143 | StAB 2-T.3.ad.a.11.Nr.2.5 Bd.1; Bericht des Bremer Strukturarius Johann von Hassel von 1676, S. 166, in: StA Stade Rep 5 a Fach 306 Nr. 1; Hoffmann, Hans-Christoph 2015, S. 66f.

144 | Das Konsistorium wachte über die reine lutherische Lehre. Es war zuständig für Fragen der Ehe und Kindererziehung, übte die Kirchengerichtsbarkeit aus, unter anderem bei Versäumnis der Predigten und Missbrauch der Sakramente, und konnte Strafen bis zum großen Bann verhängen (Rüthnick, Richard/Schulz, Kurt 1963, S. 29).

145 | StA Stade Rep 5 s 135 Bd. 4. Zur Zusammensetzung und zu den Aufgaben des Konsistoriums siehe auch Fiedler, Beate-Christine 1987, S. 43ff; Fiedler, Beate-Christine 2015, S. 28; Kobbe, Peter von 1824, S. 278; Rotermund, Heinrich Wilhelm 1829, S. 113ff.

146 | Rüthnick, Richard/Schulz, Kurt 1963, S. 27ff.

147 | Sie hießen Bucharme, weil sie mit ihrem Namen und den ihnen zugeteilten Gaben in ein Buch eingetragen wurden, im Gegensatz zu den vorwiegend fremden Bettlern.

148 | StA Stade Rep. s 138 Bd.1.

149 | Seit 1652 gab es in Bremen einen dritten Domprediger, der als Superintendent fungierte, und 1702 wurde eine weitere, vierte Predigerstelle besetzt (Rüthnick, Richard/Schulz, Kurt 1963, S. 27).

150 | Johann (Hans) Meyer Gerdts war seit 1647 Administrator des 1499 gegründeten Ilsabeen-Witwenhauses und seit 1653 Diakon am St. Petri Dom. Im selben Jahr wurde er Eltermann der Kaufmannschaft und 1657 in den Rat gewählt (StAB 2-T.6.h.; HKHB Listen der Elterleute; Schwarzwälder, Harry: Ratsherren, Senatoren, Bürgermeister, Präsidenten der Wittheit und des Senats der Freien Hansestadt Bremen 1433–1849, Bremen 2002 (unveröffentliches Manuskript)). Einer seiner Vorgänger als Buchhalter des Ilsabeen-Witwenhauses war 1644 Claus Woldt, der ebenfalls Diakon am Dom wurde (Koster, Peter (um 1685) 2004, S. 75).

151 | Siehe die ausführliche Schilderung der Vorgänge bei Reinecke, Karl 2016, S. 93-138; siehe auch Hoffmann, Hans-Christoph 2015, S. 119f; Rotermund, Heinrich Wilhelm 1829, S. 114.

152 | Bippen, Wilhelm von: Geschichte der Stadt Bremen, Bd. 3, Bremen 1904, S. 36ff (im Folgenden: Bippen, Wilhelm von 1904, Bd. 3); Rüthning, Gustav: Oldenburgische Geschichte, Bremen 1911, S. 501.

153 | StAB 2-ad.T.3.b.9.a.

154 | StAB 2-ad.T.3.b.9.a.; Bippen, Wilhelm von 1904, Bd. 3, S. 15ff; Fiedler, Beate-Christine 1987, S. 43ff; Petri, Franziskus 1925, S. 102f; Prüser, Friedrich 1940, S. 241.

155 | HKHB AA IV B III 7,3; Böhme, Klaus-Richard 1967, S. 169.

156 | StA Stade Rep 5 s 135 Bd.4; Bippen, Wilhelm von 1904, Bd. 3, S. 99ff. Fiedler, Beate-Christine 1987, S. 44ff; Fiedler, Beate-Christine 2015, S. 25ff; Koster, Peter (um 1685) 2004, S. 128; Nistal, Matthias 2008, S. 94ff.

157 | StAB 2-T.3.a.2.Bd.2; StAB 2-ad.T.3.b.9.a.

158 | HKHB AA IV B III 7,2.

159 | Bippen, Wilhelm von 1904, Bd. 3, S. 77ff; Schwarzwälder, Herbert 1995, Bd. 1, S. 360ff.

160 | Niehoff, Lydia 2001, S. 51ff; Schwarzwälder, Herbert 1995, Bd. 1, S. 336ff.

161 | Das Elterleutekollegium der Kaufmannsgesellschaft war ein sich selbst ergänzender Kreis wohlhabender und angesehener Bremer Kaufleute mit einem Senior und einem Subsenior an der Spitze und jeweils vier amtierenden Elterleuten.
Bippen, Wilhelm von 1904, Bd. 3, S. 39ff; Niehoff, Lydia 2001, S. 53ff. Schwarzwälder, Herbert 1995, Bd. 1, S. 356ff.

162 | StA Stade Rep 5 s 115; RAK Tyske Kancelli, Udenrigske Afdeling, Hertugdommet Bremen, Diverse; Niehoff, Lydia 2001, S. 51.

163 | Burchard Lösekanne war der Sohn eines vornehmen lutherischen Bürgers und seit 1630 mit Elisabetha, der Tochter des Eltermanns Dethmar Kenkel, vermählt. Am 10. Januar 1636 wählte ihn das Collegium Seniorum zum Eltermann (Niehoff, Lydia 2001, S. 56f).

164 | Statius Speckhan war 1639 bis 1649 Ratsherr, dann Bürgermeister. Er resignierte 1654 und trat eine Stellung bei den Schweden an (Harry: Ratsherren, Senatoren, Bürgermeister, Präsidenten der Wittheit und des Senats der Freien Hansestadt Bremen 1433-1849, Bremen 2002 (unveröffentliches Manuskript)).

165 | HKHB Wappenbuch; Niehoff, Lydia 2001, S. 56f; Bippen, Wilhelm von 1898, Bd. 2, S. 39ff; Koster, Peter (um 1685) 2004; Schwarzwälder, Herbert 1995, Bd. 1, S. 318ff, insbesondere S. 371f.

166 | »Wahrer/kurtzer Bericht/deß in der Statt Bremen Gefährlich entstandenen Tumults und Auffstandes...« und »Kurtzer Bericht Waß sich alhie zu Bremen mit dem gewesenen Elterman Burchard Lösekanne in Ao 1654 begeben«.

Sein Name, den er an dreizehnter Stelle unter die Ordinantie von 1636 gesetzt hatte, und auch der Eintrag im Großen Wappenbuch wurden gestrichen und ihm damit die Ehre eines Eltermannes abgesprochen (Handelskammer Bremen: Ordinantie 1636, Großes Wappenbuch). Kühtmann, Alfred: Burchard Lösekanne und Statius Speckhan, in: Bremisches Jahrbuch, Bd. 12, Bremen 1883, S. 35ff: Speckhan wurde wie Lösekanne des Verrats verdächtigt, aber ihm war nichts nachzuweisen. Bei der Aufgabe seines Ratsamtes am 5. Dezember 1654 musste er versprechen, die Amtsgeheimnisse zu wahren. 1658 trat er offiziell in schwedische Dienste. 1660 geriet er in Verdacht, zwei Truhen mit Urkunden zu den Verhandlungen wegen der Reichsunmittelbarkeit weggeschafft zu haben. Das aufgebrachte Volk ging 1666 gegen sein Haus an der Langenstraße vor. Siehe dazu auch Niehoff, Lydia 2001, S. 56f; Schwarzwälder, Herbert 1995, Bd. 1, S. 374.

167 | Kühtmann, Alfred 1883, S. 35ff; Niehoff, Lydia 2001, S. 56f; Schwarzwälder, Herbert 1995, Bd. 1, S. 357f, 363f, 374.

168 | Koster, Peter (um 1685) 2004, S. 236ff; Schwarzwälder, Herbert 1995, Bd. 1, S. 371. Eine dramatische Schilderung der Ereignisse auch bei Storck, A(dam) 1822, S. 240f.

169 | Der Strukturarius, in katholischer Zeit ein Domherr oder Bremer Bürger, hatte die der Domkirche gewidmeten Güter zu verwalten und aus den Einkünften die Geistlichen, die Bediensteten und Handwerker zu besolden (Rotermund, Heinrich Wilhelm 1829, S. 115f). Siehe die Namen der Strukturare in chronologischer Reihenfolge bei Hoffmann, Hans-Christoph 2015, S. 53.

170 | Siehe die jahrelangen Auseinandersetzungen mit dem Domkämmerer Johann von Hassel, in: StA Stade Rep 5 s 135 Bd. 4 und die Ausführungen bei Hoffmann, Hans-Christoph 2015, S. 74ff, inbes. S. 81ff. Zur Vota von Hassels siehe Rotermund, Heinrich Wilhelm 1818, Bd. 1, S. 181 (von Hassel Johann).

171 | Rüthnick, Richard/Schulz, Kurt 1963, S. 45.

172 | MAUS Gesellschaft für Familienforschung: Bürgerbücher 1609ff. Das Altstadtbürgerrecht kostete seit Mitte des 17. Jahrhunderts 20 Reichstaler oder nach willkürlicher Festsetzung durch den Kämmerer auch mehr (Reineke, Karl: Das bremische Bürgerrecht, in: Bremisches Jahrbuch, Bd. 32, Bremen 1929, S. 210ff (im Folgenden: Reineke, Karl 1929).

173 | StAB 2-T.3.b.5.b.

174 | Prange, Ruth 1963, S. 174.

175 | StAB 2-T.3.b.5.b. Prange, Ruth 1963, S. 78 ff und diverse andere Autoren.

176 | StAB 2-T.3.b.5.b.; Kühtmann, Alfred 1880, S. 67; Prange, Ruth 1963, S. 131; Rotermund, Heinrich Wilhelm 1829, S. 110, 117.

177 | HKHB Listen der Elterleute; Prange, Ruth 1963, S. 78ff; Dietsch, Walter 1978, S. 291ff, Reineke, Karl 1929, S. 214ff.

178 | Handfesten waren ein in Bremen gebräuchliches Grundpfandrecht. Es handelte sich um eine typisch bremische Art der Hypothek in Form eines Inhaberpapiers, das zur Finanzierung von Immobilien und zur Geldanlage verwendet wurde.

179 | Dietsch, Walter 1978, S. 291ff; Rosenkranz, F. (1960), S. 24; Rüthnick, Richard/Schulz, Kurt 1963, S. 16f.

180 | Die erneuerte Armenordnung folgte den Ordnungen von 1627 und 1645.

181 | Veeck, Otto 1909, S. 217.

182 | Petri, Franziskus 1925, S. 100f.

183 | StAB 2.T.3.ad.11.Nr. 2.1. Dazu kamen Unstimmigkeiten unter den Predigern (Hoffmann, Hans-Christoph 2015, S. 124ff).

184 | HKHB AA IV B III 7,3; Fiedler, Beate-Christine 2008, S. 237; Kobbe, Peter von 1824, S. 279ff; Schwarzwälder, Herbert 1995, Bd. 1, S. 376ff.

185 | StA Stade Rep 5 s 137 Bd. 1; HKHB AA IV B III 7,4.

186 | HKHB AA IV B III 7,3.

187 | Bippen, Wilhelm von 1904, Bd. 3, S. 192; Kobbe, Peter von 1824, S. 279ff.

188 | Kühtmann, Alfred 1880, S. 63f.

189 | Fiedler, Beate-Christine 2008, S. 194f; Prüser, Friedrich 1940, S. 374; Schwarzwälder, Herbert 1995, Bd. 1, S. 393ff.

190 | Siehe dazu StA Stade Rep 5 Celler Akten der braunschweigisch-lüneburgischen Besetzung 1675–1680; Bippen, Wilhelm von 1904, Bd. 3, S. 179ff; Rotermund, Heinrich Wilhelm 1829, S. 119.

191 | StAB 2-T.6.d.3.l.; Petri, Franziskus 1925, S. 103ff; Prange, Ruth 1963, S. 150.

192 | Schwarzwälder, Herbert 1995, Bd. 1, S. 408.

193 | Rüthnick, Richard/Schulz, Kurt 1963, S. 36.

194 | Walte, Wilhelm Arnold 1979, S. 14.

195 | 1596 stiftete ein italienischer Adeliger das Rote Waisenhaus in der ehemaligen Kapelle St. Nicolai am Brill, das einige Jahre später in das Beginenhaus des früheren Katharinenklosters verlegt wurde. Der Gründung des Blauen Waisenhauses im Jahre 1684 folgte 1707 ein Umzug von der Hutfilterstraße in das Nachbarhaus des Armenhauses an der Großenstraße. Die Bevölkerung benannte die Häuser nach der einheitlichen roten oder blauen Kleidung der Kinder. Beide Waisenhäuser wurden nach der Franzosenzeit (1810–1813) zu einem reformierten Waisenhaus vereinigt (StAB 2-T.6.q.1.: StAB 2-T.6.q.1.; StAB 2-T.6.q.5.; Walte, Wilhelm Arnold 1979, S. 12f).

196 | StAB 2-T.6.q.3.; StA Stade Rep 5 a Fach 309 Nr. 120; Bippen, Wilhelm von 1904, Bd. 3, S. 211ff; Heineken, Philipp: Die freie Hansestadt Bremen und ihr Gebiet in topographischer, medizinischer und naturwissenschaftlicher Hinsicht, Bd. 1, Bremen 1836, S. 107 (im Folgenden: Heineken, Philipp 1836, Bd. 1); Walte, Wilhelm Arnold 1979, S. 244f). Bippen wertete die Einrichtung als »Act confessioneller Abwehr gegen das herrschende Reformiertenthum« (Bippen, Wilhelm von 1880, S. 150). Ausführliche Darstellung bei Rotermund, Heinrich Wilhelm 1829, S. 227-274.
Nach der Errichtung eines neuen Waisenhauses diente das Gebäude seit 1785 als Vereinshaus der Gesellschaft Museum, während der Franzosenzeit als städtisches Waisenhaus und seit 1817 als Gasthof, bevor die Immobilie 1838 verkauft wurde (Lührs, Wilhelm: Der Domshof, Geschichte eines Bremer Platzes, Bremen 1979, S. 134ff). Zum Gebäude siehe Stein, Rudolf: Romanische, gotische und Renaissance-Baukunst in Bremen, Bremen 1962, S. 286ff.

197 | Theobald Edler von Kurtzrock war kaiserlicher Resident in Bremen. Er führte seit Frühjahr 1679 bis 1681 die Vergleichsverhandlungen im Streit zwischen Rat und Collegium Seniorum um die politische Mitbestimmung der Bürgerschaft, bei dem es unter anderem auch um die Benachteiligung der Lutheraner ging (Niehoff, Lydia 2001, S. 62ff). Zum Ärger der Domprediger ließ Kurtzrock in seinem Haus katholische Messen lesen (Bippen, Wilhelm von 1904, Bd. 3, S. 164ff).

198 | Laetare = Vierter Sonntag der sechswöchigen Fastenzeit vor Ostern.

199 | Martini = 11. November.

200 | Siehe dazu im Einzelnen den umfangreichen Aktenbestand im Archiv des St. Petri Doms (DAB A.8.f.).

201 | StA Stade Rep 5 a Fach 306 Nr. 24; DAB A.8.a.Nr.14; Rosenkranz, F. (1960), S. 22; Rüthnick, Richard/Schulz, Kurt 1963, S. 34.

202 | Bippen, Wilhelm von 1880, S. 150f; Kühtmann, Alfred 1880, S. 64; Hoffmann, Hans-Christoph 2015, S. 159ff und wegen der Größe der lutherischen Gemeinde S. 214.

203 | StAB 2-T.6.b.1.a.; Rüthnick, Richard/Schulz, Kurt 1963, S. 35. Die Stellung der St. Petri Domgemeinde bezüglich der allgemeinen Armenkasse und zum Armenhaus erläuterte Walte, Wilhelm Arnold 1979, S. 73ff.

204 | StA Stade Rep 5 a Fach 309 Nr. 161.

205 | StAB 2-T.6.b.1.a ; Heineken, Philipp 1837, Bd. 2, S. 57ff; Schwarzwälder, Herbert 1995, Bd. 1, S. 407f; Walte, Wilhelm Arnold 1979, S. 15ff mit einer Beschreibung des Armenhauses.

206 | StAB 2-T.6.b.1.a.; StA Stade Rep 5 a Fach 309 Nr. 160; Petri, Franziskus 1925, S. 119ff; Walte, Wilhelm Arnold 1979, S. 287ff.

207 | Bippen, Wilhelm von 1904, Bd. 3, S. 212.

208 | Walte, Wilhelm Arnold 1979, S. 44ff.

209 | Nicht alle Stadtbewohner besaßen das Bürgerrecht. Wer nicht als Kind bremischer Bürger geboren war, musste das große Bürgerrecht mit Handlungsfreiheit oder das kleine Bürgerrecht entgeltlich erwerben, um die bürgerlichen Rechte genießen zu können.

210 | Petri, Franziskus 1925, S. 94ff.

211 | Der Anteil der Lutheraner betrug um 1700 etwa ein Drittel der Bevölkerung, um 1750 etwa die Hälfte.

212 | StAB 2.T.6.b.7.; Petri, Franziskus 1925, S. 119ff, Rüthnick, Richard/Schulz, Kurt 1963, S. 37; Walte, Wilhelm Arnold 1979, S. 75.

213 | Die Domdiakonie versorgte um 1750 760 arme Lutheraner (DAB A.8.a.Nr.14). Bippen, Wilhelm von 1880, S. 152.

214 | Petri, Franziskus 1925, S. 135f.

215 | Die St. Petri Domdiakonie wirkte erst wieder seit 1817 mit Beteiligung an der nach der Franzosenzeit hergestellten gesonderten Verwaltung des Armenhauses beim allgemeinen Armenwesen mit (Walte, Wilhelm Arnold 1979, S. 226).

216 | Im Nordischen Krieg (1700–1721) besetzten die Dänen 1712 die seit dem Westfälischen Frieden (1648) unter schwedischer Herrschaft stehenden Herzogtümer Bremen und Verden. 1715 erfolgte die Abtretung an Hannover. Im Stader Vertrag von 1741 musste Bremen im Gegenzug für die Anerkennung der Reichsunmittel-

217 | HKHB AA IV B III 1,1; Bippen, Wilhelm von 1904, Bd. 3, S. 218ff.

218 | Hoffmann, Hans-Christoph 2015, S. 60; Pratje, Johann Hinrich 1771, Bd. 7, S. 5ff; Rotermund, Heinrich Wilhelm 1829, S. 133f; Schwarzwälder, Herbert 1995, Bd. 1, S. 422.

219 | Küthmann, Alfred 1880, S. 63f.

220 | Bippen, Wilhelm von 1904, Bd. 3, S. 203ff; Lokers, Jan/Behne, Axel/Hempel, Dirk: Das Elbe-Weser-Dreieck im 18. Jahrhundert (1712/15-1803), in: Dannenberg, Hans-Eckard/Schulze, Heinz-Joachim (Hrsg. im Auftrag des Landschaftsverbandes der ehemaligen Herzogtümer Bremen und Verden): Geschichte des Landes zwischen Elbe und Weser, Bd. 3 (Neuzeit), Stade 2008, S. 293ff; Schwarzwälder, Herbert 1995, Bd. 1, S. 293ff.

221 | Küthmann, Alfred 1880, S. 63f; Rotermund, Heinrich Wilhelm 1829, S. 128ff.

222 | Bippen, Wilhelm von 1904, Bd. 3, S. 211.

223 | Petri, Franziskus 1925, S. 104, Anmerkung 1.

224 | Bippen, Wilhelm von 1880, S. 152; Petri, Franziskus 1925, S. 177; Walte, Wilhelm Arnold 1979, S. 103ff.

225 | Petri, Franziskus 1925, S. 104.

226 | Petri, Franziskus 1925, S. 165.

227 | Petri, Franziskus 1925, S. 137ff.

228 | StAB 2-T.6.b.13.; Heineken, Christian Abraham: Geschichte der Freyen Hansestadt Bremen von der Mitte des 18. Jahrhunderts bis zur Franzosenzeit, bearb. von Wilhelm Lührs, Hrsg.: Der Club zu Bremen, Bremen 1983, S. 94f (im Folgenden: Heineken, Christian Abraham 1983).

229 | StAB Sammlung von Proklamen 15. Februar. 1765 und 3. Oktober 1779.

230 | StAB 2-T.3.a.2 Bd.3.

231 | Schwarzwälder, Herbert 1995, Bd. 1, S. 525ff.

232 | Vier Bürgermeister und 24 Ratsherren gehörten der Wittheit (Plenum aus amtierenden und turnusmäßig nicht amtierenden Bürgermeistern und Ratsherren) an. Die Hälfte bildete den amtierenden Rat. Es fand ein halbjährlicher Wechsel des präsidierenden Bürgermeisters und eines Viertels der Ratsherren statt. Der Rat wurde auch Senat genannt, seit 1822 die offizielle Bezeichnung für das Gremium.

233 | Die Bürgerschaft war einerseits die Gemeinschaft der in der Stadt Bremen lebenden Bürger, andererseits die vom Senat einberufene Zusammenkunft ihrer angesehensten Vertreter (Notablen) der Altstadt.

234 | StAB 2-T.6.d.3.a.-k.

235 | Petri, Franziskus 1925, S. 173.

236 | Petri, Franziskus 1925, S. 212: Unter dem Eindruck der Französischen Revolution vereinbarten die Diakone 1798 mit der Bürgerschaft, den Rat künftig nicht mehr über die Subskriptionen für das Armeninstitut zu unterrichten, weil es Sache der Bürgerschaft sei. Der Rat sah darin einen ungehörigen Schritt gegen die obrigkeitliche Autorität.

237 | Manufakturen wurden als Fabriken bezeichnet.

238 | Bippen, Wilhelm von 1880, S. 154f; Heineken, Christian Abraham 1983, S. 192ff; Petri, Franziskus 1925, S. 178ff; Rüthnick, Richard/Schulz, Kurt 1963, S. 77; Veeck, Otto 1909, S. 218ff; Walte, Wilhelm Arnold 1979, S. 107ff.

239 | Die dienstältesten Diakone aus jedem der vier altstädtischen Kirchspiele übernehmen für die Dauer von zwei Jahren die Administration des Armenhauses und des allgemeinen Armenwesens.

240 | Die Druckerei des Armenhauses existierte bis 1811.

241 | Walte, Wilhelm Arnold 1979, S. 174ff.

242 | Zur Armenhausverwaltung 1770–1774 siehe DAB A.8.h.Nr.2 und Walte, Wilhelm Arnold 1979, S. 123f.

243 | Petri, Franziskus 1925, S. 190ff; Rüthnick, Richard/Schulz, Kurt 1963, S. 42ff; Walte, Wilhelm Arnold 1979, S. 99ff.

244 | Bippen, Wilhelm von 1880, S. 156f.

245 | Rüthnick, Richard/Schulz, Kurt 1963, S. 31.

246 | Rüthnick, Richard/Schulz, Kurt 1963, S. 32ff; Schwarzwälder, Herbert 1995, Bd. 1, S. 499. Dort befand sich das Waisenhaus bis zum Verkauf des Grundstückes an die Bremer Bank im Jahre 1899. Kurfürstlich-hannoverscher Oberamtmann in Bremen und damit auch Scholarch der Domschule war seit 1790 Adolph Franz Friedrich Freiherr von Knigge (1752–1796). Er wurde im Dom begraben. Storck, A(dam) 1822, S. 253f.

247 | StAB 2-T.6.d.3.a.; StAB 2-T.6.d.3.k.2.; Walte, Wilhelm Arnold 1979, S. 109.

248 | Bippen, Wilhelm von 1880, S. 157.

249 | Napoléon hatte 1799, zehn Jahre nach der französischen Revolution (1789), per Staatsstreich als Erster Konsul die Regierung in Frankreich übernommen und sich am 2. Dezember 1804 als Napoléon I. zum Kaiser gekrönt.

250 | Zum Kultus am Dom siehe Hoffmann, Hans-Christoph 2015, S. 219ff.

251 | Bippen, Wilhelm von 1880, S. 160; Dietsch, Walter 1978, S. 322; Küthmann, Alfred 1880, S. 60; Rüthnick, Richard/Schulz, Kurt 1963, S. 45ff; Schwarzwälder, Herbert 1995, Bd. 1, S. 544ff.

252 | In einer Druckschrift der »alten und jetzt fungirenden Diaconen der hiesigen Domgemeine« vom 11. Dezember 1802 wurde ein Verhältnis von 18 000 Lutheranern zu 12 000 Reformierten angegeben (Original einer zeitgenössischen Druckschrift der »alten und jetzt fungirenden Diaconen der hiesigen Domgemeine« vom 11. Dezember 1802). Das entsprach auch Johann Smidts 1807 in Auftrag gegebener Zählung der gesamten Stadtbevölkerung (ohne Landgebiet) von rund 36 000, während Christian Abraham Heineken meinte, 16 000 Stadtbewohner seien Lutheraner (StAB 2-T.3.b.10.a. Heineken, Christian Abraham 1983, S. 347. Siehe auch Küthmann, Alfred 1880, S. 73f).

253 | Zu den kirchen- und staatsrechtlichen Kontroversen des sogenannten Nicolaischen Kirchenstreits siehe im Einzelnen Küthmann, Alfred 1880, S. 58ff.

254 | Rotermund, Heinrich Wilhelm 1829, S. 141.

255 | Rotermund, Heinrich Wilhelm 1829, S. 146 und zum sogenannten Nicolaischen Kirchenstreit 146ff.

256 | Bauherren, Prediger und Lehrer sollten vom Kirchenkollegium gewählt und vom Rat bestätigt werden.

257 | StAB 2-T.3.b.10.a.; Druckschrift der »alten und jetzt fungirenden Diaconen der hiesigen Domgemeine« vom 11. Dezember 1802.

258 | Rotermund, Heinrich Wilhelm 1829, S. 142ff.

259 | Rotermund, Heinrich Wilhelm 1829, S. 144.

260 | Siehe dazu ausführlich Rotermund, Heinrich Wilhelm 1829, S. 142-146.
Bürgermeister Christian Abraham Heineken (1752–1818) beschrieb die Domstreitigkeiten als Zeitgenosse ausführlich, begleitet von kritischen persönlichen Anmerkungen. Er gehörte zu den Verfechtern einer völligen Gleichstellung der bürgerlichen und kirchlichen Rechte beider Konfessionen (Heineken, Christian Abraham 1983, S. 345-352).

261 | Küthmann, Alfred 1880, S. 60f; Veeck, Otto 1909, S. 302.

262 | Rüthnick, Richard/Schulz, Kurt 1963, S. 46f.

263 | StAB 2-T.3.b.10.a.: Eichhorn, Carl Friedrich: Rechtsgutachten über die Verhältnisse der St. Petri Domgemeinde der freien Hansestadt Bremen zum Bremischen Staate, Hannover 1831, S. 15f.

264 | Heineken, Christian Abraham 1983, S. 349; Küthmann, Alfred 1880, S. 67f; Rudloff, Ortwin: Die Kirche und ihr Recht, Die Niederschrift des Bremer Dompredigers J. D. Nicolai über eine Unterredung mit dem Senator J. Smidt am 7. November 1810, in: Vereinigung für Bremische Kirchengeschichte (Hrsg.): Hospitium Ecclesiae, Forschungen zur Bremischen Kirchengeschichte, Bd. 17, Bremen 1989, S. 139, Anmerkung 32.

265 | Rotermund, Heinrich Wilhelm 1829, S. 146, 157f, 161ff; Rüthnick, Richard/Schulz, Kurt 1963, S. 52; Veeck, Otto 1909, S. 301.

266 | Christian Abraham Heineken nannte die Diakone »Verwalter des Petriwaisenhauses« (Heineken, Christian Abraham 1983, S. 346).

267 | Küthmann, Alfred 1880, S. 78.

268 | Veeck, Otto 1909, S. 300.

269 | Küthmann, Alfred 1880, S. 64ff.

270 | Küthmann, Alfred 1876, S. 142f; Küthmann, Alfred 1880, S. 78ff.

271 | Rüthnick, Richard/Schulz, Kurt 1963, S. 49ff.

272 | Siehe zu den Hintergründen den Exkurs: »Kurzer Rückblick in die Reformationsgeschichte Bremens«.

273 | Küthmann, Alfred 1880, S. 69f.

274 | Lameyer wurde 1801 zum Eltermann der Kaufmannschaft und 1809 in den Rat gewählt (HKHB Listen der Elterleute). Nach der französischen Okkupation wurde er 1811 Präses der »Chambre de commerce«, der französischen Handelskammer (Niehoff, Lydia 2001, S. 99f).

275 | StAB 2-T.3.b.10.a.; DAB Liste der Domdiakone; HKHB Liste der Elterleute.

276 | Der damalige Senator und spätere Bürgermeister Johann Smidt strebte nach einer vollständigen Eingliederung und Aufhebung der Gemeinde, der sich die lutherischen Gemeindevertreter widersetzten. Schließlich warf er ihnen vor, die historischen Zustände wieder herstellen zu wollen. Nach Smidt ließen sich alle Spannungen der bremischen Geschichte aus der Kontroverse zwischen Bürgerfreiheit und klerikalem Machtanspruch erklären.

277 | HKHB AA IV B IV 1,1.

278 | Schwarzwälder, Herbert 1995, Bd. 1, S. 538, 555.
279 | Veeck, Otto 1909, S. 276.
280 | Dietsch, Walter 1978, S. 298; Rüthnick, Richard/Schulz, Kurt 1963, S. 60.
281 | Heineken, Christian Abraham 1983, S. 351.
282 | DAB A.8.b.Nr.1.
283 | Instruktionen für die Kirchen- und Diakoniediener 1831 in: DAB A.8.a.Nr.14.
284 | DAB A.8.d.Nr.1.
285 | DAB A.8.d.Nr.1; DAB A.8.b.Nr.2.
286 | DAB A.8.b.Nr.3.
287 | DAB A.8.b.Nr.3.
288 | Rosenkranz, F. (1960), S. 25.
289 | Nach der Okkupation der drei Hansestädte Bremen, Hamburg und Lübeck wurde Bremen 1810 zur Hauptstadt des Départements der Wesermündungen. Die französische Herrschaft endete am 6. November 1813. Das Département der Wesermündungen hatte rund 330 000 Einwohner, davon rund 100 000 im Distrikt Bremen und davon rund 38 000 in der Stadt Bremen. Wilhelm von Bippen 1904, Bd. 3, S. 371ff; Heineken, Christian Abraham 1983, S. 442ff; Schwarzwälder, Herbert 1995, Bd. 1, S. 547ff, Schwarzwälder, Herbert 1995, Bd. 2, S. 24ff.
290 | Nach einer Regelung vom 5. Februar 1811 sollten die nachfolgenden Bauherren wie die Domprediger gewählt werden.
291 | Rüthnick, Richard/Schulz, Kurt 1963, S. 62; Veeck, Otto 1909, S. 301ff.
292 | Bei den reformierten Kirchen verwalteten die auf Lebenszeit gewählten Bauherren das Kirchenvermögen, aus dem auch die Prediger ihre Gehälter erhielten. Mindestens einer sollte ein Senator aus dem Kirchspiel sein. Veeck, Otto 1909, S. 276.
293 | DAB Gesetze und Instruktionen der Diaconie der St. Petri-Dom-Kirche in Bremen, 1830; Rosenkranz, F. (1960), S. 23; Rudloff, Ortwin: Der St. Petri Dom in Bremen während der Franzosenzeit 1811-1813, in: Vereinigung für Bremische Kirchengeschichte (Hrsg.): Hospitium Ecclesiae, Forschungen zur Bremischen Kirchengeschichte, Bd. 11, Bremen 1978, S. 35ff; Schwebel, Karl H. 1994, S. 22.
294 | Bippen, Wilhelm von 1904, Bd. 3, S. 356ff; Heineken, Christian Abraham 1983, S. 442ff; Schwarzwälder, Herbert 1995, Bd. 1, S. 569.
295 | DAB A.8.a.Nr.14.
296 | Zur Armenhausverwaltung 1801-1823 siehe DAB A.8.h.Nr.2. Petri, Franziskus 1925, S. 215. Nach der Okkupation der drei Hansestädte Bremen, Hamburg und Lübeck wurde Bremen 1810 zur Hauptstadt des Départements der Wesermündungen. Die französische Herrschaft endete am 6. November 1813.
297 | Petri, Franziskus 1925, S. 215.
298 | StAB 2-T.6.b.14.; Petri, Franziskus 1925, 215. Walte, Wilhelm Arnold 1979, S. 142ff.
299 | Bippen, Wilhelm von 1904, Bd. 3, S. 371ff; Schwarzwälder, Herbert, Bd. 2, 1995, S. 13ff.
300 | StAB 2-T.6.a.; StAB 2-T.6.b.16.
301 | Die Kirchengemeinde bestand seit 1635.
302 | StAB 2-T.6.d.3.a.-k.; Petri, Franziskus 1925, S. 224; Walte, Wilhelm Arnold 1979, S. 153ff.

303 | Lindemann, Berthold: Die Egestorff Stiftung, Zur Geschichte christlicher Sozialtätigkeit in Bremen, Bremen 1970, S. 155.
304 | StAB 2-T.6.r.1.b.1.; Petri, Franziskus 1925, S. 241. Das Sammeln in Klingelbeuteln wurde in der Kirchengemeinde Unser Lieben Frauen 1827 durch das Aufstellen von Becken ersetzt.
305 | DAB A.8.b.Nr.3.
306 | Petri, Franziskus 1925, S. 231ff. Gemeinsam engagierte man sich beim Bau der evangelischen Kirche in Vegesack (DAB A.8.b.Nr.3).
307 | StAB 2-T.6.r.1.a.; StAB 2-T.6.r.1.b.1.
308 | StAB Gesetzblatt der Freien Hansestadt Bremen 1850, S. 87ff.
309 | DAB A.8.b.Nr.3.
310 | Veeck, Otto 1909, S. 276.
311 | Rüthnick, Richard/Schulz, Kurt 1963, S. 63ff; Dietsch, Walter 1978, S. 302.
312 | DAB A.8.b.Nr. 3. Siehe in den Vorschriften des »Collegium Diaconorum« von 1817 auch die Aufgaben der Distriktdiakone und der Institutsdiakone im Einzelnen (DAB A.8.b.Nr.3).
313 | DAB A.8.b.Nr.3.
314 | Dietsch, Walter 1978, S. 302; Rüthnick, Richard/Schulz, Kurt 1963, S. 77. Die Zahl der Diakone wurde nicht erst 1819/20, sondern bereits am 9. Juni 1818 auf 24 erhöht und die Amtszeit nicht erhöht, sondern reduziert (DAB A.8.c.Nr.4). 1819 traten 9 – die 8 zusätzlich aufgenommenen und der üblicherweise als Nachrücker für den abgehenden Senior gewählte – Mitglieder in die Diakonie ein (DAB A.8.c.Nr.2 »Dienst-Zweige der St. Petri-Diaconie für ein Collegium von 24«).
315 | DAB A.8.c.Nr.2. DAB Protokolle der Diakonie 1817–1845 sowie Aufgaben, Versammlungen etc. in weiteren Bänden. Siehe auch Dietsch, Walter 1978, S. 293; Rüthnick, Richard/Schulz, Kurt 1963, S. 23f.
316 | DAB Protokolle der Diakonie 1817–1845.
317 | Zum Wahlverfahren siehe die Wahlgesetze in: DAB A.8.b.Nr.3. Anzeigen der Wahl beim Senat in DAB A.8.c.Nr.2. Wahlvorschläge und -listen in DAB A.8.c.Nr.1 und 2 1796–1803, 1803–1880 mit Lücken.
318 | StAB 2-T.3.b.3.a.Bd.1; DAB A.8.b.Nr.3 (1820); DAB A.8.c.Nr.2.
319 | Ergänzt in: Dienst-Zweige der St. Petri-Diaconie für ein Collegium von 24 (DAB A.8.c.Nr.2). Bei diesem Dokument handelt es sich offensichtlich um eine Abschrift jenes Protokollbuches, das der Verfasser der ältesten Chronik der St. Petri Domdiakonie, Richard Rüthnick, nach einer inzwischen verlorenen Geschichte der Domdiakonie des 1920 zum Diakon gewählten Carl Traub zitiert (Rüthnick, Richard/Schulz, Kurt 1963, S. 20). Eine weitere in den Akten des Domarchiv gefundene handschriftliche Zusammenstellung der »Dienst-Zweige der St. Petri-Diaconie für ein Collegium von 24« wurde von einer späteren Handschrift mit der Jahreszahl 1822 datiert, stellt aber offensichtlich eine Neufassung der Statuten zum Zeitpunkt der Erhöhung der Zahl der Domdiakone auf 24 im Jahre 1818 dar (DAB A.8.c.Nr.2). Rüthnick zitierte ohne nähere Datierung daraus (Rüthnick, Richard/Schulz, Kurt 1963, S. 23f).

320 | Rudloff, Ortwin: Die Kirche und ihr Recht, Die Niederschrift des Bremer Dompredigers J. D. Nicolai über eine Unterredung mit dem Senator J. Smidt am 7. November 1810, in: Vereinigung für Bremische Kirchengeschichte (Hrsg.): Hospitium Ecclesiae, Forschungen zur Bremischen Kirchengeschichte, Bd. 17, Bremen 1989, S. 125ff (im Folgenden: Rudloff, Ortwin 1989). Siehe dazu die Darstellungen von Zeitgenossen: Christian Abraham Heineken aus der Sicht des Rates und Heinrich Wilhelm Rotermund aus der Sicht der Domgemeinde. Zu den Nicolaischen Kirchenstreitigkeiten siehe auch Rüthnick, Richard/Schulz, Kurd 1963, S. 45ff sowie Rüthnick folgend Dietsch, Walter 1978, S. 322ff.
321 | Johann Smidt (1773–1857) war Sohn des Predigers Johann Smidt an St. Stephani, Professor der Philosophie am Gymnasium, seit 1800 Senator, seit 1821 Bürgermeister. Zum diplomatischen und politischen Wirken Johann Smidts für Bremen siehe die Beiträge im Bremischen Jahrbuch Bd. 87, Bremen 2008.
322 | Link, Christoph: Freiheit und Ordnung der Kirche – Fünfundsiebzig Jahre bremische Kirchenverfassung, in: Vereinigung für Bremische Kirchengeschichte (Hrsg.): Hospitium Ecclesiae, Forschungen zur Bremischen Kirchengeschichte, Bd, 21, Bremen 1998, S. 10 (im Folgenden: Link, Christoph 1998); Schwebel, Karl H. 1994, S. 19ff.
323 | Das Venerandum Ministerium bestand nachweislich seit 1575 bis 1933.
324 | Rudloff, Ortwin 1989, S. 134; Rüthnick, Richard/Schulz, Kurt 1963, S. 46ff; Schwebel, Karl H. 1994, S. 19ff.
325 | Nicolai schätzte die Zahl der Gemeindemitglieder in einer Rede zur Einführung neuer Diakone am 4. Januar 1820 auf 20 000 bis 21 000 Personen, in einer späteren Schrift auf 23 000 (StAB 2-T.3.b.3.a.Bd.1).
326 | Nicolai, Johann David: Über den Zustand der lutherischen Domgemeinde in der freyen Reichsstadt Bremen, Oldenburg 1803. Siehe auch Heineken, Christian Abraham 1983, S. 405; Küthmann, Alfred 1880, S. 58ff; Link, Christoph 1998, S. 10; Schwebel, Karl H. 1994, S. 22.
327 | Petri, Franziskus 1925, S. 233f.
328 | Eichhorn, Carl Friedrich: Rechtsgutachten über die Verhältnisse der St. Petri Domgemeinde der freien Hansestadt Bremen zum Bremischen Staate, Hrsg.: Diakonie des St. Petri Domkirche, Bremen, Hannover 1831 (gedruckt).
329 | Der Senat und der Bürgerkonvent bildeten die zentralen Regierungs- und Verfassungsorgane. Die 24 Senatoren und vier Bürgermeister waren auf Lebenszeit gewählt. Der Konvent war keine Volksvertretung, sondern eine Notabelnversammlung von etwa 400 konventsberechtigten, also vermögenden und angesehenen Bürgern der vier altstädtischen Kirchspiele, die vom Senat auf Lebenszeit ernannt wurden. Die Neustädter wurden 1814 dem altstädtischen Martinikirchspiel zugeordnet; die Vorstädter und die Bewohner des Landgebietes wurden 1848 zum Bürgerkonvent zugelassen.
330 | Ein Mischsystem aus Parochial- und Personalgemeinde prägt bis heute die bremische Kirche.
331 | Dietsch, Walter 1978, S. 329; Küthmann, Alfred 1880, S. 91ff; Rüthnick, Richard/Schulz, Kurt 1963, S. 74f.

332 | DAB A.8.c.Nr.10; Hoffmann, Hans-Christoph 2015, S. 66.
333 | Laut Rosenkranz hatte die Diakonie bis 1830 keine Verfassung (Rosenkranz, F. (1960), S. 27). Vermutlich lagen ihm die früheren im Domarchiv vorliegenden Gesetze, Regeln und Dienstanweisungen nicht vor.
334 | Zur Beteiligung der Domdiakone an der Armenhausverwaltung 1826 bis 1849 siehe DAB A.8.h.Nr.1.
335 | DAB A.10.a.Nr.4. Die Klingelbeutel wurden bei der Einweihung des Doms nach der Renovierung am 27. September 1901 zum letzten Mal benutzt (Löhr, Alfred: Bremer Silber, Von den Anfängen bis zum Jugendstil, Handbuch und Katalog zur Ausstellung vom 6. April 1981 bis 18. April 1982, S. 101). An die Stelle von offenen traten 1906 geschlossene Becken (DAB A.10.a.Nr.5).
336 | StAB 2.T.6.b.1ff; StAB 2-T.6.d.3.a.-k.
337 | DAB 3 b 4 b Gesetze der Diakonie von St. Petri 1822; DAB Gesetze und Instruktionen der Diaconie der St. Petri-Dom-Kirche in Bremen, 1830.
338 | StAB 2-T.6.d.3.a.-k.; Bippen, Wilhelm von 1880, S. 160; Petri, Franziskus 1925, S. 224.
339 | Schwarzwälder, Herbert, Bd. 2, 1995, S. 108ff.
340 | Heineken, Philipp 1837, Bd. 2, S. 57ff; Petri, Franziskus 1925, S. 228.
341 | Petri, Franziskus 1925, S. 229ff. Zur Verwaltung des Armeninstituts siehe ausführlich Walte, Wilhelm Arnold 1979, S. 108ff.
342 | Heineken, Philipp 1837, Bd. 2, S. 57ff.
343 | StAB 2-T.6.d.3.l.3.a. 1833 gründete der Sozialreformer Johann Hinrich Wichern in Hamburg das »Rauhe Haus« für jugendliche Zöglinge (Leicht, Robert: Brot und Altar, in: Die Zeit vom 17. April 2008).
344 | Schwarzwälder, Herbert 1995, Bd. 2, S. 182ff.
345 | Schwebel, Karl H. 1994, S. 25.
346 | Niehoff, Lydia: Die Eugen-Kulenkamp-Stiftung vereinigt mit dem Verein für kleine Miethwohnungen von 1849, Bremen 2010.
347 | StAB 2-T.3.b.5.b.
348 | DAB A.8.b.Nr. 3.
349 | Schwarzwälder, Herbert, Bd. 2, 1995, S. 227ff.
350 | Link, Christoph 1998, S. 11f; Petri, Franziskus 1925, S. 235; Veeck, Otto 1909, S. 202.
351 | Petri, Franziskus 1925, S. 247f.
352 | Petri, Franziskus 1925, S. 256.
353 | DAB A.8.b.Nr.5.
354 | DAB A.8.b.Nr.3; DAB A.8.d.Nr.2.
355 | StAB 2-T.3.b.3.b.
356 | Bosse, Edda/Ruempler, Götz: Singet dem Herrn ..., 150 Jahre Bremer Domchor 1856–2006, Bremen 2006.
357 | Die Dombauherren verwalteten auch die Einkünfte aus dem Kirchengut und waren für die Gehälter der Prediger, Lehrer, Turmbläser und der anderen Kirchenbediensteten verantwortlich.
358 | Einiges Inventar wurde verkauft, wie 1861 vier alte Kronleuchter des Kirchenschiffes nach dem Anschluss an das Gasbeleuchtungsnetz und 1868 die Dombibliothek an den Staat Bremen (DAB Bauherrenprotokolle der Bauherrenkonferenzen 1857–1868; 1869–1881).
359 | Max Salzmann gestaltete unter anderem auch das Westportal der Kirche Unser Lieben Frauen sowie die Fassaden der Rathsapotheke und des Hauses Schütting der Handelskammer Bremen. Franz Schütte war als Kammermitglied Vorsitzender der Häuslichen Kommission (Niehoff, Lydia 2001, S. 134f). Zur Domerneuerung von 1889–1901 siehe DAB Bauherren- und Kirchenkonventsprotokolle.
360 | 1871/72 erfolgte auch die Umstellung von der Bremer Talerwährung auf die reichseinheitliche Markwährung.
361 | Bremisches Gesetzblatt vom 1. Dezember 1878.
362 | Heyne, Bodo 1971, S. 14f; Rüthnick, Richard/Schulz, Kurt 1963, S. 81; Schwarzwälder, Herbert, Bd. 2, 1995, S. 320, 391; Veeck, Otto 1909, S. 213ff.
363 | Petri, Franziskus 1925, S. 261f.
364 | Heyne, Bodo 1971, S. 14f.
365 | Zur Kirchenvertretung siehe Schwebel, Karl H. 1994, S. 27f.
366 | Petri, Franziskus 1925, S. 263.
367 | Die Verwaltung bestand bis zur Vereinigung des Armenhauses mit der Egestorff-Stiftung in Bremen-Tenever im Jahre 1908.
368 | StAB 2-T.6.d.3.k.; Petri, Franziskus 1925, S. 264ff.
369 | Es soll ein Gemeindebuch vorhanden gewesen sein, das offensichtlich verloren ging. Vor dem Ersten Weltkrieg soll ein neues Buch angelegt worden sein, nachdem jahrelang Listen geführt worden waren (DAB A.8.e.Nr.8).
370 | StAB 2-T.3.b.3.b.
371 | Reeken, Dietmar von: Die Gemeinde Unser Lieben Frauen im 19. und 20. Jahrhundert, in: Reeken, Dietmar von (Hrsg.): Unser Lieben Frauen, Die Geschichte der ältesten Kirchengemeinde Bremens von den Anfängen bis zur Gegenwart, Bremen, 2002, S. 117ff.
372 | Rüthnick, Richard/Schulz, Kurt 1963, S. 82.
373 | DAB A.8.d.Nr.2. Seit 1883 liegen Jahresberichte der Armen-Krankenpflege vor, seit 1888 in gedruckter Form (DAB A.8.e.Nr.20).
374 | »Armen-Krankenpflege der St. Petri Domgemeinde« 1880–1937 in: DAB A.8.e.Nr.21.
375 | DAB A.8.b.Nr.4; Rüthnick, Richard/Schulz, Kurt 1963, S. 86.
376 | Dietsch, Walter 1978, S. 303; Rüthnick, Richard/Schulz, Kurt 1963, S. 88.
377 | Schwarzwälder, Herbert 1995, Bd. 2, S. 325ff.
378 | Schwarzwälder, Herbert 1995, Bd. 2, S. 487ff.
379 | DAB A.8.e.Nr.1; DAB A.8.e.Nr.5.
380 | DAB A.8.e.Nr.1.
381 | DAB A.8.d.Nr.3; DAB A.8.e.Nr.5.
382 | DAB A.8.b.Nr.5. Mit einem Dank an Herrn Hermann Schünemann für die Überlassung des gedruckten Originals von 1863 aus dem Besitz seines Vaters, des Domdiakons Carl Fritz Schünemann.
383 | Zur Wahl siehe die Gesetze und Vorschriften 1909, in: DAB A.8.b.5.
384 | DAB A.8.d.Nr.4; DAB A.8.b.5.
385 | DAB A.8.d.Nr.4.
386 | DAB A.8.b.5.
387 | DAB A.8.b.Nr.5; DAB A.8.d.Nr.3; Rüthnick, Richard/Schulz, Kurt 1963, S. 82.
388 | Bremisches Gesetzblatt vom 25. April 1900; Geschäftsordnung der stadtbremischen Armenpflege 1910.
389 | Das Gut befand sich nachweislich seit dem 14. Jahrhundert im Besitz Bremer Bürger. 1539 hatte es Daniel von Büren der Ältere erworben, der Vater des Jüngeren, der beim Übergang zum Calvinismus in Bremen eine führende Rolle spielte. Mit der Heirat einer Nachfahrin, Almata von Büren, gelangte der Landsitz 1755 in die Familie des Kaiserlichen Rats und Syndikus der Elterleute der Kaufmannschaft, Gerhard Oelrichs. 1890 erwarb Egestorff die Immobilie. Schwarzwälder, Herbert 1995, Bd. 2, S. 502. Rüthnick, Richard/Schulz, Kurt 1963, S. 90.
390 | Lindemann, Berthold: Die Egestorff-Stiftung, Zur Geschichte der christlichen Sozialtätigkeit in Bremen, Bremen 1970, S. 169ff.
391 | Schwarzwälder, Herbert, 1995, Bd. 2, S. 502ff; Schwarzwälder, Herbert, 1995, Bd. 3, S. 15ff.
392 | Petri, Franziskus 1925, S. 296. Zur Organisation einer einheitlichen Wohlfahrtspflege im Ersten Weltkrieg siehe ausführlich Hauser, Andrea: Der Erste Weltkrieg und die evangelischen Kirche in Bremen, in: Bremisches Jahrbuch, Bd. 94, Bremen 2015, S. 163ff.
393 | DAB A.8.e.Nr.10.
394 | DAB A.8.e.Nr.5.
395 | DAB A.8.c.Nr.6.
396 | Niehoff, Lydia 2001, S. 149f; Schwarzwälder, Herbert 1995, Bd. 2, S. 638.
397 | Niehoff, Lydia 2001, S. 150f; Schwarzwälder, Herbert 1995, Bd. 3, S. 15ff, insbesondere S. 84ff.
398 | Schwarzwälder, Herbert 1995, Bd. 3, S. 256ff.
399 | Dietsch, Walter 1978, S. 338f, 345; Heyne, Bodo 1971, S. 11.
400 | Zur Gründung der Bremischen Evangelischen Kirche (BEK) siehe ausführlich Meyer-Zollitsch, Almuth: Die Bremische Evangelische Kirche 1918–1953, in: Bremische Kirchengeschichte im 19. und 20. Jahrhundert, in: Andreas Röpcke (Hrsg.), Bremen 1994, S. 178ff (im Folgenden: Meyer-Zollitsch Almuth 1994); Meyer-Zollitsch, Almuth: Nationalismus und Evangelische Kirche in Bremen, in: Veröffentlichungen aus dem Staatsarchiv der Freien Hansestadt Bremen, Bd. 51, Bremen 1985, S. 28ff (im Folgenden: Meyer-Zollitsch, Almuth 1985); Stoevesandt, Karl: Bekennende Kirche und deutschgläubige Bischofsdiktatur, in: Schmidt, Kurt Dietrich (Hrsg.): Arbeiten zur Geschichte des Kirchenkampfs, Bd. 10, Göttingen 1961, S. 9 (im Folgenden: Stoevesandt, Karl 1961).
401 | Schwarzwälder, Herbert 1995, Bd. 3, S. 138f.
402 | HKHB Jahresberichte der Handelskammer Bremen 1914–1919; Niehoff, Lydia 2001, S. 149ff.
403 | Schwarzwälder, Herbert 1995, Bd. 3, S. 140ff.
404 | Schwarzwälder, Herbert 1995, Bd. 3, 151ff, auch 255ff.
405 | DAB A.8.e.Nr.10.
406 | DAB A.8.c.Nr.6
407 | DAB A.8.e.Nr.5.
408 | DAB A.8.d.Nr.3; DAB A.8.e.Nr.5.
409 | DAB A.8.d.Nr.3.
410 | DAB A.8.d.Nr.5.
411 | DAB A.8.d.Nr..6.
412 | DAB A.8.e.Nr.5.

413 | DAB A.8.e.Nr.20.
414 | DAB A.8.e.Nr.20.
415 | Rüthnick, Richard/Schulz, Kurt 1963, S. 95.
416 | DAB A.8.e.Nr.5.
417 | DAB A.8.e.Nr.5.
418 | DAB A.8.e.Nr.11.
419 | 1927 erfolgte die Einführung der reichseinheitlichen Arbeitslosenversicherung. Die Funktionen des örtlichen Arbeitsamtes gingen am 1. Oktober 1928 auf Reichsebene über.
420 | Verfassung der Gemeinde der St. Petri Domkirche vom 1. Januar 1927 in: DAB 360-11.21.
421 | Siehe zu den Wahlen, Zuständigkeiten, Versammlungen etc. die Verfassung der Gemeinde der St. Petri Domkirche vom 1. Januar 1927 §§ 7-21.
422 | Seit dem 9. Januar 1952 konnten Frauen in den Kirchenvorstand gewählt werden, und zwar zwei der aus dem Kirchenkonvent gewählten sechs Mitglieder.
423 | DAB 360-11.1.
424 | DAB A.8.b.6.
425 | Niehoff, Lydia 2001, S. 154f.
426 | DAB A.8.a.Nr.7; DAB A.8.e.Nr.5.
427 | Heinrich Franz Friedrich August (genannt: Heinz) Weidemann wurde am 1. März 1895 in Hannover geboren. Er unterbrach sein Studium der Theologie für die freiwillige Teilnahme am Ersten Weltkrieg, was sein späteres Verhalten und seine Entscheidungen stark beeinflusste. 1920 legte er das theologische Examen ab und war anschließend als Hilfsprediger und Stiftsinspektor in Göttingen tätig. Nach seiner Promotion (Dr. phil.) im Jahre 1925 hielt er am 11. April 1926 seine Antrittsrede als Prediger am St. Petri Dom in Bremen. 1933 trat er in die NSDAP ein und schloss sich der Bewegung der Deutschen Christen an. Weidemann versuchte gegen Widerstände in Kirchenkreisen, das Führerprinzip in der Bremischen Evangelischen Kirche einzuführen. Sein persönliches Verhalten machte ihn zu einer umstrittenen Persönlichkeit. 1935 gründete er eine eigene kirchliche Bewegung, die »Kommende Kirche«, und gab eine gleichnamige Zeitschrift heraus. Weidemann starb am 8. März 1976 in München (Schwarzwälder, Herbert: Heinz Weidemann (geb. 1895), Irrungen und Wirrungen eines »braunen« Landesbischofs, in: Schwarzwälder, Herbert: Berühmte Bremer, München 1972, S. 245-335 (im Folgenden: Schwarzwälder, Herbert 1972).
Heinonen, Reijo E.: Anpassung und Identität, Theologie und Kirchenpolitik der Bremer Deutschen Christen 1933–1945, Göttingen 1978, S. 18ff mit einer kurzen Vita S. 107ff (im Folgenden: Heinonen, Reijo E. 1978); Heinonen, Reijo E.: Zwischen zwei Zeitaltern, Anmerkungen zur Predigt von Lic. Dr. Heinz Weidemann, in: Vereinigung für Bremische Kirchengeschichte (Hrsg.): Hospitium Ecclesiae, Forschungen zur Bremischen Kirchengeschichte, Bd. 17, Bremen 1898, S. 185-190 mit einem Abdruck der Antrittspredigt vom 11. April 1926, S. 179-184.
Zum Leben und Wirken Weidemanns siehe ausführlich den auf einem Vortrag am 13. März 2013 vor der St. Petri Domgemeinde basierenden Beitrag von Ulrich, Peter: »Alles, was ich getan habe, hatte das eine Ziel, in der Kirche ein ganzer Nationalsozialist zu sein«. Zur Biographie des Bremer »Landesbischofs« Heinz Weidemann (1895–1976), in: Bremisches Jahrbuch, Bd. 93, Bremen 2014, S. 157-186 (im Folgenden: Ulrich, Peter 2014).
Stoevesandt, Karl: Bekennende Gemeinden und deutschgläubige Bischofsdiktatur, Geschichte des Kirchenkampfes in Bremen 1933–1945, in: Schmidt, Kurt Dietrich (Hrsg.): Arbeiten zur Geschichte des Kirchenkampfes, Bd. 10, Göttingen 1961.
428 | DAB A.8.e.Nr.5.
429 | DAB A.8.e.Nr.5.
430 | DAB A.8.e.Nr.5.
431 | DAB A.8.e.Nr.11. Der Domjugendbund soll aus der Jugendbewegung der 1920er Jahre hervorgegangen sein (Dietsch, Walter 1978, S. 347).
432 | DAB A.8.e.Nr.11; DAB A.8.e.Nr.12 und Nr.20.
433 | DAB A.8.e.Nr.5; Rüthnick, Richard/Schulz, Kurt 1963, S. 96.
434 | DAB A.8.e.14; DAB 360-11.1; Rüthnick, Richard/Schulz, Kurt 1963, S. 97.
435 | Kloft, Hans (2012), S. 10; Meyer-Zollitsch, Almuth 1994, S. 205f; Marssolek, Inge/Ott, René: Bremen im Dritten Reich, Anpassung – Widerstand – Verfolgung, Bremen 1986, S. 290ff (im Folgenden: Marssolek, Inge/Ott, René 1986).
436 | Kloft, Hans: Antisemitismus und theologische Wissenschaft, Die Bremer Kirchenzeitung »Die kommende Kirche« und ihr Herausgeber Dr. Heinz Weidemann, Bischof zu Bremen, Bremen (2012 unveröffentlichtes Manuskript) (im Folgenden: Kloft, Hans (2012). Mit einem Dank an Herrn Dr. Hans Kloft für die Überlassung des für die Darlegungen der Ereignisse am Dom in Nationalsozialismus grundlegenden wissenschaftskritischen Aufsatzes nach einem Vortrag vor der Bremer Presseforschung im Kapitelsaal der Bremer Domgemeinde am 25. April 2012.
437 | Luther, Martin: Von den Jüden und ihren Lügen, 1543, in: Werke I 54, Weimar 1920, S. 482ff, nach Kloft, Hans (2002), S. 7.
438 | DAB M 9 (= DAB 150-1.2. Nr. 9). Zu den kirchenpolitischen Auseinandersetzungen in Bremen zur Zeit des Nationalsozialismus siehe Heinonen, Reijo E. 1978; Meier, Kurt: Kreuz und Hakenkreuz, Die evangelische Kirche im Dritten Reich, München 1992; Meyer-Zollitsch, Almuth 1985; Meyer-Zollitsch, Almuth 1994. Siehe hierzu und im Folgenden auch die einschlägigen Aktenbestände des landeskirchlichen Archivs und Literaturbestände der Bremischen Evangelischen Kirche.
439 | DAB M 9 (= DAB 150-1.2. Nr. 9). Zur Judenfeindlichkeit in der evangelischen Kirche siehe exemplarisch die Aktivitäten des nationalsozialisten Pfarrers Walter Hoff in Verbindung mit der Diskussion um den Wiederaufbau der Petrikirche im ehemaligen Ostberlin bei Gailus, Manfred: Auf dunklem Grund, in: Die Zeit vom 14. Februar 2013, und die Interviews des Berichterstatters der amerikanischen Militärregierung Saul Padover in den ersten Nachkriegsmonaten (ZDF-Info am 31. Juli 2016).
440 | Heinonen, Reijo E. 1978, S. 23ff; Marssolek, Inge/Ott, René 1986, S. 290ff; Schwarzwälder, Herbert 1972, S. 253ff.
441 | Stoevesandt, Karl 1961, S. 16.
442 | Reichsgesetzblatt Nr. 80, 15. Juli 1933: Gesetz über die Verfassung der Deutschen Evangelischen Kirche vom 14. Juli 1933.
443 | DAB M 9 (= DAB 150-1.2. Nr. 9).
444 | DAB 360-11.12; Marssolek, Inge/Ott, René 1986, S. 290ff.
445 | Meyer-Zollitsch, Almuth 1994, S. 209ff; Meyer-Zolitsch, Almuth 1985, S. 254ff; Ulrich, Peter 2014, S. 169. Siehe dort auch die Einschätzung der politisch-religiösen Haltung Weidemanns.
446 | Bis 1946 fand kein Kirchentag mehr statt.
447 | DAB 200-Wei; DAB M 9 (= DAB 150-1.2. Nr. 9); Kloft, Hans (2012), S. 10; Meyer-Zollitsch, Almuth 1985, S. 111ff; Meyer-Zollitsch, Almuth 1994, S. 205f.
448 | Heinonen, Reijo E. 1978, S. 41; Meyer-Zollitsch, Almuth 1985, S. 119.
449 | Ludwig Müller (1883–1945) war seit dem 27. September 1933 Reichsbischof.
450 | Meyer-Zollitsch, Almuth 1985, S. 254ff ; Meyer-Zollitsch, Almuth 1994, S. 209ff; Ulrich, Peter 2014, S. 169.
451 | Hans Kerrl (1887–1941) war seit 1935 Reichsminister für kirchliche Angelegenheiten.
452 | DAB 360-11.12; Kloft, Hans (2012), S. 14; Meyer-Zollitsch, Almuth 1994, S. 224ff; Stoevesandt, Karl 1961, S. 31. Zur Bekennenden Gemeinde siehe Stoevesandt, Karl 1961, S. 57ff. Zu den theologischen Gegensätzen siehe Marssolek, Inge/Ott, René 1986, S. 289f und zu den Vorfällen im Einzelnen S. 292ff.
453 | DAB 360-11.6; Heinonen, Reijo E. 1978, S. 107ff; Meyer-Zollitsch 1994, S. 243ff.
454 | Meyer-Zollitsch, Almuth 1985, S. 254 ; Meyer-Zollitsch, Almuth 1994, S. 209ff; Schwarzwälder, Herbert 1972, S. 266ff; Ulrich, Peter 2014, S. 169ff.
455 | Siehe dazu im Einzelnen BEK Bibliothek KK 112,3. Eine literaturkritische Auseinandersetzung mit Judentum und Judenfeindschaft bei Kloft, Hans (2012), S. 3, insbesondere S. 30ff; Schwarzwälder, Herbert 1972, S. 268.
456 | In seiner im Übrigen fundierten Monographie über den St. Petri Dom zu Bremen verschwieg Dietsch seine eigene Rolle im Nationalsozialismus, einschließlich seiner ursprünglich guten Beziehung zu seinem Förderer Weidemann und seiner Übereinstimmung mit der völkischen Theologie der Deutschen Christen (siehe dazu Kloft, Hans (2012), S. 29f).
457 | DAB M 9 (= DAB 150-1.2. Nr. 9); DAB M 10 (= DAB 150-1.2. Nr. 10).
458 | Die Satzung wird in den Akten mehrfach erwähnt, liegt aber nicht vor.
459 | Zitiert nach Rüthnick, Richard/Schulz, Kurt 1963, S. 98.
460 | DAB A.8.e.Nr.11.
461 | DAB A.8.e.Nr.11.
462 | Marssolek, Inge/Ott, René 1986, S. 290ff; Meyer-Zollitsch, Almuth 1994, S. 222ff.
463 | DAB 360-1. Die Sammlung der Protokolle ist unvollständig. An anderer Stelle wird deutlich, dass es vor allem um den Widerstand gegen ideologische Schulungen, insbesondere gegen die Durchsetzung des nationalsozialistischen Führungsanspruchs in der Kirche, ging.
464 | DAB 360-1.

465 | Rüthnick, Richard/Schulz, Kurt 1963, S. 99.

466 | DAB A.8.e.Nr.18 a und b.

467 | DAB 360-11.2.

468 | DAB 360-11.2.

469 | »Armen-Krankenpflege der St. Petri Domgemeinde 1880-1937« in: DAB A.8.e.Nr.21; DAB A.8.e.Nr.5.

470 | DAB A.8.e.Nr.12 und 17.

471 | DAB A.8.e.Nr.11 und 20.

472 | DAB A.8.e.Nr.19.

473 | Stoevesandt, Karl 1961, S. 89.

474 | DAB 360-11.2.

475 | DAB A.8.e.Nr.19; Dietsch, Walter 1978, S. 304; Meyer-Zollitsch, Almuth 1994, S. 215ff; Rüthnick, Richard/Schulz, Kurd 1963, S. 97.

476 | Bremer Nachrichten vom 12. Dezember 1937 mit einem Interview mit Kirchenminister Kerrl.

477 | Stoevesandt, Karl 1961, S. 49, 86.

478 | Meyer-Zollitsch, Almuth 1994, S. 247.

479 | DAB A.8.c.Nr.9.

480 | DAB 360-11.1.

481 | DAB 360-11.1; Rüthnick, Richard/Schulz, Kurd 1963, S. 100.

482 | Hier wurde als Gründungsdatum der 17. November 1638 angenommen (DAB A.8.a.Nr.10).

483 | DAB 360-11.1; DAB 360-11.2.

484 | Kloft, Hans (2012), S. 32f; Marssolek, Inge/Ott, René 1986, S. 339ff.

485 | Der Druck erfolgte erst nach dem Krieg im Jahre 1963 (DAB A.8.a.Nr.10). Zur Sonderentwicklung des Doms seit der Reformation vergleiche Unser Lieben Frauen (Verfasser: Petri, Franziskus 1925) und St. Stephani (Verfasser: Prüser, Friedrich 1940).

486 | DAB A.8.e.Nr.20; DAB 360-11.2; Heinonen, Reijo E. 1978, S. 243ff.

487 | Senior der Friedensgemeinde war Dr. Hugo Gebert, seit 1921 bis November 1943 Geschäftsführer der Industrie-(Haus-)Gesellschaft der Vereinigung der Arbeitgeberverbände im Lande Bremen (UVHB Bd. 1, S. 58, 63, 68).

488 | StAB 3-K.1.d.1.a.a Nr.59, darin ein Schreiben des Kirchenministers Kerrl an den Bremer Bürgermeister Böhmcker, 1. März 1940, zitiert nach Stoevesandt, Karl 1961, S. 91.

489 | DAB 360-11.3.

490 | Meyer-Zollitsch, Almuth 1985, S. 254ff; Meyer-Zollitsch, Almuth 1994, S. 264.

491 | DAB 360-11.1.

492 | DAB A.8.a.Nr.12.

493 | DAB A.8.e.Nr.11; DAB A.8.e.Nr.15; DAB A.8.e.Nr.19 und 29.

494 | Kloft, Hans (2012), S. 25ff; Schwarzwälder, Herbert: Berühmte Bremer, Bremen 1972, S. 275ff; Hesse, Hans: Konstruktion der Unschuld, Die Entnazifizierung am Beispiel von Bremen und Bremerhaven 1945–1953, in: Veröffentlichungen aus dem Staatsarchiv der Freien Hansestadt Bremen, Bd. 67, Bremen 2005, S. 456ff (im Folgenden: Hesse, Hans 2005).

495 | DAB 360-11.6 und 7; DAB 200/Di.

496 | Der 1911 in Darmstadt geborene Pastor Dr. Walter Dietsch war am 1. November 1936 von Pastor Dr. Heinz Weidemann als Hilfsprediger in die Kirchengemeinde Bremen-Gröpelingen berufen worden, wo er seit 1. Oktober 1938 als ordentlicher Geistlicher tätig war. Von deutsch-christlicher Gesinnung wie Weidemann, unterstützte er aktiv dessen Bestrebungen, mit der regimefreundlichen Bewegung »Kommende Kirche« eine nationale Reichskirche zu gestalten. Am 1. Februar 1940 wechselte Dietsch zur Domgemeinde. Vom 1. Mai 1938 bis 9. Januar 1939 (laut Impressum bis 1941) führte er als Hauptschriftleiter die im Verlag Weidemanns erscheinende Kirchenzeitung »Kommende Kirche«. Nach eigenen Aussagen distanzierte er sich aus sachlichen und dann auch aus persönlichen Gründen von Weidemann, als dieser im Oktober 1941 aus der Bewegung der Deutschen Christen ausgeschlossen wurde (Spruchkammerverfahren gegen Pastor Dr. Walter Dietsch vom 29. Mai 1947 und 25. September 1947, in: DAB 200/Wei). Siehe dazu die ausführlichen eigenen Darstellungen von Dietsch in: DAB 200/Di). Seit jener Zeit lief das Disziplinarverfahren gegen Weidemann. Als sich Dietsch von ihm zurückzog, richteten sich die Angriffe Weidemanns auch gegen ihn (DAB 200/Di).

497 | DAB 200/Di. Siehe auch Schwarzwälder, Herbert 1972, S. 279ff.

498 | DAB 360-1; Ulrich, Peter 2015, S. 179ff. Dr. Leo Schlemmermeyer war Rechtsanwalt und Notar in der Sozietät Ferdinand Donandt, Dr. Erwin Hirschfeld und Dr. Louis Lange, Bremen, Baumwollbörse, Zimmer 122.

499 | DAB 360-11.3.

500 | DAB 360-11.3.

501 | DAB 200/Wei.

502 | DAB 200/Di; Heinonen, Reijo E. 1978, S. 247.

503 | Siehe dazu im einzelnen DAB 200/Di; Stoevesandt, Karl 1961, S. 98ff; Ulrich, Peter 2015, S. 181ff.

504 | Die Schilderung dieses und weiterer Vorfälle nach Augenzeugenberichten von Pastor Walter Dietsch, Leo Schlemmermeyer und weiteren beteiligten Personen in allen Einzelheiten in: DAB 200/Di; DAB 200/Wei. Siehe auch Schwarzwälder, Herbert 1972, S. 280ff.

505 | DAB 200-Wei; DAB 200/Di; Heinonen, Reijo E. 1978, S. 248ff.

506 | DAB 200/Di; DAB 200/Wei.

507 | Gemäß der 15. Verordnung zur Vereinheitlichung des Rechtes der Finanzabteilungen vom 25. Juni 1937 aufgrund des Gesetzes zur Sicherung der Deutschen Evangelischen Kirche vom 24. September 1935.

508 | DAB 200/Wei (Schreiben Leo Schlemmermeyers an Franz Schütte vom 27. Dezember 1941); Marssolek, Inge/Ott, René 1986, S. 291.

509 | DAB 360-11.3.

510 | Der Kirchenvorstand war im Sinne des Führerprinzips auf die Stellung eines Beirats reduziert.

511 | DAB 360-11.3; DAB 200/Wei. Dr. Ernst Schulze-Smidt nahm die Stelle des Subseniors Lutz Leisewitz ein.

512 | Siehe dazu im Einzelnen Schwarzwälder, Herbert 1972, S. 284.

513 | DAB 200/Di; DAB 200-Wei; Heinonen, Reijo E. 1978, S. 270ff. Siehe dazu auch die einschlägigen Archivalien im Landeskirchlichen Archiv Bremen, insbesondere S. 205ff.

514 | In einem psychiatrischen Gutachten wurde Weidemann am 14. Juni 1946 »medizinisch als paranoid« mit einem schwachen Gefühl für die Wirklichkeit, bezeichnet. Aufgrund dieser Diagnose galt er als vermindert schuldfähig, so dass ihm die strafrechtlichen Tatbestände der Amtsanmaßung und weitere Vergehen nicht als strafbare Handlungen zur Last gelegt werden konnten. Das Disziplinarverfahren wurde 1946 eingestellt (DAB 360-11-6; DAB 200/Wei). 1947 versuchte er sich als Verfolgter des nationalsozialistischen Regimes darzustellen. Im Spruchkammerverfahren wurde er 1949 als Hauptschuldiger eingestuft und unter Aberkennung der bürgerlichen Ehrenrechte für die Dauer von 10 Jahren zu vier Jahren Arbeitslager verurteilt. Weidemann entzog sich der Strafe durch seinen Aufenthalt in Thüringen (Weser Kurier und Bremer Nachrichten vom 26. November 1949; Hesse, Hans 2005, S. 459f).

515 | Schwarzwälder, Herbert 1972, S. 290ff.

516 | Die Ernennung wurde im Spruchkammerverfahren bestritten, da sich kein Beleg in den Domakten fand, was Dietsch mit der Geheimhaltungsabsicht durch den kommissarischen Kirchenpräsidenten Schulz begründete (Spruchkammerverfahren gegen Pastor Walter Dietsch vom 29. Mai 1947 und 25. September 1947, in: DAB 200/Wei). DAB 200/Di; Meyer-Zollitsch, Almuth 1985, S. 284ff; Meyer-Zollitsch, Almuth 1994, S. 272ff; Stoevesandt, Karl 1961, S. 116ff; Ulrich, Peter 2015, S. 183.

517 | DAB 360-11.3 bis 7; DAB 200/Di; DAB 200/Wei; DAB M 9 (= DAB 150-1.2. Nr. 9); Meyer-Zollitsch, Almuth 1985, S. 301; Meyer-Zollitsch, Almuth 1994, S. 277.

518 | Dietsch, Walter 1978, S. 351.

519 | Mit Mitteln für den Wiederaufbau erfolgte 1946 die Restaurierung des Dachstuhls und 1950 die Wiederherstellung des kriegszerstörten Gewölbes. 1972 wurde eine Kommission zur Wiederherstellung des St. Petri Domes unter der Leitung des Bauherrn Hans Henry Lamotte gebildet und mit der Restaurierung des Doms begonnen (Brandt, Karl Heinz/Schumacher, Diedrich: Der Dom zu Bremen, Wiederherstellung und Ausgrabung 1972–1982, in: Schriften der Wittheit zu Bremen, NF, Bd. 8, Bremen 1982, S. 16ff).

520 | DAB A.8.e.Nr. 16; Dietsch, Walter 1978, S. 351.

521 | Die Sandsteintafel aus dem Jahre 1536 wurde geborgen und beim Neubau des St. Petri Witwenhauses am Osterdeich in die Außenmauer eingelassen (Niehoff, Lydia 2012, S. 67ff).

522 | DAB A.8.e.Nr.20.

523 | DAB A.8.e.Nr.20; DAB 360-11.1-3. Siehe hierzu und im Folgenden auch die Protokolle der St. Petri Domdiakonie 1945–1967.

524 | DAB 360-11.1.

525 | DAB A.8.b.Nr.6.

526 | DAB 360-11.6; Link, Christoph 1998, S. 13; Meyer-Zollitsch, Almuth 1985 S. 313ff; Meyer-Zollitsch, Almuth 1994, S. 279ff.

527 | DAB 360-11.4.

528 | DAB 360.11.7; Meyer-Zollitsch, Almuth 1994, S. 284ff. Einer der beiden Pastoren war Dompastor Walter Dietsch. Im April 1950 wurde er Pastor Primarius am Dom (DAB 360-11.10). Zum Spruchkammerverfahren 1946 siehe DAB 200/Di; DAB 360-11.6.

529 | DAB 360-11.6; Rüthnick, Richard/Schulz, Kurt 1963, S. 102.
530 | DAB 360-11.1-3; DAB 360-11.4-9.
531 | DAB 360-11.6.
532 | DAB A.8.b.Nr.6; DAB 360-11.6.
533 | DAB 360-11.4. Ein Jahr später einigte man sich, den Senior für ein Jahr zu wählen und zweimalige Wiederwahl zuzulassen (DAB 360-11.11).
534 | DAB 360-11.6.
535 | DAB 360-11.11.
536 | DAB 360-11.1; Rüthnick, Richard/Schulz, Kurt 1963, S. 101ff.
537 | DAB A.8.e.Nr.20;DAB 360.11.6; DAB 360-11.11.
538 | DAB A.8.c.Nr.13.6.
539 | DAB A.8.e.Nr.20; DAB 360-11-6; DAB 360-11.11.
540 | Rüthnick, Richard/Schulz, Kurt 1963, S. 23f.
541 | Rüthnick, Richard/Schulz, Kurt 1963, S. 93f.
542 | DAB 360-11.4.
543 | DAB 360-11.12.
544 | DAB 360-11.4-9.
545 | DAB A.8.e.Nr.20.
546 | Bericht St. Petri Waisenhaus, Bremen-Osterholz 1941 in: DAB 360-11.1-3.
547 | Kirchenrechtlich ist die EKD der Dachverband einer Vereinigung von selbständigen lutherischen, reformierten und unierten Gliedkirchen.
548 | DAB 360.11.2; DAB 360-11.4; DAB 360.-11.12. Die Mitgliedschaft der BEK als »selbständige Gliedkirche der Evanglischen Kirche in Deutschland« wurde auf dem Kirchentag am 11. November 1970 bestätigt (Art. 1 der Grundordnung der EKD)(Meyer-Zollitsch, Almuth 1985, S. 313ff).
549 | DAB 360-11.12.
550 | DAB 360-11.10.
551 | DAB 360-11.10.
552 | DAB 360-11.10ff.
553 | DAB 360-11.16.
554 | DAB 360-11.30ff.
555 | Dietsch, Walter 1978, S. 362ff.
556 | Seit 1823 befanden sich die Mumien des Bremer Bleikellers in einem Anbau im Südosten des Doms (Rotermund, Heinrich Wilhelm 1829, S. 34). Mit der Einrichtung des Dommuseums wurden sie in ein Kellergewölbe im sogenannten Glockenhof verlagert (Weibezahn, Ingrid: Das neue Dom-Museum, in: Vereinigung für Bremische Kirchengeschichte (Hrsg.): Hospitium Ecclesiae, Forschungen zur Bremischen Kirchengeschichte, Bd. 15, Bremen 1987, S. 197).
557 | DAB 360-11.35ff.
558 | DAB 360-11.37.
559 | DAB 360-11.41.
560 | Verfassung der Gemeinde der St. Petri Domkirche von 1927, geändert 9. Januar 1952, in: DAB 360-11.21.
561 | Dietsch, Walter 1978, S. 360.
562 | DAB 360-11.10.
563 | DAB 360-11.10ff.
564 | Gesetze und Vorschriften für die Diakonie der St. Petri-Domkirche vom 12. Februar 1951 (DAB 360-11.14).
565 | DAB 360-11.10ff.
566 | DAB 360-11.10ff.
567 | DAB 360-11.20.
568 | DAB 360-11.19 und 20.
569 | Verfassung St. Petri-Domgemeinde vom 6. Juli 1972.
570 | DAB 360-11-33 und 34; Gesetze und Vorschriften für die Diakonie der St. Petri Domkirche in Bremen, Neufassung 1974; Neufassung zur Regelung der Sitten und Gebräuche von 1974 im Jahre 1977 sowie im Jahre 2005.
571 | DAB 360-11.13.
572 | Die Norddeutsche Mission war 1836 durch den Zusammenschluss von sechs östlichen Missionsvereinen entstanden. Seit 1851 hatte sie ihren Sitz in Bremen.
573 | DAB 360.11-17; DAB 360-11.26 und 28; DAB 360-11.32 und 36.
574 | DAB 360-11.22.
575 | DAB 360-11.20ff.
576 | DAB 360-11.17.
577 | DAB 360-11.15 und 16.
578 | DAB 360-11.10ff.
579 | DAB 360-11.14, 15 und 16.
580 | DAB 360-11.23 und 29.
581 | DAB 360-11.13ff.
582 | 1849 initiierte der Sozialreformer Johann Hinrich Wichern die »Innere Mission«, seit 1957 Diakonisches Werk. Wichern dachte bei der Gründung der Inneren Mission an eine Wohlfahrtspflege der christlichen Gemeinde, die sich aus den mit sozialer Empathie gegebenen Zuwendungen der Christen selbst trägt. Heute setzen viele Diakonien das um, was der Sozialstaat mit seinen Sicherungssystemen erstattet. Es bleibt die Herausforderung, darüber hinaus zu wirken, wohin der Sozialstaat nicht reicht (Leicht, Robert: Brot und Altar, in: Die Zeit vom 17. April 2008).
583 | DAB 310.11.17; DAB 310-11.40.
584 | DAB 360-11.21.
585 | Dietsch, Walter 1978, S. 355.
586 | DAB 360-11.27; DAB 360-11.31 und 32.
587 | Hans Henry Lamotte als Senior der Diakonie der St. Petri Domgemeinde an die Mitglieder der verwaltenden Diakonie am 13. Dezember 1955, in: DAB 360-11.15.
588 | DAB 360-11.36f.
589 | DAB 360-11.40. Bis zum Jahr 2000 sank die Zahl der Domgemeindemitglieder weiter auf rund 13 000.
590 | DAB 360-11.40.
591 | DAB 360-11.15.
592 | DAB 360-11.10ff; DAB 360-11.20; Dietsch, Walter 1978, S. 303; Rüthnick, Richard/Schulz, Kurt 1963, S. 88. Wann die Kälberverlosung zum ersten Mal vorgenommen wurde, ließ sich nicht feststellen. Vermutlich wurde bald nach der Gründung des Waisenhauses damit begonnen, wenn die Zahl der abgelieferten Kälber den Bedarf der Einrichtung überstieg. Es werden keine Kälber mehr verlost worden sein, seit mit der Ablösung der feudalen Meierpflichten ab der Mitte der 19. Jahrhunderts keine Naturalabgaben mehr geleistet wurden.
593 | DAB 360-11.28, 31 und 32.
594 | DAB 360-11.10ff; DAB 360-11.14.
595 | DAB 360-11.14ff.
596 | DAB 360-11.22; DAB 360-11.27. Das letzte noch vorhandene Exemplar der Festschrift zur 400-Jahrfeier des St. Petri Witwenhauses von 1936 wurde Anfang 1954 entliehen und nicht zurückgegeben (DAB 360-11.15).
597 | DAB 360-11.12.
598 | DAB 360-11.28; 1969 war die Egestorff Stiftung in die sogenannte Bremer Baulandaffäre verwickelt (DAB 360-11.29).
599 | DAB 360-11.11; DAB 360-11.14; Dietsch, Walter 1978, S. 304.
600 | DAB 360-11.21 und 27 und 28.
601 | DAB 360-11.36.
602 | DAB 360.11 und 12.
603 | DAB 360-11.24 und 25.
604 | DAB 360-11.14; DAB 360-11.16.
605 | DAB 360-11.37; Weser Kurier vom 17. und 24. August 1977.
606 | DAB A.8.g.Nr.2 und 3.
607 | DAB 360.11.30, 32 und 36.
608 | DAB 360-11.22 und 23.
609 | DAB 360-11.16 und 20.
610 | DAB 360-11.24 und 25.
611 | DAB 360-11.27.
612 | DAB 360-11.11.
613 | DAB 360-11.12.
614 | DAB 360-11.37.
615 | DAB 360-11.20.
616 | Das Dommuseum wurde 1987 eröffnet (Weibezahn, Ingrid: Das neue Dom-Museum, in: Vereinigung für Bremische Kirchengeschichte (Hrsg.): Hospitium Ecclesiae, Forschungen zur Bremischen Kirchengeschichte, Bd. 15, Bremen 1987, S. 197-202).
617 | DAB 360-11.21.
618 | DAB 360-11.10ff; DAB 360.11.30.
619 | DAB 360-11.36.
620 | Die Geschichte der Diakonie der St. Petri Domkirche zu Bremen von Richard Rüthnick, überarbeitet und ergänzt von Kurd Schulz, endet 1938.
621 | Rede von Walter Dietsch am 11. November 1963 in: DAB 360-11.23.
622 | Die Darstellung der Geschichte der St. Petri Domdiakonie folgt den Quellen und der Sekundärliteratur. Für die jüngere Entwicklung der St. Petri Domdiakonie liegen im Archiv des St. Petri Domes keine weiteren Quellen vor.

QUELLEN UND LITERATUR

Dieses Werk entstand auf der Grundlage der teilweise seit dem 17. Jahrhundert bis 1999, in den letzten Jahrzehnten lückenhaft, vorliegenden Bestände der Domdiakonie im Archiv des St. Petri Domes (DAB). Begleitend wurden die einschlägigen Archiv- und Literaturbestände im Staatsarchiv Bremen herangezogen sowie die Archivalien im Staatsarchiv Stade, des Reichsarchivs Kopenhagen und des Reichsarchivs Stockholm und die themenbezogene Literatur in der Staats- und Universitätsbibliothek Bremen ausgewertet. Ergänzt wurden in Gesprächen, Berichten und Interviews gewonnene Informationen. Die verwendeten Materialien der Autorenbeiträge wurden im vorliegenden Quellen- und Literaturverzeichnis zusammengefasst. Einzelnachweise erfolgen jeweils in den Anmerkungen zum Text.

Quellen

Domarchiv Bremen (DAB)

3 b 4 b	Gesetze der Diakonie von St. Petri 1822
A.1.b.Nr. 2	Rechtsverhältnisse am Dom Wiedereinrichtung der Lutherischen Gottesdienste im Dom 1638 und Streit mit dem Bremer Rat, Westfälischer Frieden und Durchführung des Vertrages
A.8.a.	Diakonie
A.8.a.Nr.7	Gründonnerstaggesellschaft 1852–1935, 1932–1936
A.8.a.Nr.9	Teilnahme Gottesdienst 1934
A.8.a.Nr.10	300-jährige Jubelfeier der Domdiakonie 1938–1941
A.8.a.Nr.12	Liebesgabentätigkeit der Diakonie im Krieg 1940–1945
A.8.a.Nr.14	Diakonie, Varia 1655–1817
A.8.b.	Gesetze der Diakonie
A.8.b.Nr.1	Ordnung der Sammlungen und des Beckenstehens der Mitglieder der Diakonie 1809, 1820
A.8.b.Nr.2	Instruktion für den Administrator der St. Petri Armen- und Schulkasse 1810
A.8.b.Nr.3	Alte Gesetze und Vorschriften für die St. Petri Dom Diakonie 1818–1864
A.8.b.Nr.4	Regulativ betr. die Verwaltung des Armenhauses und der mit demselben verbundenen Stiftungen sowie die Verwaltung des Mädchen-Waisenhauses 1884–1907
A.8.b.Nr.5	Gesetze und Vorschriften für die Diakonie der St. Petri Domkirche 1884 bis 1909 (1913)
A.8.b.Nr.6	Satzungen des Kollegiums der Alt-Diakonie der St. Petri Domkirche 1925–1945
A.8.c.	Wahlen
A.8.c.Nr.1-13	Wahlen zur Diakonie 1786–1945 (1947) (enthält auch Ämterverteilung und u.a. A.8.c.Nr.4 Senioratskasse 1923–1937, Nr.5 Senioratskasse 1937–1949, Nr.6. Heimkehrerdienst 1945–1947, Nr. 7 Einteilung der Pfarrbezirke im Domsprengel 1932)
A.8.d.	Armen- und Schulkasse
A.8.d.Nr.1	Rechnungen der St. Petri Armen- und Schulkasse 1779–1810
A.8.d.Nr.2	Fond für Gemeindezwecke, Schulkasse und Armenkasse 1905–1906
A.8.d.Nr.3	Begründung eines Fonds für die Gemeindeschwestern 1909
A.8.d.Nr.4	Auflösung der Schulkasse 1910
A.8.d.Nr.5	Übernahme der Armenkasse durch die Gemeindepflege 1917–1937
A.8.d.Nr.6	Wertbeständige Anlage und Auswertung der von der Diakonie verwalteten Kapitalien 1923–1926
A.8.e.	Gemeindepflege
A.8.e.Nr.1	Armen-Krankenpflege 1881–1900
A.8.e.Nr.3	Gemeindeschwestern
A.8.e.Nr.5	Gemeindepflege 1911–1935 (Zuschüsse, Gemeindeschwestern, Winterhilfe)
A.8.e.Nr.10	Bericht der Kriegshilfe der Gemeindepflege 1914–1919
A.8.e.Nr.14	Organisation der Domhelfer (aufgelöst 1935)
A.8.e.Nr.15	Domgemeindeabende 1932–1938
A.8.e.Nr.17	Gemeindepfleger 1936
A.8.e.Nr.18 a+b	Müttererholungsfürsorge 1935–1939
A.8.e.Nr.19	Bezirke der Gemeindeschwestern 1936–1945
A.8.e.Nr.20	Verwaltung der Gemeindepflege 1883–1949
A.8.e.Nr. 21	Armenkrankenpflege 1880–1937
A.8.e.Nr.22-25	Schwesternfond 1927–1949
A.8.f	Waisenhaus
A.8.f.Nr.2	Gründung des St. Petri Waisenhauses 1691–1783
A.8.f.Nr.5	Rechnungsführung der Verwaltung des Waisenhauses, Zusammensetzung der Verwaltung, Jahresberichte 1724ff
A.8.f.Nr.15	Verkauf des Waisenhauses am Domshof 1899
A.8.g.Nr.2+3	Innere Gemeindearbeit, Kinderbewahranstalt und Kindergarten Lübeckerstraße 1937/38-1941/43
A.8.h.Nr.1-3	Armenhausverwaltung, 1826–1849, 1770–1774, 1801–1823, 1800–1824
A.10.a	Kollekten und Beckensammlungen
A.10.a.Nr.1	Bestimmungen über Verwendung regelmäßiger Kollekten und Beckensammlungen im Dom 1705–1942
A.10.a.Nr.4	Einführung von Sammelbecken anstelle der Klingelbeutel, 1837
A.10.a.Nr.5	Aufhebung der offenen Sammelbecken und Einführung von geschlossenen Becken 1906 (zu den einzelnen Kollekten DAB A.10.b.)
J.	Schulen
J.d.Nr.1-13	Freischulen, Bremische Niedere Schulen, Reorganisation des bremischen Schulwesens
J.f.Nr.1-13	Gelehrtenschule Athenäum 1684–1794 (enthält u. a. 1. Schulberichte 1684–1699; 3 Schulordnungen 1690, 1794; 6. Beschwerden über die Rechte der Gelehrtenschule durch den Rat und Streitigkeiten mit den städtischen Gymnasium 1709–1803
J.g.Nr.3+4	Akten des Scholarchats incl. Personalakten und Budget
M.1	Verfassung der Bremischen Evangelischen Kirche
M.1.Nr.1	Verfassung der Bremischen Evangelischen Kirche vom 17. Juni 1920
M.1.Nr.6	Gesetze und Verordnungen 1934–1944
M.1.Nr.9	Verfassung der Deutschen Ev. Reichskirche 1933–1935
M.1.Nr.10	Reichskirchentagung 1935–1937
M.4	Gemeindeordnungen und Diakoniesatzungen
200/Di	Dietsch, Dr. Walter (Korrespondenz und Entnazifizierungsverfahren)
200/Ra	Rahm, Hermann
200/Wei	Weidemann, Dr. Heinz
352	Gemeindearbeit
352 – 1	Kindertagesheime des Doms und Kinderspielkreise
352 – 6.2	St. Petri Witwenhaus
352 – 9.5	Domjugendheim Seebergen
360	Domgemeindepflege, Diakonie
360 – 0.1	Diakonie, Mitwirkung an der Verwaltung der Domkirche in Gremien
360 – 1	Diakonie, Aktive Diakonie Protokolle
360 – 10	Diakonieverwaltung, Altdiakonie (u.a. Satzung, Protokolle, Jahresberichte, Vorgänge 1945ff)
360	Diakonieverwaltung der Aktiven Diakonie
360 – 11.1-3	Diakonieverwaltung 1934–1945
360 – 11.4-9	Diakonieverwaltung 1945–1949
360 – 11.10-19	Diakonieverwaltung 1950–1959
360 – 11.20-29	Diakonieverwaltung 1960–1969
360 – 11.30-39	Diakonieverwaltung 1970–1979
360 – 11.40-49	Diakonieverwaltung 1980–1989
360 – 11.50-59	Diakonieverwaltung 1990–1999
360 – 12	Diakoniefonds
360 – 13	Diakoniearchiv (Satzung Sitten und Gebräuche, Wappen etc.)
360 – 14	Diakonie Jahresberichte
361 – 1-3	Kollekten

362 – 0-4	Domgemeindepflege (u. a. Richtlinien, Schwesternstation, Altenhilfe, Bremer Treff)	
363 – 1	St. Petri Waisenhaus	
363 – 4	Altenheim Egestorff/Diakonie Armenhaus	
365 – 15	Patengemeinden (Gingst/Altenfähr auf Rügen; Siebenbürgen)	
368 – 0	Flüchtlingshilfen/Hilfe für Kriegsgefangene und Heimkehrer	

Protokolle der St. Petri-Domdiakonie 1945–1967

Gesetze und Vorschriften für die Diakonie der St. Petri Dom-Kirche in Bremen, beschlossen am 10. November 1863, zuletzt geändert: 12. Februar 1951, Bremen o.J.

Staatsarchiv Bremen (StAB)

1-O-1639, Okt. 4	Vertrag zwischen Erzbischof Friedrich und Bremen zu Stade
2-D.20.g.2	Kleider-, Kindtaufen-, Hochzeits- und Begräbnisordnungen 1546, 1587, 1606, 1624, 1634, 1656
2-T.3.ad.1.Nr.1	Diversa (gebunden)
2-T.3.ad.a.2.	Diversa, Alte Akten
2-T.3.a.2.Bd.1	Diversa 1309–1579
2-T.3.a.2 Bd.2	Diversa 1630–1677
2-T.3.a.2 Bd. 3	Diversa 1718–1860 (1932)
2.T.3.ad.a.11.Nr.1a	Stadtbremische Kirchen- und Religionssachen 1630–1639
2-T.3.ad.a.11.Nr.2.1	Verwaltung des Doms 1648–1679
2-T.3.ad.a.11.Nr.2.2	Verwaltung des Doms 1680–1685
2-T.3.ad.a.11.Nr.2.4	Haushalt des Doms, Allgemeines 17.-18. Jahrhundert
2-T.3.ad.a.11.Nr.2.5 Bde.1-2	Haushalt des Doms 1620–1655, 1656–1660 (enthält: »Gottes Kasten Register« 1644ff)
2-T.3.ad.a.11.Nr.2.38.Bde.1-5	Domschule und Athenäum 1643–1680, 1681, 1682–1684, 1686–1696
2-T.3.ad.a.11.Nr.2.41 Bde.1-2	St. Petri Waisenhaus 1692–1789, 1790–1807
2-T.3.ad.a.11.Nr.2.47	Nicolaischer Kirchenstreit 1802–1810
2-T.3.b.2	Bauherren 1722–1832
2-T.3.b.3.a. Bde. 1-2	Diakonie, Wahlkollegium, Kirchenkonvent und Verfassung der St. Petri Domgemeinde 1814–1830, 1831–1870
2-T.3.b.3.b.	Diakonie, Wahlkollegium, Kirchenkonvent und Verfassung der St. Petri Domgemeinde 1871–1903
2-T.3.b.5.	Gottesdienst im Dom
2-T.3.b.5.a	Generalia et diversa
2-T.3.b.5.b	Generalia et diversa 1639–1856
2-T.3.b.8.a.-g.	Schulen
2-T.3.b.9.a.	Allgemeines (Milde Stiftungen und Armenwesen)
2-T.3.b.10.a.	Allgemeines 1802–1830
2-T.3.b.12.	St. Petri-Armenkasse 1644–1880
2-T.5.a.3.	Athenäum/Lyceum
2-T.5.a.3.a.	Allgemeines 1681–1691
2-T.5.a.3.b.	Streitigkeiten zwischen Senat und Hannover 1689–1764
2-T.5.a.3.c.	Bemühungen zur Verbesserung des Athenäums 1723–1806
2-T.5.a.3.d.	Zensur 1708–1750
2-T.5.a.3.e.	Schulgesetze 1684–1807
2-T.5.a.3.m1.-2.a.	Rektorat und Lehrer 1797–1805, 1685–1802
2-T.5.a.3.q.	Communität und Convictorium
2-T.5.a.3.r.	Lektionsverzeichnis und Klassenlisten 1725–1811
2-T.5.a.3.u.	Schullehrer und Kirchenbedienstete
2-T.5.a.4.a.	Schulwesen während der französischen Herrschaft 1810–1812
2-T.6.a.	Mannhaus
2-T.6.b.1.-16	Armenhaus
2-T.6.d.3.a.-k.	Armeninstitut
2-T.6.d.3.l.1.-5.	Arbeitshaus
2-T.6.f.1.	St. Gertruden-Gasthaus
2-T.6.f.2.	St. Jürgen-Gasthaus
2-T.6.h.	St. Ilsabeen-Gasthaus
2-T.6.i.	St. Johannis-Kloster
2-T.6.k.	Krankenhaus bzw. Krankenanstalt
2-T.6.l.	St. Remberti-Hospital bzw. -Stift
2-T.6.m.o.-17.	Haus Seefahrt
2-T.6.q.1.	Blaues Waisenhaus
2-T.6.q.2.	Rotes Waisenhaus
2-T.6.q.3.	St. Petri Waisenhaus
2-T.6.q.5.	Reformiertes Waisenhaus
2-T.6.r.1.	St. Petri Witwenhaus
2-T.7.a.2.J.4.	St. Jakobi-Brüderschaft 1687, 1723

Sammlung von Proklamen der Freien Hansestadt Bremen

Verfassung der Freien Hansestadt Bremen

Niedersächsisches Landesarchiv – Standort Stade (StA Stade)

Rep 5 a	Schwedisches Regierungsarchiv 1645–1763
Rep 5 a Fach 306 Nr. 1	Statuten und Gewohnheiten 1676
Rep 5 a Fach 306 Nr. 12	Einrichtung des Bremer Kirchenetats 1651ff
Rep 5 a Fach 306 Nr. 13	Bestallung von Hassels als Administrator des Clüver-Armen-, Dompropstei- und Offenwarder Zehnregisters 1651–1653
Rep 5 a Fach 306 Nr. 24	Bremer Kirchenwesen 1656–1705
Rep 5 a Fach 308 Nr. 88	Formierung des stadtbremischen Kirchenetats 1683–1684 (1685)
Rep 5 a Fach 309 Nr. 120	Varia zum Bremer Kirchenetat 1687–1718
Rep 5 a Fach 309 Nr. 160	Das neuerbaute Armenhaus in Bremen 1696–1699, 1703
Rep 5 a Fach 309 Nr. 161	Permittierung einer Collecte
Rep 5 a Fach 313 Nr. 76	Anzeige der Bremer Geistlichkeit wegen notwendiger Verbesserung der kgl. Schreib- und Rechenschule in Bremen 1694
Rep 5 a Fach 316 Nr. 1a	Verzeichnis von Schuldforderungen des Armenhauses an der Buchtstraße an Burchard Clüvers Erben 1618, 1623
Rep 5 b	Erzstift Bremen 1467–1669
Rep 5 b Nr. 3961	Das Niederfallen des einen Turms der Domkirche 1638
Rep 5 b Nr. 3962	Beschwerde des Rates der Stadt Bremen beim König von Dänemark, Christian IV, über seinen Sohn Erzbischof Friedrich, wegen Bestellung eines Predigers an der Domkirche
Rep 5 b Nr. 3963	Anstellung eines evangelischen Predigers in der Domkirche sowie Kirchenwesen allgemein und Streit mit dem Rat 1638–1649
Rep 5 b Nr. 3964	Bestallung des Domkapitels für die Domprediger Fürsen und Schacht 1639
Rep 5 b Nr. 3966	Lateinische Schule 1640–1641
Rep 5 b Nr. 3968	Bestallung des Domkapitels für Lehrer der lateinischen Schule 1642–1648
Rep 5 b Nr. 4122	Register der Einnahmen und Ausgaben der Armen im Gotteshaus an der Buchtstraße 1554–1613
Rep 5 b Nr. 4127	Quittungen der Einnahmen und Ausgaben der Armen im Gotteshaus an der Buchtstraße 1605–1611
Rep 5 b Nr. 4132	Liquidation der Armenverwaltung des Gotteshauses an der Buchtstraße 1614–1630
Rep. 5 s	Schwedenzeit (Kopien von Akten im Reichsarchiv Stockholm) Allgemeines
Rep. 5 s 44	Bremen-Verden, Kommissionen in Stockholm Bde. 1-3 1649ff
Rep. 5 s 115	Ältere Lage 1580–1653
Rep. 5 s 116	Instruktionen Bde. 1-3 1646–1690
Rep. 5 s 117	Civil- und Militärtraktate Bde. 1-2 1648–1715

Rep. 5 s 135	Acta ecclesiastica Konsistorialordnungen Bd. 1
Rep. 5 s 136	Strödda handlinger Bde. 1-2
Rep. 5 s 137+138	Strödda handlinger Bremen-Verden Bde. 1-2
Rep. 5 s 145	Handlinger struktur domkyrka i Bremen, Johann von Hassel, Bde. 1-3 (1669–1686)

Reichsarchiv Kopenhagen (RAK)

Tyske Kancelli, Udenrigske Afdeling, Bremen Stift, Akter og dokumenter verdrorende en strid mellem aerkebiskop Frederik (III) og staden Bremen 1638–1639

Tyske Kancelli, Udenrigske Afdeling, Hertugdommet Bremen, Diverse

Kongehuset, Friedrich (III), Erzbischof von Bremen, Bischof von Verden 1634–1648

Kongehuset Friedrich (III), Nachricht, wie die Stadt Bremen dem Erzbischof Freidrich die Huldigung geleistet 1635

Handelskammer Bremen (HKHB)

AA B III 6,1	Altes Aktenarchiv, Collegium Seniorum, Auswärtige Beziehungen, Erzbischof von Bremen-Verden, Verschiedenes 1617, 1629, 1637–1640
AA B III 7,1	Altes Aktenarchiv, Collegium Seniorum, Auswärtige Beziehungen, Schweden, Verschiedenes 1632, 1651
AA B III 7,2	Altes Aktenarchiv, Collegium Seniorum, Auswärtige Beziehungen, Schweden, Huldigung 1654
AA B III 7,3	Altes Aktenarchiv, Collegium Seniorum, Auswärtige Beziehungen, Schweden, Stader Vergleich 1654, Friede zu Habenhausen 1666
AA B III 7,4	Altes Aktenarchiv, Collegium Seniorum, Auswärtige Beziehungen, Schweden, Huldigung 1667
AA B IV 1,1	Altes Aktenarchiv, Die Bürgerschaft, Verschiedenes, Religionsgemeinschaften 1625–1809

Listen der Elterleute, Präsiden und Syndici der Kaufmannschaft
Wappenbuch
Adreßbücher der Freien Hansestadt Bremen 1796ff
Jahresberichte der Handelskammer Bremen 1914–1919

MAUS Gesellschaft für Familienforschung

Bürgerbücher
Tauf-, Trau- und Sterberegister

Literatur

Adreßbücher der Freien Hansestadt Bremen 1794, 1796ff

Abramzik, Günter: Der St.-Petri-Dom in Bremen, Bremen 1989

Architekten- und Ingenieur-Verein (Hrsg.): Bremen und seine Bauten, Bremen 1900

Architekten- und Ingenieurverein/Thalenhorst, Carl (Hrsg.): Bremen und seine Bauten 1900–1951, Bremen 1952

Becker, Uwe (Hrsg.): Perspektiven der Diakonie im gesellschaftlichen Wandel, Eine Expertise im Auftrag der Diakonischen Konferenz des Diakonischen Werks der Evangelischen Kirche in Deutschland, Neukirchen-Vluyn 2011

Bippen, Wilhelm von (Bearb.): Urkunden (Quellen zur bremischen Reformationsgeschichte), in: Bremisches Jahrbuch, II. Serie, Bd. 1, Bremen 1885, S. 1-170

Bippen, Wilhelm von: Die Ausbildung der bürgerlichen Armenpflege in Bremen, in: Bremisches Jahrbuch, Bd. 11, Bremen 1880, S. 142-161

Bippen, Wilhelm von: Die Verfasser der ältesten bremischen Stadtchronik, in: Bremisches Jahrbuch, Bd. 12, Bremen 1883, S. 108-131

Bippen, Wilhelm von: Geschichte der Stadt Bremen, Bd. 1 bis Bd. 3, Halle/S. und Bremen 1892/1898/1904

Bippen, Wilhelm von: Die Sanct Annen-Brüderschaft in Bremen, Bremen 1919

Bippen, Wilhelm von: Johann Smidt, ein hanseatischer Staatsmann, Stuttgart/Berlin 1921

Böhme, Klaus-Richard: Bremisch-Verdische Staatsfinanzen 1645–1676, Die schwedische Krone als deutsche Landesherrin, Uppsala 1967

Bosse, Edda/Ruempler, Götz: Singet dem Herrn…, 150 Jahre Bremer Domchor 1856–2006, Bremen 2006

Bosse, Johann Christian/Lamotte, Hans Henry: Der Dom zu Bremen, Königstein im Taunus 1989

Brandt, Karl Heinz: Ausgrabungen im St. Petri-Dom 1972–1976, Bremen 1977

Brand, Karl Heinz/Schumacher, Friedrich: Der Dom zu Bremen, Wiederherstellung und Ausgrabung 1972–1982, in: Wittheit zu Bremen (Hrsg.): Schriften der Wittheit zu Bremen, NF, Bd. 8, Bremen 1982

Brandt, K.H: Ausgrabungen im St. Petri-Dom in Bremen, Die Gräber des Mittelalters und der Frühen Neuzeit, Stuttgart 1988

Bremer Landesmuseum für Kunst- und Kulturgeschichte (Focke-Museum)(Hrsg.): Der Bremer Dom, Hefte des Focke-Museums Nr. 49, Handbuch und Katalog zur Sonderausstellung 17. Juni bis 30. September 1979, Bremen 1979

Bremer Pfarrerbuch, Die Pastoren der Bremischen Evangelischen Kirche seit der Reformation, Bd. 1 und Bd. 2, Bremen 1990 und 1996

Buchenau, Franz: Die Freie Hansestadt Bremen und ihr Gebiet, Bremen 1862

Burkhardt, Johannes: Der Dreißigjährige Krieg, Frankfurt/M. 1992

Cassel, Johann Philip: Sammlung ungedruckter Urkunden, welche die Geschichte der freien Reichsstadt Bremen in vorigen Zeiten aufklären, Bremen 1768

Club zu Bremen (Hrsg.): 150 Jahre Bremer Clubleben. Ein Beitrag zur Kulturgeschichte Bremens, Bremen 1933

Dannenberg, Hans-Eckhard/Schulze, Heinz-Joachim (Hrsg.): Geschichte des Landes zwischen Elbe und Weser, in: Schriftenreihe des Landschaftsverbandes der ehemaligen Herzogtümer Bremen und Verden (im Auftrag hrsg. von Kappelhoff, Bernd/Dannenberg, Hans-Eckhard), Bd. 2 (Mittelalter), Stade 1995

Dannenberg, Hans-Eckard/Schulze, Heinz-Joachim (Hrsg.): Geschichte des Landes zwischen Elbe und Weser, in: Schriftenreihe des Landschaftsverbandes der ehemaligen Herzogtümer Bremen und Verden (im Auftrag hrsg. von Kappelhoff, Bernd/Dannenberg, Hans-Eckhard), Bd. 3 (Neuzeit), Stade 2008

Dietsch, Walter: Das Problem des Glaubens in der Philosophie des deutschen Idealismus, Heidelberg 1935

Dietsch, Walter: Der Dom St. Petri zu Bremen, Geschichte und Kunst, Bremen 1978

Dilich, Wilhelm: Urbis Bremae et Praefecturaru, Qvas habet Typ 9 et Chronicon, Kassel 1602/1603/04

Düselder, Heike: Die Geschichte der Gemeinde Unser Lieben Frauen von der Reformation bis zur Französenzeit, in: Reeken, Dietmar von (Hrsg.): Unser Lieben Frauen, Die Geschichte der ältesten Kirchengemeinde Bremens von den Anfängen bis zur Gegenwart, Bremen, 2002, S. 33-82

Egestorff Stiftung Altenheim (Hrsg.): 100 Jahre Egestorff Stiftung Altenheim, Bremen-Osterholz 1912–2012, Bremen 212

Ehmck, Dietrich Rudolf/Bippen, Wilhelm von (Hrsg.): Bremisches Urkundenbuch, Bde. 1 bis 5, Bremen 1873/1876/1880/1886/1902

EKD (Hrsg.): Engagement und Indifferenz, Kirchenmitgliedschaft als soziale Praxis, V. EKD-Erhebung über Kirchenmitgliedschaft, Hannover 2014

Elmshäuser, Konrad: Geschichte Bremens, München 2007

Elsmann, Thomas: Elsmann, Thomas. Neuhumanismus im höheren bremischen Bildungswesen (1800–1850), in: Wittheit zu Bremen (Hrsg.): Klassizismus in Bremen, Formen bürgerlicher Kultur (Jahrbuch der Wittheit zu Bremen 1993/94), Bremen 1994, S. 223-228

Entholt, Hermann: Geschichte des Bremer Gymnasiums bis zur Mitte des 16. Jahrhunderts, Bremen 1899

Entholt, Hermann: Das bremische Gymnasium von 1765 bis 1817, in: Bremisches Jahrbuch, Bd. 22, Bremen 1909, S. 8-120

Entholt, Hermann: Die Bremische Hauptschule von 1817 bis 1858, in: Bremisches Jahrbuch, Bd. 23, Bremen 1911, S 1-130

Entholt, Hermann: Bremisches Urkundenbuch, Bd. 6, Bremen 1949

Entholt, Hermann: Die bremische Revolution von 1848, in: Schriften der Wittheit zu Bremen Bd. 9, Bremen 1951

Fiedler, Beate-Christine: Territorien und historische Landschaften, in: Landschaftsverband der ehemaligen Herzogtümer Bremen und Verden (Hrsg.): Kulturlandschaft zwischen Elbe und Weser, Stade 1988, S. 54-73

Fiedler, Beate-Christine: Bremen und Verden als schwedische Provinz (1633/45-1712), in: Dannenberg, Hans-Eckard/Schulze, Heinz-Joachim (Hrsg. im Auftrag des Landschaftsverbandes der ehemaligen Herzogtümer Bremen und Verden): Geschichte des Landes zwischen Elbe und Weser, Bd. 3 (Neuzeit), Stade 2008, S. 173-254

Fiedler, Beate-Christine: Die Verwaltung der Herzogtümer Bremen und Verden in der Schwedenzeit 1652–1712, Organisation und Wesen der Verwaltung, in: Veröffentlichungen aus dem Stadtarchiv Stade, Bd. 7, Stade 1987

Fiedler, Beate-Christine: Der Bremer Dom in der Frühen Neuzeit – das territoriale Umfeld, in: Hoffmann, Hans-Christoph: Der Bremer Dom im 17. und 18. Jahrhundert (St. Petri Domgemeinde zu Bremen und Landschaftsverband der ehemaligen Herzogtümer Bremen und Verden, Stade), Bremen 2015, S. 17-22

Fiedler, Beate-Christine: Die Verwaltung der Herzogtümer Bremen und Verden in der Schwedenzeit 1652–1712, in: Veröffentlichungen aus dem Stadtarchiv Stade, Bd. 7, Stade 1987

Fiedler, Beate-Christine: Kirche und Landesherrschaft in der Schwedenzeit, in: Jahrbuch der Gesellschaft für niedersächsische Kirchengeschichte, Bd. 86, Stade 1988, S. 57-68

Foege, Herbert: Bremer Bergenfahrt und Bergenfahrer vom 16. bis zum 18. Jahrhundert, Kiel 1958

Gleba, Gudrun: Die Gemeinde Unser Lieben Frauen im Mittelalter, in: Reeken, Dietmar von (Hrsg.): Unser Lieben Frauen, Die Geschichte der ältesten Kirchengemeinde Bremens von den Anfängen bis zur Gegenwart, Bremen, 2002, S. 11-31

Gramatzki, Rolf: Bremer Kanzeln aus Renaissance und Barock, Bremen 2001

Grimm, Jakob/Grimm, Wilhelm: Deutsches Wörterbuch, Bd. 4, Leipzig 1878

Haase, Carl: Bildung und Wissenschaft von der Reformation bis 1803, Patze, Hans (Hrsg.): Geschichte Niedersachsens, Kirche und Kultur von der Reformation bis zum Beginn des 19. Jahrhunderts, Bd. 3, Teil 2, Hildesheim 1983, S. 261-494

Hägermann, Dieter/Weidinger, Ulrich in Zusammenarbeit mit Elmshäuser, Konrad: Bremische Kirchengeschichte im Mittelalter, Bremen 2012

Hammer, Georg-Hinrich, Geschichte der Diakonie in Deutschland, Stuttgart 2013

Hauser, Andrea: Der Erste Weltkrieg und die evangelische Kirche in Bremen, in: Bremisches Jahrbuch Bd. 94, Bremen 2015, S. 163-191

Heineken, Christian Abraham: Geschichte der Freyen Hansestadt Bremen von der Mitte des 18. Jahrhunderts bis zur Franzosenzeit, bearb. von Wilhelm Lührs, Hrsg.: Der Club zu Bremen, Bremen 1983

Heineken, Philipp: Die freie Hansestadt Bremen und ihr Gebiet in topographischer, medizinischer und naturwissenschaftlicher Hinsicht, Bde. 1 und 2, Bremen 1836/1837

Heinonen, Reijo E.: Anpassung und Identität, Theologie und Kirchenpolitik der Bremer Deutschen Christen 1933–1945, Göttingen 1978

Heinonen, Reijo E.: Zwischen zwei Zeitaltern, Anmerkungen zur Predigt von Lic. Dr. Heinz Weidemann, in: Vereinigung für Bremische Kirchengeschichte (Hrsg.): 1200 Jahre St. Petri-Dom in Bremen, Hospitium Ecclesiae, Forschungen zur Bremischen Kirchengeschichte, Bd. 17, Bremen 1989, S. 185-190

Hesse, Hans: Konstruktion der Unschuld, Die Entnazifizierung am Beispiel von Bremen und Bremerhaven 1945–1953, in: Veröffentlichungen aus dem Staatsarchiv der Freien Hansestadt Bremen, Bd. 67, Bremen 2005

Heyne, Bodo: Von der Kirchenordnung 1534 zur Kirchenverfassung 1920, Ein Stück Verfassungsgeschichte der evangelischen Kirche in Bremen, in: Vereinigung für Bremische Kirchengeschichte (Hrsg.): Hospitium Ecclesiae, Forschungen zur Bremischen Kirchengeschichte, Bd. 7, Bremen 1971, S. 7-35

Historische Gesellschaft des Künstlervereins/Staatsarchiv Bremen (Hrsg.): Bremische Biographie des 19. Jahrhunderts, Bremen 1912

Historische Gesellschaft zu Bremen/Staatsarchiv Bremen (Hrsg.): Bremische Biographie 1912–1962, Bremen 1969

Historische Gesellschaft des Künstlervereins (Hrsg.): Johann Smidt, Ein Gedenkbuch zur Säcularfeier seines Geburtstags, Bremen 1873

Hodenberg, Wilhelm von: Die Diöcese Bremen und deren Gaue in Sachsen und Friesland, 3 Bde., Celle 1858/59

Hofmeister, Adolf E./Röpcke, Andreas: Bremisches Urkundenbuch, Bd. 7, Bremen 1993

Hoffmann, Hans-Christoph: 1200 Jahre Dom zu Bremen, Die Erhaltung des Domes im 19. Jahrhundert, in: Vereinigung für Bremische Kirchengeschichte (Hrsg.): 1200 Jahre St. Petri-Dom in Bremen, in: Hospitium Ecclesiae, Forschungen zur Bremischen Kirchengeschichte, Bd. 17, Bremen 1989, S. 141-178

Hoffmann, Hans-Christoph: Die Kunstlandschaft zwischen Elbe und Weser vom frühen Mittelalter bis zur Neuzeit, in: Dannenberg, Hans-Eckard/Schulze, Heinz-Joachim (Hrsg. im Auftrag des Landschaftsverbandes der ehemaligen Herzogtümer Bremen und Verden): Geschichte des Landes zwischen Elbe und Weser, Bd. 3 (Neuzeit), Stade 1995, S. 389-522

Hoffmann, Hans-Christoph: Die Erhaltung des St. Petri Doms zu Bremen im 19. Jahrhundert, in: Wittheit zu Bremen (Hrsg.): Beihefte zum Jahrbuch der Wittheit zu Bremen II, Bremen 2007

Hoffmann, Hans-Christoph: Der Bremer Dom im 17. und 18. Jahrhundert (Hrsg.: St. Petri Domgemeinde zu Bremen und Landschaftsverband der ehemaligen Herzogtümer Bremen und Verden, Stade), Stade 2015

Iken, J(ohann) F(riedrich): Die erste Epoche der bremischen Reformation, in: Bremisches Jahrbuch, Bd. 8, Bremen 1876, S. 40-113

Iken, J(ohann) F(riedrich): Nachtrag zur Bremischen Reformationsgeschichte von 1522–1529, in: Bremisches Jahrbuch, Bd. 9, Bremen 1877, S. 55-59

Iken, J(ohann) F(riedrich)(Bearb.): Briefe (Quellen zur bremischen Reformationsgeschichte), in: Bremisches Jahrbuch, II. Serie, Bd. 1, Bremen, 1885, S. 239-284

Iken, J(ohann) F(riedrich): Die Entwicklung der bremischen Kirchenverfassung im 16. und 17. Jahrhundert, in: Bremisches Jahrbuch, Bd. 15, Bremen 1889, S. 1-29

Iken, J(ohann) F(riedrich)(Bearb.): Die Bremische Kirchenordnung von 1534, in: Bremisches Jahrbuch, II. Serie, Bd. 2, Bremen 1891

Iken, Johann Friedrich: Das ehemalige St. Jürgengasthaus in Bremen, in: Bremisches Jahrbuch, Bd. 19, S, 145-171, Bremen 1900

Janse, Wim: Albert Rizäus Hardenberg und sein Wirken als Domprediger 1547–1561, in: Vereinigung für Bremische Kirchengeschichte (Hrsg.): Hospitium Ecclesiae, Forschungen zur Bremischen Kirchengeschichte, Bd. 22, Bremen 2003, S. 43-54

Klein, Diethard H.: Bremen, Ein Lesebuch, Die Hansestadt Bremen in Sagen und Geschichten, Schilderungen und Berichten, Erinnerungen, Briefen und Gedichten von einst und jetzt, Husum 1986

Klinsmann, W.: Die Geschichte der Herzogtümer Bremen und Verden in den Jahren 1648–1653, Historische Kommission als Festgabe vom Stader Geschichts- und Heimatverein, Stader Archiv 17, Stade 1927

Kloft, Hans: Antisemitismus und theologische Wissenschaft, Die Bremer Kirchenzeitung »Die kommende Kirche« und ihr Herausgeber Dr. Heinz Weidemann, Bischof zu Bremen (unveröff. Manuskript), Bremen (2012)

Kobbe, Peter von: Geschichte und Landesbeschreibung der Herzogthümer Bremen und Verden, Göttingen 1824

Kohl, Dietrich: Haus Seefahrt in Bremen, in: Verein für hansische Geschichte (Hrsg.): Hansische Geschichtsblätter, Bd. 18. München/Leipzig 1912

Kohl, Johann Georg: Das Haus Seefahrt zu Bremen, Bremen 1862

Kohl, Johann Georg: Denkmale der Geschichte und der Kunst der freien Hansestadt Bremen, Abt. des Künstlervereins für Bremische Geschichte und Altertümer (Hrsg.), II. Abt.: Episoden aus der Cultur- und Kunstgeschichte Bremens, Bremen 1870

Kohl, Johann Georg: Alte und neue Zeit, Episoden aus der Kulturgeschichte der freien Reichs-Stadt Bremen, Bremen 1871

Kohl, Johann Georg: Über die alten Brüderschaften in Bremen (St. Annen-Brüderschaft, St. Jacobi-Brüderschaft und St. Jacobi-Maioris-Brüderschaft)(bearb. von Karl Mahlert), Bremen 1996

Koster, Peter: Kurtze Nachricht von der Stadt Bremen, Bremen o. J. (um 1685)

Koster, Peter: Chronik der Kaiserlichen Freien Reichs- und Hansestadt Bremen 1600–1700, bearb. und hrsg. von Hartmut Müller, Bremen 2004

Krumwiede, Hans-Walter: Geschichte der evangelischen Kirche von der Reformation bis 1803, in: Patze, Hans (Hrsg.): Geschichte Niedersachsens, Kirche und Kultur von der Reformation bis zum Beginn des 19. Jahrhunderts, Bd. 3, Teil 2: Kirche und Kultur von der Reformation bis zum Beginn des 19. Jahrhunderts, Hildesheim 1983, S. 1-216

Krumwiede, Hans-Walter: Kirchengeschichte Niedersachsens, Göttingen 1995

Küthmann, Alfred: Die Bremische Kirchenordnung von 1534, in: Bremisches Jahrbuch, Bd. 8, Bremen 1876, S. 114-143

Küthmann, Alfred: Der Nicolaische Kirchenstreit die Rechte der Domgemeinde betreffend zischen dem Bremischen Rate und den Diakonen des Doms, in: Bremisches Jahrbuch, Bd. 11, Bremen 1880, S. 58-95

Kühtmann, Alfred: Burchard Lösekanne und Statius Speckhan, in: Bremisches Jahrbuch, Bd. 12, Bremen 1883, S. 35ff

Lange, Hermann; Geschichte der christlichen Liebestätigkeit in der Stadt Bremen im Mittelalter, Münster 1925

Lappenberg, J(ohann) M(artin): Geschichtsquellen des Erzstiftes und der Stadt Bremen, Bremen 1841

Lindemann, Berthold: Die Egestorff Stiftung, Zur Geschichte christlicher Sozialtätigkeit in Bremen, Bremen 1970

Link, Christoph: Freiheit und Ordnung in der Kirche – Fünfundsiebzig Jahre Bremische Kirchenverfassung, in: Vereinigung für Bremische Kirchengeschichte (Hrsg.): 1200 Jahre St. Petri-Dom in Bremen, in: Hospitium Ecclesiae, Forschungen zur Bremischen Kirchengeschichte, Bd. 21, Bremen 1998, S. 7-24

Löhr, Alfred: Bremer Silber, Von den Anfängen bis zum Jugendstil, Handbuch und Katalog zur Ausstellung vom 6. April 1981 bis 18. April 1982 im Bremer Landesmuseum für Kunst- und Kulturgeschichte (Focke-Museum), Heft 59, Bremen 1982

Lokers, Jan/Behne, Axel/Hempel, Dirk: Das Elbe-Weser-Dreieck im 18. Jahrhundert (1712/15–1803), in: Dannenberg, Hans-Eckard/Schulze, Heinz-Joachim (Hrsg. im Auftrag des Landschaftsverbandes der ehemaligen Herzogtümer Bremen und Verden): Geschichte des Landes zwischen Elbe und Weser, Bd. 3 (Neuzeit), Stade 2008

Lucius, Robert von: Zwischen Weser und Weltraum, Streifzüge durch Bremen, Halle (Saale), 2015

Lührs, Wilhelm: Der Domshof, in: Veröffentlichungen aus dem Staatsarchiv der Freien Hansestadt Bremen, Bd. 46, Bremen 1979

Luther, Martin: Von den Jüden und ihren Lügen, WA 53, S. 412-552

Marschalck, Peter: Der Erwerb des bremischen Bürgerrechts und die Zuwanderung nach Bremen um die Mitte des 19. Jahrhunderts, in: Bremisches Jahrbuch, Bd. 66, Bremen 1988, S. 295-305

Marssolek, Inge/Ott, René: Bremen im Dritten Reich, Anpassung – Widerstand – Verfolgung, Bremen 1986

May, Otto Heinrich/Möhlmann, Günther: Regesten der Erzbischöfe von Bremen, Bd. 1 und Bd. 2, Bremen 1937/ Hannover 1953

Meier, Kurt: Kreuz und Hakenkreuz, Die evangelische Kirche im Dritten Reich, München 1992

Meinert, Hermann (Hrsg.): Die Bremer Chroniken von Rinesberg, Schene und Hemeling, in: Die Chroniken der deutschen Städte, Bd. 37, Bremen 1963

Merian, Matthaeus: Topographia Saxoniae inferioris, Neudruck der Ausgabe (Frankfurt 1653) Frankfurt 1925

Meyer-Zollitsch, Almuth: Nationalismus und Evangelische Kirche in Bremen, in: Veröffentlichungen aus dem Staatsarchiv der Freien Hansestadt Bremen, Bd. 51, Bremen 1985

Meyer-Zollitsch, Almuth: Die Bremische Evangelische Kirche 1918–1953, in: Röpcke, Andreas (Hrsg.): Bremische Kirchengeschichte im 19. und 20. Jahrhundert, Bremen 1994, S. 177-318

Miesegaes, Carsten: Adam von Bremen, Geschichte der Ausbreitung der christlichen Religion, Reprint Bremen 1987

Miesegaes, Carsten: Leben des St. Willehad´s und St. Ansgar´s, Bremen 1826

Müller, Hartmut: Das Linzer Diplom, in: Bremisches Jahrbuch, Bd. 74/75, Bremen 1995/96, S. 15-28

Niehoff, Lydia: 550 Jahre Tradition der Unabhängigkeit, Chronik der Handelskammer Bremen, Bremen 2001

Niehoff, Lydia: Haus Seefahrt und seine Schaffermahlzeit, Bremen 2009.

Niehoff, Lydia: Die Eugen-Kulenkamp-Stiftung vereinigt mit dem Verein für kleine Miethwohnungen von 1849, Bremen 2010

Niehoff, Lydia: Das St. Petri Witwenhaus von 1536 in Bremen – »Ein Zeichen christlicher Nächstenliebe«, in: Bremisches Jahrbuch, Bd. 91, Bremen 2012, S. 67-85

Nistal, Matthias: Die Zeit der Reformation und der Gegenreformation und die Anfänge des Dreißigjährigen Krieges (1511–1632), in: Dannenberg, Hans-Eckard/Schulze, Heinz-Joachim (Hrsg. im Auftrag des Landschaftsverbandes der ehemaligen Herzogtümer Bremen und Verden): Geschichte des Landes zwischen Elbe und Weser, Bd. 3 (Neuzeit), Stade 2008, S. 1-158

Otte, Hans: Die konfessionspolitischen Folgen des Westfälischen Friedens für die Stadt Bremen, in: Vereinigung für Bremische Kirchengeschichte (Hrsg.): Hospitium Ecclesiae, Forschungen zur Bremischen Kirchengeschichte, Bd. 22, Bremen 2003, S. 19-38

Patze, Hans (Hrsg.): Geschichte Niedersachsens, Kirche und Kultur von der Reformation bis zum Beginn des 19. Jahrhunderts, Bd. 3, Teil 2, Hildesheim 1983

Petri, Franziskus: Unser Lieben Frauen Diakonie, Vierhundert Jahre evangelische Liebestätigkeit in Bremen, Bremen 1925

Prange, Ruth: Die bremische Kaufmannschaft des 16.und 17. Jahrhunderts in sozialgeschichtlicher Betrachtung, in: Veröffentlichungen aus dem Staatsarchiv der Freien Hansestadt Bremen, Bd. 31, Bremen 1963

Pratje, Johann Hinrich: Altes und Neues aus den Herzogthümern Bremen und Verden, 12 Bde., Stade 1769–1781

Pratje, Johann Hinrich: Versuch einer Geschichte der Schule und des Athenäi bey dem Königlichen Dom zu Bremen, 3 Bde., Stade 1771–1774

Presuhn, Sabine: Seelenheil und Armensorge, Stiftungen Bremer Familien im 14. Jahrhundert, in: Bremisches Jahrbuch, Bd. 72, Bremen 1993, S. 34-50

Prüser, Friedrich: Bremische Stiftskirchen des Mittelalters in Wirtschaft und Kultur, in: Bremisches Jahrbuch, Bd. 37, Bremen 1938, S. 30-63

Prüser, Friedrich: Achthundert Jahre St. Stephanikirche, Bremen 1940

Prüser, Friedrich: Bremische Stiftsgeistliche des späten Mittelalters und ihre verwandtschaftlichen Beziehungen, in: Bremisches Jahrbuch, Bd. 41, Bremen 1944, S. 1-85

Prüser, Friedrich: Bremisches Stiftungswesen alter und neuer Zeit, in: Club zu Bremen (Hrsg.): Jahrbuch 1956/58, Bremen 1958

Prüser, Friedrich: Hat Heinrich von Zütphen seine Reformationspredigt in St. Ansgarii gehalten, in: Vereinigung für Bremische Kirchengeschichte (Hrsg.): Hospitium Ecclesiae, Forschungen zur Bremischen Kirchengeschichte, Bd. 3, Bremen 1961, S. 93-94

Reeken, Dietmar von: Von der Gotteskiste zur sozialen Fürsorge, 475 Jahre Liebfrauendiakonie in Bremen, Bremen 2000

Reeken, Dietmar von (Hrsg.): Unser Lieben Frauen, Die Geschichte der ältesten Kirchengemeinde Bremens von den Anfängen bis zu Gegenwart, Bremen 2002

Reeken, Dietmar von: Die Gemeinde Unser Lieben Frauen im 19. und 20. Jahrhundert, in: Reeken, Dietmar von (Hrsg.): Unser Lieben Frauen, Die Geschichte der ältesten Kirchengemeinde Bremens von den Anfängen bis zur Gegenwart, Bremen, 2002, S. 83-184

Renner, Johann: Chronica der Stadt Bremen (1583), Transkription von Lieselotte Klink, Bd. 1 und Bd. 2, Bremen 1995

Reineke, Karl: Das bremische Bürgerrecht, in: Bremisches Jahrbuch, Bd. 32, Bremen 1929, S. 195-232

Reinecke, Karl: Christoph Fürsen, in: Die Gräber im Bremer St. Petri Dom, Blätter der »Maus«, Gesellschaft für Familienforschung, Heft 33, Bremen 2008, S. 49-55

Reinecke, Karl: Die vergebliche Auflehnung des Dompredigers Johann Fürsen gegen Schwedens obrigkeitliche Kirchenpolitik (1646–1655), in: Vereinigung für Bremische Kirchengeschichte (Hrsg.): Hospitium Ecclesiae, Forschungen zur Bremischen Kirchengeschichte, Bd. 26, Bremen 2016, S. 93-138

Rinesberch, Gert/Schene, Herbort, in: Johann Martin Lappenberg, Geschichtsquellen des Erzstifts und der Stadt Bremen, Bremen 1841 (Neudruck Aalen 1967)

Röpcke, Andreas (Hrsg.): Bremische Kirchengeschichte im 19. und 20. Jahrhundert, Bremen 1994

Rosenkranz, F.: Geschichte der St. Petri Domdiakonie (masch.schr. Manuskript aus der Sammlung von Johann Christian Bosse), Bremen o. J. (um 1960)

Rotermund, Heinrich Wilhelm: Lexikon aller Gelehrten seit der Reformation in Bremen, Bd. 1 und Bd. 2, Bremen 1818

Rotermund, Heinrich Wilhelm: Geschichte der Domkirche St. Petri zu Bremen und des damit verbundenen Waisenhauses und der ehemaligen Domschule, von ihrem Ursprunge und mancherlei Schicksalen bis zum Jahre 1828, Bremen 1829

Rudloff, Ortwin: Der St. Petri Dom in Bremen während der Franzosenzeit 1811–1813, in: Vereinigung für Bremische Kirchengeschichte (Hrsg.): Hospitium Ecclesiae, Forschungen zur Bremischen Kirchengeschichte, Bd. 11, Bremen 1978, S. 35-78

Rudloff, Ortwin: Bonae litterae et lutherus, in: Vereinigung für Bremische Kirchengeschichte (Hrsg.): Hospitium Ecclesiae, Forschungen zur Bremischen Kirchengeschichte, Bd. 14, Bremen 1985

Rudloff, Ortwin: Quod dictus assertus frater Henricus de ambone publice praedicabat. Zu Heinrich von Zütphens Bremer Predigten im Januar und Februar 1523, in: Vereinigung für Bremische Kirchengeschichte (Hrsg.): Hospitium Ecclesiae, Forschungen zur Bremischen Kirchengeschichte, Bd. 15, 1987, S. 77-116

Rudloff, Ortwin: Die Kirche und ihr Recht, Die Niederschrift des Bremer Dompredigers J. D. Nicolai über eine Unterredung mit dem Senator J. Smidt am 7. November 1810, in: Vereinigung für Bremische Kirchengeschichte (Hrsg.): Hospitium Ecclesiae, Forschungen zur Bremischen Kirchengeschichte, Bd. 17, Bremen 1989, S. 125-140

Rüthning, Gustav: Oldenburgische Geschichte, Bremen 1911

Rüthnick, Richard/Schulz, Kurt: Die Diakonie der St. Petri Domkirche, 325 Jahre ihrer Geschichte, (Manuskript von Richard Rüthnick 1938–1940, überarb. von Kurt Schulz), Bremen 1963

Sachße, Christoph/Tennstedt, Florian: Geschichte der Armenfürsorge in Deutschland., Bd. 1: Vom Spätmittelalter bis zum 1. Weltkrieg, Stuttgart 1998

Schackow, Albrecht: Im Wandel der Jahre (ausgewählte Reden), Bd. 1, Bremen 1977

Schlichthorst, Hermann: Beyträge zur Erläuterung der ältern und neuern Geschichte der Herzogthümer Bremen und Verden, 4 Bde., Hannover 1796–1806

Schneider, Bernhard: »Christliche Armenfürsorge«, Von den Anfängen bis zum Ende des Mittelalters, Eine Geschichte des Helfens und seiner Grenzen, München 2017

Schumacher H(ermann) A(lbert): Die älteste Geschichte des Bremischen Domkapitels, in: Bremisches Jahrbuch, Bd. 1, Bremen 1864, S. 109-173

Schwarzwälder, Harry: Ratsherren, Senatoren, Bürgermeister, Präsidenten der Wittheit und des Senats der Freien Hansestadt Bremen 1433–1849, Bremen 2002

Schwarzwälder, Herbert: Die Kirchspiele Bremens im Mittelalter: die Großpfarre des Doms und ihr Zerfall, in: Niedersächsisches Jahrbuch für Landesgeschichte, Bd. 32, 1960, S. 147-191

Schwarzwälder, Herbert: Bremen im Wandel der Zeiten, Die Altstadt, Bremen 1970

Schwarzwälder, Herbert: Heinz Weidemann: Irrungen und Wirrungen eines »braunen Landesbischofs«, in: Berühmte Bremer, München 1972, S. 245-294

Schwarzwälder, Herbert: Blick auf Bremen, Ansichten – Stadtpläne – Vogelschauen vom 16. bis 19. Jahrhundert, Bremen 1985

Schwarzwälder, Herbert: Bremen 1638, Im Jahr der Gründung der Domdiakonie, in: Vereinigung für Bremische Kirchengeschichte (Hrsg.): 1200 Jahre St. Petri-Dom in Bremen, Hospitium Ecclesiae, Forschungen zur Bremischen Kirchengeschichte, Bd. 17, Bremen 1989, S. 113-124

Schwarzwälder, Herbert: Geschichte der Freien Hansestadt Bremen, Bde. 1-5, Bremen 1995

Schwarzwälder, Herbert Die Bischöfe und Erzbischöfe von Bremen, in: Gesellschaft für Familienforschung in Bremen (Hrsg.): Blätter der »Maus«, Die Gräber im Bremer St. Petri Dom, Heft 17, Bremen 1997, S. 5-12

Schwarzwälder, Herbert: Das Große Bremer Lexikon, Bremen 2002

Schwebel, Karl H.: Die Bremische Evangelische Kirche 1800–1918, in: Röpcke, Andreas (Hrsg.): Bremische Kirchengeschichte im 19. und 20. Jahrhundert, Bremen 1994, S. 15-176

Seven, Friedrich: Der Aufstand der 104 Männer und die Bremer Kirchenordnung von 1534, in: Bremisches Jahrbuch, Bd. 64, Bremen 1986, S. 15-32

Seven, Friedrich: Niederländische Einflüsse auf die 1. und die 2. Reformation in Bremen, in: Die Wittheit zu Bremen (Hrsg.): Bremen und die Niederlande, Jahrbuch 1995/96, Bremen 1997, S. 62-68

Seven, Friedrich: Die Bremer Kirchenordnung von 1534 – ihre reformatorische Bedeutung und kirchenrechtliche Tragweite, in : Vereinigung für Bremische Kirchengeschichte (Hrsg.): Hospitium Ecclesiae, Forschungen zur Bremischen Kirchengeschichte Bd. 21, Bremen 1998, S. 25-72

Stein, Rudolf: Das vergangene Bremen, Bremen 1961

Stein, Rudolf: Romanische, gotische und Renaissance-Baukunst in Bremen, Bremen 1962

Stein, Rudolf: Klassizismus und Romantik in der Baukunst Bremens, Bd. 1 und Bd. 2, Bremen 1964/1965

Stoevesandt, Karl: Bekennende Gemeinden und deutschgläubige Bischofsdiktatur, Geschichte des Kirchenkampfes in Bremen 1933-45, in: Schmidt, Kurt Dietrich (Hrsg.): Arbeiten zur Geschichte des Kirchenkampfes, Bd. 10, Göttingen 1961

Storck, Adam: Ansichten der Freien Hansestadt Bremen und ihrer Umgebungen, Bremen 1822 (Faksimile-Ausgabe Bremen 1977)

Stupperich, Robert: Dr. Johannes von der Wyck und seine Wirksamkeit in Bremen, in: Vereinigung für Bremische Kirchengeschichte (Hrsg.): 1200 Jahre St. Petri-Dom in Bremen, in: Hospitium Ecclesiae, Forschungen zur Bremischen Kirchengeschichte, Bd. 17, Bremen 1989, S. 43-52

Ulrich, Peter: »Alles, was ich getan habe, hatte das eine Ziel, in der Kirche ein ganzer Nationalsozialist zu sein.«, Zur Biographie des Bremer »Landesbischofs« Heinz Weidemann (1895-1976), in: Bremisches Jahrbuch, Bd. 93, Bremen 2014, S. 157-186

Veeck, Otto: Geschichte der reformierten Kirche Bremens, Bremen 1909

Vereinigung für Bremische Kirchengeschichte (Hrsg.): 1200 Jahre St. Petri-Dom in Bremen, in: Hospitium Ecclesiae, Forschungen zur Bremischen Kirchengeschichte, Bd. 17, Bremen 1989

Walte, Wilhelm Arnold, Wilhelm Arnold: Dieser Stat Armenhaus zum Behten und zum Arbeyten. Die Geschichte des Armenhauses zu Bremen, Hrsg.: Der Senator für Soziales, Jugend und Sport, Frankfurt 1979

Weber, Max: Wirtschaft und Gesellschaft, in: Grundriß der Sozialökonomik, Abt. III, Tübingen 1972

Weber, Max: Asketischer Protestantismus und kapitalistischer Geist, in: Winckelmann, Johannes (Hrsg.): Soziologie – Weltgeschichtliche Analyse – Politik, Stuttgart 1968, S. 357-381

Weber, Max: Die protestantische Ethik, Eine Aufsatzsammlung, Hrsg.: Winckelmann, Johannes, Gütersloh 1991

Wegener, Ursula: Die lutherische Lateinschule und das Athenaeum am Dom in Bremen in ihrer politischen und kulturellen Bedeutung, in: Veröffentlichungen aus dem Staatsarchiv Bremen, Bd.16, Bremen 1941

Weibezahn, Ingrid: Das neue Dom-Museum, in: Vereinigung für Bremische Kirchengeschichte (Hrsg.): Hospitium Ecclesiae, Forschungen zur Bremischen Kirchengeschichte, Bd. 15, Bremen 1987, S. 197-202

Weibezahn, Ingrid: Schätze aus dem St. Petri Dom, Führer durch das Dom-Museum, Hrsg: Gross, Detlev G., Schriftenreihe der Stiftung Bremer Dom 1, Bremen 2005

Weidemann, Heinz (Hrsg.): Kommende Kirche (Wochenblatt für eine christliche Kirche deutscher Nation), Bremen 1936–1941

Wiedemann, F.W. Geschichte des Herzogtums Bremen, 2 Bde. Stade 1866

Wiek, Peter: Die bürgerliche Verwaltung der Domfabrik im Mittelalter, in: Bremisches Jahrbuch, Bd. 46, Bremen 1949, S. 121-133

Wriedt, Karl-Heinz: Bald Leid, bald Freud, Die Geschichte der Stiftung St. Petri Waisenhaus von 1692 in Bremen, Bremen 1992

Zeitungen und Zeitschriften

Die Zeit vom 14. Februar 2013 (Gailus, Manfred: Auf dunklem Grund)

Die Zeit vom 17. April 2008 (Leicht, Robert: Brot und Altar)

Weser-Zeitung vom 20. März 1932 (Beutin, L.)

Bremer Sonntagsblatt vom 10. Juni 1860 (Ehmck, D.)

Weitere Quellen

Bremisches Gesetzblatt vom 1. Dezember 1878

Memorial der Diakonen der lutherischen Domgemeine ..., Bremen 1804

Druckschrift der »alten und jetzt fungirenden Diaconen der hiesigen Domgemeine« vom 11. Dezember 1802

Wahrer/kurtzer Bericht/deß in der Statt Bremen Gefährlich entstanden Tumults und Aufftstandes ..., Bremen 1654

Eichhorn, Carl Friedrich: Rechtsgutachten über die Verhältnisse der St. Petri Domgemeinde der freien Hansestadt Bremen zum Bremischen Staate, Hannover 1831

Nicolai, Johann David: Über den Zustand der lutherischen Domgemeinde in der freyen Reichsstadt Bremen, Oldenburg 1803

Becker, Judith: Reformiertes Amtsverständnis in Reformation und Bekenntnisschriften, in: www.kirchenrechtliches-institut.de (Aufruf 10.04.2016)

Stichwort Bremer Diakonie (Wikipedia – Aufruf 17.04.2016)

Stichwort Diakon (Wikipedia – Aufruf 10.04.2016)

Stichwort Vierämterlehre (Wikipedia – Aufruf 10.04.2016)

www.diakonie-emden.de/ diaconie-derfremdlingenarmen/index.html

BILDNACHWEIS

Architekten- und Ingenieurverein
78 (unten)

Bosse, Johann
92, 165, 166

Domkanzlei
36

Handelskammer Bremen – Archiv
26 (links), 27 (links), 41, 49 (2 Abb.), 109

Hellwage, Bernd
151 (2 Abb.)

Hoffmann, Hans-Christoph
23 (Mitte), 75 (2 Abb.)

Koster, Peter (Hrsg. Müller, Hartmut)
25 (unten), 26 (rechts), 36, 37 (rechts), 50, 53 (2 Abb.)

Olsen, Arne
78, 83, 100, 110, 118

Reichsarchiv Kopenhagen
30

Senatspressestelle
139 (links)

Schünemann, Hermann
114

Schwarzwälder, Herbert 1970
25 (oben), 59 (links), 91, 94

Schwarzwälder, Herbert 1985
18, 21, 23 (rechts), 44

Staatsarchiv Bremen
28 (links), 31 (links), 32 (2 Abb.), 33, 37 (links),
38 (2 Abb.), 39, 52, 55, 61 (links unten), 62, 76 (2 Abb.),
138, 146 (rechts)

Stein, Rudolf 1970 (Beilage)
4 - 9

Stein, Rudolf 1962
72, 77, 78 (oben), 82, 84, 140, 143, 146 (Mitte)

Alle übrigen Abbildungen aus den Sammlungen
der Autoren.

Fotos und Reproduktionen

Bahlo, Michael
124, 125 (3 Abb.), 126 (3 Abb.), 127 (3 Abb.), 128 (3 Abb.),
129 (3 Abb.), 138 (2 Abb.), 157 (2 Abb.), 158,
170/171 (21 Abb.)

Kötzle, Joachim
(Staatsarchiv Bremen)
62, 136

Olsen, Arne
(Domarchiv)
54 (unten), 60, 71 (links), 74, 79 (oben), 80 (links), 148,
160, 163

Stumper, Rita
(Dom, Domarchiv, Dombibliothek, Dom-Museum)
22, 23 (oben), 27 (rechts u. unten), 34, 46, 54 (oben), 56,
57, 60 (rechts), 61 (oben u. rechts), 65, 66 (2 Abb.), 68,
71 (rechts), 73, 80 (rechts), 81 (2 Abb.), 84, 85 (2 Abb.),
86/87, 88 (2 Abb.), 102, 119, 123 (4 Abb.), 130, 131, 133
(2 Abb.), 139 (rechts), 150, 154, 156, 164, 167, 172, 177, 178,
179, 190, 191

DANK DER HERAUSGEBER

Allen Personen und Institutionen, die auf vielfältige Weise mit Text- und Redebeiträgen, Archivalien, Dokumenten, Hinweisen, Auskünften und Fotos zur Publikation der St. Petri Domdiakonie beigetragen haben, danken wir herzlich. Unser besonderer Dank gilt Herrn Dr. Hans-Christoph Hoffmann für die Entdeckungen in den Archivalien des Doms und den intensiven inhaltlichen Austausch über die gewonnenen Erkenntnisse sowie Frau Rita Stumper für die gelungenen Fotos. Herrn Johann Bosse danken wir für die wertvollen Hinweise zur Quellenlage und die Überlassung von Materialien zur Geschichte der Domdiakonie aus seiner Sammlung. Herrn Dr. Hans Kloft danken wir für die Überlassung des Manuskripts seines wissenschaftskritischen Vortrages zu den Ereignissen am Dom zur Zeit des Nationalsozialismus.

Unser Dank gilt darüber hinaus den Mitarbeiterinnen und Mitarbeitern im Staatsarchiv Bremen, insbesondere Frau Marion Alpert, Frau Ruth Hayen und Frau Monika Marschalck, und im Niedersächsischen Staatsarchiv, Standort Stade, insbesondere Frau Dr. Beate-Christine Fiedler und Frau Karin Schmeelk, für die kooperative und freundschaftliche Zusammenarbeit. Der Leiterin des Stadtarchivs Stade, Frau Dr. Christina Deggim, und dem Archivar und Bibliothekar der Handelskammer Bremen, Herrn Holger Bischoff, danken wir für die vielseitige Unterstützung. Dem schließt sich der Dank an die Mitarbeiterinnen und Mitarbeiter der Domkanzlei und in Archiv und Bibliothek der Bremischen Evangelischen Kirche an. Ein Dankeschön richtet sich an Frau Ingrid Albrecht und Herrn Jürgen Albrecht für das umfangreiche Korrekturlesen.

Sehr herzlich danken wir Herrn Arne Olsen für das wunderbare Layout. Ein ganz besonderer Dank gilt Frau Dr. Lydia Niehoff für die spannende Darstellung der wechselvollen Geschichte der Domdiakonie. Schließlich danken wir dem traditionsreichen Bremer Verlag Carl Schünemann für die gute Zusammenarbeit.

IMPRESSUM

Herausgeber
Diakonie der St. Petri Domgemeinde
in Zusammenarbeit mit Domprediger Dr. Peter Ulrich

Band 4 der Schriftenreihe
der Stiftung Bremer Dom e. V.

Autoren
Dr. Lydia Niehoff

Dr. Beate-Christine Fiedler
Oliver Gampper
Domprediger Christian Gotzen
Dr. Frieder Grashoff
Dr. Detlev G. Gross
Moritz Hoffmann
Oliver Janssen
Markus Kaiser
Franz Kasten
Cornelius Neumann-Redlin
Alexander von Plato
Henning Saacke
Bernd Schmitt
Volker Schütte
Domprediger Dr. Peter Ulrich
Jost Westphal

Redaktion
Dr. Detlev G. Gross, Dr. Lydia Niehoff,
Cornelius Neumann-Redlin, Dr. Peter Ulrich,
Jost Westphal

Bildredaktion
Dr. Lydia Niehoff, Arne Olsen, Rita Stumper

Reproduktionen und Fotos
Michael Bahlo, Joachim Kötzle, Arne Olsen, Rita Stumper

Korrektorat
Ingrid Albrecht, Jürgen Albrecht, Dr. Detlev G. Gross,
Cornelius Neumann-Redlin

Gestaltung
arneolsen.de|*sign*, Bremen

Druck
Müller Ditzen AG, Bremerhaven

Verlag
Carl Schünemann Verlag GmbH, Bremen
© 2017 bei der St. Petri Domdiakonie und bei den Autoren

Printed in Germany 2017
ISBN 978-3-96047-029-8